김유정의 소설세계

박 세 현

국학자료원

서문

 이 책은 김유정소설에 대한 이해의 산물이다.
 오랫동안 김유정의 소설을 읽으면서 혹은 거기에 기대면서 살아왔다. 그것은 한편으로 큰 기쁨이자 다른 한편으로는 고통이었다. 소설을 통해 폭넓고 따뜻한 인간이해의 방식을 접했을 때는 참으로 흐뭇했다. 그러나 그 흐뭇함의 정체를 송두리째 옮겨 놓지 못하는 자신의 비좁은 식견과 논리 앞에서는 당황하지 않을 수 없었다. 즐김과 이해 사이에 나 있는 숱한 오솔길에서 서투르고 답답한 방황의 나날을 많이도 보내야 했다. 하지만 김유정소설의 행간에서 망설이던 시간들이 또한 나를 거들어 주고 성숙시켜 주었음을 나는 부인하지 않겠다.
 돌아보면, 내가 김유정을 만난 것은 대학원 시절 박사논문을 준비하면서부터이다. 그때 잠시 봉직했던 문학잡지사를 사직하고 집에 들어앉으면서 나는 막연하고 분망한 생각으로 초조해 있었다. 자발적 실업과 학위논문에 대한 부담이 서로 연대하여 나를 초조하게 만들었기 때문이다. 아직 할말이 남아 있는 작가는 누구일까, 하고 두리번대다가 작품의 절대량이 적은 김유정을 집어들게 되었다. 작가에 대한 이와 같은 소박한 자가판단이 깨어지는 데는 오랜 시간이 걸리지 않았다. 작품의 양적 부피에 비해 김유정은 간단하지 않았고 이미 제출된 학문적 관심들도 질이나 양에 있어 만만하지 않은 상황이었다. 간단한 의욕만 앞세웠던 미욱한 초심자에게 김유정은 마치 손잡이 없는 빙벽과 같았다. 어디를 잡아도 미끄러져 내리기만 했다. 이 책은 그러므로 작가에 대한 나의 부산한 미끄러짐의 산물이기도 하다.

이 책은 크게 두 부분으로 구성되어 있다.

앞부분은 김유정소설세계 전반에 대한 조망이고 뒷부분은 이와 관련된 개별 주제를 다룬 에세이들이다. 김유정 소설의 전반을 다루면서 저자가 관심을 두었던 것은 김유정소설의 역사적 가치를 해명하는 일이었다. 다 아는 바와 같이 김유정의 소설은 특수한 이념이나 문학상의 주의·주장에 포섭되어 있지 않다. 그것은 작가가 문학에 관심을 가졌을 당시의 시대적 흐름이나 같은 시기 작가들의 작품들과 비교해 보면 뚜렷하게 드러난다. 이념의 유무가 소설의 우열을 가늠하는 척도가 되는 것은 물론 아니다. 그렇다고 하더라도 우리의 20세기 문학의 역사가 크고 작은 이념의 고개를 넘고 서구적 유행의 늪을 건너왔다는 사실을 감안할 때 그것들에 발목잡히지 않으면서 자기 시대의 문제를 명료하게 제시한 작가는 흔하지 않다. 그 점에서 김유정의 존재는 기억될만 하다.

삶에 정답이 없듯이, 삶에 허구를 추가하거나 허구에 삶을 끼워 넣는 작업인 소설도 정답이 있을 리 없다. 그런데 김유정은 자기 시대에 드러났던 문학상의 혼란과 정답의 틀을 깨고 혹은 넘어서면서 자기식의 소설적 정답을 문학사에 제출했다. 고달픈 시대의 풍경과 그 속에 얹혀서 생의 멀미를 일으키는 사람들의 모습을 찍어낸 선명한 문장 형식, 냉정한 관찰과 표현의 균형, 고단한 인생들을 감싸주는 인간적이고 너그러운 웃음과 같은 항목들이 바로 김유정이 제시한 자기 시대의 소설적 답안들이다. 이 점을 저자는 소설가 김유정의 역사적 가치로 본다.

김유정 소설을 검토하면서 저자가 유의한 기본적인 태도는 대체로 작가와 작품을 둘러싼 환경적 요인에 대한 천착이다. 작품은 그가 소속된 사회의 얼굴을 닮는다. 특히 김유정소설은 등뒤에 사회·경제적 요소를 많이 거느리고 있다. 그러므로 작가의 소설을 넉넉하게 이해하기 위해서는 작품을 떠받치고 있는 사회적 환경에 대한 이해가 동반되어야 한다. 저자는 작가의 현실인식, 작중인물들이 보여주는 욕망의 드라마와 현실에 대한 희극적 대응 양식, 문체의 특성과 기능, 자전소설의 문제 등에 집중적인 관심을 쏟았다. 이와 같은 관심은 작가와 그의 시대의 특수한 환경적 요인들을 고려한 논점이지만 기실은 작가의 소설세계를 촘촘하게 살피고자 한 개념적 편의에 지나지 않는다. 간단하게 말해 김유정은 소외된 자들의 삶을 그들의 입을 통해 이야기한다. 더욱이 힘없지만 정직한 사람들의 고단한 삶의 내역을 똑똑히 밝히되 울지 않고 웃으면서 말하고 있다는 사실은 김유정 서사의 양보할 수 없는 특질이다. 분노하거나 정색하지 않으면 일쑤 우는 문학이 주류인 문학판에서 웃는 문학을 제공한 김유정의 가치는 날로 새로워 보인다. 또, 소설을 통해 작가의 문학관인 혈맥론과 사랑론의 구체를 확인할 수 있었던 것은 인상적인 일이었다. 이른바 혈맥론이란 작가가 조선시대의 평민소설적 유전자를 두루 상속한 점을 가리키는 말이며, 사랑론은 자기 시대의 힘없고 무력한 따라지들을 소설 속에 초대한 사실을 두고 하는 말이다.

  이 책의 뒷부분을 이루고 있는 2부에는 김유정과 관련된 4편의 개별 논문을 한데 모아 놓았다. 그것은 작가전기와 산문 그리고 매춘소설에 대한 논의들이다. 이 에세이들은 개별적이고 단편적이되 작가에 대한 광범위한 이해를 돕기 위해 작성되었다. 지나는 길에 작가의 전기에 대해 간단히 짚어 두겠다. 지금껏 작가의 생애기록은 꽤 여럿 나와 있는 형편이다. 그렇지만 작가를 회고하거나 추모하는 짤막한 글들을 배제하고 나면 본격적인 전기의 자리에 설 만한 기록은 훨씬 줄어

든다. 사정이 이러하므로 김유정이해의 지평은 여전히 제자리를 맴돌고 있다. 짧은 삶, 증언자의 소멸, 기록의 부재, 전기작가들의 소홀한 관심 등은 작가의 생애를 고정관념의 진공 속으로 밀어 넣고 있다. 전기문학에 대한 관심들이 활발해지고 새로운 전기들이 출판되어야 할 시점이다. 전기에 대한 논의와 같은 자리에서 언급해 두고 싶은 것은 텍스트 확정의 문제이다. 김유정소설을 전집의 형태로 묶어 놓은 책들 또한 여럿 있지만 그것들은 그것대로 이러저러한 문제점들을 떠안고 있다. 표기상의 오류와 혼란은 특히 문제가 된다. 발표 당시의 표기도 중요하지만 현행 맞춤법으로 바꾸는 작업도 그에 못지 않게 중요하다. 원본에 대한 확정 없이 작품을 읽고 논한다는 것은 안타까운 일이다. 따라서 이에 대한 책임 있고 실증적인 작업들이 뒤따라야 할 것이다. 이 문제는 앞날의 과제로 넘기면서, 윤택한 전집과 애정 어린 모노그라피가 기획되고 출판될 날을 기다린다.

　원고를 정리하고 나니, 10여년전 상계동에서 봉두난발의 형상으로 김유정 자료를 읽던 기억이 천천히 재생된다. 이를 악물고 한평생의 햇빛과 작별하던 유정의 등이 보인다. 캄캄한 거리에서 등불을 들고 산보하는 유정의 걸음이 보인다. 허공에 누워 권련을 태우고 있는 유정의 넋도 보인다. 육자배기를 듣는 유정의 모습도 보인다. 유정을 이해하기 위해 나름으로 애썼지만 진척된 성과는 미미하고 날만 덧없이 지나갔다. 이 책의 내용 중 일부는 졸저『김유정소설연구』에 포함되었던 것인데 책이 절판되기도 하였거니와 차제에 불만스러웠던 내용들을 대폭 손질하였음을 밝혀 둔다.

　이 책이 빛을 보기까지 신세를 지고 폐를 끼친 분들이 있다. 먼저 이 작업의 싹을 틔워 주시고 문학과 삶의 원칙을 일깨워 준 은사이신 김시태 선생님께 감사드린다. 지난 가을 국회도서관까지 동행하여 자료를 찾아 주신 문무연 사장님, 같은 길을 걸으며 조언을 아끼지 않은 시인 육근웅 박사, 오랜 *溪洞時節*을 같이하며 특히 김유정 관련 작업에 대해 고무해 준 강세환 시인, 국학에 대한 열정만으로 출판을 맡고 애써 주신 정찬용 사장님과 한봉숙 편집실장님께 고마움을 표한다. 방학 동안 깨알같은 원고를 마다 않고 컴퓨터에 집어넣어 준 중 2짜리 아들 *成珉*의 이름도 달아 둔다.

1998년 2월 3일
중계동에서 박세현

차례

◇서문

제1부 김유정의 소설 세계

I. 서 론 ·· 13
  1. 문제와 방법 ·· 13
  2. 연구사 검토 ·· 16

II. 생애와 문학의식 ···································· 24
  1. 가난과 질병 ·· 25
  2. 母性 志向 ·· 31
  3. 문단활동과 문학의식 ······························ 36

III. 김유정의 소설 세계 ······························· 45
  1. 현실인식의 모습 ··································· 45
  2. 출구 없는 욕망의 구조 ···························· 71
  3. 세계에 대한 희극적 대응 ························· 99
  4. 문체의 사회학 ···································· 119
  5. 자전소설의 세계 ·································· 146

IV. 김유정 소설의 총체적 의미 ····················· 168
  1. 평민소설의 전통계승 ···························· 169
  2. 리얼리즘 정신의 구현 ··························· 174

차례

V. 결 론 ·· 179
□ 참고문헌 ·· 185

제 2부 김유정의 전기·기타

김유정 전기의 모습 ·· 193
김유정 산문 읽기 ·· 230
김유정 소설의 매춘 구조 분석 ······································ 265
매춘소설의 한 양상 ·· 294
□ 참고문헌 ·· 319

부 록

김유정 산문 ① 병상(病床)의 생각 ······························ 325
김유정 산문 ② 조선(朝鮮)의 집시 ································ 335
김유정 작품 연보 ·· 345
김유정 연구 서지 ·· 347
□ 찾아보기 ·· 369

제1부 김유정의 소설 세계

Ⅰ. 서 론

1. 문제와 방법

　김유정은 어떤 작가인가?
　그에 대해서 우리는 얼마나 알고 있는가? 또, 그의 소설이 우리 문학사에 드리우고 있는 그림자는 어떤 것인가? 그런 영향력이 있기는 있는가 없는가? 그래서 우리는 다시 묻게 된다. 김유정은 과연 좋은 작가인가 아닌가? 독자는 이러한 의문에 대답할 의무와 권한이 있다. 어떤 작가가 좋다든가 훌륭하다는 독자의 판단은 일정한 반성과 검증의 과정 없이 되풀이되어서는 안된다. 그것은 때로 내용 없고 텅 빈 당위와 비평적 판단을 반복하기 때문이다. 실제 우리 근대문학사를 뒤돌아보아도 작가와 작품에 대한 편견과 오해는 적지 않다. 문학의 역사는 오독의 역사라 하지만, 작품에 대한 편견과 오독의 영역은 같지 않다. 좋은 작가와 작품에 대한 편견은 마땅히 바로잡아야 한다. 그것이 작가에 대한 독자의 예의라고 본다. 이런 점들을 폭넓게 감안할 때, 김유정은 여전히 문제적인 작가의 한 사람이다.
　소설가 김유정은 한국 근대소설의 공간에서 주목할만한 문학적 업적을 남겨 놓은 작가다. 그가 거둔 문학적 성과는 당대 사회의 문제들을 예리하게 성찰하고 종합하여 자신의 독특한 작가적 개성과 소설미학을 통해 제시했다는 데에 있다. 김유정의 소설세계는 일제 강점기였던 1930년대의 농민들의 실상을 특유의 해학적 방법을 통해 여실하게 묘파했다는 것으로 요약된다. 이러한 작가적 특징은 같은 시기에 활동한 작가들에게서 쉽게 발견되지 않는 특질이며 근대문학사 전체로 확대해 보아도 그 특장은 빛을 잃지 않는다. 본고는 이러한 김유정 소설의 내용과 특질을 분석적으로 구명하고 그 문학사적 의의를 밝히는 데에 논의의 목적을 두고 있다.

김유정이 활동한 1930년대의 한국사회는 식민지 중기에 해당하는 시기로 정치적 부자유와 경제적 궁핍상이 두드러진 시기에 속한다. 그의 소설은 바로 이 시기의 조건과 실상을 반영하고 있다. 작가의 소설에 등장하는 주요 인물들은 대체로 생활 능력을 상실하고 방황하는 무력한 사회계층, 예컨대 농촌의 빈농이나 도시 빈민으로 설정되고 있다. 이와 같은 창작 태도는 자기 시대의 모습을 관념이 아니라 실상으로 파악하려는 작가의 의도가 명백하게 반영된 것으로 보아야 할 것이다. 그렇다면, 작가는 당대의 사회 현실을 어떻게 바라보고, 해석하며 그것을 작품 속에 어떻게 제시하고 있는가? 이 점에 대한 소상하고 유용한 이해를 얻기 위해서는 그의 소설을 선배 작가들 또는 동시기 작가들의 작업과 비교·검토하는 과정이 필요하다.

김유정의 주요 관심사는 농민 문제와 관련된다. 근대문학사를 살펴볼 때, 농촌과 농민문제를 취급한 일단의 의미 있는 소설들을 만나게 된다. 농촌 혹은 농민의 문제를 정면으로 다룬 춘원의 『흙』, 민촌의 『고향』, 심훈의 『상록수』와 일련의 최서해 소설들이 이 범주에 포함된다. 앞의 소설들은 나름대로의 문학적 인식과 방법을 통해 당대의 농민 문제에 접근했다는 의미를 갖는다. 그러나 이 소설들은 나름의 의미에도 불구하고 분명한 한계를 지니고 있다. 이 소설들의 공통적인 한계는 지나치게 이념 편향적이라는 데에 있다. 말하자면, 이념의 추상성에 매몰되거나 주제의 도식성에 빠짐으로써 피상적 혹은 관념적 사회인식의 수준에 머물고 있다는 것이 그것이다. 농민문학의 새로운 형식을 창출했다고 평가되는 이기영의 경우도 이 범주와 무관하다고 말하기 어렵다.

앞서 거론한 작가들과 김유정이 구분되는 점은 평민문학의 전통을 근대 소설미학으로 토착화시키고 있다는 데에 있다. 다르게 말하면, 1920년대에 수입된 서구 리얼리즘을 소박하게 추종하고 있는 것이 아니라 우리의 문화 전통에 알맞게 변용하여 당대 현실에 맞게 잘 접합시켰다는 것이다. 물론, 이러한 현상이 김유정에게서 처음으로 촉발된 것은 아니다. 이와 같은 문학적 현상은 이미 현진건, 나도향, 이효석 등의 작가에게서 부분적으로 성취되어 왔지만 김유정에 이르러서야 비로소 활짝 개화되었다고 볼 수 있다. 다시 말해 김유정은 당대 빈민의 문제와 같은 어둡고 무거운 주제를 다루면서도 이상주의적 관념에 붙잡히지 않고 해학과 같은 소설미학을 통해 현실을 인식함으로써 특유의 문학성을 확보하게 된다. 따라서 김유정은 당대의 사회적 문제를 저 18세기 후반부터 발흥하기 시작한 평민문학의 전통적 양식과 훌륭하게 접목시킴으로써 사실주의 문학의 새로운 장을 열어 놓는다.

이와 같은 김유정의 소설적 특질을 구명하기 위해서 이 글은 대체로 두 가지의 분석 태도를 견지하고자 한다. 하나는 이른바 역사적 접근 방법으로서 김유정 소설의 주제·제재의 원천이 되고 있는 1930년대의 사회·경제적 조건들을 살피는 일이다. 즉, 당시의 경제정책, 토지제도, 소작 현황과 같은 내용들의 구체를 살핌으로써 이러한 사회현상들이 작가의 소설과 맺고 있는 관계가 밝혀질 것으로 기대한다. 다른 하나는 소설의 미학적 특질을 찾는 형식 중심의 접근 방법이다. 여기서는 작가의 소설에 나타난 평민문화적 요인들을 해명하는 작업이 중심이 될 것이다. 즉, 판소리, 봉산탈춤, 사설시조 등에 나타나는 해학적 요인과 문체적 특질을 찾고, 그러한 문체적 요인들이 소설 속에서 어떠한 기능을 수행하고 있는가를 살펴 나갈 것이다.

본고는 기왕의 연구 성과들을 참고하면서 앞에서 제시한 접근 방법에 따라 김유정 소설의 특성과 가치를 종합적으로 규명하게 될 것이다. 이러한 논의가 진행되었을 때 김유정 소설의 본질적 특징과 가치가 해명될 것은 물론 김유정을 통해 근대 리얼리즘의 수용 및 그 정착과정을 이해하는 데에도 유익한 기초를 제공할 수 있을 것으로 본다. 나아가 김유정 문학에 대한 피상적이고 편협한 문학사적 이해의 시각을 수정하는 데에도 일조할 것으로 기대한다.

2. 연구사 검토

김유정과 관련된 연구 서지를 살피다 보면 의외로 그에 대한 학문적 관심이 풍부함에 놀란다. 단순한 수량으로 보았을 때도 여타 중요 작가의 수준에 밀리 않는다. 단편소설 31편으로 이만큼 독자들의 관심을 지속적으로 모으고 있는 현상을 어떻게 설명할 것인가? 우선은 김유정 소설의 작품성과 관련한 지적 호기심의 지속을 꼽아야 한다. 작가의 작품 속에는 탕진되지 않는 문학적 형식이 있다는 반증이 된다. 다음으로 1970이후 각 대학에 개설된 국문학과 대학원 과정을 통해 연구 인력이 증가했다는 사실과 1970년대 이후 사회와 역사에 비중을 두는 학문적 분위기도 김유정 연구를 크게 진작시킨 배경으로 지적할 수 있다. 한 작가에 대한 논의가 다양하게 축적된다는 것은 학문의 측면에서 볼 때 기쁘고 즐거운 일이다. 그러나 논의의 방향과 수준이 고착되어 자칫 작가에 대한 다양한 해석의 길을 봉쇄할 개연성이 존재한다면 그것은 애석하고 답답한 일이다. 이 자리에서는 이러한 점들에 유의하면서 기존의 논의들을 개괄적으로 묶어 검토하고자 한다.

김유정문학에 대한 중요하고도 인상적인 연구자는 단연 비평가 김문집이다. 김문집은 날카로운 비평적 혜안과 애정 섞인 비평문을 통해 김유정문학에 대한 가장 포괄적이고 중요한 비평언어들을 쏟아 놓았다. 그는 김유정을 일러 個體香을 넘칠 만큼 가진 작가라고 상찬하였다.[1] 이러한 지적은 그것이 비록 작가의 언어적인 측면을 주로 고려한 성찰이긴 하나 김유정의 작가적 특질을 개념적으로 포획한 논평이라는 의미를 지닌다. 김문집의 찬사의 배경은 언어를 통해 민족문학의 전통을 새로이 구축해야 한다는 일관된 그의 비평적 논리의 소산이기도 하다.[2] 김문집의 비평적 성찰이 작가의 전체적 모습을 포괄하기에는 논리적 설득력이 박약한 감이 없지 않다. 그렇지만 이미 1930년대에 김유정의 작가적 중요성을 꿰뚫어 보았다는 점과 이후의 김유정 논의에 적절한 비평적 시사점을 선도적으로 제공했다는 점에서 그의 비평적 공적은 결코 적지 않다.

김문집 이후의 논의는 대개 두 가지의 관점으로 수렴될 수 있다. 작품의 사회·역사적 조건을 중시한 역사주의적 관점과 작품의 미학적 측면에 관심을 둔 형식주의적 관점이 그것이다.[3] 형식주의적 관점은 다시 두 가지로 나누어 볼 수 있다. 하나는 주로 작가의 해학적인 측면에 관심을 둔 논의이며, 작품의 구성·문체 등에 관한 논의가 다른

---

1) 김문집, 김유정, 김유정전집, 현대문학사, 1968. 446쪽.
2) 김시태 편, 식민지시대의 비평문학, 이우출판사, 1982. 321쪽.
3) 이 글에서 차용하고 있는 형식주의 혹은 형식주의적이라는 용어는 작품의 자율성을 중시하려는 태도를 범박하게 지칭하는 개념이다. 역사주의적 방법이 작품 외적인 조건들을 고려하려는 태도인데 반해 형식주의적 방법은 작품 내적인 요소들을 고려하려는 태도다.

하나에 해당한다. 이 자리에서는 각각의 논점들을 대표한다고 보여지는 논의들을 중심으로 검토하고자 한다.

역사주의적 논의의 공통적 기반은 작가가 1930년대 농촌 현실의 궁핍상을 탁월하게 묘파해내고 있다는 사회·역사적 관점에 근거하고 있으며 해학에 관련된 논의와 함께 양적으로도 가장 앞서 있는 연구분야의 하나다.4) 사회적 구조 내의 모순과 갈등을 극적으로 표현했다고 본 신동욱의 견해는 역사적 관점을 대표하는 것이면서 김유정 연구의 새로운 물꼬를 튼 학문적 시선이다.5) 이러한 논점은 김유정의 소설을 역사의 부재6) 혹은 역사의식에 대한 모럴의 제시나 행동성이 결여되었다고 본 기존의 부정적 논의7)를 극복하고 수정하는 데에도 큰 성과를 가져온 것으로 그 의의를 정리할 수 있다. 이후 김윤식·김 현, 김영기, 김병익, 서종택, 이주형으로 이어지는 논의는 신동욱이 제기한 사회·역사적 관점의 확대라는 점에서 같은 길 위에서 만난다. 방법적으로는 사회·역사적인 조건들을 고려하면서도 1980년대의 비평적 분위기를 반영하는 논자로 윤지관을 들 수 있다. 그는 사회·역사적인 논의들을 개괄적으로 검토하는 자리에서 김유정 문학이 감상적인 흙

---

4) 이 범주의 논의는 대개 다음과 같다.
임중빈, 닫힌 사회의 캐리캐츄어, 동아일보, 1965. 1.
신동욱, 김유정고, 현대문학 169, 1969. 1.
김윤식·김 현, 한국문학사, 민음사, 1973.
김영기, 농민문학론, 현대문학, 1973. 10.
김병익, 땅을 잃어버린 시대의 언어, 문학사상 22, 1974. 4.
김영화, 김유정의 소설 연구, 어문론집 16, 1975.
서종택, 궁핍화시대의 현실과 작품 변용, 어문론집 17, 고려대 국문과, 1976.
이주형, 「소낙비」와 「감자」의 거리, 국문학논문선 10, 1977.
윤지관, 민중적 삶과 시적 리얼리즘, 세계의 문학 48, 1988.
5) 신동욱, 앞의 글, 302쪽.
6) 김우종, 한국현대소설사, 선명문화사, 1974. 265쪽.
7) 구인환, 한국근대소설연구, 삼영사, 1977. 332쪽.

의 예찬이나 브나로드식의 계몽문학과는 차원이 다르면서, 사회의식을 강조하는 카프 측의 문학과도 차이 난다고 보았다. 그러면서 동시에 민중적 관점과 시적 형식의 결합을 김유정의 문학적 성과로 파악했다. 이러한 논점은 작가가 이루어 놓은 문학적 성과에 대한 균형 있고 깊이 있는 천착이 가해지지 못했음을 지적하는 것으로서 앞으로의 연구에도 시사하는 바가 있다.

역사주의적인 논의들은 작가와 작품 그리고 당대 사회와의 관계를 폭넓게 해명하는 데에 유익하고 의미 있는 기여를 했다고 본다. 아울러 김유정 문학의 제재적 원천들을 고려할 때 당대 사회와 관계되는 문학 외적인 사항에 대한 폭넓은 조망은 김유정 논의에 다양한 길을 열어 놓았다고 평가할 수 있다. 그러나 이 방법에 기대고 있는 논의들은 작가가 성취한 소설의 고유한 문학성을 오로지 사회·역사적 관점의 도움만으로 해결하려 한다는 공통적인 특징 속에 놓여 있다.

역사주의적 방법과 달리 주로 작품의 내적 특질에 주목하는 태도가 형식주의적 접근 방법이다. 이 방법에 의지하고 있는 논의들은 소설의 미학적 특징과 작품의 자율적 구조에 관심을 가진다는 점에서 공통적이다. 먼저 거론할 것은 작품의 해학적인 측면에 관심을 둔 것으로 주로 해학과 토속성을 취급한 논의가 여기에 포섭된다.[8]

---

[8] 이 범주에 드는 논의는 대개 다음과 같다.
김문집, 앞의 글.
정태용, 김유정론, 현대문학 44, 1958. 8.
백 철, 신문예사조사, 신구문화사, 1965.
김영기, 김유정문학의 본질, 김유정전집, 현대문학사, 1968.
서정록, 한국적 전통에서 본 김유정의 문학, 동대논총 1, 1967.
이재선, 회화적 감각과 바보열전, 문학사상, 1974. 7.
정한숙, 해학의 변이, 고대인문논총 17, 1972.
유인순, 풍자문학론—채만식·김유정을 중심으로, 인문학연구 18, 강원대, 1983.
이주일, 유정문학의 향토성과 해학성, 국어국문학 83, 1980.

생활과 정신에 있는 여러 가지 모순을 가장 유머러스하게 보여주었다고 본 정태용의 견해는 작가의 소설에 대한 의미 있는 지적으로서 정당성을 확보하고 있다. 유머가 발생할 수 있는 조건에 대한 폭넓은 탐색이 병행되었을 때 이러한 논의는 더 빛날 것으로 본다. 또한 전통적 해학미가 토속적 의미의 확장을 가져왔다고 본 김영기의 논점은 해학의 기능을 토속성과 관련짓고 있다는 측면에서 일정 부분 김유정 논의에 기여하는 바 있으나 작가가 제출한 해학이 지니고 있는 사회적 의미를 약화시키거나 간과할 소지를 내포하고 있다.[9] 이는 해학의 발생론적 조건을 당대 사회의 조건들과의 관련 속에서 살피지 않고 농촌인물들의 원초적 감정에서 찾고 있기 때문이다. 1930년대가 갖는 역사적 환경을 고려하지 않을 때 작가의 해학은 소박한 인간군상의 드라마로 비쳐질 수 있다. 앞의 논의들은 작가에 의해 파악되고 있는 당대 사회의 갈등과 모순을 간과함으로써 해학의 본질과 기능을 온전하게 규정짓지 못한 측면이 존재한다. 아마도 이러한 논의상의 한계점들은 대개 논자들이 선택한 방법들의 특성과 관계되기 쉽다. 하나의 논리에 의해 밝혀진 부분이 다른 논리에 의해 은폐되는 이론상의 맹점이 그것이다.

정한숙은 이와는 다른 각도에서 웃음의 전통에 대해 논구하고 있다.[10] 그는 신라, 고려, 조선시대를 관류하는 웃음의 전통을 탐색하면서 해학의 역사적 맥락을 찾고 있다. 이러한 주제는 김유정 소설의 전통성 해명에 있어 반드시 거쳐야 할 작업이라는 점에서 그 의미가 크다. 정한숙의 것은 논의의 당위와 중요성에도 불구하고 웃음이 갖는 사회적 기능에 대한 논의가 소략할뿐만 아니라 그것이 1930년대의 사

전신재, 김유정 소설의 판소리 수용, 강원문화연구 4, 1984.
9) 김영기, 위의 글, 429-431쪽.
10) 정한숙, 위의 글, 73-91쪽.

회의 특징적 국면들과 효과적으로 조응하지 못함으로써 해학적 특질에 대한 해명은 여전히 미진한 상태로 남게 되었다.

결국, 해학의 문제를 전통과의 관련 아래서 보려는 관점의 대체적인 한계는 해학의 본질에 대한 해명이 소략함은 물론이고 이러한 해학이 떠맡고 있는 사회적·역사적 기능에 대한 관찰이 간과되었다는 점이다. 더욱이 해학은 평민문학의 한 특징적 요소라는 점에서 그에 대한 폭넓은 검토가 있어야 옳겠으나 다수의 논의들이 이 지점까지 이르지 못하고 있다.

마지막으로 형식주의적 관점의 한 갈래로 진행된 문체론적 연구를 살펴 보자. 이 관점은 작품의 자율성을 존중하는 신비평과 구조주의적 비평방법이 원용되어 작품의 구조·시점·문체 등을 골똘히 분석하는 논의들이 중심을 이루고 있다. 11) 김상태의 논의는 김유정 소설을 문체론의 입장에서 섬세하게 다루고 있다는 점에서 값지다. 이는 진지한 문체 연구가 문학 연구의 현장에서 소홀하게 다루어지고 있다는 점에서 더욱 그러하다. 그러나 이 글은 작품에 대한 분석 자체에 치중함으로써 작가가 선택한 문체의 의미와 그 문체가 소설에 대해서 어떤 문학적 기능을 행사하고 있는가에 대한 본질적인 성찰로 이어지지 못했다는 아쉬움이 있다. 또한 논자는 김유정의 문학에 있어서 그가 살았던 사회제도 혹은 경제 구조 등이 이차적인 문제로 제시될 뿐 아니라

---

11) 이 범주에 드는 논의는 대개 다음과 같다.
  김용직, 반산문적 경향과 토속성, 문학사상 22, 1974.
  김상태, 생동의 미학, 현대작가연구, 민음사, 1976.
  구인환, 피에로의 곡예, 한국근대소설연구, 삼영사, 1977.
  윤홍로, 김유정의 소설미학, 한국문학의 해석학적 연구, 일지사, 1976.
  박종철, 김유정의 언어적 특징, 강원문화연구 창간호, 강원대 강원문화연구소, 1981.
  유인순, 김유정의 소설공간, 이화여대 박사, 1985.
  박정규, 김유정 소설의 시간 구조 연구, 한양대 박사, 1991. 8.

작가의 관심은 어디까지나 인간 그 자체에 있다고 봄으로써 김유정 소설의 의미 있는 당대성을 배제하는 측면이 없지 않다.[12]

　이와 함께 주목할만한 논의로는 유인순의 것이 있다. 유인순은 소설의 문학성을 추적하는 접근 방식을 통하여 김유정 소설의 공간문제를 해명하고 있다. 즉, 소설을 주도하는 행위주와 행위와 그 행위가 드러내는 공간의 관계를 분석하면서 작가의 문학성을 구명하고 있다. 이러한 분석 방법은 박정규의 논의와 더불어 그 방법의 새로움으로 인해 김유정 문학을 새롭게 읽게 해 준다는 의의를 지닌다. 아울러 작품을 다원적으로 이해해야 된다는 생산적인 측면에서도 진작되어야 할 연구 방법들이라고 하겠다.

　지금까지 김유정에 대한 논의들을 살펴보았다. 김문집 이후 그 동안 김유정에 대한 논의와 분석이 쉬지 않고 이루어졌음과 접근 방법 또한 매우 다채로왔음을 알 수 있다. 논자들에 따라 김유정을 분석하는 방법과 이해의 시각은 다양했지만 결론은 하나로 모아지고 있었음도 확인할 수 있었다. 그것은 작가로서의 김유정에 대한 진정성의 확인이자 우수한 작품성에 대한 승인이다. 그러나 그러면서도 여전히 문제는 남아 있다. 연구사 검토를 통해 드러난 것처럼 작가에 대한 다양한 접근과 분석이 이루어진 것은 인정되지만 이러한 논의의 결과들을 포괄적으로 성찰하는 논의는 발견되지 않고 있다. 다시 말해 기왕의 논의들은 특정 시각에 의지해 김유정을 응시하고 해석함으로써 작품세계의 전모를 밝히는 지점까지는 이르지 못했다고 본다. 이런 점에서, 이제 김유정과 관계된 논의들을 한꺼번에 아우르고 종합하는 가운데 새로운 해석의 지평을 마련해야 될 것이다.

　따라서, 본고는 기존의 논의들이 갖는 해석상의 문제점들을 보완하

---

12) 김상태, 앞의 글, 238쪽.

는 가운데 작가가 사회성과 예술성을 어떻게 결합시키고 있는가에 유의하면서 논의를 전개시키고자 한다. 아울러 이 글이 관심하는 예술성의 문제는 곧 문학성의 문제이며, 김유정에게 있어 문학성은 주로 전통적인 요소들과 연결된다는 점을 주목하게 될 것이다. 즉, 당대성과 전통성에 대한 해명이 동시에 이루어졌을 때 비로소 작가에 대한 논의는 한 걸음 진전할 수 있을 것으로 본다.

Ⅱ. 생애와 문학의식

 작가의 전기를 살피는 일은 작품을 보다 정확하게 이해하기 위한 작업의 일환이다. 어떤 작가이든 그가 태어나고 성장한 환경과 무관한 자리에 놓일 수 없기 때문이다. 그런 점에서 작가라는 개인은 역사적인 존재일 수밖에 없다. 몇몇의 예외적인 작품을 뺀다면 김유정의 소설에서는 개인적인 정보가 노출되지 않고 있다. 작품의 표면에 작가의 정보가 표출되지 않는다는 사실만으로 작품과 작가의 생애가 관계없는 것으로 이해하는 것은 사려 깊은 결론이 아니다. 한 작가의 생애와 그로부터 형성된 정신적 특질은 작가의 모든 작품에 걸쳐 변용되고 있다고 봄이 진실에 가깝다. 김유정이 감내했던 개인적 삶의 상황과 1930년대 사회 현실이 참기 어려운 '고난'을 공유하고 있다는 점에서 작가의 전기는 올바른 해석을 기다리고 있다.
 김유정의 생애는 흔히 알려진 바대로 가난과 질병을 견디다 그것으로 인해 파멸한 과정이다. 작가의 삶은 한편으로 작품 해석에 중요한 암시의 빛을 던져 주는 회로를 내장하고 있다. 그렇다고 작품이 작가의 생애를 설명하고 복원해 주는 직접적인 기능을 떠맡고 있다는 의미는 아니다. 그러나 작가의 전기를 살피면 그가 지향하게 된 작품세계의 방향을 감지할 수 있는 秘意的 요인들이 확인될 것이다. 작가의 전기적 사실을 살핌은 작가의 생애를 통해 작가가 섰던 자리와 나아간 자리를 파악하려는 데에 있다.

이 자리에서는 김유정의 생애를 몇 개의 항목으로 세분하여 살핀다. 작가의 삶에 관계된 증인들이 대개 소멸했기에 기왕에 작성된 약식 전기13)를 검토·보완하면서 생애를 살필 것이며, 문학의식에 대해서는 작가의 산문 등을 통해 살피고자 한다.

1. 가난과 질병

작가 김유정의 생애를 관통하고 있는 두 가지의 현실적 요소는 가난과 질병이다. 그는 유년기의 극히 짧은 그리고 행복했던 기간을 제외한다면 괴롭고 어두웠던 두 개의 질곡을 단 한 순간도 벗어나 보지 못하고 생을 마친 더없이 불행했던 작가다. 더욱이 그가 몸담았던 당대 사회가 일제의 지배하에 놓여 있었다는 점을 감안한다면 그의 신산했던 개인적 삶은 1930년대 민족의 상황을 시사하는 작은 縮圖라고 해도 지나친 말이 아닐 것이다.

김유정은 1908년 1월 11일에 태어났다.14) 그는 조선조말의 세도가였

---

13) 전기적 사실의 확인은 다음의 자료와 필자의 취재를 바탕으로 하였다.
   김영수, 김유정의 생애, 김유정전집, 현대문학사, 1968.
   이성미, 새 자료로 본 김유정의 생애, 문학사상, 1974. 7.
   이선영 편, 한국대표명작, 지학사, 1985.
   전상국, 김유정연구, 경희대학원, 1985.
   유인순, 김유정의 소설공간, 이화여대 박사논문, 1985.
   전신재 편, 김유정전집, 한림대학 출판부, 1987.
14) 작가의 출생지에 관해서는 강원도 춘성군 신남면 증리 427번지(일명 실레마

던 김 육(1580-1658)의 10대손이며 본관은 청풍이다. 아버지 김춘식은 실레마을의 천석꾼 지주였으며 서울의 진골에도 백여 칸 되는 집을 소유하고 있었다.15) 유정은 천석꾼의 아들로 태어났으나 일곱 살에 어머니 청송 심씨부인이, 아홉 살에 아버지마저 사망하자 형 裕近과 형수의 손에 의해 성장하게 된다. 유정의 조실부모는 이후의 평탄치 못한 생활의 서막에 해당한다. 家産의 관리자요 유정의 보호자였던 형 유근은 술과 난봉으로 재산을 축내면서 가족의 안위를 돌보지 않는 위인이었다. 금치산자였던 형의 영향력 속에서 성장한다는 사실 자체가 어린 유정에게는 수납하기 힘든 불행이었다.

유정은 어려서 이웃의 글방에서 천자문, 논어 등을 수학한 것으로 전해진다. 유정의 상당한 한문 교양은 그가 남긴 산문과 수필에서 뚜렷이 확인되는 바와 같다. 한편, 그는 1919년에는 서울의 재동공립보통학교에 입학, 15세 되던 1923년에는 재동공립을 졸업한다. 같은 해 유정은 휘문고등보통학교에 입학하게 되며 이때까지는 가세가 완전히 기울지 않아 형으로부터 생활비와 학비를 보조받았다. 형으로부터 재정적 지원을 받고 있었다는 사실은 그것만으로도 행복한 일이었다.

휘문고보시절 유정은 같은 반 급우였던 안회남을 만나게 되며 그가 독서와 문학에 눈뜬 시기도 바로 이 무렵인 것으로 알려지고 있다. 신소설 작가였던 안국선의 아들이자 훗날 다량의 私小說을 쓰고 월북하

을, 춘성군 신동면 증리라는 행정구역에서 현재는 춘천시에 편입, 춘천시 신동면 증리로 변경되었다)라는 설과 서울의 진골(현재의 종로구 운니동)로 나뉘어 있다. 춘천설을 지지하는 대표적인 논자는 김영기(김유정 —그 문학과 생애, 지문사, 1992)이고 서울설을 지지하는 논자는 전상국(유정의 사랑, 고려원, 1993)이다. 재동공립보통학교 학적부에는 경성부 관철동 54번지로 기재되어 있으며 휘문고보 학적부에는 경성부 숭인동 80번지로 기재되어 있다. 필자가 취재한 춘성군 신동면 사무소에는 작가의 출생을 확인할 당시의 자료가 발견되지 않았다.

15) 김영수, 앞의 글, 393-394쪽.

게 되는 안회남과의 만남은 유정의 생애에 있어 매우 의미 있는 사건이라고 보아야 할 것이다. 조카 김영수에 의하면 유정은 고보시절에 바이올린 배우기, 아령, 야구, 축구, 스케이팅, 권투, 유도, 소설읽기, 영화감상 등으로 일기를 쓸 틈도 없이 지냈다고 한다.16) 이러한 증언에 따른다면 유정은 고보시절의 초기만 해도 관심사의 방향이 다양한 비교적 유복한 청년이었음을 알 수 있다. 요컨대 재정적인 문제로 인한 고통이 심하지 않았다는 의미이기도 하다.

이후 가세가 기울어 학업을 계속하기가 어려워지자 유정은 잠시 휴학하기도 했지만 1930년 휘문고보 5학년을 졸업하고 그해에 연희전문학교에 진학했다. 그러나 연희전문은 곧 자퇴하고 만다. 본격적으로 악화되기 시작한 경제 사정으로 인해 더 이상 학업을 지속할 수 없었던 것으로 보인다.17) 관철동, 숭인동, 관훈동, 청진동 등으로 집의 규모를 줄이며 옮겨 다닌 사실은 재정 문제의 악화를 단적으로 드러내주는 증거가 된다.

이 무렵부터(1929년) 유정은 이혼하고 피복공장에 다니는 누이 유형의 집에 얹혀 사는 신세가 된다. 이 시기부터 病苦生活도 함께 시작된다. 치질을 앓기 시작한 그는 삼촌이 외과의사로 근무하는 적십자병원에서 수술을 받기도 하였으나 병은 완치되지 않았다. 이후 그에게는

---

16) 재동공립과 휘문고보의 학적부에 공히 신분 또는 族籍欄에 양반이라고 기재되어 있다. 보호자인 형의 직업은 농업, 자산 현황에는 五萬金으로 기재되어 있어 유정의 부친이 부호였음을 입증하는 자료가 되고 있다.
17) 이선영(문학으로 불사른 단명한 생애, 한국대표명작, 지학사, 1985. 245-247쪽)에 의하면 유정은 연희전문에 1930년 4월 8일에 입학하여 두 달 17일만에 학칙 26조에 의해 제명당한다. 학칙 26조는 다음과 같다. ①성적불량으로 개선의 정이 없다고 인정되는 자 ②학력 열등으로 성적에 희망이 없다고 인정되는 자 ③연속 1년 이상 결석하는 자 ④정당한 이유 없이 1개월 이상 결석하는 자 등이다. 서류상의 제명 이유는 성적 불량으로 되어 있으나 유정은 이미 악화된 경제사정과 질병 등으로 학업에 대한 의욕이 없었을 것으로 추정된다.

늑막염, 폐결핵 등의 병이 연속적으로 발병했으며 치질과 폐결핵은 終生토록 그를 괴롭히고 절명시킨 병명이기도 하다.

1930년 유정의 나이 22세 되던 해에 그는 강원도 춘성군 실레마을을 방문했다. 이 기간은 청년 김유정에게 있어 실로 중요한 시기로 여겨진다. 어려워진 건강, 재정, 학업 등으로 그의 흉중은 매우 어지러웠을 터이므로 그는 조용한 향리에서 자신을 추스르고 새로운 생활을 모색하고자 했을 것이다. 그런데 이 당시 고향에서 보고들은 경험과 인식이 훗날 그의 소설 창작에 있어 중요한 계기가 되었을 것으로 판단된다. 유정은 1931년 실레마을에 야학당을 열고 이를 農友會로 개칭했으며 이듬해 錦屛義塾으로 다시 개칭하여 간이학교 인가를 받았다. 그가 직접 작사했다는 농우회가를 보면 농우회와 금병의숙을 개설한 뜻을 짐작할 수 있다.

    1. 거룩하도다 농우회
       손에 손잡고 장벽 굳게 모이었네.
    2. 흙은 주인을 기다린다
       나서라 호미를 들고 (이하 불명).[18]

농우회는 물론 농촌계몽에 그 목적이 있었던 것으로 보인다. 이는 당시에 전국적으로 일고 있던 일련의 농민계몽운동과 맥을 같이하는 것이다. 그렇다면 유정은 당시의 농촌현실에 대해 이미 구체적이고 분명한 인식을 소유하고 있었음을 의미하며 자신의 소명에 대한 지침도 구비하고 있었다고 보아야 한다. 금병의숙에 대한 착수는 이러한 논의들을 뒷받침해 주는 근거로 볼 수 있다.

유정은 1935년 조선일보 신춘문예 현상모집에 「소낙비」가 당선, 조

---

18) 김영수, 앞의 글, 409쪽.

선중앙일보 신춘문예에 「노다지」가 입선되면서 공식적으로 문단에 등단, 비로소 소설가의 길을 걷게 된다. 그러나 나날이 악화되어 온 폐결핵으로 인해 그는 여러 곳을 전전하며 요양과 치료를 하였으나 이렇다 할 효험을 보지 못하였다. 당시 유정의 재능을 안타까이 여긴 평론가 김문집이 <病苦作家援助運動>을 벌여 유정의 치료비 모금에 앞장 선 일은 널리 알려진 일이다. 그때, 유정이 자신을 위해 모금에 참가한 문인들에게 올린 '문단에 올리는 말씀'에는 참담한 그의 심정이 절절하게 기록되어 있다.

> 平常 肺結核으로 無數히 呻吟하옵다가 이즈막에는 客症 痔까지 幷發하야 將近 넉달 동안을 起居不能으로 重倒되어 있아온바 原來 변변치 못하야 糊口之方에 生疎한 저의 일이오라 病苦艱窘 兩難에 몰리어 勢窮力盡한 廢軀로 竿頭에서 進退가 아득하옵더니 天幸이고 여러 先生님의 敦厚하신 下念과 및 벗들의 赤誠이 있어 再生의 길을 얻었압거늘 그 恩惠 무얼로 다 말슴 드리올지 感謝無地에 惶悚한 마음 이를 데 없아와 今後로는 銘心不忘하옵고 다시 앓지 않기로 하겠아오니 이렇게 文壇을 不安스리 만들고 加外 여러 先生님께 心慮를 시키어드린 저의 罪辜를 두루두루 海容하야 주시기 伏望伏望 하옵나이다.19)

위의 글은 유정이 병자년 즉 1936년에 쓴 문단에 답한 사례의 서한이다. 결국, 유정의 몸은 재생의 기회를 갖지 못하고 말았으나 그는 생의 마지막 순간까지 삶에 대한 애착을 버리지 않았다. 운명하기 11일전 1937년 3월 18일 친구였던 안회남에게 보낸 私信은 당시 유정이 처했던 상황의 절박성을 단적으로 보여주는 예가 된다.

> 내가 돈 백원을 만들어 볼 작정이다. 동무를 사랑하는 마음으로 네

---

19) 김유정, 문단에 올리는 말슴, 조선문학, 1937. 1. 65쪽.

가 좀 조력하여 주기 바란다. 또다시 탐정소설을 번역하여 보고 싶다. 그 외에는 다른 길이 없는 것이다. 허니 네가 보던 중 아주 대중화되고 흥미 있는 걸로 한 뒤 권 보내주기 바란다. 그러면 내 오십일 이내로 번역해서 너의 손으로 가게 하여 주마. 허거든 네가 **極力周旋**하여 돈으로 바꿔서 보내다오. …(중략)…

그 돈이 되면 우선 닭을 한 30여 마리 고아 먹겠다. 그리고 땅군을 들여 살모사 구렁이를 십여못 먹어 보겠다. 그래야 내가 다시 살아날 것이다. 그리고 궁둥이가 쏙쏙구리 돈을 잡아먹는다. 돈, 돈, 슬픈 일이다.

필승아.

나는 지금 막다른 골목에 맞닥드렸다. 나로 하여금 너의 팔에 의지하여 광명을 찾게 하여다우.

나는 요즘 가끔 울고 누워 있다.[20]

결국 유정은 그가 그리던 광명을 찾지 못한 채 경기도 광주시 중부면 상산곡리에 있는 다섯째 누이 유흥의 집에서 29세의 나이로 절명했다. 짧은 생, 고난 찬 삶이었다. 돌아보면 유정의 삶은 병과의 투쟁 혹은 친화의 과정이었다고 해도 지나친 말이 아니다. 그의 **病歷**을 정리해 보면 유년기의 횟배앓이, 휘문고보 시절 운동장에서 잘못 던져진 투포환에 가슴을 맞고 기절했던 일, **訥言矯正**, 치질, 늑막염, 폐결핵 등으로 이어진다. 이에 못지 않게 경제적 궁핍도 설상가상으로 그의 심신을 압박하는 요인이 되었다. 유정은 자신의 표현처럼 **艱辛兩難** 속에서 **勢窮力盡**했다. 소략한 유정의 전기를 통해 확인할 수 있었던 것은 그가 병고와 경제난 속에서 고난 찬 삶을 살았다는 사실만이 아니라 그러한 생의 악조건들과 치열한 대결을 벌이면서 그것에 굴복하지

---

20) 전집, 452쪽. 이하의 '전집'은 전신재의 것을 따르며, 작품인용의 경우 작품명과 전집에 게재된 쪽수만 밝힐 것이다. 또, 표기는 원문을 살려 쓰되 띄어쓰기는 내용을 변형시키지 않는 범위 안에서 현행 체계를 좇는다.

않았다는 점이다. 깊은 절망의 나락 속에서도 삶을 향한 희망을 버리지 않았던 유정의 정신적 일면은 어떤 형태로든 그의 작품의 밑면을 형성하는 데에 바쳐졌을 것이다. 아울러 금병의숙을 비롯한 향리 체험이 그의 소설창작의 중요한 동인과 계기가 되었을 것이라 본다.

2. 母性 志向

유정이 일곱 살 되던 해에 어머니 청송 심씨부인은 세상을 떠났다. 1915년 3월 15일이었다. 이때 유정의 형님은 봄 농사일 관계로 춘천의 실레에 내려가 있었기에 어린 유정이 부친 김참봉의 지시에 따라 장례를 집행했다고 한다. 그는 葬地인 德沼까지 가는 동안 울면서 지치면서 상제일을 해냈다고 전한다.[21] 어머니의 죽음을 겪고 잇달아 아버지마저 잃은 유정의 정신적 혼란은 매우 컸을 것이다. 더욱이 사랑의 원천인 어머니에 대한 向念은 끝이 없었을 터이다.

유정은 가난과 질병이라는 兩難의 상황 속에서 이를 극복하거나 초월할 수 있는 대상으로 자연스럽게 어머니를 선택한다. 이 때의 어머니는 육친의 의미이자 여성으로 표상될 수 있는 모성을 가리킨다.[22] 사랑을 받아야 할 나이에 무한한 사랑의 원천이자 공급자인 부모가 사라졌다는 사실은 유정에게 심대한 정신적 외상이 되었을 것이다. 항상 어머니의 사진을 책상 위에 모셔 놓고 책을 읽거나 몸에 지니고 다녔다는[23] 사실은 어머니를 향한 유정의 잠재적 심리를 잘 말해 주는

---

21) 김영기, 앞의 책, 44쪽 참고.
22) 서정록, 작품에 투영된 작가의 심층의식, 동대논집 6, 1976. 58쪽. 서정록은 이 논문에서 female complex로 작가의 여성 컴플렉스를 규정하고 있다.
23) 이봉구, 살려고 애쓰던 김유정, 현대문학 97, 1963. 1. 278쪽.

것이다. 이처럼 어머니를 향한 유정의 특수하고도 다소 고착적인 의식의 형태를 이 자리에서는 母性志向이라 명명하겠다. 작가의 모성 지향적 사색은 작품은 물론이고 삶의 여러 국면에서 지속적으로 나타난다.

유정의 모성 지향은 여인에 대한 경사를 통해 잘 특징지워진다. 일반에게 널리 공개된 연상의 기생 朴綠珠(1904-1979)[24]와의 연애미수 사건은 유정의 모성 지향이 극명하게 가시화된 전형이라 이를만 하다. 그가 박록주를 발견하고 열렬한 구애를 시작한 시점은 휘문고보 재학시절인 1926년쯤으로 보여진다. 박록주의 회상[25])에 의하면 유정이 박록주에게 구애한 기간은 1926년 가을로부터 1930년 사이에 걸쳐 있다. [26])

유정은 주로 서신을 통하여 박록주에게 사랑을 호소했다. 유정은 끊임없는 구애의 편지→무응답 또는 편지의 반송→유정의 방문→血書쓰기→녹주에 대한 협박 등의 과정을 거치면서 집요하게 구애했으나 끝내 가납되지 않았다. 박록주의 회상에 사소한 착오나 사실의 가감은 있을 수 있겠지만 이 에피소드의 본질은 유정의 비이성적이고 극단적

---

24) 1904년 1월 25일 경북 선산군 고아면 관심동에서 태어났음. 1916년 9월에 박기홍 선생에게서 창악을 배우기 시작하여, 송만갑·김정열·김창환·김정문·유성준 선생들로부터 판소리 다섯 마당을 모두 배웠다. 1965에 중요 무형문화재 5호 기능 보유자로 지정되어 <흥부가> 등을 전수하다가 1979년 사망. 그녀의 출생 연도는 1904년, 1905년, 1906년 등의 혼란이 있으며 여기서는 전상국의 것을 따름(전상국, 앞의 책, 96쪽).
25) 박록주, 나의 이력서, 한국일보, 1974. 1. 25-31.
―――, 녹주, 나 너를 사랑한다, 문학사상 7, 1974. 4. 215-228쪽.
박록주의 회상은 사실의 고증이 불명확하거나 회상자 자신의 윤색 가능성도 배제할 수 없으나 한 여자에 대한 유정의 일관된 집념을 이해하는 자료라는 점이 인정된다. 또한 이 부분은 작가의 소설을 통해 재현되고 있기에 어느 정도의 증언력이 인정된다.
26) 휘문고보 학적부에 기재된 성적표에 의하면 항상 상위권에 속했던 석차가 5학년에 와서는 96명 중 94등으로 추락했다. 박록주에 대한 구애사건도 성적부진의 한 원인이 되었을 것으로 본다.

인 돌진에 있다. 거의 맹목에 준하는 이 무모한 구애행위는 무엇을 의미하는가. 그는 편지 속에서 늘 사랑합니다. 연모합니다. 사랑해 주십시오. 결혼해 주시오로 일관했다.27) 유정은 그의 소설을 통해 이와 같은 자신의 행위에 대한 해석의 단초를 마련해 놓고 있어 흥미롭다.

> 그의 우울증을 타진한다면 병의 원인은 여러 갈래가 있으리라. 마는 그 근본이 되었던 원병은, 그는 애정에 주리었다. 다시 말하면 그는 사람에 주리었다.
> 그는 잇다금식 나에게
> "어머니가 난 보고 싶다!"
> 이렇게 밑도 끝도 없이 부르짖었다.
> 나히 찬 기생을 그가 생각하게 된 것도 무리는 아닐 것 같다. 그는 그 속에서 여러 가지를 보았으리라. 즉, 어머니로써 동무로써 그리고 여인으로써 명주가 그에게 필요하였다.28)

위는 자전소설의 하나인 「생의 반려」의 일부 인용이다. 이 소설에 등장하는 인물들은 유정의 실제 가족 사항과 그대로 일치하고 있다. 그는 이 소설을 통해 자신과 가족들을 객관적인 거리에서 바라보려 했다. 소설 속에 투영된 유정 자신의 모습이 허구에 의해 조절된 측면이 없지 않겠으나 상당 부분은 유정의 진실을 그대로 반영하는 것으로 읽을 수 있다. 그런 점에서 인용문에 드러나고 있는 여인을 향한 구애의 심리는 작가의 내면과 동일시해도 별 무리가 없다. 결국, 유정이 사랑을 갈구하는 것은 사람 또는 애정에 굶주렸다는 데서 찾아진다. 애정 결핍의 연원은 유정의 조실부모에 있다. 따라서 유정은 애정의 빈 자리를 메우는 대안으로 여인을 선택하였다. 소설 속에서 나명

---

27) 박록주, 앞의 글, 문학사상 7, 1973. 4. 218쪽.
28) 전집, 243쪽.

주라는 인물로 설정된 박록주는 유정의 어머니로, 동무로, 연인으로 대상화되기에 이른다.

박록주 말고 유정에게 또 하나의 외짝 사랑이 있는데 그는 朴鳳子이다. 그의 일생을 통해 대표적 연애29)라고 볼 수 있는 이 구애도 박록주의 경우와 같이 비현실 속에서 종료된다. 박봉자라는 이름을 알게 되는 계기도 다분히 비김유정적이다. 잡지에 글이 나란히 실렸다는 점만으로 한 여자를 향해 질주했다는 사실이 그러하다.30) 박록주와 박봉자에 대한 질주는 근본적으로 그 動因이 같다. 굳이 다르다면 녹주는 기생인데 반해 박봉자는 여전을 졸업하고 정신사업31)에 종사한 지식계층이었다는 점이 다를 뿐이다. 박봉자에게 보낸 것으로 보이는 편지 속에서 유정은 몸이 아플 때, 황천으로 가신 어머님이 참으로 그립다고32) 자신의 심중을 피력하고 있다. 이러한 그의 심중은 「어떠한 부인을 마지할까」라는 에세이를 통해서도 直情하게 표출된다.

　　　　나와 똑같이 우울한 그리고 나와 똑같이 피를 토하는 그런 여성이

---

29) 김문집, 김유정의 비련을 공개 비판함, 김유정전집, 현대문학사, 1968. 463-471쪽.
30) 유정이 박봉자의 이름을 접한 것은 조선일보사가 발행한 ≪여성≫(1936. 5. 5쪽)의 지면을 통해서다. 유정과 박봉자는 잡지사가 기획한 '그 분들의 결혼플랜, 어떠한 부인을 마지할까'라는 共同題의 글을 발표하게 되었고 우연히도 양쪽 페이지에 걸쳐 두 사람의 사진과 글이 실리면서 유정의 구애는 비롯된다. 박봉자가 유정의 마음을 이끌었다면 아마도 결혼 대상자를 '변호사나 사업가'에서 '문학가'로 바꾸었다는 에세이의 내용과 관계 있을 것으로 보여진다. 어쨌든 얼굴도 모르는 여성에게 몇 개월 동안에 무려 30여통의 편지를 썼다는 사실(전상국, 앞의 책, 263쪽 참고)은 의미 있는 분석을 기다리는 사안이 아닐 수 없다. 참고: 박봉자는 1930년대의 시인이자 문학평론가이며 ≪시문학≫의 지도자였던 박용철의 누이동생, 훗날 문학평론가 김환태와 결혼한다.
31) 김문집, 김문집의 비련을 공개 비판함, 김유정전집 현대문학사, 1968.
32) 전집, 443쪽.

있다면 한 번 만나 보고 싶습니다. 나는 그를 한없이 존경하겠습니다. 왜냐하면 내 자신이 무언가를 그 여성에게 배울 수 있으리라 기대하기 때문입니다. 33)

위의 수필은 유정이 작고하기 1년여 전에 집필한 것이다. 어느 정도 자신의 운명을 예감하고 있었던 시점이라 유정의 감정은 특별한 여과 없이 솔직하게 드러나고 있다. 박록주를 향했던 일념의 좌절과 나날이 깊어지는 병세는 유정의 심사를 한편으로는 깊은 절망으로 이끌었지만 다른 한편으로는 매우 솔직 담백하게 만들었을 것이다. '피를 토하는 여성'을 만나 보고 싶다는 희원을 통해 이와 같은 유정의 심정을 엿볼 수 있다. 그러나 유정이 그토록 갈구했던 여성들과의 만남은 어느 하나도 성취되지 않았다.

이지적이며 명쾌한 자의식으로 무장된 유정이 그토록 여자들을 향해 무모하게 질주한 동인은 무엇인가? 이에 대한 대답은 앞에서 살펴보았듯이 여자를 '통한' 구원에 대한 갈망이었다고 여겨진다. 요컨대, 유정이 열정을 쏟아 부은 대상은 박록주이거나 박봉자라는 특정의 여인이 아니라 추상화된 여성이다. 유정은 여성이 질병과 궁핍한 현실로부터 자신을 초극시켜 줄 수 있는 유일한 대상이자 계기라고 판단하였으리라. 그래서 그는 여인을 어머니이자 동무로서 그리고 연인으로 받아들이고자 했던 것이다. 유정의 이와 같은 사색의 형태는 남성들의 보편적 심리로 이해할 수도 있다. 그렇지만 유년기에 체험하게 된 육친에 대한 상실감과 신산스런 삶의 과정들은 필연적으로 유정에게 심리적 위안이 되어 줄 출구를 필요로 했을 것이다. 즉, 고통스런 현실적 삶을 벗어나 초월과 구원의 대상으로 선택된 것이 어머니다. 그러므로 유정의 모성지향의식은 자신을 확인하고 그것을 넘어서고자 선

---

33) 전집, 406쪽.

택한 가장 원초적이고 내면적인 심층의식의 표출이라고 볼 수 있다.

3. 문단활동과 문학의식

 김유정은 짧은 기간 동안 작가라는 신분으로 문단에 몸을 담았다. 이 시기에 그는 안회남·이 상·김문집과 같은 당대의 문사들과 문학적 교분을 나누었다. 그러나 김유정의 문단활동은 소박한 문학적 열정을 교환하는 정도에 머물렀을 뿐 당대의 문학적 운동에 참여하거나 주도하는 일에는 개입하지 않았다. 이러한 저간의 사정에는 김유정 자신의 개인적 성향이나 사정도 있었을 것이고 문단내에 설정된 관계들도 작용했을 것이다. 작가는 작품을 통해 발언하는 존재라는 점을 부인할 수 없다. 그렇지만 작가적 발언에 이르기까지 여러 가지의 경로를 거치는 것도 사실이다. 작가와 관계된 문단활동과 소설에 대한 생각들을 정리하는 것은 작품을 좀더 심층적으로 읽어보자는 배려의 일단이다.
 김유정이 공식적으로 문단활동을 시작한 것은 1935년부터이다. 조선일보 신춘문예 현상모집에 「소낙비」가 1등으로 당선되고, 같은 해 조선중앙일보에 「노다지」가 가작 입선됨으로써 문단에 나서게 된 것이다. 그러나 김유정은 이보다 앞선 1933년 안회남의 소개로 이석훈이 편집일을 맡고 있던 잡지 ≪第一線≫과 ≪신여성≫에 「산골나그내」와 「총각과 맹꽁이」를 각각 발표한 바 있다.34) 이를 감안한다면 김유정의 문단활동은 2년 정도 앞당겨지는 것으로 간주되어야 할 것이다.
 그가 소설을 발표하기 시작한 이 무렵의 문단은 그 동안 문단의 주

---

34) 이석훈, 유정의 영전에 바치는 최후의 고백, 백광, 1937. 5. 151쪽.

류였던 카프의 활동이 퇴조하기 시작한 때였다. 1931년과 1934년 두 차례에 걸친 카프맹원 검거 사태는 계급주의 문학의 종언을 의미한다. 이때 민족주의 문학과 계급주의 문학의 대안으로 떠오른 것이 이른바 순수문학이다. 이 시기는 모더니즘, 초현실주의 등이 도입되면서 문학적으로는 근대문학적 성격에서 현대문학적 성격으로 전환[35]되는 가운데 소설에 있어서는 도시와 자연으로의 배경적 양분화가[36] 뚜렷이 드러나기 시작한 때이다. 범박하게 말해 김유정이 문학활동을 한 1930년대 초·중반의 우리 문학의 화두는 리얼리즘에 있었다. 리얼리즘의 반대편에서 그것과 길항하며 새로운 정신적 입지를 구축하고자 한 도시 취향의 문학을 두고 모더니즘이라 일컫는다. 리얼리즘과 모더니즘의 가운데쯤에서 양쪽을 견인하고자 한 것이 민족주의다. 그렇다면 김유정은 어떤 생각에 의탁하여 자신의 소설을 창작해 나갔던가? 이 물음에 대한 답은 그리 간단하지 않다.

우리의 30년대 모더니즘문학이 순수관념적인 운동의 한 형태, 그러니까 독서 체험으로 구축된 문학이라는 사실은 엄격히 비판될 필요가 있다. 인구 38만 명을 가진 식민지 수도 서울의 도시화가 약간의 뒷받침을 현실적 수준에서 해 준 것도 사실이긴 하나, 그것만으로는 불충분했다. 지식인 특유의 관념 편향성이 모더니즘문학의 성격이었다. 그것은 초기 계급주의 사상이 지식인의 관념적 편향성에 기울어졌던 사실과 대응되는 것이기도 하다. 그러나 카프문학은 서서히 그 관념성을 어느 수준에서 극복하고 있었는데, 한국 사회의 현실이 이를 가능케 하였다. 이와 비교할 때 모더니즘은 도시적인 풍속 수준의 표층적인 현실과의 관련에 머물렀던 만큼 다분히 관념적이었던 것이다. 만일 논자들이 마르크스주의와 모더니즘을 일층 깊은 곳에까지 추구하였다면

---

35) 조연현, 한국현대문학사, 성문각, 1980. 469쪽.
36) 이재선, 한국현대소설사, 홍성사, 1982. 316쪽.

이들이 근대성이라는 이름의 같은 뿌리에 닿아 있음을 알아차렸을 것이다. 37)

위에 뽑아 놓은 인용문은 모더니즘문학을 일정하게 비판하는 가운데 1930년대 일각의 문학적 흐름을 핵심적으로 요약해 내고 있다. 김유정이 바로 이러한 문학적 흐름 속에서 소설을 창작했다는 점이 강조될 필요가 있다. 문제는 김유정의 사색과 소설의 방향이 그 어떤 비평적 논리에도 잘 어울리지 않는다는 점이다. 다시 말해 김유정의 문학은 경향성을 담보한 리얼리즘의 세계가 아니듯이 도시적인 풍속을 취재한 모더니즘문학도 아니다. 그렇다고 민족주의문학에 포함되는 것은 더더욱 아닌 것이다. 미리 지적해 둘 것은 그렇다고 김유정이 불철저한 의식으로 소설을 썼다는 혐의를 두는 시선은 적절한 판단이 못된다. 오히려 그 반대이거나 그 이상이라고 보는 것이 타당하다. 김유정은 특정 이념에 경사된 리얼리즘문학과 관념과잉의 모더니즘문학이 문단을 장악하던 시기에 나름대로 독자성을 유지하려 고심했던 것으로 파악된다. 그의 소설들이 이를 뒷받침해 주고 있기 때문이다.

김유정의 공식적 문단활동은 2년 남짓하다. 그 동안 그가 남긴 작품은 단편소설 31편38), 번역소설 2편 등으로 정리된다. 이밖에 13편의 에세이와 약간의 서한을 남겨 놓고 있다. 김유정의 작품이 발표된 시기는 주로 1935년에서 1937년 3월 29일 사이에 집중되어 있다. 지금까지 확인된 그의 작품 연보에 의하면 최초의 창작은 1932년 6월 25일자로 탈고된 「심청」이다. 이러한 창작의 연대를 거슬러 계산한다면 김유정의 실제 창작 기간은 5-6년에 걸쳐 있다는 의견이39) 타당하게 여

---

37) 김윤식·정호웅, 한국소설사, 예하, 1995, 256-257쪽.
38) 김유정 소설의 총량 31편 속에는 「솟」의 초고인 「정분」과 미완으로 끝난 「생의 반려」와 「두포전」이 포함된다.
39) 유인순, 앞의 글, 17쪽.

겨진다.

　김유정이 문사로서 교분을 나눈 문단인의 범위는 광범위하다고 볼 수 없다. 김유정과 오랫동안 교분을 나눈 문우로 안회남이 거론된다. 안회남은 휘문고보 시절 김유정과 같은 반 급우였다는 학연을 가지고 있다. 그밖에 작가와 어떤 형태로든 교유관계를 맺은 인물로는 임 화, 이 상, 김문집, 박태원, 채만식, 현 덕 등을 꼽을 수 있다. 이 중에 안회남은 절친했던 급우로서, 김문집은 문단의 후원자로서, 이 상은 동병상련의 고통과 아울러 문학을 향한 선각적 교감이 그들을 가깝게 만들었다.

　한편, <구인회>의 후기 동인으로 참가하면서 김유정은 이상, 박태원 등과 문학적 교분을 맺게 된다. 김유정이 <구인회>에 참가한 것은 이 단체가 사실상 기능이 완수되어 해체기에 접어든 시기이다. 사정이 이러하므로 <구인회> 멤버들과 개인적으로 문학에 대한 견해를 교환할 수는 있었겠지만 모더니즘문학의 총본산이라 불리는 <구인회>와 김유정의 관계는 일정한 거리가 있었을 것으로 파악된다. 또 <구인회> 안에서도 김유정의 문학적 영향력은 크지 않았을 것으로 추정된다.40) <구인회>를 형성하고 있는 회원들의 문학적 성향이나 지향에 견주어 볼 때 김유정의 문학적 색채는 그들과 잘 조화된다고 보기는 어렵다.

　한 작가의 문학적 태도를 살피는 일은 전체 작품을 통해서 귀납되어야 온당할 것이다. 본 장에서는 작가가 남긴 산문을 통해 작가의식의 편린을 모아 보고자 한다. 주지하다시피 김유정은 총 13편의 에세이와 몇 편의 짧은 서간문을 남겨 놓았다. 특히 그의 에세이는 자신의 심정을 가감 없이 표백하고 있다는 점에서 다른 자료들에 비해 신뢰도가 높다고 본다.

---

40) 서준섭, 한국모더니즘문학연구, 일지사, 1988. 47쪽.

김유정의 문학적 태도가 포괄적·집약적으로 반영되고 있는 글은 그가 1937년 ≪조광≫에 발표한 서간문 형식의 수필 「병상의 생각」[41]을 들 수 있다. 이 글은 외형상 사랑을 호소하는 편지의 형태를 띠면서 그 속에서 자신이 생각하는 사랑의 개념을 해명하고 있다. 동시에 작가 자신의 사색·가치관·문학관·독서체험 등이 비교적 심도 있게 제시된다. 작가의 문학적 속마음이 이만큼 솔직하고 명료하게 정리된 드러난 글은 다른 지면에서는 발견되지 않는다.

「병상의 생각」을 개관할 때 우선 눈에 띄는 것은 예술을 위한 예술을 부정하면서 그러한 예술이 드러내기 쉬운 기교주의에 대한 반대다. 이런 시각에서 그는 제임스 죠이스의 『율리시즈』를 졸라의 부속품에 지나지 않는다고 평가하며 산 사람으로 하여금 유령으로 만들어 놓고 자랑을 삼는 심리주의 경향의 소설을 비판적으로 보았다.[42] 그는 『율리시즈』보다 봉건시대의 소산인 『홍길동전』이 훨씬 뛰어난 예술적 가치를 가진다고 단언한다. 여기에는 신심리주의가 추구한 치밀한 묘사의 극단을 '악화(譽曲)된 지엽적 탈선'[43]으로 간주하는 김유정의 문학적 혐오가 깔려 있다. 다음의 발언은 이에 대한 좋은 보기가 된다.

> 그러나 오늘 문학의 표현이란 얼마나 誤用되어 있는가, 를 내가 압니다. 그들이 갖은 노력을 傾注한 치밀한 그 묘사가 얼뜬 보기에 주문의 명세서나 혹은 심리학 강의, 좀 대접하야 육법전서의 조문해석같은 지루한 그 문자만으로도 넉히 알 수 있으리다. 예술이란 자연의 複寫만도 아니려니와 또한 자연의 복사란 그리 쉽사리 되는 것도 아닙니

---

[41] 전집, 442-445쪽. 이 글은 <사랑의 편지>라는 공동제로 집필된 에세이다. 편집자가 제시한 편집 의도가 따로 있었겠으나 작가는 어느 지면에서보다 진지하고 논리적인 목소리로 자신의 문학적 사색을 피력하고 있다.
[42] 전집, 앞의 책, 446쪽.
[43] 전집, 446쪽.

다. 그렇게도 寫實的인 사진기로도 그 완벽을 기치 못하겠거늘, 하물며 어떼떼의 문자로 우리 인간의 복사란 너머도 심한 농담인 듯 싶습니다. 44)

　세심하게 살펴보면 작가의 논리는 매우 정연하고 치밀한 바 있다. 달리 말해 객관적 재현에 탐닉하는 신심리주의 내지 예술지상주의를 주저 없이 비판하고 있다. 인용문만 참고하더라도 김유정의 사색이 하루 이틀에 급조된 토로가 아님을 명백하게 알 수 있다. 김유정이 혐오하는 것은 작가들이 선택하는 '묘사의 대상여하'나 '수법의 방식여하'45)를 시비하는 것이 아니라 예술 정신이 가미되지 않은 기계적이고 극단적인 문학류를 두고 하는 말이다. 이것은 시대의 고금을 떠나서 중요한 통찰이 아닐 수 없다. 그러고 보면 작가가 혐오한 것은 문학상의 어떤 사조가 아니라 그 사조들을 안이하게 해석하고 彌縫한 저급한 작가들을 경계한 언사로 읽어도 무방할 것이다.
　그러면 극단적 기교에 치중하는 문학을 비판한 작가가 금과옥조로 여기는 것은 무엇인가? 물론 이 문제에 대해 명쾌한 해명을 하기란 쉬운 노릇이 아니다. 작가의 육성을 존중한다면 그가 문학에서 최고 이상으로 삼는 것은 '사랑'이다. 그가 언명하는 사랑은 '좀더 많은 대중을 우의적으로 한 끈에 꿸 수 있으면 있을수록 거기에 좀더 위대한 생명을 갖게 되는 것'이다.46) 작가의 이와 같은 발언은 그가 상정한 독자계층과 소설창작의 방향에 대한 중요한 암시가 되기에 충분하다. 김유정의 사랑 개념을 1930년대 사회에 적용시킨다면 그 대답은 좀더 분명해진다. 즉, 작가는 1930년대 사회에 있어 가장 광범위한 독자계

---

44) 전집, 446-447쪽.
45) 전집, 447쪽.
46) 전집, 449쪽.

층이 누구이며 그들의 문제가 무엇인지를 똑똑히 인식하고 있었다는 뜻이 된다. 그가 식민지사회의 농민문제를 문학의 핵심주제로 선택한 사실은 그가 주창한 사랑론과 조금도 어긋나지 않는다. 김유정의 사랑론은 다른 자리에서도 발견된다. 그는 삶과 유리된 문학을 거부하면서 '내가 문학을 함은 내가 밥을 먹고, 산뽀를 하고, 하는 그 일용생활과 같은 동기요, 같은 행동입니다. 말을 바꾸어 보면 나에게 있어 문학이란 나의 생활의 한 과정'47)이라고 인식하고 있었던 것이다. 그가 삶의 문학을 지향하게 된 데는 독서체험48)도 고려되어야 할 것이다. 김유정은 조카인 영수에게 『죄와 벌』 『귀여운 여인들』 『가난한 사람들』 『외투』 『마리아와 광대』 『홍당무』 『阿Q正傳』 등의 소설을 권했다고 전한다. 이 작품들의 대부분은 러시아 작가들의 것이고 아울러 이 소설들이 대체로 가난한 하층민의 삶을 다루고 있다는 점에서 김유정의 소설세계와 관련하여 시사하는 바가 크다고 하겠다. 또한 김유정이 1936년 ≪風林≫ 제1집의 <새로운 문학의 목표>라는 설문에 응답한 글을 보면 앞에서 서술한 작가의 사랑론이 훨씬 구체적으로 정리되어 있음을 알 수 있다.

> 이 시대의 風霜을 족히 그리되 血脈이 통하야 제물로는 능히 起動할 수 있는 그런 성격을 천착하는 곳에 우리의 숙제가 놓여 있는 듯 하오니 위선 그 무엇보다도 우리의 情調와 交拜할지니 제일 아즉 品不足이라면 그 傳統으로 하여금 망신을 시키기에 須臾의 주저이나마 지닐 수 있을 만치 고만치라도 예의를 찾는 것이 곧 우리의 急務라 하겠나이다.49)

---

47) 전집, 449쪽.
48) 김영수, 앞의 글, 402쪽.
49) 김유정, 새로운 문학의 목표, 풍림 1, 1936. 34쪽.

윗글을 참고할 때 김유정은 소설이 당대 사회의 '풍상'을 그리되 '우리의 정조와 교배'해야 된다는 점을 문학의 급무로 파악하고 있다. 여기서 우리는 그가 생각했던 문학의식의 중요한 일단을 감지하게 된다. 소설을 통해 자신이 소속한 당대적 삶의 풍상들을 드러내 보이겠다는 의지가 그것이다. 이러한 태도는 리얼리즘의 정신과 상통한다. 한편, 당대를 반영하되 '혈맥'이 통해야 된다는 것은 전통적인 요소와의 접맥을 가리킨다. 조선어의 활달한 사용과 문체를 통해 그가 성취한 문학세계는 혈맥의 사상을 실천적으로 담아 낸 결과라 판단된다.

지금까지 김유정의 문단활동과 문학의식에 대해 살펴보았다. 그가 공식적인 문단활동을 한 것은 불과 2년 남짓에 그치지만 실제로 소설 창작에 임한 기간은 그보다 더 상회한다고 보는 것이 타당할 것이다. 이러한 사실들을 감안해도 그의 작품활동 기간이 여타 작가들의 그것에 비해 짧았다는 점은 부인하기 어렵다. 김유정의 문단활동이 단기간에 그쳤다는 사실은 그만큼 그의 문단적 교유관계가 폭넓지 못했으리라는 점을 추론케 한다. 김유정은 작품활동 전 기간을 통해 그 시기 한국문학의 화두였던 리얼리즘문학과 모더니즘문학 그리고 민족주의 문학의 틈바구니에서 어떤 문학운동에도 주도적으로 참여하지 않았지만 나름의 독자적이고도 확고한 문학세계를 전개시켜 왔음이 인정된다. 한때 <구인회> 후기 동인으로 참가한 바 있으나 이들 문학 집단 속에서 김유정의 영향력은 미미했던 것으로 보인다. 그러나 <구인회> 멤버들과 나누었을 문학적 의사소통의 내용에 대해서는 그의 소설이해를 위해 다른 자리에서 좀더 소상하게 밝혀질 필요가 있을 것이다.

다음으로 산문을 통해 살펴 본 작가의 문학의식은 두 개의 핵심어로 요약될 수 있겠는데 그것은 '사랑론'과 '혈맥론'이다. 사랑론의 실체는 김유정적 주제의 방향을 단적으로 끄집어내 구체화시켜 주는 명제이며 혈맥론은 전통지향의식을 가리키는 말이다. 이 두 가지가 절묘하게 조합된 것이 김유정의 소설세계인 것이다. 즉, 작가는 자신이 천명하고 관심하는 문학론에 입각하여 식민지사회 농민들의 실상에 주목하고 그들의 삶을 혈맥적 방식에 입각하여 소설화하였다. 결국, 작가가 사랑론과 혈맥론을 강조했다는 사실은 당대적 풍상을 서구의 방식이 아닌 전통적 방법으로 창작해 내겠다는 각별한 작가의식으로 이해되어야 할 것이다.

Ⅲ. 김유정의 소설 세계

1. 현실인식의 모습

 이 자리에서 논의하고자 하는 것은 김유정이 1930년대의 한국사회를 어떻게 이해하고 있는가에 대한 문제다. 작가가 현실을 어떻게 지각하느냐의 문제는 그가 창작하는 작품을 규정하는 바탕이 된다. 이를 더 소극적으로 표현한다면 창작에 걸쳐 있는 작가의 관심 부면을 의미한다. 어떤 경우도 작품이 작가의 인식능력을 초과하지는 않는다. 그러므로 작가 김유정이 자신이 몸담았던 당대 사회를 어떻게 이해하고 있었는가를 살피는 작업은 그의 소설세계의 이해를 위해 선결되어야 할 과정이다.
 김유정의 주요 관심이 식민지하의 농촌문제에 관계되어 있다는 사실은[50] 새삼스런 정보가 아니다. 이러한 사실은 작가 자신이 자기 시대의 모순을 농촌사회 전반에서 발견하고 있음을 의미한다. 1930년대는 일제의 식민통치 환경 속에서 삶을 영위하고 있는 농민의 문제가

---

50) 김윤식·김 현, 한국문학사, 민음사, 1979. 197-199쪽.

사회 전반의 표면으로 부상해 있던 시기였다.51) 그렇지만 농촌과 농민의 지위에 관한 문제가 1930년대에 비로소 시작된 문제는 아니다. 농민문제를 핵심적으로 보여주는 소작행위는 1920년대부터 시작되어 꾸준히 증가해 왔다. 조선총독부 소작 연보에 의하면 1928년에 이르러서는 소작 행위가 무려 1,590건에 달하고 있다.52) 또, 1910년 109,500명이던 북간도 이주 조선인의 수는 1918년에는 253,961명으로 증가, 1921년에는 307,806명이 이주했으며 이후로 매년 30만 이상의 조선인이 북간도로 이주한 것으로 집계되고 있다.53) 이 당시 농민들의 이농 현상은 일제에 의한 식민지 농업정책에 기인한다.

1) 1910년대: 토지조사 사업
2) 1920년대 전반기: 제1차 산미증식 계획
3) 1920년대 후반기: 제2차 산미증식 계획(명목상 1926-1934)
4) 1930년대: 농촌진흥정책 또는 자력갱생운동(1932-1939)
5) 1940년대: 제3차 산미증식 계획 및 국가 총동원 체제54)

인용문은 농업정책의 측면에서 일제 식민 통치의 기간별 특징을 구

---

51) 1930년을 전후하여 조선일보사와 동아일보사가 주축이 된 귀농운동이 펼쳐진다. 조선일보사는 1929년부터 1934년까지 6년에 걸쳐 문자보급 운동을 전개한다. 동아일보사는 1931년 러시아 제국의 귀족청년과 학생에 의해 전개된 농촌운동인 브나로드(Vnarod)를 본떠 농촌계몽운동을 펼친다. 이들 농촌계몽 운동은 1935년 총독부 경무국의 지시로 중지되었다. 그러나 이 운동은 농민의 권익과 지위 향상을 꾀하는 운동이면서 농민이 주체가 아니라 학생이나 지식 청년 또는 일부 언론사에 의해 선도되었다는 한계가 있다 (조동걸, 일제하 한국 농민 운동사, 한길사, 1979. 228-231쪽 참조).
52) 朝鮮農會 편, 조선농업발달사(정책편), 525쪽 (박현채, 일제 식민지 통치하의 한국농업, 창작과 비평, 1972 가을, 608 재인용).
53) 조동걸, 앞의 책, 80쪽 참조.
54) 조동걸, 앞의 책, 98쪽.

분 제시한 것이다. 토지조사 사업의 성격은 식민지 통치의 기반을 쌓기 위한 것이고 産米增殖 계획은 식량 공급과 식민 한국의 농업이민자의 이익을 위한 것이었다. 결국, 산미증식 계획은 식민지 경제 수탈을 목표로 하는 것으로서 소작 농민 또는 농업 노동력의 극대화를 통하여 일제의 지주적 이익을 증대시켜 보자는 데 있다.55) 이처럼 조직적인 수탈 구조에 의해 일제하의 한국 농촌사회는 하루가 다르게 궁핍화의 길을 걷게 된다. 김유정은 식민지 치하에서 궁핍한 생활을 면치 못하고 있는 농민들의 삶을 주목한다. 그는 단순히 당대적 삶의 외형적 모습을 모사해내는 것이 아니라 궁핍상의 표면을 제시함과 동시에 이러한 궁핍상이 진행될 수밖에 없는 구조적 모순을 소설의 구조로 변용시켜 놓고 있다. 여기서 구조적이라는 말은 넓게는 일제에 의해 만들어진 인위적인 수탈 구조를 포괄적으로 지칭하며 좁게는 지주와 소작인의 관계를 가리킨다.

　김유정은 일제하의 농촌사회를 기본적으로 지주와 소작인의 대립 구도를 통해 인식한다. 아울러 이러한 현실인식을 보다 효과적으로 드러내기 위해 현실을 정면으로 다루기보다 흔히 反語의 형식을 취한다. 반어의 형식은 농민들이 처한 열악한 현실상황을 극명하게 보여줄 수 있는 적절한 美的 機制가 된다. 이 점이 동시기 다른 작가들의 창작태도와 김유정을 변별하는 요소이기도 하다.

(1) 지주와 소작인

　일제는 1912년에 시작하여 1918년에 완료한 토지조사사업을 필두로 1920년부터 제 1차 산미증식 계획을 실시하면서 본격적으로 한국 농촌 사회를 수탈하기 시작했다. 수탈 정책의 피해를 농민이 감당한 것

---

55) 조동걸, 앞의 책, 98쪽 참조.

은 당연한 일이다. 이로 인해 농촌 사회는 화전민과 窮民들의 수효가 증가하게 된다. 또, 조직적인 수탈 정책이 진행되어 감에 따라 농민들은 신분상의 변화를 겪게 된다. 상당수의 농민들이 자신의 토지를 상실하고 소작인의 신분으로 전락하는 현상이 이 시기에 벌어진다. 이것은 한국의 농촌 사회와 농민들이 감당하기 힘든 크고도 중요한 변화 국면이 아닐 수 없다. 일제는 한국농업의 식민지적 재편성을 위해 米穀單作農業을 내용으로 하는 정책을 입안하여 한국농촌을 자신들의 식량창고로 만들어 갔다. 이들의 계획은 산미증식계획으로 구체화되었으나 이는 단순한 産米의 增殖만이 아니라 값싼 미곡의 일본 移出을 위한 전략이었다.56) 이 과정에서 한국의 농업생산은 증가되었으나 농민계층이 경제적으로 전락하는 것은 필연적인 과정이었다. 산미증식계획에 의해 미곡의 생산이 증가되었음에도 불구하고 오히려 한국농민들이 몰락하고 있다는 사실은 식민정책의 허구성을 그대로 드러내는 것이다.

  資力이 빈약한 자작농이나 中小地主는 장기에 걸쳐서 水利組合費를 감당할 수 없었으므로 토지를 방매하게 되어 수리조합구역내의 토지가격은 급락하였다. 이 까닭에 일본인과 조선지주들은 헐값으로 토지를 매수하여 토지의 겸병집중은 급속히 전개되었다. 뿐만 아니라 지주들은 수리조합이 설치되자 소작인에 대한 水取를 강화하였으며 심지어는 조합비까지도 소작인에게 전가시켰으므로 소작 농민의 상태도 악화되었다. 이리하여 산미증식계획은 효과보다도 농촌의 계급 분화를 촉진시키는 효과를 더 많이 가져온 것이다.57)

전석담의 글은 일제에 의해 진행된 조선농업의 식민지적 재편 과정

---

56) 박현채, 앞의 글, 599쪽.
57) 전석담, 조선경제사, 박문출판사, 1948, 243-244쪽.

에서 농민의 계급적 분화가 심화되었으며 資力이 빈약한 자작농들은 토지를 방매하고 소작농으로 전락해 갔음을 명약관화하게 보여준다. 주지하는 바와 같이 김유정의 작품들은 일제에 의해 진행된 수탈의 과정 속에 놓여 있는 농민들을 다루고 있다. 김유정의 인물들은 자신의 농토를 경작하는 자영농이 아니라 지주에 예속되어 있는 소작농이다. 이들은 본디부터 소작농의 신분이 아니라 자영농의 신분에서 소작농으로 전락했다는 특징을 지니며 이 점이 김유정 소설의 기본적인 갈등 항목이 되고 있다.

이제 구체적인 작품을 통해 작가의 현실 인식의 태도를 확인해 보자. 우선 「총각과 맹꽁이」부터 살펴보기로 하자. 이 소설은 궁핍하게 살아가는 덕만이 모자를 다루고 있다. 덕만 모자는 밤낮없이 일하지만 상황은 조금도 개선되지 않는다. 또, 딸을 결혼시키고 선채금을 받아 아들 덕만의 장가를 들이려고 하나 빚갚기에 모두 탕진함으로써 이도 허사가 된다.

> 가혹한 도지다. 입쌀 석 섬, 버리·콩·두포의 소출은 근근 댓섬, 논 아먹기도 못된다. 고목 느티나무 그늘에 가리어 여름날 오고가는 농군이 쉬든 정자터이다. 그것을 지주가 무리로 갈아 도지를 노아먹는다. 콩을 심으면 입나기가 고작이요 대부분이 열지를 안는 것이엇다. 친구들은 일상 덕만이가 사람이 병신스러워, 이밧을 침배타 비난하엿다. 그러나 덕만이는 오히려 안되는 콩을 탓할 뿐 올해는 조로 바꾸어 심은 것이었다 (「총각과 맹꽁이」, 15쪽).

소설의 상황을 따져 보면 덕만 모자는 될성싶지 않은 농사에 몸을 의탁하고 있다는 데에 갈등의 내용이 존재한다. 농토로서 적당하지 않은 정자터가 농토라는 점도 그렇거니와 도지의 대상까지 되고 있다는 사실은 덕만의 열악한 노동조건을 분명하게 보여주는 상황이다. '이

놈의 것도 밧이라고 도지를 바다처먹나'와 같은 농군들의 불평을 통해서도 도지의 불합리는 잘 드러난다. 그런데 소설에서는 이러한 열악한 환경에 불평하지 않고 순응하는 덕만을 '사람이 병신스럽'다는 식으로 묘사하고 있다. 다시 말해 덕만은 자신이 처한 불합리한 현실을 올바르게 인식하지 못한 것으로 보인다. 그러므로 덕만은 현실을 비판적으로 보기보다는 '안되는 콩을 탓'하는 차원에서 자신을 위로하고 있다. 이러한 덕만의 어리숙한 상황 인식은 사실 그가 처한 사회의 구조적 모순을 더 명징하게 드러내는 역설적 효과를 담보하고 있다.

「총각과 맹꽁이」와 유사한 소설적 상황은 「금따는 콩밧」에도 동일한 패턴으로 반복되고 있다. 금점에 이골이 난 수재의 제의에 따라 성실한 농민이었던 영식이 자신의 콩밭에서 금줄을 찾으려다 한 해의 농사를 망친다는 이야기는 표면적 구조만으로 본다면 금을 좇는 어리석은 농부의 이야기일 수 있다. 그렇지만 이 소설의 뒷면은 매우 우울한 1930년대 농촌 사회의 보편적 문제를 환기시킨다. 농민인 영식이 수재의 꾀임에 빠져 자신의 농사를 망친다는 이야기는 「총각과 맹꽁이」에서 병신스럽게 농사에 골몰하는 덕만의 상황과 동일한 맥락이다.

> 일년 고생하고 끽 콩 몇 섬 얻어먹느니 보다는 금을 캐는 것이 슬기로운 짓이다. 하로에 잘만 캔다면 한 해 줄 것 공드린 그 수확보다 훨썩 이득이다. 올봄 보낼 제 비료값 품삯 빚해 빗진 칠원 까닭에 나날이 졸리는 이판이다. 이렇게 지지하게 살고 말 바에는 차라리 가루지나 세루지나 사내자식이 한 번 해볼 것이다 (「금따는 콩밧」, 51쪽).

위의 장면은 영식이 수재의 제의를 받고 고민 끝에 자신의 콩밭을 파헤치고 금줄을 찾아 살길을 찾겠다고 결심하는 대목이다. 영식은 수재로 인해 자신의 처지를 깨닫게 된다. 수재는 이미 영식의 단계에서

한 걸음 더 진전한 인물이다. 이 상황에서 농사를 짓는 일은 더 이상 득이 없다는 것을 각성하고 농사를 작파한 인물이기 때문이다. 그러므로 '스뿔르게 농사만 짓고 있다간 결국 빌엉뱅이'(51쪽)밖에 될 것이 없다는 자각은 농촌을 떠난 수재나 농촌에 남아 있는 영식 모두에게 공통적으로 인식되고 있다. 가혹한 도지와 빚더미를 벗어나기 위해 노다지를 꿈꾸는 심리는 이해받을 수 있는 상황이다. 그러나 농업에 꿈을 버린 수재와 달리 붙박이 농군인 영식은 농토와 농사에 애착을 버리지 못한다. 이 점이 영식과 같은 농민계층의 항상적으로 겪고 있는 고난의 근본이다.

> 금도 금이면 앨써 키워 온 콩도 콩이었다. 거진 다 자란 허울 멀쑥한 놈들이 삽 끝에 으스러지고 흙에 묻히고 하는 것이다. 그걸 보는 것은 썩 속이 아팠다. 애틋한 생각이 물밀 때 가끔 삽을 놓고 허리를 굽으려서 콩닢의 흙을 털어주기도 하였다 (「금따는 콩밧」, 52쪽).

붙박이 농민으로서의 영식의 심정이 절절히 구체화 된 장면이다. 이에 비추어 볼 때, 영식의 금에 대한 헛꿈은 당대의 농촌현실에 근거를 둔다. 콩밭에서 금줄이 잡히지 않음으로써 노다지의 꿈을 상실하는 사람은 수재, 영식, 영식의 처이다. 소설에서는 수재가 가해자의 입장으로 묘사되어 있으나 소설의 결말이 반전되면서 이들 모두 피해자로 드러난다. 이러한 정황을 참고한다면, 영식은 매우 성실하면서도 농민다운 계산을 가진 상식적인 인물형이다.[58] 그런데 영식과 같은 인물군을 우직한 성격으로 규정짓는 데는 동의하기 어렵다. 그는 자작농의 감소와 소작농의 증가라는 농민의 계층 분화 과정에서 희생된 인물이다. 따라서 영식의 행위는 일제하에 진행된 농민의 계층 분화와 일정

---

58) 이주일, 김유정 소설의 등장 인물에 대한 고찰, 상지대어문집, 1982. 24쪽.

하게 관계되며 그 바탕 위에서 해석되어야 할 것이다.59) 각주에서 보인 농민의 계층 영락화 과정을 보면, 1920년대와 1930년대 농민의 영락 실태를 잘 알 수 있다. 농민들은 나날이 어려워지는 삶의 국면을 타개하기 위해 누대로 살아온 고향을 버리고 해외로 이주한다. 1925년 총독부의 공식 통계만으로도 15만 5천 112명이 고향을 떠났고, 1930년 거지의 수가 5만 8천 204명에 이르렀다고 하니 일제의 지주적 수탈 체제가 확립됨에 따른 한국 농민의 참상을 어렵잖게 짐작할 수 있다.60) 1930년대 당시의 농촌 인구가 전 국민의 92.2%였음을61) 상기할 때 농촌의 실상이 어떠했는가를 추론하기 어렵지 않다.

통상 작가의 대표작으로 운위되고 있는 「봄·봄」과 「동백꽃」도 지주와 소작인의 갈등 구조 속에서 이해되어야 한다. 「봄·봄」의 '나'를 바보 숙맥의 범주로 분류하고 '나'가 무지하고 가난하기 때문에 상식

---

59) 이에 대한 자료는 조동걸이 앞의 책 101쪽에서 인용하고 있는 <농민의 계층 영락화 과정> 도표를 참고할 필요가 있다.

농민의 계층 영락화 과정

5년 평균 년차	자 작 농		자작겸소작농		소 작 농		자·소작농 합계비율
	천호	(%)	천호	(%)	천호	(%)	
1913-17	555	21.8	991	38.8	1,008	39.4	78.2
1918-22	529	20.4	1,015	39.0	1,098	40.6	79.6
1923-27	529	20.2	920	35.1	1,172	44.7	79.8
1928-32	497	18.4	853	31.4	1,360	50.2	81.6
1933-38	547	19.2	732	25.6	1,577	55.2	80.8
1939-	539	19.0	719	25.3	1,583	55.7	81.0

60) 조동걸, 앞의 책, 102쪽 재인용.
61) 김영기, 농민문학론, 농민문학론(신경림 편), 온누리, 1983. 202쪽에 의하면 1930년대 총 인구 2천 1백만 중 도시 인구 5.6%, 농촌 인구는 94.4%였고, 심훈의 『상록수』가 발표된 1935년에 도시 인구 7.1%, 농촌 인구 92.2%였다.

에서 전도된 과오를 과오인 줄 모르고 계약 결혼을 파탄으로 몰고 간 다는 견해는62) 이 작품이 겨냥하고 있는 현실 이해의 측면을 축소하고 있다. '나'의 행위를 '바보'의 범주에 넣기보다 머슴의 일상적인 도덕으로 지배층의 속물취미를 노출시킨 것으로 보았을 때63) 작품의 설득력은 훨씬 커진다. '나'가 가지고 있는 행위의 진의는 지주의 대리자 즉 마름인 장인을 향한 공격적 태도에서 명확해 진다.

"빙모님은 참새만 한 것이 그럼 어떻게 앨 낫지유?"
(사실 장모님은 점순이보다도 귓배기 하나가 적다)
장인님은 이 말을 듣고 껄껄 웃드니(그러나 암만해두 돌씹은 상이다) 코를 푸는 척하고 날 은근히 골릴랴구 팔꿈치로 옆 갈비께를 퍽 치는 것이다. 더럽다, 나두 종아리의 파리를 쫓는 척하고 허리를 굽으리며 어깨로 그 궁둥이를 콱 떼밀었다. 장인님은 앞으로 우찔근하고 싸리문께로 씨러질 듯하다 몸을 바루 고치드니 눈총을 몹시 쏘았다. 이런 쌍년의 자식하곤 싶으나 남의 앞이라서 참아 못하고 섰는 그 꼴이 보기에 퍽 쟁그러웠다 (「봄·봄」, 144쪽).

소설의 문면으로 볼 때, '나'는 우직하거나 바보이기에 앞서 오히려 그 생각과 행위가 교활한 장인의 것을 앞지른다. 「봄·봄」의 의미는 '나'의 희극적 결혼 실패담에 머무는 것이 아니라 장인으로 대표되는 지주계층과 '나'로 대표되는 소작농 계층의 대립을 결혼이라는 제도를 통하여 상징적으로 드러내고 있다는 데서 찾아야 할 것이다. 다만 작가가 구사하고 있는 해학과 반어적 상황으로 인해 주제가 간접화되어 있다는 점을 상기할 필요가 있다. 「동백꽃」도 이와 같은 선상에서 이해될 수 있다. 이 작품은 사춘기에 접어든 '나'와 점순이의 성문제를

---

62) 이재선, 희화적 감각과 바보열전, 문학사상, 1974. 7. 306쪽.
63) 신동욱, 김유정고, 현대문학 169, 1969. 1. 291쪽.

다루고 있다. 소설 속에서 남자인 '나'의 성격이 소극적으로 표현된 반면에 점순은 적극적이고 능동적으로 묘사되고 있음은 흥미롭다. 이들 두 인물의 성격적 대조는 그들의 출신 성분과 무관하지 않다. 「동백꽃」의 에피소드를 살펴보면 두 인물이 표상하는 성격의 의미가 분명해질 것이다. 이 작품의 에피소드는 모두 7개로 나눌 수 있고 각각의 핵심적 화소는 다음과 같다. ⅰ)점순이가 울타리를 엮고 있는 '나'에게 군 감자를 갖다 주다 거절당함, ⅱ)다음날 점순이가 나무를 지고 산에서 내려오다 '나' 앞에서 '나'의 암탉을 주먹으로 침, ⅲ) 점순이가 제 집의 수탉을 데리고 와 '나'의 닭과 싸움을 시킴, ⅳ) '나'가 닭에게 고추장을 먹여 점순네 수탉과 싸움을 시킴, ⅴ) '나'가 나무하고 내려오는 길목의 동백꽃 속에 점순이가 앉아 호드기를 불며 닭싸움을 시키고 있음, ⅵ) 죽게 된 닭을 보자 '나'는 점순의 닭을 때려죽임, ⅶ) 점순의 닭을 죽인 죄로 점순을 안고 동백꽃 속으로 파묻힘. 에피소드 ⅵ) 이 제외되어 있거나 고려되지 않는다면 이 작품은 사춘기 청소년의 미묘한 성문제를 다룬 소설로 한정시켜 논의할 수 있다. 그러나 점순의 닭을 죽인 '나'의 절망감이 곧 일상적 삶의 문제와 분명하게 연결되어 있음을 감안하면 이 작품에 감추어진 대립항은 선명해진다. 이러한 논지는 다음에 인용할 소설의 장면을 통해 한층 구체적인 실감을 획득한다.

    "이놈아! 너 왜 남의 닭을 때려죽이니?"
    "그럼 어때?"하고 일어나다가
    "뭐 이 자식아! 누집 닭인데? 하고 복장을 떼미는 바람에 다시 벌렁 자빠졌다. 그리고나서 가만히 생각을 하니 분하기도 하고 무안스럽고 또 한편 일을 저질렀으니 인젠 땅이 떨어지고 집도 내쫓기고 해야 될는지 모른다 (「동백꽃」, 205쪽, 고딕은 인용자).

'나'의 성격이 점순에 비해 소극적일 수밖에 없는 것은 인용문을 통해 알 수 있듯이 인물들의 경제적 신분과 무관하지 않다. '나'와 점순은 경제적 신분이 같지 않다. 소작인의 아들에 불과한 '나'의 처지에서 지주의 대리인인 마름의 딸의 비위를 건드린다는 것은 쉬운 일이 아니다. 그것은 곧 삶의 터전인 땅과 집을 상실할 수 있다는 개연성을 의미한다. 결국, '나'의 소극적 행동 양식의 배경에는 경제적 구속력이 작용하고 있었던 것이다. 다만 인간의 본능적 문제인 성과 생존의 문제가 병치되어 있음으로 해서 본능의 문제가 생존의 문제를 우선하는 것으로 이해되는 측면이 없지 않다. 이것이 이 소설이 확보하고 있는 특수한 매력이기도 하다. 그렇지만 성문제에 대한 담론이 중심이라 해도 이 작품이 깔고 있는 사회적인 문제의식은 약화되지 않는다. 게다가 성과 생존의 문제가 별개의 것이 아니므로 두 가지의 문제를 차별적으로 볼 것이 아니라 한눈에 성찰하는 시각도 필요하다. 그러므로 「동백꽃」에서 '나'의 행동 양식은 성적 호기심과 소작인의 아들이라는 신분적 한계에 의해 조절·통어되고 있다고 보아야 한다. 김유정 소설에 부침하는 일련의 인물들은 스스로에게는 사회의식이 없지만 독자에게는 박진감 있게 사회문제를 깨닫도록 하고 있다는 주장은[64] 작가의 현실인식을 논함에 있어 중요한 참고가 되어 준다.

작가의 문제의식이 「봄·봄」과 「동백꽃」의 경우처럼 간접화되지 않고 한층 적극적으로 제시된 작품이 있다. 「만무방」과 「땡볕」이 그것이다. 「만무방」은 사회의식과 미의식의 양면에서 성공을 거두고 있으며[65] 김유정문학에 내포된 역동적 측면이 가장 잘 드러난 최대의 걸작이라는 평판에 부응하는 소설이다.[66] 「만무방」은 피폐한 농촌을 배

---

64) 신동욱, 앞의 글, 291쪽.
65) 신동욱, 김유정의 「만무방」, 한국현대문학론, 박영사, 1981. 139-166쪽.

경으로 한 두 형제의 이야기다. 형 응칠은 본래 소작인이었으나 빚에 몰려 야반도주하여 각처를 유랑하는 전과 4범의 건달이다. 그는 절도에도 능한 노름꾼이라는 점에서 사회적 윤리의 기준에 위배되는 만무방이다.[67] 반면에 동생 응오는 모범적인 농군이라는 점에서 형과는 상반되는 인물이다. 그런데 성실하고 모범적인 농군인 응오는 가을이 되어도 자기 논의 벼를 수확하지 않는다. 벼를 수확해 보았자 남는 것은 빚뿐이라는 현실적 절망감이 그로 하여금 벼수확을 포기하게 만든다. 응오의 논에 벼도둑이 드는 사건이 벌어지는데 범인을 잡고 보니 범인은 바로 응오 자신이었다.

> 캄캄하도록 털고나서 지주에게 도지를 제하고 장리쌀을 제하고 색초를 제하고 남는 것은 등줄기를 흐르는 식은땀이 있을 따름. 그것은 슬프다 하니보다 끗업시 부끄러웟다. 가치 털어 주든 동무들이 뻔히 보고 섯는데 빈 지게로 덜렁거리며 집으로 들어오는 건 진정 열쩍기 짝이 업는 노릇이엇다. 참다 참다 응오는 눈에 눈물이 흘럿든 것이다 (「만무방」, 84쪽, 고딕은 인용자).

응오로 대표되는 1930년대 농민 계층의 현실이 생생하게 제시되어 있다. 일년 농사를 짓고 남는 것이 등줄기를 흐르는 식은땀뿐이라는 인식은 당시 소작인들의 심중과 여실히 맞닿아 있다. 문제는 응오와 같은 모범 농군이 자신이 땀흘려 지은 곡식을 자기의 손으로 도둑질해야 한다는 모순된 현실에 있다. 모범 농군을 도둑이라는 반사회적인 인물로 변신하도록 내모는 식민지시대 농촌현실은 농민들의 현실 집착력을 현저하게 떨어뜨려 놓았다. 현실 순응적인 인물인 응오가 자신

---

66) 윤지관, 민중의 삶과 시적 리얼리즘, 세계의 문학 48, 206쪽.
67) 만무방의 사전적 의미는 예의 염치가 없는 자들의 무리, 함부로 된 사람, 아무렇게나 생긴 사람을 가리킨다(신기철·신용철, 새우리말 큰사전).

의 벼를 훔친 도둑으로 변신한데 반해 형 응칠은 적극적인 반사회적 인물68)이자 적극적인 행동형의 인물이다.

> 그럿타고 응칠이가 번시라 영마직성이냐 하면 그런 것도 아니다. 전에는 사랑하는 아내가 잇섯고 집도 잇섯고 그때 어딜 하로라고 집을 떠러져 보앗스랴. 밤마다 안해와 마주 안즈면 어찌하면 이 살림이 좀 늘어 볼까, 애간장을 태이며 가튼 궁리를 되하고 되하엿다. 마는 별 뾰족한 수는 업섯다. 농사는 열심으로 하는 것 가튼데 알고 보면 남는 건 겨우 남의 빗뿐 (「만무방」, 82쪽).

응칠의 개인적 성향이 동생 응오에 못지 않게 모범적이고 정상적인 농군이었음이 잘 드러나고 있다. 이처럼 성실하고 모범적인 농군을 반사회적인 건달로 변신하도록 종용한 배면에는 마땅히 일제에 의해 진행된 한국 농촌사회의 수탈 정책이 도사리고 있다. 더구나 응칠의 탈선적 행위가 농민들로부터 존경의 대상이 되고 있다는 사실은 왜곡된 사회의 도덕성에 대한 강렬한 부정의식의 표현이다.69)

「만무방」의 인물들 '응칠' '응오' '성팔이' 등은 응고개가 있는 마을에서는 정상적이었다. 그러나 이런 인물들이 가지고 있는 정상성은 곧 이들 수단보다 높은 자작농이나 區長 또는 정상인인 도회인의 정상성에 의하여 소멸되고 마는 것이다. 따라서 작가는 응칠형의 영세농민의 도덕과 정상인의 도덕적 차이가 빚어내는 사회적 갈등을 극화한 것이다.70)

---

68) 윤지관, 앞의 글, 267쪽. 응칠은 '속이 틘 건달'로서, '남는 건 겨우 빗뿐'인 소작농을 파작하고, '삼천리 금수강산에 늘여놓인 곡식'은 먼저 먹는 게 임자이고 돌아다니는 가축도 채가는 게 주인이라는 식의 생활방식을 가진 반사회적인 인물이다.
69) 윤지관, 앞의 글, 268쪽.
70) 신동욱, 앞의 책, 180-181쪽.

신동욱과 같이 김유정의 작품을 사회적 관점에서 해석할 때에 「만무방」에 등장하는 '응칠'과 같은 인물의 의미가 밝혀진다. '응칠' '응오' '성팔이' '재성이' 등은 모두 정상적인 삶의 형태에서 벗어난 삶을 살고 있다. 그들이 도덕적인 구속성을[71] 초월할 수 있었던 사회적 배경에는 일제에 의한 농촌경제의 재편과정이 놓여 있다.

지금까지 작가의 현실인식을 검토하기 위해 「총각과 맹꽁이」 「금따는 콩밧」 「봄·봄」 「동백꽃」 「만무방」 등의 작품을 살펴보았다. 이들 작품에서 공통적으로 발견되는 것은 지주와 소작인의 대립 갈등이 숨겨져 있다는 점이다. 이들 작품에는 지주이거나 지주의 대리인인 마름에게 경제적으로 예속되어 있는 인물들이 자신의 성실성에도 불구하고 궁핍의 도를 더해 가는 것으로 묘사되어 있다. 「총각과 맹꽁이」의 덕만, 「금따는 콩밧」의 영식, 「만무방」의 응칠·응오 형제 등은 모두 모범적인 농군이나, 가혹한 도지와 빚에 몰려 가난을 면하지 못하고 있었으며 가난을 탈피하려는 행위가 웃음거리가 되거나(「금따는 콩밧」) 반사회적인 행동으로 표출되기도 한다(「만무방」). 또한 「봄·봄」 과 「동백꽃」의 경우도 인물들이 지주와 소작인이라는 경제적 구속력 위에 놓여 있음을 확인할 수 있었다. 기타 이 자리에서 다루지 않은 「산골」 「소낙비」도 경제적 신분이 갈등 항목으로 배치되어 있다는 점에서 이 계열로 분류될 수 있다.

앞서 우리는 김유정 소설의 현실인식의 한 측면을 살펴보았다. 작가의 소설에는 유난히 지주와 소작인이라는 경제적 신분간의 대립이 자주 등장한다. 이것은 당대 농촌현실의 반영이기도 하지만 그보다는 이러한 구도를 통해서 농민들의 계급적 전락 과정과 실제적 현상을 소상하고 온전하게 그려내려는 작가관의 한 반영이다. 실제로 김유정 작

---

71) 김진석, 「만무방」논고, 어문논집 23, 고려대 국문학과, 1982. 471쪽.

품의 주요 인물들은 경제적 부를 누리고 있는 지주나 자영농 계층이 아니라 소작농이거나 영세한 농민계층이다. 이러한 사실은 김유정의 인물들이 지주 계층에서 소작농 계층으로 전락해 갔음을 의미하는 것이고, 그 배경에는 일제의 식민지 농업정책이 도사리고 있음을 작가는 폭넓게 드러내고 있다. 다시 말해 작가는 식민지 사회의 경제적 모순을 지주와 소작인의 대립 항목을 통해 노골화시키고 한편으로 깊숙하게 성찰하는 소설적 구도로 삼고 있다.

(2) 현실과 반어적 대응

앞에서 우리는 일제의 식민지정책 하에서 영세농민이나 소작농으로 몰락해 간 농촌현실을 지주와 소작인이라는 대립적 구조로 파악한 작가의 현실인식에 대해 검토해 보았다. 성실한 노동에도 불구하고 증폭되는 가난을 벗어나기 위해 김유정의 인물들은 부단하게 자신의 열악한 현실을 개선하려는 의지를 보여준다. 그런데 이러한 현실 개선의 노력들은 긍정적인 방향보다 부정적인 방향에서 추구된다. 그것은 현실 순응적인 개선의 노력들이 현실 앞에서 무력하게 좌절되었다는 반동으로부터 비롯된다. 작가가 설정한 인물들은 현실의 닫힌 전망 앞에서 반사회적인 수단 —도박·매춘·인신매매·潛採·술장사—에 의해 현실의 극복을 시도하지만 그것도 실패와 좌절로 종결된다. 작가가 제시한 인물들의 행위가 타락한 방식에 의거하고 있다는 사실은 타락한 사회상을 액면 그대로 반영하려는 작가의 의도로 이해된다. 긍정적인 인물들의 건전한 가치관이 아니라 부정적인 인물들의 반동적인 행동양식이 소설 속에서 강조됨으로써 반어의 시각이 열리게 된다. 작가가 소설 속에서 특징적으로 보여주고 있는 반어는 그가 접수하고 있는 현실의 모습을 효과적으로 표현하기 위한 방법론의 한 가지다.

김유정에게 있어 반어는 수사학적이 차원의 것이 아니라 현실의 구조를 인식하는 방법으로 기능하고 있다. 그런 점에서 반어는 사회 탐구적 의미가 강하다. 작가는 통상 아이러니가 현실과 외관과의 대조라는[72] 점을 승인하면서 아이러니를 통해 1930년대의 현실과 외관의 간극에 주목하고 있다. 작가는 당대의 닫힌 현실상황을 반어적 국면으로 인식함으로써 뚜렷한 소설적 성과를 성취했다. 그의 소설에 등장하는 인물들에게 탈출의지에 맞갖는 현실은 주어지지 않고 이것을 배반하는 상황만이 주어진다는 점에서 반어는 구체적인 현실인식의 소설적 機制가 되고 있다.[73]

반어적 양식이 효과적으로 성취된 작품으로「산골나그내」를 들 수 있다. 선채금이 없어 결혼을 못하고 있던 덕돌이가 마을에 들어온 들병이와 혼인을 한다. 그러나 들병이가 덕돌의 옷가지를 가지고 야반도주함으로써 덕돌의 기대는 완전히 무산된다. 이 작품은 기대와 기대의 반전을 통해 당대 사회가 지니고 있는 보편적 모순의 모습을 적실하게 보여주는 전형이다.

> 덕돌이는 첫날을 치르고 붓석붓석 기운이 난다. 남이 두 단을 털 제면 그의 볏단은 석단ㅅ재 풀처나간다. 연방 손ㅅ바닥에 침을 배타 부치며 억개를 웃슥어린다.
> 「쓱! 쓱! 쓱! 찍어라 굴려라 쓱! 쓱!」
> …(중략)…
> 「얘! 장가 들고 한 턱 안내니?」
> 「일색이드라 짠짠히 먹자 닭이냐? 술이냐? 국수냐?」
> 「웬 국수는? 너는 국수만 아느냐?」

---

72) 뮤케, 아이러니(문상득 역), 서울대출판부, 1982, 53쪽.
73) 반어적 상황이 드러난 작품으로는「산골나그내」「총각과 맹꽁이」「땡볕」「애기」「만무방」「노다지」등이다.

저의 끼리 셋고 까분다. 그들은 일을 노흐며 옷깃으로 쌈을 씻는다.
골바람이 벼쌀치를 부여케 풍긴다. 옆산에서 푸드득 하고 꿩이 나르며
머리 우를 지나간다 (「산골나그내」, 10~11쪽).

거지는 호사하엿다. 달빗에 번쩍어리는 겹옷을 입고서 집행이를
끌며 물방앗간을 둥젓다. 꼴꼴하는 그를 부축하야 계집은 뒤에 따른다.
술집며누리다 (「산골나그내」, 13쪽).

앞의 장면은 장가 가서 첫날을 치르고 난 덕돌이가 동무의 품앗이 일을 하면서 신바람이 나는 모습이고 뒤의 장면은 덕돌의 옷을 훔쳐 입은 들병이부부가 마을을 떠나가는 부분이다. 앞의 장면이 덕돌의 심정이 상승되는 국면이라면 뒤의 장면은 하강 국면이다. 결혼을 통해 딱하기만 했던 자신의 현실을 개선하려던 덕돌의 희망은 들병이아내가 도주하는 바람에 완전히 물거품이 되고 만다. 그렇다고 도망가는 들병이의 신세가 호전되는 것도 아니다. 거짓 결혼으로 생활능력이 전혀 없는 남편을 부양해야 하는 들병이의 상황도 반어적이다. '달빛에 번쩍어리는 겹옷'과 '거지'라는 문맥은 현진건의 「빈처」를 상기시켜 주는 아이러니컬한 상황이다. 「산골나그내」의 덕돌과 그와 위장결혼을 했던 들병이는 공히 곤고한 현실을 탈출하려는 의지와 희망을 가지고 있으되 탈출의 기회는 주어지지 않고 있다. 반어적 상황은 이러한 현실적 문맥을 제시하는 데 탁월한 효과를 발휘한다.

김유정의 소설이 종말강조의 리얼리즘의 기법을[74] 즐겨 쓴다는 사실은 작가가 현실을 반어적으로 파악하고 있다는 의미와 같다. 그렇지만 작가의 반어적 방법을 단순한 구성상의 기교로 파악하는 것은 작가의 진의를 왜곡시킬 개연성이 있다. 그렇다면 작가는 왜 하필 반어

---

74) 구인환, 한국근대소설연구, 삼영사, 1980. 338쪽.

를 선택하고 있는가? 「산골나그내」에서 보여지듯이 작가가 설정한 반어적 인식은 선량하고 범상한 인간이 역사의 모순된 구조 속에서 피폐되는 모습을 정확히 포착하기 위한 적극적인 탐구방법으로 이해되어야 한다.

「총각과 맹꽁이」의 경우, 덕만이는 들병이에게 장가를 들기 위해 친구들의 술값과 닭 한 마리까지 제공하며 '뭉태'에게 부탁하나 들병이는 오히려 '뭉태'와 놀아난다. 결혼에 관한 덕만의 기대는 완전히 깨어졌다. 여기서 '뭉태'는 덕만의 선량한 현실 탈출의지를 좌절시키고 반전시키는 매개자 역할을 수행하고 있다. 덕만에게 장가를 보내 주겠다고 유혹해 놓고 자신이 들병이를 가로채는 상황을 설계한 인물이 바로 '뭉태'인 것이다. '뭉태'는 김유정의 다른 소설에도 반복 등장하면서 한결같이 부정적인 매개자의 소임을 충실히 수행하고 있는 흥미로운 인물이다.[75] 그런데 뭉태에게 농락당하는 덕만이를 어리석은 인물로만 취급하는 것은 인물에 대한 편향적 이해이다.

> 덕만이는 금시로 콩밧틀 튀여나왓다. 잿간 여프로 달겨들며 큰 돌맹이를 집어들었다. 마는 눈을 얼마 감고 잇는 동안 단념하엿는지 골창으로 던져버렷다. 주먹으로 눈물을 비비고는
> 「살재두 나는 인전 안 살 터이유―」하고 잿간을 향하여 소리를 질럿다. 그리고 제 집으로 설렁설렁 언덕을 나려 간다.
> 그러나 맹꽁이는 여전히 소리를 끌어올린다. 골창에서 가장 비웃는 듯이 음충맞게 「맹―」던지면 「꽁―」하고 간드러지게 밧아넘긴다 (「총각과 맹꽁이」, 22쪽).

---

[75] '뭉태'가 등장하는 작품은 「총각과 맹꽁이」 외에도 「솟」 「안해」 「봄·봄」이 있으며 그는 실리에 밝고 비열한 인간의 전형이다.

맹꽁이는 덕만이의 등가물이다. 그러나 이 장면에서 덕만이의 어리석음을 분석하는 일보다는 그가 사람들의 우스개로 전락해야 되는 현실적 상황에 눈을 돌려야 한다. 순박한 인간이 그 순박함으로 인해 수모를 당하는 현실적 풍경은 그 자체로 모순적이다. 인물의 성격론에 논의의 초점을 고정시킨다면, 「총각과 맹꽁이」도 순박하고 어리석은 농촌청년의 결혼 실패담을 넘어서기 어렵다. 이러한 논의는 덕만이라는 인물이 딛고 있는 사회경제적 조건들을 문학 외적인 것으로 치부하고 논의의 장에서 봉쇄할 때 흔히 야기되는 분석상의 한계이다. '살재두 나는 인전 안 살 터이유―'라는 덕만의 절규는 당연히 그가 당하고 있는 현실적 좌절감의 표현이지만 다른 한편으로 그의 절규는 자신을 포위하고 있는 모순된 현실에 대한 폭넓은 항의이자 소박한 비판을 담고 있다.

> 김유정은 그의 모든 작품을 아이러니적 상황 속에서 설정하고 있다. 계집애인 '점순'이는 성을 알고 있는데, 사내인 '내'가 성을 몰라서 딴 것으로만 착각하여 희극을 연출하는 「동백꽃」, 일시의 성유희로 끝나버린 '도련님'을 바라고 자기를 진정으로 좋아하는 '석숭'을 대수롭지 않게 여기고 있는 '이쁜이'를 그린 「산골」, '뒷산에서 밤마다 벌어지는 큰 놀음판'에서 일확천금하여 서울로 가겠다는 춘호의 생각이 결국에는 아내를 이주사에게 몸을 팔도록 만드는 「소낙비」, '섯부르게 농사만 짓고 있다간 결국 비렁뱅이밖에 더 못된다'는 생각으로 친구의 말을 듣고 금을 캐겠다고 터무니 없이 콩밭을 파헤치고 있는 「금따는 콩밧」등 그의 소설은 아이러니적 상황이 핵심을 이루고 있다.[76]

김상태는 김유정의 소설이 아이러니적 상황을 이루고 있다는 점을 강조하고 있다. 그런데 인용문에 보이는 바와 같이 논자는 아이러니가

---

76) 김상태, 문체의 이론과 해석, 새문사, 1982. 248쪽.

유발된 발생론적 배경에 대해서는 특별한 관심을 표하지 않는다. 김유정 소설의 특수한 지점을 충분히 해명하려면 실제 현실 속에서 벌어지고 있는 아이러니적 상황을 논의의 장으로 끌어들여야 한다. 그렇지 않고 반어적 상황의 원인을 인물들의 개인적 성격이나 즉흥적이고 일차적인 행위의 충동에서 찾으려고 했을 때, 김유정은 한낱 1930년대의 유익한 유우머 작가77)로 평가되고 만다. 따라서 그의 소설에 구조되고 있는 해학적 상황은 당대의 사회·역사적 배경과의 연계 속에서 해명되어야 비로소 온당한 의미를 부여받을 수 있다.

「금따는 콩밧」의 영식은 성실하고 모범적인 농군의 전형으로 묘사되었다. 영식을 반어 상황 속으로 인도하는 인물은 금점에 이골이 난 수재다. 소설의 문맥을 따르자면 성실한 농군인 영식이 수재의 꾀임에 빠져 자신의 콩밭에서 금을 캐겠다고 나섬으로써 그는 동네 사람들의 웃음거리로 전락한다. 아이러니는 표면적인 상황만으로 발생하는 것이 아니다. 이 작품 속의 아이러니는 영식과 수재의 다소 황당한 현실인식과 연관된다.

> 바루 이 산넘어 큰골에 광산이 잇다. 광부를 삼백여명이나 부리는 노다지판인데 매일 소출되는 금이 칠십냥을 넘는다. 돈으로 치면 칠천원. 그 줄맥이 큰산 허리를 뚫고 이 콩밧으로 나왓다는 것이다. 둘이서 파면 불과 열홀 안에 줄을 잡을 게고 적어도 하루 서돈식은 따리라. 우선 삼십원만해두 얼마냐. 소를 판대두 반필이 아니냐고 (「금따는 콩밧」, 50쪽).

수재가 영식에게 영식의 콩밭에 금줄이 뻗어 있음을 알려주고 같이 콩밭을 파헤칠 것을 제안하는 장면이다. 평범한 농부가 일확천금에 대

---

77) 백　철, 신문예사조사, 신구문화사, 1968. 494쪽.

한 환상으로 들뜨는 모습은 그것만으로도 반어적 국면을 형성한다. '일년 고생하고 끽 콩 몇 섬 얻어먹느니 보다는 금을 캐는 것이 슬기로운 즛'이라는 영식의 인식은 정당성을 확보할 수 있다. 콩 몇 섬은 어떤 형태로든 농부의 일년 고생을 보상해 줄 수 없기 때문이다. 이와 같은 상황이 김유정 소설의 아이러니를 발생시키는 사회·역사적 배경이다. 농부가 콩밭에서 금을 찾는 반어적 국면과 농민이 괭이 대신 간데라불을 들고 광부로 변신한 반어적 상황을 통해 당시 농촌사회의 반어적 구조78)를 부각시켰다는 논점은 의미 있는 지적이다.

김유정 소설에 있어 반어적 구조를 명징하게 보여주는 작품은 「땡볕」과 「만무방」이다. 「땡볕」은 작가가 창작한 일련의 뛰어난 단편들의 성취를 요약하면서79) 수탈당하던 식민지시대 민중들의 참담한 실상을 상징적으로 보여준다. 「땡볕」의 주인공 덕순이는 어떤 인물인가? 그의 이력은 간단하다. 그는 시골에서 상경한 지 얼마 되지 않은 이농민 출신이다. 덕순은 병명 미상의 중병에 걸려 죽게 된 아내를 지게에 지고 대학병원으로 향한다. 대학병원에서는 괴상한 병이면 치료는 물론 월급까지 주어 가며 연구의 대상으로 삼는다는 이웃의 말을 듣고 덕순은 한껏 기대에 부풀었다. 병원에 이르러 덕순부부의 기대는 완전히 깨어지고 덕순은 회생의 가망이 없는 아내를 지게에 지고 병원 언덕길을 내려온다.

　　①안해의 이 병은 무슨 병일까, 짜정 기이한 병이라서 월급을 타 먹고 있게 될 것인가, 또는 안해의 병을 씻은 듯이 고쳐 줄 수가 있겠는가, 겸삼수삼 모두가 궁거웠다 (「땡볕」, 306쪽).

---

78) 김진악, 김유정 소설의 골계 구조, 국어교육 51·52 합병호, 한국국어교육연구회, 1985. 5쪽.
79) 윤지관, 앞의 글, 263쪽.

②덕순이는 열적은 낯을 무얼로 가릴 지 몰라 주볏주볏
「월급 같은 건 안주나요?」
「무슨 월급이요?」
「왜 여기서 병을 고치면 월급을 주는 수두 있다지요?」
「제 병 고쳐 주는데 무슨 월급을 준단 말이요?」
하고 맨망스리도 톡 쏘는 바람에 덕순이는 얼골이 고만 발개지고 말았다.

③덕순이는 얼마 전에 히망이 가득이 차 올라가든 길을 힘풀린 거름으로 터덜터덜 나려오고 있었다. 보지는 않어도 지게 우에서 소리를 죽이어 훌쩍훌쩍 울고 있는 안해가 눈앞에 환한 것이다. 학식이 많은 의사는 일짜무식인 덕순이 내외보다는 더 많이 알 것이니 생명이 한 이레를 못가리라든 그 말을 어째 볼 도리가 없다. 인제 남은 것은 우중충한 그 냉골에 갖다 눕혀 놓고 죽을 때나 기다리고 있을 따름이었다.
덕순이는 눈 우로 덮는 땀방울을 주먹으로 훔쳐 가며 장차 캄캄하여 올 그 전도를 생각해 본다. 서울을 장대고 왔든 것이 벌이도 제대로 안되고 게다가 인젠 안해까지 잃는 것이다. 지에미부틀! 이놈의 팔짜가, 하고 딱한 탄식이 목을 넘어오다 꽉 깨무는 바람에 한숨으로 터저 버린다.
한나절이 되자 더위는 더한층 무서워진다 (「땡볕」, 308-309쪽).

인용문은 소설 속에서 진행된 사건의 추이를 순차적으로 보여주기 위해 제시했다. 인용문 ①은 기대의 상승 ②는 기대의 반전 ③은 기대의 하강 국면을 함축적으로 보여주고 있다. 이 작품의 아이러니는 ①과 ②의 장면에서 발생한다. 아내의 병을 고치고 돈까지 벌려고 했던 기대가 '제 병 고쳐 주는데 무슨 월급을 준단 말이요?'라는 한 마디 말 앞에서 허망하게 무너지며 독자들의 실소를 자아낸다. 덕순부부가 병을 고친다는 희망을 가지고 대학병원으로 가는 언덕길과 좌절된 기대를 안고 돌아오는 내리막길은 「땡볕」의 단편적 구조를 절묘하게 완결시켜 주는 기능을 행사한다. 다시 말해 오르막길은 기대의 상승 국면을 내리막길은 기대의 하강 국면을 각각 상징한다. 그 사이에 덕순부부의 기대를 반전시키는 아이러니적 상황이 삼각형의 정점처럼 배치되어 있다. 이와 같은 소설의 내적 구조는 이 소설의 단편소설적 미학을 유감없이 보여주는 예가 되기도 한다. 아울러 덕순부부의 이농할 수밖에 없었던 상황과 서울에서의 신통치 못한 벌이, 게다가 아내마저 잃어야 하는 상황은 출구가 없다는 데에 그 막막한 절대성이 찾아진다.80) 결국 「땡볕」은 선량한 농민의 삶을 가로막는 현실과 그로부터 비롯되는 캄캄한 전도를 절묘한 반어적 구조를 통해 제시함으로써 당대 사회의 구조적 모순은 물론 높은 예술성까지 함께 확보한다.

「땡볕」과 더불어 반어적 구조가 돋보이는 작품으로 「만무방」을 거론하지 않을 수 없다. 신동욱은 「만무방」의 작중인물이 마땅히 옹호되어야 할 한국 당대의 주동인물임을 강조하면서 김유정 특유의 역설의 미학에 주목했다. 작가의 현실인식이 첨예하게 수렴되고 있는 「만무방」은 당시 소작인들의 궁핍상을 반어적 구조를 통해 제시함으로써 소설미학의 측면에서도 뛰어난 성취에 이른다.

> 하루는 밤이 기퍼서 코를 골며 자는 아내를 깨웠다. 박게 나아가 우리의 세간이 몇 개나 되는지 세여보라 하엿다. 그리고 저는 벼루에 먹을 갈아 붓에 찍어들엇다. 벽을 바른 신문지는 누러케 꺼럿다. 그 우에다 안해가 불러주는 물목대로 일일히 나려 적엇다.
> 독이 세 개, 호미가 둘, 낫이 하나, 로부터 밥사발, 젓가락집이 석단까지 그 담에는 제가 빗을 엇어온데, 그 사람들의 이름을 쭉 적어 노

---

80) 윤지관, 앞의 글, 262쪽.

앗다. 금액은 제각기 그 알에다 달아노코, 그 옆으로 조금 사이를 떼어 역시 조선문으로 나의 소유는 이것박게 업노라. 나는 오십사원을 갚흘 길이 업스매 죄진 몸이라 도망하니 그대들은 아예 싸울 게 아니겟고 서루 의론하야 어굴치 안토록 분배하야 가기 바라노라 하는 의미의 성명서를 벽에 남기자 안으로 문들은 걸어 닷고 울타리 밋구멍으로 세 식구 빠저나왓다 (「만무방」, 82-83쪽).

응칠이 농토를 버리고 떠돌게 되는 정황이 해학적으로 제시되어 있다. 그러나 해학의 뒷면이 너무 어둡고 참담하므로 작품 속의 해학은 주동인물 응칠의 자학으로 읽히기도 한다. 자신이 진 빚을 갚을 길이 없자 전 재산을 공개하는 성명서를 벽에 붙이고 야반도주를 감행하는 응칠의 행위는 다분히 비극적이다. 더욱이 독, 호미, 낫, 밥사발, 젓가락집 등의 물목을 열거하고 '나의 소유는 이것박게 업노라'고 선언하는 응칠의 성명서는 현실과 독자를 향한 커다란 냉소까지 포함하고 있다.

응칠은 빚을 감당하지 못해 이농민이 되었다. 또 그는 '쥐뿔도 업는 것들이 붙어단긴대짜 별 수 업다. 그 보담은 서루 갈리어 제맘대로 빌어먹는 것이 오히려 가뜬하리라'는 판단에서 아내와도 헤어진다. 이리하여 응칠은 전과 4범의 반사회적인 인물로 변신하게 된다. 응칠과 같은 인물형을 만들어 내는 사회는 분명히 추문이다. 그러므로 응칠의 행위는 당대 사회를 향한 고발이며 또한 항의이다. 응칠의 대범하고 적극적인 행동이 사회적 가치에 반할수록 그의 행위는 그와 유사한 계층의 대안으로 작동한다. 한 사회의 통념적 가치를 거스르는 인물의 행동 양식이 암암리에 흠모되고 있다는 사실은 그 자체로 이미 반어적이다. 이는 1930년대와 같은 모순된 사회현실 속에서 반사회적인 행동 양식이야말로 비참한 현실을 벗어날 수 있는 최후이자 유일한 선택이라는 점을 역설적으로 환기한다. 궁핍한 식민지 현실에 대한 풍자적 표현으로 말미암아 그 궁핍의 정도가 더욱 극명하게 드러나는 것이며 동시에 그의 소설의 리얼리티가 보다 선명해지는 것이다.[81] 김유정 소설의 리얼리티 확보는 현실을 반어적으로 파악한 작가의 현실인식의 방법에 기인하며 그 인식방법의 핵심은 아이러니의 양식이다. 아이러니의 양식 ironic mode에 대해서는 다음과 같은 N. Frye의 견해가 시사적이다.

> 힘에 있어서도 지성에 있어서도 우리들보다 뛰어나지 못한 까닭에 우리가 굴욕, 부조리의 정경을 경멸에 찬 눈초리로 내려다보고 있는 듯한 느낌을 그의 행위를 통해 받게 될 경우, 이 주인공과 똑같은 상태에 처해 있다든가, 혹은 똑같은 상태에 처하게 될지도 모른다고 느끼게 되는 경우에도 적용된다. 왜냐하면 이와 같은 상태는 보다 폭넓은 자유의 기준에 의해서 판단되기 때문이다.[82]

프라이의 견해를 원용한다면 지금까지 살펴 본 김유정의 인물들은 힘에 있어서도 지성에 있어서도 뛰어나지 못한 인간들이다. 이렇게 말하는 것보다는 김유정의 인물들이 정치적·경제적 힘으로부터 소외되어 있을 뿐만 아니라 평균적 교양도 갖추지 못했다고 해야 정확할 것이다. 이 점을 강조하는 이유는 정치·경제·사회·지식 등 사회일반으로부터 소외된 이 인물군이 1930년대라는 당대 사회를 구성하는 평균적 개인이기 때문이다. 덕돌(「산골나그내」), 덕만(「총각과 맹꽁이」), 영식(「금따는 콩밧」), 응칠·응오(「만무방」), 덕순(「땡볕」) 등은 하나같이 정상적인 사고를 하고 있는 인물들이다. 이러한 정상적 인물들이

---

81) 조남철, 앞의 글, 123쪽.
82) N. Frye, 임철규역, 비평의 해부, 한길사, 1982. 51쪽.

현실사회 속에서 희화적으로 파괴되는 것은 그 원인이 인물들 자신에게서 비롯되는 것이 아니라 당대 사회가 안고 있는 경제·사회적 모순에 근거한다는 점을 작가는 분명히 하고 있다. 따라서 작가가 선택한 반어적 양식은 모순된 채로 은닉되어 있는 현실사회의 윤곽을 효과적으로 포착하여 소설로 되돌려 놓고 있다.

> 아이러니의 작가는 자기를 비하시키기도 하고, 소크라테스처럼 무지를 가장하기도 하는가 하면, 자기가 아이러니를 사용하고 있는 것조차 모르는 척하기도 한다. 완전한 객관성, 모든 자명한 도덕판단의 억제, 이것이 그의 방법에 있어서 중요한 것이다. …(중략)…
> 아이러니는 인생을 있는 그대로 정확히 포착한다. 그러나 아이러니 작가는 도덕을 입에 담지 않고 이야기를 꾸며대며, 자기가 설정한 주제를 말하는 것 이외의 어떤 목적도 갖고 있지 않다. 아이러니는 원래가 세련된 양식이다.[83]

반어와 관련된 지금까지의 논의는 프라이의 의견으로 정리될 수 있다. 작가는 '인생을 있는 그대로' 즉 '완전한 객관성'을 추구하기 위해 '도덕적 판단'이 억제되는 아이러니의 양식을 소설의 중심 구조로 채택하고 있다. 「산골나그내」와 「총각과 맹꽁이」에서 덕돌과 덕만이가 겪는 혼사의 좌절, 「금따는 콩밧」의 영식이 콩밭을 파헤치고 금줄을 잡으려다 일년 농사만 망치는 일, 「땡볕」의 덕순이 아내의 병을 고치고 월급까지 타내려다 월급은 고사하고 아내만 잃는 일, 「만무방」의 응칠 형제가 농사를 작파하고 전과범으로 변신하는 사건 등은 한결같이 아이러니의 양식 위에 서 있다는 점에서 공통적이다.

이와 같은 아이러니의 양식은 작가가 1930년대의 피폐한 농촌사회

---

83) N. Frye, 앞의 책, 61쪽.

의 모습을 있는 그대로 제시하기 위해 선택한 문학적 방법이며, 심각한 도덕주의나 이념적 강령에 구속되지 않음으로써 활달하고 정직한 소설세계를 열어 놓았다. 다시 말해 김유정은 아이러니 양식을 자기 소설의 중심적 방법으로 선택함으로써 1930년대 농촌사회에 대한 인식의 정확성과 의미 있는 문학성을 동시에 포획할 수 있었다.

결국 김유정은 식민지 농업정책으로 인해 급격한 신분의 전락을 경험하고 있는 농민들의 피곤한 현실적 처지를 아이러니의 양식을 통해 제시함으로써 1930년대의 정직한 리얼리스트로서의 면모를 보여준다. 아울러 아이러니의 양식은 작가에게 있어 모순에 찬 현실에 대응하는 문학적 인식의 방법이자 잘못된 사회 현실에 대한 항변의 도구였음을 확인할 수 있었다.

2. 출구 없는 욕망의 구조

앞자리에서 작가가 현실을 바라보는 근거와 그것을 소설로 옮겨 놓는 방식에 대해 살펴보았다. 작가는 기본적으로 일제 식민지하의 한국 농촌사회를 지주와 소작인의 대립 구도로 파악한다. 지주와 소작인의 대립 구도라는 것은 그것 자체로 당대 사회의 모순을 첨예하게 반영하는 핵심어다. 그러나 보다 눈여겨보아야 할 것은 본래 지주였거나 최소한 자영농이었던 농민 계층이 농토를 잃고 소작인으로 전락해 가는 과정과 소작인의 지위마저 박탈당한 뒤 피곤하게 유지되는 농민들의 삶이다. 작가가 제시한 인물들은 당대 사회의 기초적 구성원이지만, 힘과 교양을 소유하지 못한 경제적 약자라는 사실 때문에 끊임없는 소모와 전락의 길을 강요당한다.

물론 김유정의 인물들은 자신에게 주어진 현실을 곧이곧대로만 수용하고 만족하며 순응하는 것은 아니다. 그들은 죽은 것이 아니라 살아 있는 생명체이기에 자신들의 현실적 한계를 개선하기 위해 모든 노력을 경주한다. 이때 그들이 의지하고 가장 확실하게 동원할 수 있는 덕목은 근면·성실이다. 그렇게 해서 그들은 지주에게 도지를 납부하고 남는 것으로 생계를 유지하고자 한다. 또한 아끼고 저축하여 소작인의 지위를 벗어나고자 한다. 이것이 김유정의 인물들이 갖는 소망이다. 그러나 이 소망은 현실사회에서 알뜰하게 깨어지고 만다. 성실하게 일하면 일할 수록 현실이 개선되기는커녕 오히려 악화되기만 한다는 인식이 그들로 하여금 새로운 모색을 하게 만든다. 근면·성실과 같은 가치 규범은 이미 당시의 농촌사회에서는 우스개의 대상으로 전락한지 오래다. 김유정의 인물들이 현실을 벗어나고자 하는 모색의 기본적 동인은 가난한 생활이다. 이미 앞에서 서술한 바와 같이 소작제도와 같은 불합리한 상황 속에서는 농민들의 삶이 개선될 희망이 없다. 그러므로 이들이 벗어나고자 한 현실은 제도화된 가난 그 자체이다.

　제도화된 가난을 벗어나기 위해 김유정의 인물들이 보여주는 모색의 내용은 무엇인가? 그들은 누대로 이어 온 농업을 작파하고 도시로 흘러들어 노동자가 되거나, 유랑민이 되어 일정한 직업 없이 표랑하거나, 일확천금의 꿈을 안고 금점으로 향하기도 한다. 요컨대 앞의 유형들은 삶의 형편을 개선하기 위한 적극적인 대안으로 농사를 포기하고 농촌을 떠났다는 특징을 가진다. 이와는 달리 비천한 소작농의 신분을 유지하는 가운데 삶의 형편을 개선하려는 부류도 있다. 제도화된 가난의 굴레를 벗기 위한 행위들이 적극적이냐 소극적이냐 혹은 탈농촌적이냐 친농촌적이냐를 떠나서 인물들에게는 전도가 보장되지 않는다. 이것이 김유정의 인물들이 당면한 특징적 국면이다. 그렇다면 이들 인물집단이 삶의 형태를 개선하기 위해 보여주는 구체적인 모습은 어떤 것인가?

일제의 식민지 농업정책은 농민계층의 분해를 촉진시켰다. 지주와 자영농 계층을 소작인 계층으로 전락시킨 것이 그 대표적인 예이다. 이 과정에서 농민들은 인간적인 삶이 파괴되고 최소한의 생존마저 위협받는 신세가 된다. 생존의 최저선이 무너진 상태에서 우선적으로 대두된 것이 가족 구성원의 해체다. 사회를 구성하는 최소 단위인 가족 관계의 붕괴를 통해 작가는 개인과 사회가 드러내고 있는 욕망과 불화의 문제를 들여다보고 있다. 김유정의 인물들이 당면하고 있는 국면은 가족의 이산, 가족의 물신화, 인신매매, 매춘, 노름, 潛採 등과 같이 다분히 반사회적이고 비윤리적인 상황이다. 그런 점에서 김유정 소설에서 인간들 사이의 관계를 맺고 푸는 기본적인 動力을 '돈'(황금)[84]이라고 본 견해는 매우 타당해 보인다.

김유정의 인물들은 자신의 경제적 욕망을 채우기 위해 인간을 물신화[85]의 대상으로 간주한다. 그리고 가장 손쉽게 선택되는 것이 인신매매와 매춘이라는 가장 비인간적인 방법이다. 이와 같은 비인간적이고 반인륜적인 행위가 가족을 중심으로 벌어진다는 점과 주로 여성이 희생의 대상이 된다는 점에서 비극적이다. 그러므로 작가의 소설에서 간단없이 노정되고 있는 가족과 여성을 통한 욕망해결의 방법은 분석되어야 할 사안이다. 이와 같은 문제들은 얼핏 단순해 보이나 실제는 훨씬 복잡한 과정과 연결되어 있다. 예컨대, 식민주의, 자본주의, 가부장

---

[84] 김 철, 꿈·황금·현실, 문학과 비평 통권 4호, 19187 겨울, 256쪽.
[85] 루시앙 골드만, 조경숙 역, 소설사회학을 위하여, 청하, 1982. 19쪽 참조. 상품 생산과 그 유통을 목적으로 하는 자본주의 사회에서는 모든 물품이 매매 대상이 되고 상품화되는 과정을 겪는다. 인간의 노동력 및 기타의 능력도 상품과 같은 성격을 띠게 된다. 이때, 인간간의 관계도 사물과 사물의 관계처럼 보이게 되는데 이러한 경향을 물상화라고 한다. 본고에서 사용하는 물신화는 이 용어와 같은 개념으로 사용되었다.

제도와 같은 문제들이 서로 깊숙하게 얽혀 있기 때문이다. 다시 말해 여성에 대한 남성의 성적 지배의 강화, 여성을 낮게 평가하는 이데올로기의 강화, 연장자의 지식 통제를 이용한 권위체계의 신성화 등의 일련의 性이데올로기를 지지하는 상징체계의 조작과정을 수반하는 가부장제도의 잔재들이 서로 깊게 얽혀 있다.86)

가족을 돈으로 환산하거나 성을 상품화하는 과정은 김유정의 소설에서 흔히 목격되는 일이다. 이는 최저의 생계를 보장받기 위한 여지가 없는 선택이다. 인신매매와 매춘에 관한 모티프는 1930년대 소설 일반에서 널리 보고된다. 그런데 이 시기 단편소설에 포함되어 있는 인신매매와 매춘 모티프는 돈에 대한 인간의 탐욕을 조명하기보다는 극단적인 궁핍의 세계 속에서 탈출하기 위해 선택된 도착되고 전도된 삶의 질서를 말해주고 있다.87) 그렇다. 굶주림을 해결하기 위해 매춘과 같은 비윤리적인 선택 앞에 내몰렸다는 점에서 김유정의 소설은 이 시기 다른 소설들과 같은 시각과 풍경을 유지한다. 그런데 김유정의 작품 속에서는 인신매매와 매춘이 무능력한 남성들에 의해 묵인·방조되거나 가부장제도의 잔재인 부권의 횡포에 의해88) 저질러지고 있다. 이와 같은 점이 김유정 소설의 표나는 특징이라면 특징이다. 여기서는 이 문제들에 대해 논의하고자 한다.

(1) 부권사회의 횡포

식민지 수탈정책은 구체적으로 농촌의 궁핍화를 촉진했다.89) 김유

---

86) 조옥라, 가부장제에 관한 이론적 고찰, 한국여성연구 1, 청하, 1988. 124쪽.
87) 변정화, 1930년대 한국단편소설연구, 숙명여대 박사, 1987. 55쪽 참조.
88) k. 밀레트, 정의숙 외, 성의 정치학, 현대사상사, 1983. 68쪽.
89) 박현채, 일제 식민지하의 한국농업, 창작과 비평, 1972 가을. 운암사 영인본, 596-619쪽 참조. 이 논문은 1920년부터 1945년까지의 일본의 농업정책을 분석하고 있다. 이 시기의 특징은 일본의 한국에 대한 식민지적 지배에 있어서

정의 작품 속에서 반복적으로 표나게 드러나는 물신화 과정은 소작농으로 몰락한 농민들이 자발적으로 선택한 삶의 형태이다. 그러나 이 자발성은 현실에 의해 강제된 것이다. 현실의 궁핍상을 벗어나기 위한 모든 정상적인 수단들이 차단되었을 때 마지막 출구로서 선택된 것이 가족을 돈과 교환하는 행위다. 즉, 김유정의 남성들이 아내나 자식을 돈으로 환산하는 것은 가족을 자신의 소유물로 간주하는 아버지사회의 중심적 특징의 구체적 반영이다. 소설세계에서 개인은 사회적 요소의 거울90)이라는 점을 환기할 때 작가가 제시한 인물들은 '보통의 인간이 보통의 사회'를 반영하는 것으로 간주된다. 여기서 보통의 인간과 보통의 사회는 식민지 사회의 수탈 구조와 半封建的 제도가 엄존하고 있는 사회와 그 속에 노출되어 있는 인간을 가리킨다. 이러한 맥락에 비추어 볼 때, 김유정 소설에서 가족 사이에 진행된 물신화의 과정과 형태는 봉건적 가부장제의 잔영과 관련지어 해명되어야 한다.91)

그렇다면 김유정의 소설에서 부권은 어떤 형태로 행사되고 있는가? 앞서 언급한 바와 같이 아내·여자·자식은 돈으로 환산된다. 가족을 경제적 지표로 간주하는 초보적인 형태는 「총각과 맹꽁이」에서 발견된다. 동네에 들어온 출처 모르는 들병이를 아내로 맞고자 하는 덕만의 꿈은 자연스런 방향 위에 있다. 그러나 덕만은 한편으로 아내를 노동력의 대상으로 생각한다.

값싼 식량 및 원자재 수탈과 상품 판매시장으로서 정리된다. 이러한 식민지적 재편 과정에서 농민분해 및 분화가 가속화된다. 일제 식민지 전 기간을 통하여 한국 농민은 일제에 의한 농업공황의 식민지 전가, 식민지 초과이윤을 위한 가혹한 수탈로 자기 보유토지를 상실하고 소작농으로 전락해 간다.
90) 미셀 제라파, 이동렬 역, 소설과 사회, 문학과 지성사, 1981. 54쪽.
91) 가부장제도하에서 가장인 부친은 육체적인 학대에 관한 권한, 가족의 살해·매매의 권한, 처와 어린아이들에 대한 거의 전적인 소유권을 가지고 있었다. 부친은 자식을 낳게 하는 사람인 동시에 자식의 소유자이기도 하다. K. 밀레트, 앞의 책, 68쪽(현길언, 현진건소설연구, 한양대 박사, 1984. 82쪽 재인용).

몽태가 입뿌달 때엔 어지간히 출중한 게집일 게다. 이런 걸 데리고 술장사를 한다면 그박게 더 큰 수는 업다. 뒤 해만 잘 하면 소 한 바리 쯤은 낙자업시 떨어진다 (「총각과 맹꽁이」, 18쪽).

덕만은 아내를, 자식을 생산하거나 가정을 꾸려 가는 정상적인 역할로 생각하고 있는 외에도 '소 한 바리'와 같은 경제적 가치로 환산하고 있다. 이것은 가족의 일원이 될 아내를 향한 잠정적 부권의 표현이자 동시에 가족을 통한 욕망 성취의 한 방편이다. 또한 장차의 아내에게 술장사를 시키겠다는 것도 의심스러운 대목이다. 술장사는 밭일을 할 때의 노동과 그 본질이 다르기 때문이다. 얼굴이 예뻐야 술장사에 도움이 된다고 굳게 믿는 태도는 이미 그 속에 노동력에 대한 신뢰를 넘어 아내를 상품으로 간주하는 남성 중심적 사고가 깔려 있는 것이다. 여성을 상품으로 이해하는 태도는 「안해」에서 구체적으로 드러난다.

그러나 아무리 생각해 봐도 년의 낯짝만은 걱정이다. 소리는 차차 어지간히 되 들어가는데 이 놈의 얼굴이 암만 봐도 영 글넛구나.
경칠 년, 좀만 얌전히 나왔더면 이 판에 돈 한 몫 크게 잡는 걸. 간혹 가다가 제물에 화가 뻗히면 아무 소리 않고 년의 뱃기를 한 두어 번 안 쮀박을 수 없다 (「안해」, 158쪽).

「안해」의 '나'가 아내를 구박하는 것은 얼굴이 영 글렀기 때문이다. 아내를 상품적 가치로 이해하는 것은 「총각과 맹꽁이」의 덕만이 생각에 근접해 있으면서 거기서 한 걸음 더 나아간다. '나'는 아내에게 들병이 훈련을 시켜 한 몫 잡을 계산을 노골적으로 드러내고 있다. 그것이 '미찌는 농사보다 이밥에, 고기에, 옷 마음대로 입'을 수 있는 출구라고 믿기 때문이다. 아내의 얼굴이 '쥐였다 논 개떡같아'서 걱정을 하는 '나'는 아내의 얼굴 때문에 '한 몫 잡기' 글렀음을 탓하며 아내를 구박한다. '나'라는 인물 속에서 이렇다 할 의심과 고뇌 없이 가치가 전도되는 현상이 발생하고 있다. 자신의 삶이 개선될 출구를 찾지 못하는 원인이 아내의 미모에 있음을 탓하는 인물의 심리가 그것이다.

> 김유정의 소설에서는 노동력이 상품화되는 것이 아니라 인간 그 자체가 상품화된다. 인간은 황금과 곧바로 즉 가장 원초적인 형태의 물물교환으로 맞바꾸어진다. 그러므로 이 안에는 어떠한 형태의 잉여가치도 발생하지 않는다. 이 점은 김유정의 소설과 당대의 다른 소설을 구분 짓는 중요한 특성이면서 동시에 그의 소설의 한계를 설명하는 열쇠가 될 수 있다.92)

김 철의 논지는 「안해」의 경우는 물론이고 김유정 소설 전반에서 발견되는 인간의 물신화 과정을 적절하게 설명하는 열쇠가 된다. 「안해」에서 아내가 돈이라는 등식으로 이해되듯이 김유정 소설에서는 돈과 욕망과 인간이 동일한 관점으로 인식된다. 이러한 저간의 배경에는 인간을 황폐화시키는 식민지 환경과 전통적으로 존속되어 온 가부장제의 遺制가 부정적인 방향에서 결합하고 있다. 「안해」의 '나'는 한 몫을 잡기 위한 방편으로 아내에게 들병이 훈련을 시키지만 아내는 오히려 동네의 건달인 '뭉태'에게 농락을 당한다. 이로 인해 아내의 들병이 진출은 좌절된다. 그런데 '나'의 욕망은 여기서 끝나지 않고 '아내'에게서 방향을 바꾸어 '다시 자식'에게로 전이된다. 요컨대 '나'의 욕망은 멈추지 않고 '가족'을 향해 집요하게 이어지고 있다.

---

92) 김 철, 앞의 글, 257쪽.

구구루 주는 밥이나 얻어먹고 몸성히 있다가 연해 자식이나 쏟아라. 뭐 많이도 말고 굴때같은 아들로만 한 열 다섯이면 족하지. 가만있자, 한 놈이 일년에 벼 열 섬씩만 번다면 열다썸이니까 일백오십섬. 한 섬에 더도 말고 십원 한 장식만 받는다면 죄다 일천 오백원이지. 일천 오백원, 일천 오백원, 사실 일천 오백원이면 어이구 이건 참 너무 많구나, 그런 줄 몰랐더니 이 년이 배속에 일천 오백원을 지니고 있으니까 아무렇게나 따져도 나 보담 났지 않은가 (「안해」, 161쪽).

자식을 돈으로 환산하고 있는 일견 재미있는 장면이다. 아들 열 다섯을 생산했을 때 그 아들 십오명이 다시 돈 일천 오백원으로 계산되는 일은 물론 화자의 상상 속에서 이루어지고 있다. 상상의 범위라는 전제가 있기는 하나 태어나지도 않은 자식들이 벌어들일 돈을 계량한다는 사실 자체는 아이러니다. 그러나 작가가 설정한 인물들은 아내나 자식을 통해 돈을 추구한다는 사실에 대한 아무런 도덕적 죄의식이 없다. 이러한 의식이 당연시되는 것은 가족을 자신의 소유물로 간주하는 인물의 의식 때문이다. 이는 남성에 의한 여성의 지배가 보편화된 가부장제 사회의 한 특징을 반영하는 현상이다. 「땡볕」의 경우는 인물들의 욕망을 한층 비극적인 구조를 통해 보여준다. 덕순은 병든 아내의 몸을 돈과 교환할 수 있다고 생각하지만 소설의 반어적 구조 속에서 그의 희망은 속절없이 무너지고 만다.

그렇다 하드라도 병이 괴상하면 할스록 혹은 고치기가 어려우면 어려울수록 월급이 많다는 것인대 영문모를 아내의 이 병은 얼마짜리나 되겠는가, 고 속으로 뭇척 궁금하였다. 아히가 십원이라니 이건 십오원 쯤 주겠는가, 그렇다면 병 고치니 좋고, 먹으니 좋고, 두루두루 팔짜를 고치리라고 속안으로 육조배판을 느리고 섰을 때 (「땡볕」, 305쪽).

아내의 병으로 십오원쯤 받을 수 있다는 자가 계산으로 덕순은 희망에 차 있다. 이 기회에 아내의 병 고치고, 먹고, 팔짜를 고칠 수 있다는 생각은 주인공의 심정을 한껏 고양시킨다. 이농민인 덕순의 처지에서 십오원은 쉽게 만져 볼 수 없는 금액이다. 그러므로 병든 아내의 몸을 통해서라도 한 몫 잡으려는 생각은 우연히 돌출된 생각으로 보기 어렵다. 그런 점에서 「땡볕」의 덕순과 「안해」의 '나'를 지배하고 있는 심층의식은 동류항으로 묶인다.

앞서 살펴 본 두 편의 소설에 드러나는 물신화는 인물들의 상상의 체계 내에서 이루어지고 있다. 요는 현실화되지 않고 있다는 뜻이다. 이 경우와는 다르게 인신매매를 통해 물신화 과정이 적극적으로 진행된 작품들이 있다. 인신매매가 이루어지는 소설의 인물들이 처한 사회·경제적 조건은 그것이 이루어지지 않은 작품들과 별반 다를 바 없다. 「땡볕」의 경우, 비록 상상으로 그쳤지만 아내를 돈으로 환산하는 생각은 그 구체성의 전모가 충분히 드러났다. 이것은 김유정의 남성들이 아내나 자식을 언제든지 돈과 교환할 수 있다는 개연성을 명시적으로 보여주는 것이고, 여성의 매매를 방조·묵인·조장하는 것도 이 범주에 포함된다. 「가을」에는 여성을 인신매매하는 풍경이 극사실적으로 제시되어 있다.

> 다른 짓은 다 할지라도 영득이(다섯 살이 된 아들이다)를 생각하야 안해만은 팔지 말라고 사실 말려 보고 싶지 않은 것은 아니다.
> 그러나 내가 저를 먹여 주지 못하는 이상 남의 일이라구 말하기 좋아 이렇쿵 저렇쿵 지꺼리기도 어려운 일이다. 맞붙잡고 굶느니 안해는 다른 데 가서 잘 먹고 남편은 남편대로 그 돈으로 잘 먹고 이렇게 일이 필 수도 있지 않느냐 (「가을」, 173쪽).

매매계약서

일금 오십원야라
우금은 내 안해의 대금으로 정히 영수합니다.
갑술년 시월 이십일
조 복 만
황거풍 전 (「가을」, 175쪽)

앞의 인용문은 이 소설의 화자이자 관찰자인 '나'의 말이고 뒤의 것은 매매 계약서이다. 화자의 말을 통해 궁핍한 조복만의 현실적 처지가 분명하게 드러났다. 그런데 이 작품은 일인칭 관찰자의 시점으로 이야기되면서 비극성이 한층 고조된다. 아내를 파는 조복만이나 그의 매매 계약서를 대서해 주는 관찰자나 실제에 있어 다를 게 없는 처지들이다.

　　기껏 한해 동안 농사를 지엇다는 것이 털어서 쪼기고 보니까 나의 몫으로 겨우 벼 두말 가웃이 남았다. 물론 털어서 빚도 다 못가린 복만이에게 대면 좀 날는지 모르지만 이걸로
　　우리 식구가 한겨울을 날 생각을 하니 눈앞이 고대로 캄캄하다. 나두 올 겨울에는 금점이나 좀 해볼까 그렇지 않으면 투전을 좀 배워서 노름판으로 쫓아다닐까, 그런대도 미천이 들 터인데 돈은 없고 복만이같이 내팔 안해도 없다. 우리 집에는 여편네라군 병들은 어머니밖에 없으나 나히도 늙었지만(좀 부끄럽다) 우리 아버지가 있으니까 내 맘대룬 못하고―
　　이런 생각에 잠기어 짜증 나는 복만이더러 네 안해를 팔지 마라 어째라 할 여지가 없었다. 나두 일즉이 장가나 들어 두었으면 이런 때 팔아 먹을 걸 하고 부즈러운 후회 뿐으로 (「가을」, 174쪽, 고딕은 인용자).

「가을」의 이야기를 이끌고 있는 서술자의 처지가 명백하게 드러난

다. 그 자신도 복만의 환경보다 더 나을 것이 없다는 점, 자기에게는 팔아먹을 아내가 없다는 점, 그래서 겨울을 나기 위해 금점이나 투전을 해 볼 계획이라는 점 등이 제시되어 있다. 특히 관찰자는 아내를 파는 복만의 행위가 정당하지 않다는 것을 잘 알면서도 한편으로 복만의 처지를 은근히 선망하는 이중의 심리를 보여준다. 소장수 황거풍이 조복만의 아내를 사들이는 이유는 앞서 「총각과 맹꽁이」에서 덕만이 아내를 맞아들이는 의도와 동일하다. 둘다 여자에게 술장사를 시키려는 것이고 이를 통해 부가적 이득을 노리는 것이다. 둘 사이에 다른 점이 있다면 여자를 살 돈이 있느냐 없느냐 하는 경제력 여부가 유일한 차이다. 이러한 점들을 고려할 때, 복만의 아내는 황거풍에게 매매되지만 그녀는 황거풍에 의해 다시 한번 매매될 처지에 놓인다. 황거풍은 '똑똑한 아내를 맞어다가 술장사를 시켜 보고자 벼르'고 있었던 인물이다. 여자를 보는 황거풍의 관점은 장사의 관점 그 이상도 이하도 아니다. 결과적으로 조복만의 아내는 조복만과 황거풍 사이에서 이중적 물신화의 대상이 된다. 「만무방」에서도 인신매매 모티프는 발견되는 데 앞서의 소설들과 다른 점이 있다면 아내를 판 돈으로 투전판을 벌인다는 정도다.

지금까지 거론한 작품들과 다른 각도에서 논의해야 할 몇 작품이 있다. 그것은 「애기」와 「봄·봄」이다. 이 작품들은 가족을 경제적 가치로 여긴다는 점에서는 「가을」 계열의 주제와 차이날 게 없다. 그러나 앞의 작품들이 주로 아내를 돈과 바꾸려고 의도했던 데 비해 「애기」류는 딸을 대상으로 한다는 것이다. 어떤 면에서 아내를 파는 행위보다 한 걸음 더 비윤리가 촉진된 단계이다. 「애기」는 남의 애기를 임신한 상태에서 상업학교를 졸업했다고 속인 처녀와 자신을 의사라고 속인 필수 사이에서 원치 않게 태어난 애기가 가족들에게 미움을 받는다는 줄거리다. 이 소설은 그 바탕에 돈에 대한 양가 부모의 욕망이 치밀하고 복잡하게 교차되어 있다. 애기의 외조부가 과년한 딸을 결혼시키지 않았던 이유는 딸을 돈으로 간주하고 있었기 때문이다.

> 외조부, 그는 사람이 썩 이상합니다, 커다란 딸이 있건만 시집을 안 보내지요. 젖이 푹 불거지고 얼굴에 여드름까지 터져도 그래도 안 보내지요. 그 속이 이렇습니다, 딸을 나 가지고 그냥 내줄게 뭐야. 길렀으니 덕좀 봐야지. 부자놈만 하나 걸려라. 잡은참 물고 달릴 터이다. 그러나 부자가 어디 제멋 안 부리고 이런 델 뭘 찾어먹으러 옵니까 (「애기」, 367).

외조부의 위인됨과 사고방식이 일목요연하다. 그가 과년한 딸을 시집보내지 않는 이유는 딸을 통해 자신의 팔자를 개선하기 위함이다. 그러므로 '잘만하면 만원이 될지, 이만원이 될지 모르는' 딸이 전기회사에 다니는 가난한 남자의 애기를 임신함으로써 '신주같이 위하든 밥줄'이 끊어지게 된 것이다. 외조부는 자신의 딸이 임신함으로써 자신이 생각하는 경제적 가치가 훼손되었다고 보고 계책을 바꾼다. 이번에는 땅 오십 석을 붙여 데릴사위를 구한다. 가난으로 아내가 도망간 판무식의 실업자인 필수는 땅 오십 석과 숫처녀라는 점에 유혹되어 결혼을 한다. 색시는 숫처녀가 아닐 뿐만 아니라 남의 애기까지 밴 상태이다. 그렇지만 필수와 그의 부모는 색시의 처지를 상관하지 않고 오히려 관대함을 보여주는데 그 이유는 색시가 가져온 오십 석의 땅에 대한 물질적 매혹 때문이다. 애기의 외조부가 자신의 딸을 경제적 관점으로 이해하는 것은 결코 정상적인 태도가 아니다. 그것은 한편으로 식민지 사회에 의해 촉발되고 가속화된 궁핍화와 관련되고 다른 한편으로는 자식에 대한 소유권이 마땅히 자신에게 있다고 믿는 전근대적 아버지의식과 관련된다. 그런데 이러한 해명만으로 미진해 보이는 구석이 있다.
 김유정 소설의 대개가 농민을 취급하고 있고 그러다 보니 배경도 농촌이 중심이 된다. 그러나「애기」는 배경 자체가 농촌이 아니라 근대적 도시로 설정되어 있고 인물들도 이 공간 속에서 활동한다. 소설에 등장하는 용어들부터 근대적이다. 인쇄소 직공, 상업학교, 의사, 고물상 거간, 의사, 축음기, 다방 등등. 이러한 어휘들은 이 소설 속의 인물들이 근대적 도시 속에서 살면서 도회적 계산법을 터득하고 있다는 점을 환기한다. 이들에게 있어 근대도시는 사고 파는 상업행위를 습득하는 공간이었을 것이다. 이 소설의 주요 인물인 외조부 및 김필수와 그의 아버지는 소박하나마 자본주의적 거래의 기초를 알고 있다. 그것은 외조부의 계산과 김필수 측의 계산법을 통해 드러난다. 남의 애를 임신한 딸의 결함을 감추기 위해 땅 오십 석을 붙여 혼처를 구하는 외조부나 땅 오십 석이 탐나 판무식이며 실업자인 자신을 의사라고 속이면서 결혼에 응하는 김필수(혹은 김필수의 아버지까지)의 계산법은 동일한 맥락이다. 또 외조부와 김필수가 서로의 약점을 교묘히 겨냥하고 있다는 점도 근대적 도시 공간 속에서 익혀진 거래 감각으로 이해된다. 그런 점에서「애기」에서 보여지는 물신화 과정은 여타 작품들과는 달리 소박한 의미의 자본주의적 의식을 배경으로 하고 있다.「애기」의 외조부가 보여주는 물신적 태도와「봄·봄」의 봉필영감이 자신의 딸들에 대해 보여주는 태도는 동일한 상관성을 갖는다. 봉필은 딸을 데릴사위를 얻기 위한 수단이나 매개로만 생각한다. 그는 딸을 인격체로 인정하기보다 노동력을 유치할 수 있는 유인 수단으로 간주함으로써 아버지의식의 전횡적 일면을 잘 보여준다.

 우리 장인님은 딸이 셋이 있는데 맏딸은 재작년 가을에 시집을 갔다. 정말은 시집을 간 것이 아니라 그 딸도 데릴사위를 해 가지고 있

다가 내보냈다. 그런데 딸이 열살 때부터 열아홉 즉 십년 동안에 데릴
사위를 갈아드리기를, 동리에선 사위부자라고 이름이 낮지마는 열네놈
이란 참 너무 많다. 장인님이 아들이 없고 딸만 있는 고로 그담 딸을
데릴사위를 해올 때까지는 부려먹지 않으면 안된다. 물론 머슴을 두면
좋지만 그건 돈이 드니까. 일 잘 하는 놈을 고르누라고 연팡 바꿔 드
렸다 (「봄·봄」, 146쪽).

　장인인 봉필영감이 데릴사위를 구하는 것은 부족한 노동력을 대체
하기 위해서다. 농본사회에서는 충분히 일을 수 있는 일이다. 그렇지
만 봉필의 계산력은 상식적인 수준에 있지 않다. 그에게 있어 데릴사
위들은 아들 없는 공백을 채우는 정도를 넘어 착취가 허락되는 무상
의 노동력이다. 그러므로 일정 기간 데릴사위로 고용하면서 지켜보다
가 노동 능력이 신통치 않으면 데릴사위를 바꿔 버린다. 그 인식과 방
법이 교활하기 이를 데 없다. 딸을 볼모로 하여 데릴사위의 노동력을
착취하는 태도는 간접적이기는 하나 역시 딸이 경제의 한 방편이 된
다는 점에서 간접화된 물신화의 한 보기이다.
　지금까지 김유정 소설의 인물들이 보여주는 욕망의 개선 방식에 대
해 살펴보았다. 김유정의 인물들이 당면한 현실은 이렇다 할 전망과
전도가 없다. 그러므로 개선책 또한 존재하지 않는다. 그런 점에서 소
설의 인물들이 열어 놓고 있는 욕망의 출구는 가족을 통해서 이루어
지고 있다. 가족의 일원을 화폐 단위로 바꾸어 생각하는 것이 그 핵심
이다. 이처럼 물신화된 가족관계는 여러 작품에 걸쳐 두루 발견된다.
대체로 그 양상들을 정리하면 다음과 같다. 첫째, 아내가 물신화의 대
상이 되는 경우다. 대표적인 작품은 「총각과 맹꽁이」, 「안해」, 「땡볕」,
「가을」 등을 들 수 있다. 특히, 「가을」과 같은 작품에서는 여인이 매
매자 쌍방에게 매매의 대상이 되는 이중의 물신화 현상이 나타나기도

한다. 둘째, 자식을 물신화의 대상으로 삼는 경우다. 대표적인 작품은 「애기」와 「봄·봄」이다. 두 작품은 공히 딸자식을 통해 부모의 이익을 챙기는 형태다. 그런데 「애기」의 경우는 근대도시 속에서 터득한 소박한 의미의 자본주의적 의식을 배경으로 하고 있다. 반면에 「봄·봄」은 데릴사위라는 제도를 역이용하여 노동력을 착취하는 형태이며, 딸자식을 인격체로 인식하기보다 노동력을 유인하는 수단으로 취급한다는 점에서 간접적인 물신화 현상의 한 보기이다.

김유정의 소설에서 인물들이 자신이 처한 궁핍한 경제적 지위를 개선하기 위해 적극적으로 선택한 방법이 가족을 통하거나 이용한 돈벌이다. 그러나 이 방법들은 그 발상과 실천에 있어 필연적으로 비도덕과 비윤리적 측면을 포함한다는 점에서 문제적이다. 인신매매와 같은 극단적인 방법은 당시의 풍속에 비춰 봐도 동의받기 어려운 행위가 아닐 수 없다. 김유정의 인물들이 자신들의 현실적 욕망을 충족시키기 위해 비윤리적인 출구를 선택하는 배경은 가난이다. 이 과정에서 희생의 중심에 선 계층이 여성과 미성년 계층이다. 이들은 모두 사회나 가정 속에서 약자의 위치에 있는 존재들이다. 그러므로 이들은 당연히 가정 내에서 남편과 아버지의 명령에 복종하는 힘의 질서를 통해 지배와 피지배의 관계를 맺는다. 특히 여성은 성의 유통가치를 인정받고 있기 때문에 더 쉽게 물신화의 대상이 된다. 김유정 소설에서 아내와 자식이 현실 탈출의 수단이 될 수 있는 이념적·관습적 배경에는 가정 내에서 모든 권리를 포괄적으로 행사하는 부권 사회의 유습이 이를 강하게 후원하고 있기 때문이다. 다시 말해 한 사회를 유지하는 권력의 기반으로 승인되고 믿어지는 가부장적 권위가 일련의 물신화 과정을 폭넓게 조장하는 심리적 기저가 되고 있는 것이다. 따라서 김유정의 소설에서 힘없는 여성 계층을 볼모로 삼으면서, 가난한 현실적 삶의 처지를 개선하기 위해 광범위하게 추구되는 비윤리적인 행위의 배경에는 아버지중심사회의 폭력과 전횡이 교묘하게 숨어 있는 것이다.

(2) 상품화된 성과 탈윤리

아버지중심사회에서 핍박받는 대상은 주로 힘없는 여성들이다. 이러한 명제는 김유정의 소설에서도 그대로 적용된다. 그것은 앞에서 살펴본 바와 같다. 그런데 여성들이 물신화의 중심이 되는 데는 그들의 성적 자질 때문이다. 이는 전통적으로 차별적 가치를 부여받고 있는 남성 중심의 성의식과 관계된다. 즉, 남성은 여성의 성을 유희의 대상으로 삼을 수 있다는 사회의 암묵적 승인을 등에 업고 있다. 한 사회 내에서 유통되는 성의 매매 행위는 왜곡된 성의 가치의식을 반영하는 것이다. 김유정의 소설 속에서 벌어지고 있는 성의 거래 행위는 먹고 살아야 하는 절박한 생존의식이 배경을 이루지만 그보다 더 큰 뒷배경은 왜곡된 성의식을 조장하는 아버지중심사회의 독재 의식이다. 아버지 또는 남편의 권력 말고도 이를 포괄하는 통일적인 지배권으로서 家長·家長權은 일제에 의해 강제된 것이며 그것이 지배권의 내용에 있어서는 비록 빈약한 것이라 할지라도 상징적 의미 이상이다. 그것은 가족국가의 이념 즉 가부장제 가족제도에 있어서 가부장에 대한 절대적 공순의 윤리인 효를 군주에 대한 절대적 공순의 윤리인 충에까지 매개하는 정신적 지주로서의 의미가 있다.[93] 일제가 가부장의 권위를 정치적 지배의 배경으로 활용했다는 뜻이 된다. 그러나 일제의 정치적 의도를 감안한다 해도 부권을 중심으로 하는 가부장제는 여러 측면에서 약화된 것이 사실이다. 근대사회로 전환되면서 남성과 여성의 역할

---

93) 박병호, 한국 가부장권법제의 사적 고찰, 한국여성연구 1, 청하, 1988. 189쪽 참조.

은 분담되고 남성은 원칙적으로 가족 부양의 책임을 떠맡게 된다. 그런데 김유정의 남성들은 가족 부양의 능력이 거세되어 있거나 박탈된 무능력·무기력한 인물들이다. 생활력은 거세되었지만 그들은 한결같이 남자·남편·아버지라는 권위는 포기하지 않고 있다. 김유정 소설의 성문제는 경제적인 면에서 무능력한 남편들이 자신의 남편됨의 권위를 회복하려는 의지를 발휘할 때 발생한다. 그의 소설에 적용되고 있는 가부장제는 성에 근거한 사회의 위계구조, 즉 남성—지배, 여성—예속, 그리고 경제적·정치적 이데올로기 등 모든 수준을 포함하여 남성 중심적 관계에 의한 <여성억압체계>를 지칭한다.94)

작가가 제시한 일련의 소설에서95) 보여지는 성의 교환은 궁핍한 현실을 탈출하기 위해 비롯된 것으로 관행적으로 묵인되고 조장되어 왔다. 그런 점에서 쾌락이나 위안으로서의 성96)은 배제되어 있으며, 성은 철저히 교환가치로만 존재한다. 이 말은 성이 쾌락기능이 아니라 생존기능을 담보한다는 의미이다. 이러한 특성은 1930년대 성문제를 취재한 소설 일반의 특징이기도 하거니와 김유정 소설의 특징이기도 하다. 생존의 문제가 쾌락과 같은 성적 유희본능을 초과하고 있음이다. 그러나 성의 교환은 여성의 자발성에 의한 것이 아니라 경제사회적 모순, 남성 노동력의 거세, 부권의 약화현상과 같은 요인들의 상승작용에 의한 것이다. 매춘이나 인신매매가 일상화되고 도덕적 판단의 대상이 되지 않는 세계97)에서 여자들은 생산성의 단위이거나 재산의 단위98)로 취급된다. 이러한 사실은 작가의 소설 여러 곳에서 산견된

---

94) 조 은, 가부장제와 경제, 한국여성연구 1, 청하, 1988. 191쪽.
95) 성이 성품으로 취급되고 있는 작품은 「소낙비」「솟」「산골나그내」「정조」등이 있고 도시를 배경으로 한 「따라지」「야앵」「봄밤」 등에는 직업 여성이 여급이 등장한다.
96) 현길언, 앞의 글, 85-94쪽.
97) 김 철, 앞의 글, 261쪽.

다.

　매춘제도는 사유재산제를 기반으로 하는 일부일처제와 불가분의 관계에 있다. 일부일처제 아래서는 보통 결혼관계가 사회적 인습에 의해 지탱된다. 따라서 부부는 주관적인 애정보다 객관적인 의무에 의해 지속되는 수가 많다. 다시 말해서 매춘제도란 일부일처제 아래서 필연적으로 나타나는 필요악이라 할 수 있다.[99] 김유정에게서 보여지는 부부는 표면적으로는 정상적인 일부일처의 관계다. 그러나 이들 부부는 남성의 무능력으로 인해 부부관계는 불균형적이고 파국적이다. 이러한 파국적 상황 속에서 김유정 소설의 매춘은 일어나고 있지만 성적 피해자인 여성 인물에게는 성문제로 인한 여성적 자각 현상이 전혀 보이지 않는다. 그렇다고 성에 몰입하거나 위안을 추구하는 것은 더욱 아니다. 이것이 김유정의 여성 인물들이 겪어 내는 비극의 한 지점이다.

　여성 인물의 성을 거래의 관점으로 취급하고 있는 대표적인 소설은 「소낙비」이다. 흉작과 빚으로 고향 인제를 버리고 야반도주한 이농민 '춘호'는 투기심에 유혹되어 노름판에 뛰어든다. 춘호는 생활력이 거세된 무기력한 남성 인물의 전형이다. 아내의 매춘을 조장하는 동인은 외형상 '춘호'의 물욕이지만 사실상 그는 자기 처를 통해서 자신의 무능력을 보상받고자 한다. 즉, 왜곡된 남성의 권력으로 여성의 희생을 강요하는 것이다.

　　이원! 수나 조하야 이 이원이 조화만 잘 한다면 금시 발복이 못된다고 누가 단언할 수 있으랴! 삼사십원 따서 동리의 빗이나 대충 가리고

---

[98] 이재선, 앞의 책, 310쪽.
[99] 에두아르트 푹스, 이기웅·박종만 옮김, 풍속의 역사 II: 르네상스, 까치, 1986. 268쪽 참조.

옷을 한 벌 지여 입고는 진저리 나는 이 산골을 떠날랴는 것이 그의 배포이엇다. 서울로 올라가 안해는 안잠을 재우고 자기는 노동을 하고 둘이서 다구지게 벌으면 안락한 생활을 할 수가 잇을텐데 이런 산 구석에서 굶어 죽을 맛이야 업섯다. 그래서 젊은 안해에게 돈좀 해오라니까 요리 매낀 조리 매낀 매만 피하고 겻들어주지 안으니 그 소행이 여간 괘씸한 것이 아니다 (「소낙비」, 32쪽, 고딕은 인용자).

춘호의 현실적 욕망이 가감 없이 잘 명시되어 있다. 그의 물욕은 투전 자체에 있는 것이 아니다. 투전판에서 돈을 따고 그 돈으로 '진저리 나는' 산골을 탈출하려는 것이다. '이년아 기집 조타는 게 뭐여? 남편의 근심도 덜어주어야지 끼고 자자는 기집이여?'와 같은 표현은 춘호의 무능을 여실하게 드러낸다. 춘호는 이농과 빚으로 무력화된 남성이다. 그의 유일한 기대이자 출구는 아내이다. 따라서 춘호의 행위는 거세된 부권이 여성을 억압하는 한 형태이다. 그렇다고 춘호의 처가 무슨 뾰죽한 능력이 있는 것도 아니다.

> 되나 안되나 좌우간 말이 업스니 춘호는 울화가 퍼저서 죽을 지경이엇다. 그는 타곳에서 떠들어온 몸이라 자기를 밋고 장리를 주는 사람도 업고 또 그 잘양한 집을 팔랴 해도 단 이삼원의 작자도 내닷지 안흐므로 압뒤가 꼭 막혓다. 마는 그래도 안해는 나히 젊고 얼골 똑똑하겟다 돈 이원쯤이야 어떠케라도 될 수 잇겟기에 믓는 것인데 드른체도 안하니 썩 괘씸한 듯 십헛다 (「소낙비」, 23-24쪽, 고딕은 인용자).

춘호는 자신에게는 구할 방도가 없는 돈이 아내는 가능하다고 믿는다. 아내는 나이 젊고 얼굴이 똑똑하기 때문이다. 이와 같은 태도는 아내의 매춘을 용인하고 사주하는 것과 다름없다. 여성의 용모가 돈을 벌어들이는 빌미가 될 수 있다는 것은 「총각과 맹꽁이」 「가을」 「안해」 등에서 두루 보여지는데 이러한 개연성이 「소낙비」에서는 확고한 매춘의 형태로 결정지워진다. 춘호의 처는 '돈 이원은커녕 당장 목을 딴대도 피가 나올지도 의문'인 처지다. 남편 춘호의 입장과 다를 것이 하나도 없다. 그렇지만 춘호 처가 매춘의 효력과 가능성에 대해 분명하게 인지하고 있다는 점에서 매춘의 가능성은 부부 사이에 묵계된 사실이다.

> 쇠돌엄마도 처음에는 자기와가티 **천한 농부의 계집이련만** 어쩌다 하눌이 도아 동리의 부자양반 리주사와 은근히 배가 맛은 뒤로는 얼골도 모양내고 옷치장도 하고 밥걱정도 안하고 하야 아주 **금방석에 딩구는 팔자**가 되엇다. 그리고 쇠돌아버지도 웬 땡이냔 듯이 안해를 내어논 채 눈을 슬적 감아 버리고 리주사에게서 나는 옷이나 입고 주는 쌀이나 먹고 년년이 신통치 못한 자기 농사에서 한 손을 떼고는 히짜를 뽑는 것이 아닌가 (「소낙비」, 26쪽, 고딕은 인용자)!

인용문은 춘호의 처가 남편의 닦달 끝에 부자양반 리주사와 배를 맞춘 뒤 '금방석에 딩구는 팔자'가 된 쇠돌엄마를 떠올리는 장면이다. 이 장면은 춘호 처의 주변에 매춘을 통해 삶을 개선한 전범이 있음을 의미한다. 쇠돌엄마의 변신 과정은 천한 계집→이주사와 관계 맺음→금방석에 딩구는 팔자의 이행 과정을 밟는다. 쇠돌엄마를 통해 알 수 있듯이, 매춘은 쌍방간에 즐김과 급부를 주고받는다는 점에서 경제의 교환 회로와 같은 특성을 갖는다. 「소낙비」에는 성이 갖는 열락은 표현되고 있지 않지만 여성의 본능적 수치감은 드러나고 있다. 이는 여성이 생존의 필요에 의해 정서적 욕구를 침묵시킨 채 기계적으로 매춘을 수행하기 때문이다. 그러나 매춘이 당대 농민들의 상황 개선과 맞물릴 때 이것은 개인의 문제가 아니라 당대 사회 전반의 풍속과 연관된다. 매춘은 당연히 풍속적인 측면에서 사회윤리와 관계되기 때문이다. 매춘이 반도덕적이고 사회적인 문제임에도 작가는 이 부분을 문제삼지 않는다. 이것은 매춘의 문제가 도덕적이고 윤리적인 차원보다 더 절박한 상황에 의존한다는 시각의 표출이다.

> 그런 모욕과 수치는 난생 처음 당하는 봉변으로 지랄 중에도 몹쓸 지랄이었으나 성공은 성공이엇다. 복을 받을려면 반드시 고생이 따르는 법이니 이까짓거야 골백번 당한대도 남편에게 매나 안 맞고 의조케 살 수 잇다면 그는 사양치 안흘 것이다. 리주사를 하눌가티 은인가티 여겼다 (「소낙비」, 31쪽).

춘호 처는 매춘 행위를 '모욕과 수치'로 받아들이고 있지만 도덕적 판단은 배제되어 있다. 그렇다고 성적 쾌락에 집착하는 흔적도 없다. 그렇다면 이러한 현상은 도덕률이나 성적 쾌락에 선행하는 생존권의 문제라고 볼 수 있다.100) 다시 말해 이 소설은 생존의 문제가 도덕의 문제를 압도하는 현실을 반영하는 것이다. 또한 춘호의 처가 리주사를 '하늘'이나 '은인'으로 인식하고 있다는 사실은 그녀가 도덕성의 문제를 초월하고 있다는 하나의 좋은 반증이다. 남편과 사이만 좋아질 수 있다면 그녀는 매춘 행위에 대해 괘념치 않겠다는 반응을 보인다. 이것은 춘호 처 자신이 스스로 매춘을 용납하면서 은연중 자신이 도덕적 공백지대에 놓여 있음을 고백하는 것과 크게 다르지 않다. '동리를 털어 단 하나뿐인 탕건'인 리주사에 대해서 작가는 물론 작중 인물 누구도 비판적 시선으로 보지 않는다.

김유정의 소설에서 여성 인물들이 도덕적 불감증을 보여주는 것은 앞서 지적한 바와 같이 생존의 무게 때문이다. 그러나 여성들의 매춘을 조장하거나 매매춘의 주체가 되는 남성들 다시 말해 「소낙비」의

---

100) 김병익, 땅을 잃어버린 시대의 언어, 문학사상, 1974. 7. 300쪽.

춘호나 리주사는 춘호의 처에 대해 명백히 남성 헤게모니를 행사하는 인물이다.101) 남근우세적 질서 속에서 남성이 여성을 지배하고픈 열정은 그것이 종속시키는 모든 것에 대한 성적인 희롱이나 강간으로 귀결된다. 즉 상징적으로 말해서, 그것이 자연스럽게 남성에 의해 행해지든 또는 가부장적 교육 체계 속에서 여성에 의해 스스로 행해지든 간에 그것은 하나의 남근적 행위인 것이다.102) 여성들이 가난한 현실을 수납하는 차원에서 매춘을 용인한다면, 남성들은 낡은 가부장제의 전통 위에서 남근적 행위를 통해 여성을 억압하는 것이 된다. 남성 인물과 여성 인물 모두가 윤리적 자의식을 보여주지 않는 것은 이러한 심리적 저변과 맞닿아 있기 때문인 것으로 풀이된다.

「소낙비」와 유사한 매춘 구조를 가지고 있는 소설로 「정조」가 있다. 이 소설은 행랑어멈이 취중의 주인서방을 유혹하여 성적 관계를 맺고 정조의 대가로 돈 이백원을 받아 낸다는 떠돌이 행랑어멈 부부의 이야기다. 남편의 묵인과 방조 아래 다른 남성에게 성을 제공하고 일정액의 급부를 받아 낸다는 점에서 「정조」와 「소낙비」는 그 구조상 동일하다. 그러나 행랑어멈이 주인서방을 유혹한 뒤 돈을 받아 내는 방법은 「소낙비」의 춘호 처에 비해 훨씬 능동적이다.

> 아아! 내 뭘 보구 그랬든가 검붉은 그 얼골 푸리딩딩하고 꺼칠한 그 입살 그건 그렇다고 하고 쩝쩔한 짠지 냄새가 홱 끼치는 그리고 생후 목물 한 번도 못해 봤을 듯 싶은 때꼽낀 그 몸둥아리는? 에잇 추해! 내 뭘 보구? 술이다 술 분명히 술의 작용이었다 (「정조」, 265쪽).

허나 년의 행실이 더 고약했는지도 모른다. 전일부터 맥없이 빙글빙

---

101) K. K. Puthven, 김경수 역, 페미니스트 문학비평, 문학과 비평사, 1989. 51쪽.
102) K. K. Rushen, 위의 책, 12-13쪽 참조.

글 웃으며 눈을 째긋이 치든 것은 그만두고라도 방에서 그 알양한 낯파대기를 갖다 부비며
"전 서방님허구 살구 싶어요 웬 일인지 전 서방님만 뵈면 괜스리 좋아요"
"그래 그래 살아보자꾸나"
"전 뭐 많이도 바라지 않아요 그저 집 한 채만 사 주시면 얼마든지 살림하겠어요"
그리고 가장 이쁜 듯이 팔로 그 목을 얽어드리며
"그렇지 않아요? 서방님! 제가 뭐 기생첩인가요 색시첩인가요 더 바라게"
더욱이 앙큼스러운 것은 나중에 발뺌하는 그 태도이었다. 안에서 이 눈치를 채이고 안해가 기급을 하야 뛰어나와서 그를 끌어낼 때 어멈은 뭐랬는가 안해보담도 더 분한 듯이 쌔근거리고 서서는
"행낭어멈은 일 시키자는 행낭어멈이지 이러래는 거에요?"
이렇게 호령하지 않었든가 뿐만 아니라 고대 자기를 보면 괜스리 좋아 죽겠다든 년이 딴똥같이
"아범이 없길래 망정이지 이걸 아범이 안다면 그냥 안있어요 없는 사람이라구 너머 없인녀기지 마서요 (「정조」, 265-266쪽).

인용된 두 부분을 통해 「정조」의 매춘 상황을 간추려 볼 수 있다. 앞의 것은 행랑어멈의 유혹에 넘어간 주인서방이 후회하는 부분이다. 뒤의 것은 행랑어멈이 주인서방을 유혹하는 과정과 그 뒤의 태도 변화를 보여주는 장면이다. 주인서방은 행랑어멈의 유혹에 넘어간 것을 '술의 작용'으로 돌리고 커다란 혐오감에 사로잡혀 있다. 행랑어멈의 외양 묘사를 보면 그가 경제적 여유나 교양과 관계가 먼 하층민의 범주에 속함을 이내 알아챌 수 있다. 그러나 인용문의 상황으로 알 수 있듯이 행랑어멈이 주인서방을 유혹하는 방법은 매우 적극적이며 능란하기까지 하다. 그녀는 주인서방의 성적으로 문란하고 타락한 태도

를 이용하여 장사 밑천을 마련하려고 의도한다. 그러므로 그녀의 매춘은 철저한 계산과 남편의 묵인 아래 이루어진 것이다.

한편, 주인서방이 행랑어멈과 부인 사이에서 전전긍긍하는 모습은 일견 도덕적으로 비춰진다. 그것은 주인서방이라는 신분상의 우위와 당대 사회의 도덕적 지표의 제약 때문인 것으로 이해된다. 반면에 행랑어멈에게는 도덕적 갈등이 없다. 남편이 있는 여염집 부인인 행랑어멈에게서 자신의 성을 돈으로 교환하는 과정에 대한 도덕적 고뇌가 없다는 사실은 충격적인 일이다. 선험적인 윤리 의식마저 마비되는 순간이다. 오로지 자신의 성을 물적 자산으로 삼아 한 밑천 잡겠다는 경제적 의지만이 살아 있는 세계이다. 한편으로 무섭고 한편으로 비극적인 풍경이다. 소설의 문면만으로 보자면 매춘에 관계되는 김유정의 인물들은 도덕과 윤리의 사각 지대에서 생존하는 군상들이다. 그렇다. 그렇지만 강조되고 분석적으로 이해되어야 할 것은 김유정의 인물들에게는 강퍅한 현실을 벗어날 길이 봉쇄되어 있다는 점이다. 그들은 거시적으로 볼 때, 일제하에서 오로지 노동력 착취의 추상적 대상일 뿐이다. 그러므로 그들에게서 도덕이나 윤리를 찾는 것은 그것 자체로 호사이거나 1930년대 농촌 사회에 대한 오해이기 쉽다.

「소낙비」「정조」외에도 성을 생계의 방편으로 삼는 경우가 보이는 작품으로는「산골나그내」「솟」103)「안해」104)「총각과 맹꽁이」등이 있다. 이 작품들에는 공통적으로 들병이가 등장한다. 들병이가 등장하는 소설은 작가의 여타 소설과의 관련 속에서 논의할 필요가 있다. 들병

---

103) 유인순 (앞의 글, 23-25쪽)은「정분」(조광, 1937. 5)이「솟」(매일신보, 1935. 9. 3-14)의 초고임을 밝히고 두 작품 사이의 인물, 갈등 양상, 어휘의 양상 등에 대한 검토를 통해「솟」이「정분」보다 문학성이 높다고 평가했는데 본고는 유인순의 견해를 수용하여「솟」을「정분」의 확정된 텍스트로 삼는다.
104) 이 작품은 아내를 환금적 가치로 취급하고 있지만 성의 교환이 직접적으로 이루어지지 않기에 논의 대상에 포함시키지 않는다

이는 어떤 존재인가? 이에 대해서는 작가 스스로의 취재를 통해 소상하고도 체계적으로 밝혀 놓은 기록이 있다. 이 기록에 의하면 들병이의 생태, 출신 성분, 활동 범위, 역할 등에 대해 확연하게 이해할 수 있다. 이제 그 기록을 살펴보자.

> 그들도 처음에는 다 남뿌지 안케 성한 오장육부가 잇섯다. 그리고 남만 못지 안케 낄끔한 희망으로 땅을 파든 농군이엇다.
> 농사라는 것이 얼른 생각하면 한가로운 신선노릇도 갓다. 마는 실상은 그런 고역이 다시 업슬 것이다. 땡볏헤 논을 맨다. 김을 맨다. 혹은 비 한 방울에 갈급이 나서 눈감고 꿈에까지 천기를 엿본다— 그러나 어터케 해서라도 농작물만 잘되고 추수 때 소득만 여의하다면이야 문제잇스랴.
> 가을은 농촌의 유일한 명절이다. 그와 동시에 여러 위협과 굴욕을 격고나는 한 역경이다. 말하자면 그들은 지주와 빗쟁이에게 수확물로 주고 다시 한겨울을 염려하기 위하야 한해동안 땀을 흘렷는지도 모른다.
> 여기에서 한 번 분발한 것이 즉 들병이생활이다.105)

작가는 들병이라는 특수한 직업 계층이 발생하게 된 배경을 요령 있게 논리화하고 있다. 즉, 들병이는 지주와 빗쟁이의 수탈을 견뎌 내지 못해 막다른 삶의 방식을 선택한 인물들이다. 들병이의 전직은 농군이다. 그들은 1930년대의 피폐한 농촌 현실 위에서 발생한 유랑농민의 변이형이다. 따라서 이들의 발생론적 배경이 되는 사회·역사에 대한 이해는 자못 중요하다 하겠다.106)

---

105) 김유정, 조선의 집시, 전집, 393쪽.
106) 김 철, 앞의 글, 263-264쪽. 김 철은 김유정이 자기가 그리고 있는 소설 속의 상황들이 어떠한 조건들에 의해 형성되고, 그것의 역사적 성격이 무엇인지에 대해서는 전혀 무지한 상태에 있다고 보았다. 특히 「조선의 집시」를 거론하면서 김유정의 인물들이 사회적·역사적 공간으로부터 이탈되어 본능적·초역사적 공간으로 이탈되어 있다는 논의는 부분적으로는 수긍된다. 반

우선, 들병이소설 가운데 「솟」부터 살펴보자. 「솟」에서 남편은 아내의 매춘행위를 후원하고 방조하면서 반대의 급부를 챙긴다. 급부의 물목은 대체로 키, 함지박, 숟가락, 솟과 같은 물품들이다. 특히 남편이 아내와 외간 남자가 잠자리를 함께 하는 매춘 공간에서 아기를 돌보고 있는 장면은 김유정소설에서만 목도되는 진풍경이다. 이것은 현실적 윤리의 상궤에서 벗어난 모습으로 독자들을 당혹케 한다.

> 남편은 어청어청 등뒤로 거러오는 듯 하드니 아이를 번쩍 들어 안는 모양이다.
> "이놈아, 왜 성가시게 굴어?"
> 이러케 아이를 꾸짖고
> "어여들 편히 자게유!"
> 하야 쾌히 선심을 쓰고 웃목으로 도로 나려간다 (「솟」, 134쪽).

「솟」에서 게숙이와 근식이가 잠자리를 하는 데 게숙의 남편이 들어와 편히 자라고 아이를 데려가는 장면이다. 이 장면은 두 가지의 문제를 제기한다. 하나는 게숙과 그녀의 남편이 역할을 분담하고 있다는 점이다. 아내는 매춘으로, 남편은 아내의 측면 지원자로 역할을 나누면서 서로 협력하고 있는 것이다. 또 이들 부부 사이에는 보편적인 의미의 도덕률이 존속하지 않는다는 사실이 다른 하나이다. 아내 게숙의 매춘 공간 속에서 아이를 돌보는 남편의 행위는 매춘에 대한 조력과 탈윤리적 의식을 동시에 표상한다. 특히, 게숙과 동침하던 근식이는 그녀의 남편이 나타나자 '살을 저미는 듯한' 긴장감을 느낀다. 그러나

면 이러한 논의는 김유정에 대한 일부 부정적인 논의로 환원될 소지도 안고 있다.

계숙부부는 근식과는 전혀 달리 윤리에 대한 무감각을 보여준다는 점이 주목된다. 이밖에 「산골나그내」도 「솟」과 유사한 패턴의 성의 물상화107)가 일어난다. 이밖에도 도시를 배경으로한 「따라지」의 카페 여급 영애와 아끼고, 「야앵」의 영애 등은 모두 도시 프롤레타이라의 가난을 다루되 성의 교환이 제도화된 모습을 그리고 있다. 이들에게 돈은 순전히 목적계열로 격상되며 인간은 수단계열로 전락하고 있다.108) 이와 같은 논점은 김유정 인물 사이에서 촉진된 물화의 과정과 정도를 파악하는 데에도 참고가 된다.

우리의 근대문학에서 매춘모티프가 대표적으로 나타나는 소설은 1920년대의 김동인의 「감자」, 나도향의 「물레방아」, 현진건의 「정조와 약가」 등이 있다. 「감자」와 「물레방아」에서는 여인의 쾌락원리가 궁핍으로 각인된 현실원리와 결합되고 있음에 반해109) 「정조와 약가」는 가부장제도하에서의 남편의 전제적 권력이 여성의 성을 지배하고 있는 모습으로 나타난다.110) 이에 비해 매춘모티프를 다루고 있는 1930년대의 소설에서는 여성들이 궁핍한 현실의 희생자적 이미지만 강조되고 있다. 원초적인 본능의 발현이라는 측면이 완전히 배제되어 있기 때문에 인간은 한 개의 중립적인 상품의 차원으로 전락하고 있는 것이다.111) 결국 매춘은 최대로 보존되어야 할 가장 개인적인 여자의 정체성을 지배하고 타락시킨다. 동시에 인격적인 속성을 완전히 결여한 가장 중립적인 가치가 그 소유물에 대한 적절한 등가물로 간주된다.112) 김유정의 소설들은 이러한 논점들을 분명하고도 적절한 소설문

---

107) 물상화라는 용어는 물신화 혹은 물화와 동일 개념으로 사용한다.
108) 우찬제, 한국서사문학에 나타난 돈의 이미지 연구, 서강대 석사, 1986. 12. 60쪽.
109) 변정화, 앞의 글, 55쪽.
110) 현길언, 앞의 글, 82-83쪽.
111) 변정화, 앞의 글, 55-56쪽.

법으로 반영하고 있다.
 이제 지금까지 진행된 논의들을 정리한다. 김유정의 소설에서 성이 상품적 가치로 교환되는 대표적인 작품은 「소낙비」이다. 이 소설에서 매춘은 오로지 가난한 현실을 벗어나기 위한 방편으로 선택된다. 이 작품에서 전개된 매춘의 배경에는 극도의 궁핍과 더불어 남편중심사회의 권력이 함께 작동하고 있다. 이것은 아내의 성을 이용하여 거세된 남성의 능력을 복원해 보고자 하는 남성권력의 한 폭력적 표현이다. 「정조」와 「소낙비」도 현실탈출의 여지없는 수단으로 아내의 성이 활용되고 있다는 점에서 「소낙비」와 동류로 묶인다.
 이와는 달리 매춘이 직업화된 들병이소설로는 「산골나그내」「솟」 「안해」「총각과 맹꽁이」 등이 있다. 들병이소설의 들병이는 전직 농군이었다는 점이 주목된다. 이러한 사실은 당대의 농민계층이 분화된 경위와 전락의 경로를 여실하게 증거해주고 있다. 아울러 농민계층의 해체과정에서 농촌을 이탈한 여성들의 성이 물상화의 대상이 되고 있음도 확인되었다. 이밖에 도시 하층민의 직업화된 성을 다룬 「따라지」와 「야앵」도 이 계열에 속한다.
 앞에서 정리하고 요약한 소설에서 드러나는 공통점은 여성의 성적 교환이 가난한 현실탈출의 수단이 되고 있다는 점이다. 또 이러한 성적 교환은 주로 매춘의 형태를 띠고 있으며 남편들에 의해 조장되고 후원된다는 특징을 보여준다. 이는 무능력·무기력한 남편들이 오로지 아내의 성을 빌미로 하여 현실을 개선해 보겠다는 반도덕적 의지에서 비롯된다. 다시 말해 여성 인물들의 매춘행위를 조장하고 통괄하는 것은 남성중심사회의 억압적인 권력체계이다. 또한 일련의 들병이소설에서 보여지는 매춘에는 성에 대한 쾌락원리가 거세되어 있고 다른 한

---

112) Georgh Simmel, 돈의 철학 (안준섭 외 옮김), 한길사, 1983. 472-473쪽.

편으로는 당대의 도덕적 관행을 벗어난 탈윤리적인 풍경이 포착되기도 한다. 이것은 식민지사회하에서 절박한 생존의 문제가 도덕과 쾌락의 경계를 한꺼번에 초월하고 있기 때문인 것으로 해석할 수 있다. 결국, 작가는 일제의 식민정책에 의해 피폐되고 황폐화된 농촌 현실 속에서 절망적 대안으로 선택되고 추구된 농민들의 현실 개선, 욕망의 실현, 여성의 성문제 등을 극명하게 보여준다. 그것은 여성들의 성적 교환의 인과적 배경을 통해 구체적으로 포착된다. 아울러 김유정은 당대 농촌사회가 겪고 있는 비극적인 삶의 풍경을 소설화하면서도 일체의 주관적 가치판단을 개입시키지 않고 있다. 그의 소설에서 끊임없이 되풀이되는 출구와 전도가 없는 상황 그리고 그것을 넘어서고자 하는 인물들의 일탈적이고 비윤리적인 선택과 대안, 그것이 작가가 소설을 통해 보여준 식민지시대 인간들을 움직였던 욕망의 참모습이다.

3. 세계에 대한 희극적 대응

김유정이 이해하고 있는 1930년대의 농촌 현실은 전도 없는 캄캄함이다. 그것은 어떠한 경우에도 낙관적인 희망이 존재하지 않는다는 뜻이다. 희망 없음의 내용은 생존을 위한 기본적인 조건의 결핍 상황이다. 이것은 일상화되고 가속화된 경제적 궁핍을 말한다. 김유정의 인물들은 극도의 가난 속에서 그것을 벗어나기 위해 싸움을 벌이거나 그러다가 패배하는 드라마를 보여준다. 그러므로 김유정의 소설적 상황에는 희망·낙관·웃음이 개재할 소지가 없다. 일년 농사를 해봐야 도지를 물어주고 빚을 갚고 나면 남는 것이 없는 삶 게다가 매춘과 같은 극단적인 수단에 의지해서 기초적인 생계를 보장받고 있는 인물들의 삶은 그것 자체로 황폐한 비극이다. 그런데 김유정의 소설에서는 비극적인 이야기들이 비극적인 방식으로 제시되지 않는다. 이 점은 김유정 소설의 대표적인 특징이다.

　김유정이 궁핍한 사회 속에서 인간들이 벌이는 욕망의 이동 현상을 표현하는 중요한 방법은 웃음이다. 다시 말해 작가가 그의 소설을 통해 열어 놓은 세계는 희극의 세계라고 명명할 수 있다. 작가는 매춘, 투전, 잠채와 같은 비정상적인 방법으로 진행되고 있는 당대 농민들의 현실 탈출 의지를 해학적 방법을 통해 보여준다. 따라서 김유정이 보여준 웃음의 의미망을 해명하는 작업은 그의 소설세계를 파악함에 있어 빠뜨릴 수 없는 요소가 된다. 김유정의 소설 속에 드러나는 웃음의 성질은 비장하거나 숭고한 것이 아니라[113] 눈물→웃음→눈물이라는 등식을 거느리는 따뜻한 해학의 세계이다. 이것의 의미는 김유정이 철두철미 지상적인 것을 추구한 작가로서[114] 당대 민중의 모습을 수평적인 거리에서 바르게 인식하려 했던 작가정신의 실천이라 볼 수 있다.

　이 자리에서는 김유정이 보여주고 있는 해학의 형태와 해학이 발생하는 조건, 해학의 의미 등을 살피고 그것이 당대 사회와 맺고 있는 관계도 해명해 보고자 한다. 따라서 작가가 제시한 웃음이 주로 1930년대의 왜곡된 사회를 향한 항의 및 응전적 기능을 담보하고 있음에 유의하면서 논의를 진행시키고자 한다. 아울러 웃음이 가지는 당대성과 전통성에 대해서도 살펴보고자 한다.

(1) 웃음의 전통적 의미

　김유정의 소설을 읽으면 저절로 웃음이 나온다. 웃을 준비가 되어

---

113) 이선영, 앞의 책, 99쪽.
114) 임중빈, 닫힌 사회의 캐리캐추어, 동아일보, 1965. 1. 5.

있지 않아도 웃음이 배어 나온다. 웃다가 생각해 보면 그 웃음은 미소와 홍소의 중간쯤 된다. 미소보다 크고 홍소보다 작은 웃음의 무게, 거기에 김유정적 웃음의 특질이 있는 것으로 여겨진다. 한편, 김유정의 웃음은 서구식 웃음이 아니라 오랜 옛날부터 체질화된 한국식 웃음이다. 서구식 웃음이 이성과 합리성의 균형이 깨어졌을 때 발생하는데 비해 김유정의 웃음은 한국적 전통과 깊은 상관을 맺고 있다. 그래서 우리는 김유정의 해학을 전통과 관련하여 논의하게 된다. 웃음은 참으로 여러 가지의 상황과 조건 속에서 발생한다. 흥미로운 것은 웃음이 작가·서술자·작중인물들의 언어 사용 방식(문체)에 의해 발생하는 측면이 많다는 점이다. 언어적인 측면과 웃음은 깊은 상관성 위에 있다. 그런데 김유정 소설의 경우는 이런 점이 더 유별나게 표가 난다. 이것은 동시대 작가들에서 표출되지 않는 김유정만의 개성적 측면이다.

작가가 소설에서 제시한 희극의 세계는 18세기 후반에 대두된 일련의 평민소설의 전통을 상속받고 있다. 이른바 판소리계소설이 바로 그것이다. 판소리계소설이 선택하고 있는 민중의 전형들이 김유정 소설 속에서도 같은 형질을 띠고서 유전되고 있다. 김유정의 작중인물들이 보통의 인물이거나 보통보다 훨씬 못한 인물들이라는 점에서 조선시대의 평민소설들과 친족 관계를 이룰만 하다.「춘향전」「배비장전」「강릉매화타령」의 기생,「가루지기타령」「옹고집타령」「홍부전」「심청전」의 농민,「무숙이 타령」의 日者, 가짜 신선타령 등은 모두 민중의 전형들이 가지는 꿈을 희화해서 형상한 판소리 열 두 마당이다.115) 그 시대의 소외계층인 하층민들을 소설에 등장시켰다는 점과 그들의 삶을 희화적으로 묘사했다는 점에서 김유정의 소설은 18세기 판소리계

---

115) 김동욱, 국문학사, 일신사, 1981. 196쪽.

소설과 연관되어 있다.

> 김유정이 묘사한 농민의 모습은 중세 리얼리즘의 한 최고봉인 평민적 전형의 발굴(예컨대 봉산탈춤의 '영감'과 '할미' 등)을 현재에 투입해서 더 큰 성과를 낸 결과라고 해석할 수 있다.116)

조동일의 지적은 매우 의미 있고 시사적이다. 중세문학은 지배계층의 것이 아니라 서민계층이 중심을 이루는 문학이다. 김유정이 당대의 서민계층인 농민을 자신의 주요 인물로 선택해 왔다는 점에서 조선시대의 평민문학과 전적으로 같은 계열에 든다. 이러한 사실은 작가가 과거의 서사적 전통에 유의하고 있다는 의미가 된다. 이로써 전통 단절론은 새로운 전환을 맞는다. 김유정의 해학은 전통단절론의 새로운 지양과 극복의 대안이 되기 때문이다.

> 우리 문학은 다른 민족의 문학과 공통적으로 발견되는 보편적인 측면과 우리 문학사에서만 발견되는 특수한 측면의 긴밀한 결합으로서 형성 발전되어 왔으며 이 전체가 민족적 전통이다.117)

위의 인용은 문학적 전통에 대한 일반론으로 받아들이면서 우리의 문학현실에 비춰 볼 필요가 있다. 전통 단절론은 우리 문학이 갖는 보편성과 특수성을 몰각하고 어느 일면에만 집착하였을 때 파생한다. 그러니까 우리 문학의 전통에 대해 부정적이었던 생각들은118) 김유정과

---

116) 조동일, 전통의 퇴화와 계승의 방향, 창작과 비평, 1966 여름(영인본 제1권), 375쪽.
117) 조동일, 앞의 글, 357쪽.
118) 임 화(신문학사), 유종호(한국적이라는 것, 사상계 신년 증간호, 1962. 357쪽), 정창범(전통의 허약성, 현대문학, 1964. 8. 205쪽) 등의 글들은 우리 문학의 전통의 허약성에 대하여 일조한 논의들이다.

같은 작가를 만남으로써 전통 단절론 극복의 전거를 확보할 수 있게 된다. 전통은 어느 특수한 시점에 형성된 특정의 성격을 가리킨다기보다 장구한 세월 동안을 거치는 동안 축적되고 변형되며 형성된 그 무엇이다. 또, 전통 속에는 부정적인 요소와 긍정적인 요소가 혼재하여 전승되지만 당대 수용자들의 입장과 처지에 따라 적절히 변용되게 마련이다. 김유정은 조선시대의 평민문학이 열어 놓은 개방성과 독자적인 미학을 자기 시대의 문제를 바라보는 방법론으로 차용하는데 주저하지 않았다. 그것이 해학이다.

> 김유정의 문학에 있어서 그 연금법적인 희귀한 특질을 휴머라고 본다면 그의 휴머는 어디서 온 것일까.[119]

김유정의 해학성은 한국의 토속적 해학과 연결되는 달관과 니힐한 정서를 수반하고 정적 어리석음을 그 의상으로 한다. 그리고 고대소설에서와 같은 직접적, 표피적 비평, 풍자의 교훈성, 풍자의 기법 등을 극복하거나 감춤으로 독특한 예술성을 발현하고 있다.[120] 김유정의 해학에서 교훈이나 비평이 배제되어 있다는 판단은 적절한 지적이다. 또, 작가의 소설을 접하면 처음에는 그가 묘파한 농촌의 참담한 현실의 비참성을 느끼게 되나, 독자들은 어느덧 눈물을 닦고 웃음을 발견하게 된다는 논의는[121] 비참한 현실에 대응하는 작가의 시각을 짐작케 한다는 점에서 적절한 지적이다. 이처럼 작가가 현실을 어둡지 않고 밝은 색채로 그려낼 수 있는 것은 판소리계소설의 해학적 인자를 계승했기 때문이다. 특히 작가는 판소리의 골계에서 주로 해학을 받아

---

119) 백 철, 고난 속에 빚은 웃음의 像, 문학춘추, 1965. 5. 181쪽.
120) 김영기, 앞의 글, 431쪽 요약.
121) 김진악, 앞의 글, 11쪽.

들이고 있다.122)

　김유정 소설의 웃음에 대해서는 많은 논자들이 주목해 왔다. 그런데 이들 논의를 살펴보면 미학적 개념 내지는 용어에 대한 혼란이 존재한다. 웃음과 관계되는 미학적 용어에는 골계·해학·풍자와 같은 것들이 사용된다. 그러나 이 용어들은 개념이 서로 다르기 때문에 적용되어야 할 상황도 같지 않다. 이러한 용어들은 소설의 미학과 관계되는 것들이기에 혼용되어서는 안된다. 그것은 작품 해석에도 오류를 남길 수 있기 때문이다. 그러므로 이 자리에서는 풍자와 해학의 개념에 대해 간단히 살펴 두기로 한다.

　풍자와 해학은 골계의 하위개념으로서 모두 개인이니 사회의 결점과 모순의 상태를 그 대상으로 하고 있다. 사회의 모순 구조에 대하여 표면적이든 이면적이든 공격하고 개선하려는 의도를 갖고 있는 것이 풍자와 해학의 공통적인 기반이다. 그러나 엄격한 의미에 있어서 그 용법과 효과의 측면은 같은 맥락으로 파악될 수 없는 상이점을 갖는다. 풍자는 항상 그 대상이 있고, 항상 비판한다. 풍자가는 왜 그런 행동을 하는가? 풍자가가 우선 해야 할 일은 그가 하고 있는 일의 가치(그보다 더 그 필요성)를 독자에게 설득시키는 일이다. 풍자가가 하는 말은 그의 의도와 일치해야 한다. 또는 적어도 그의 말이 진정이라고 독자에게 납득시켜야 하는 것이다.123)

　풍자가는 항상 그 대상을 향하여 항의하고 공격하려는 자세를 견지한다. 그러나 김유정의 소설은 공격과 비판을 표면에 내세우지 않는다. 오히려 인간적인 애정이 담긴 웃음을 통하여 세상을 바라보고 있다.124) 풍자 작가에게는 인간에 대한 애정이 없다. 적어도 거기에 바탕

---

122) 전신재, 김유정 소설의 판소리 수용, 강원문화연구, 1984. 253쪽.
123) Arthur Pollard, 풍자 (송락헌 역), 서울대출판부, 1980. 93쪽 요약.
124) 이어령, 해학의 미적 범주, 사상계, 1958. 11. 284-295쪽 참조. 골계의 하위범

하지 않는다. 해학 작가에게는 공격적 비판이 없는 대신 포용성이 있다. 말을 바꾸면, 풍자작가는 유우머리스트와는 달리 인간에 대한 동정과 웃음을 본질로 하는 것이 아니라 怨情을 기초로 하며, 그것을 일반화하여 위대한 풍자문학을 세워 나간다. 곧 유우머리스트는 너그러운 마음을 갖고 자신보다도 타인의 일에 더 생각을 쏟는다. 넓은 마음의 미덕을 뜻한다.125)

풍자가가 타인에게 거북함을 주는 이유도 그가 타인의 어리석음과 과오를 유난히 의식하며 그것을 참지 못하고 폭로하는 데 있다. 풍자가는 타인의 도덕적 결함이나 위선적 행위에 관해 항상 비난을 앞세우고 있다는 점에서 매우 공격적이라는 특성을 지닌다.

이상에서 서술된 풍자와 해학의 논점들을 다시 한번 종합하고 정리한다. 풍자는 공격·비판·교정·개량의 영역이며 해학은 너그러움·애정·포용·동정의 영역이다. 그런 점에서 풍자와 해학은 엄연하게 다르다. 이에 따른다면 김유정의 골계는 공격정신에 기초한 풍자이기보다 인간의 정신을 따뜻하게 감싸는 해학의 전통을 받아들이고 있다. 앞서 정리한 해학이론에 유의하면서 김유정의 해학성을 대표하고 있는「봄·봄」부터 살펴보기로 한다.

　　"장인님! 인젠 저―"
　　내가 이렇게 뒤통수를 긁고 나이가 찾으니 성예를 시켜 줘야 하지 않겠느냐고 하면 그 대답이 늘

　　주인 풍자와 해학의 성격에는 세부적인 차이점이 존재한다. 풍자는 현실에 대한 부정적·비평적 태도에 근거를 두고 성립하므로 노골적인 공격의 성격을 가지고 있으며 교정과 개량의 목적을 가지고 있다. 이에 비해 **해학은 불합리나 모순을 드러내기는 하되, 한층 넓고 깊게 통찰하여 동정적으로 감싸주는 것이다** (고딕은 인용자).
125) 김남석, 시심리학, 현대문학사, 1974. 17쪽.

"이 자식아! 성예구 뭐구 미처 자라야지—" 하고 만다.
이 자라야 한다는 것은 내가 아니라 장차 내 안해가 될 점순이의 키 말이다 (「봄·봄」, 138쪽).

「봄·봄」은 데릴사위인 '나'와 장인인 '봉필' 사이의 게임이다. 다시 말해 장인이 '점순'의 키를 성례의 기준으로 삼음으로써 해학이 유발되는 소설이다. 봉필은 점순의 자라지 않는 키를 이용하여 자신의 데릴사위를 '삼년 하고 꼬박이 일곱달 동안' '돈 한푼' 주지 않고 부려먹는다. 이러한 봉필의 간교함이 데릴사위의 눈에 불합리로 인식되면서 희극은 발생한다. 아내 될 여자의 키가 빨리 자라기를 바라는 '나'와 딸의 키가 쉽게 자라지 않을 것임을 간파하고 있는 장인영감 사이의 게임이론이 균형을 잃을 때 해학적 상황이 설정되고 있다.[126] 데릴사위와 장인의 의뭉스럽고 유들유들한 성격은 이 소설의 해학을 이끌고 발전시키는 단초가 되는 동인이다. 때문에 데릴사위의 성품이 바보스러워 해학이 발생하는 것은 아니다.

이 녀석의 장인님을, 하고 눈에서 불이 퍽 나서 그 아래밭 있는 넝알로 그대로 떼밀어 굴려 버렸다. 조금 있다가 씩, 씩, 하고 한 번 해볼려고 기어오르는 걸 얼른 떼밀어 굴려 버렸다.
기어오르면 굴리고 굴리면 기어오르고 이러길 한 너덧 번을 하며 그럴 적마다
"부려만 먹구 왜 성례 안하지유!"
나는 이렇게 호령했다. 허지만 장인님이 선뜻 오냐 낼이라두 성례시켜 주마, 했으면 나도 성가신 걸 그만두었을지도 모른다. 나야 이러면

---

[126] 박선부, 김유정 소설의 문학적 지평, 한국학논집 3, 한양대 한국학연구소, 1983. 139쪽. 이 글에 따르면 「봄·봄」의 데릴사위와 장인이 보여주는 내숭스런 배포나 유들유들한 계산은 그 질량면에서 난형난제다. 게임이론은 이 의뭉스런 인물들이 벌이는 긴장관계를 의미한다.

때린 건 아니니까 나종에 장인쳤다는 누명도 안들을 터이고 얼마든지 해도 좋다 (「봄·봄」,148쪽).

　인용한 장면은 노동력만 착취하고 결혼을 연기하고 있는 장인에 대한 불만을 행위로 표현하고 있는 부분이다. 의뭉스런 인물들의 감추어진 심리가 행위를 통해 표출되면서 해학이 발생하고 있다. 구장의 재판이 불리하게 내려짐으로 사보타지에 들어간 '나'가 장인과 육탄전을 벌이는 이 장면은 여러 가지로 해학적이다. 장인과 사위가 몸으로 싸운다는 비상식이 그렇고, '이 녀석'이라는 비속어와 '장인님'과 같은 존칭어의 부조화 또한 해학적이다. 그러나 마름이자 장인인 '봉필'에 대하여 사위인 '나'가 가지는 이러한 교묘한 언어표현은 '나'의 양면적인 심리상태를 숨김없이 그대로 보여주는 예다. 해학의 미적 효과는 엄숙성을 부정하는 표현적 기교일 뿐 아니라 중압감이나 고통으로부터 해방하는 효과를 가진다.127)「봄·봄」의 '나'는 장인을 향하여 자신이 겪고 있는 기형적인 결혼 형태의 불합리를 폭로하고 있다. 즉, 장인의 권위에 도전하고 엄숙성을 부정하고 있다. 독자들은 장인이 자식 같은 사위에게 봉변을 당함으로써 쾌감과 일말의 해방감을 맛본다. 아울러 장인의 엄숙한 권위가 추락하는 과정에서 머슴일반이 겪는 불합리한 고용 문제도 함께 폭로된다. 해학이 거두고 있는 효능의 일면이다.
　「봄·봄」의 해학과 그 과정은 김유정 소설에서 나타나는 중요한 해학적 문법을 제시한다. 이 작품에서 주목되어야 할 인물은 마땅히 데릴사위인 '나'다. 그는 장인에게 고용된 사실상의 노동자로서 '사위'는 명분뿐인 헛말에 지나지 않는다. 그가 점순이와 결혼할 수 있는 조건은 두 가지다. 열을 열심히 할 것과 점순의 키가 커야 한다는 것이 그

---

127) 이재선·신동욱, 문학의 이론, 학문사, 1968. 36쪽.

것이다. 이 조건은 합리성을 가장한 불합리다. 장인은 이 계약의 허구를 잘 간파하고 있으며 이를 역대 데릴사위들에게 적용해 온 혐의가 짙다. 사위도 이 모순을 알고 있지만 그에게는 별다른 해결 방법이 없다. 장인에게 호소하는 방법과 구장에게 중재를 요청하지만 둘 다 실패로 끝난다. 이 쯤에서 말해 둘 것은 이 작품 속의 데릴사위인 '나'는 경제적 약자라는 점이다. 다시 말해 그는 불합리하고 부조리한 현실 속에 외롭게 던져진 존재이다. 작가는 이 점을 주목한다. 그러나 작가는 '나'와 같은 인물이 처한 현실을 있는 그대로 재현하거나 폭로하는 방법보다 해학적 방법을 선택한다. 일제와 고용주(지주·마름·장인)에게 이중적으로 핍박받고 있는 자들의 고통을 해학으로 다스리고자 한다. 이 점으로 인해 김유정의 소설은 18세기 후반의 평민소설과 연계시킬 수 있는 개연성을 갖는다.[128]

김유정과 판소리계소설은 어떤 점에서 상관 있는가? 거기에는 사회적 약자의 편들기, 해학 지향, 解恨的 세계 등이 공통적 기반으로 꼽힐 수 있다. 단순하게 말해, 김유정의 소설은 현실적 고통을 골계 구조에 기대어 풀어 나간다는 점에서 조선시대 평민소설의 특징적 일면을 계승한다. 맺힘이 강할수록 풀이의 발산력은 증폭된다. 작가는 인물들의 맺혀 있는 마음의 고통을 해학의 심미적 구조를 빌어 풀어내고자 한다. 김유정의 작중인물들은 영세농민·소작인·머슴·들병이·유랑민·카페 여급·잠채꾼·룸펜 등으로 형성되어 있다. 이러한 인물군을 개관하면 이들이 바로 한 사회의 기층이며, 고통 수납의 중심 계

---

[128] 신동욱, 숭고미와 골계미의 양상, 창작과 비평, 1971 가을, 영인본 732-745쪽. 신동욱은 이 글에서 고전소설에서 근대소설에 이르는 미학적 특성과 가치에 대해 논했다. 특히 그는 「홍부전」의 골계미가 김유정의 소설에서 창조적으로 계승되고 있음을 지적하고, 작가의 깊이 있는 사회의식을 통하여 전통의 계승이 이루어지고 있다고 보았다.

충임을 한눈에 알 수 있다.

①"이년아! 일어나서 밥차려—"
"이눔이 웨 이래, 대릴 꺾어 놀라" 하고 년이 고개를 겨우 돌리면
"나무 판 돈 뭐했어, 또 술처먹었지?" 이렇게 제법 탕탕 호령하였다
(「안해」, 153쪽).

②……눈을 부비고 일어나서 벽 틈으로 조사해 보았드니 놈이 땅바닥에다 안해를 엎어놓고 그리고 허리를 깡충 타고 올라 앉어서 이년아 말해, 바른대로 말해 이년아 하며 그 팔 한 짝을 뒤로 꺾어 올리는 그런 기술이었으나 어쩌면 제 다리보다도 굵은지 모르는 그 팔뚝이 호락호락 꺾일 것도 아니거니와…… (「슬픈 이야기」, 279쪽)

③……그나 그뿐이랴 아씨가 서방님과 어쩌다 가치 자게 되면 시키지도 않으련만 아닌 밤중에 슬몃이 들어와서 끓는 고래에다 불을 처지펴서 요를 태우고 알몸을 구어 놓은 이년이었다 (「정조」, 268쪽).

위에 제시한 인용문 ①②③은 모두 기형적인 상황 속에서 해학이 발생하는 장면들이다. ①은 얼굴이 못생긴 아내가 자식을 낳고 난 후부터 그녀의 입장이 강화되면서 희극적 상황이 발생한다. ②는 남편이 가학적인 방법으로 아내를 학대하는 장면이다. ③은 행랑어멈이 주인 부부가 잠자는 방에 고의적으로 끓는 불을 지펴서 심술을 부리는 장면이다. 위의 장면들은 한결같이 심한 불균형의 소지가 개입되어 있다. ①의 경우는 남편과 아내의 권위가 전도됨으로써 불균형이 초래된다. ②의 경우는 남편과 아내의 육체적 불균형이 돋보이고 ③의 경우는 주인과 행랑어멈간의 신분상의 균형이 깨어지면서 불균형이 초래된 경우이다. 결국, 김유정의 해학은 인물간·역할간·신분간·육체간에 개입되는 심한 부조화에서 발생한다는 사실을 확인할 수 있다. 아

울러 이들 부조화의 배경에는 반드시 돈이 매개항이 되고 있다는 점도 주목된다. 다시 말해 돈으로 인해 여러 차원의 부조화가 표면화되고 골계는 그 과정에서 부득이하게 발생하는 것으로 이해된다.

지금까지 김유정 해학의 전통적 측면에 대해 살펴보았다.

김유정의 해학은 일제하의 궁핍한 농촌과 농민들의 삶을 통해 제시되었다. 작가가 즐겨 사용한 골계는 풍자보다 해학에 가까웠다. 그의 해학에서는 대상을 향한 통렬한 공격보다 동정과 애정의 정신이 소설에 두드러졌기 때문이다. 아울러 조선시대 평민소설의 한 특성인 대상에 대한 권위와 엄숙성 부정, 고통으로부터의 해방감과 같은 해학의 미적 효과가 김유정의 소설에서도 당대적 현실과 부합되면서 재현되었다. 웃음은 현실의 심한 부조화 —인물간·역할간·신분간·육체간—에서 발생하고 이 부조화의 이면에는 언제나 돈의 문제가 개재되고 있다. 작가의 소설에서 작중인물들을 해학의 공간으로 밀어 넣는 확고하고도 중요한 부조화·불합리는 일제하의 궁핍한 경제적 조건이었다. 이와 같은 점들을 요약해 볼 때, 김유정은 1930년대의 하층민인 농민들의 고뇌 어린 삶을 한층 여실하게 드러내기 위해 조선시대 평민소설의 한 특질인 해학정신을 자신의 소설미학에 접목시켰다. 자신이 다루어야 할 대상이 그 시대 최하층민이라는 점과 그들이 처하고 있는 모순된 현실을 부각시키기 위해 풍자보다 해학의 미학을 선택했다는 사실은 조선시대 평민소설들의 정신과도 잘 조응한다. 따라서 김유정이 고전소설이 가지고 있는 해학의 기법적 측면보다 정신적 측면을 깊게 받아들여 자기화했다는 것은 강조되어야 할 대목이다.

(2) 웃음의 사회적 기능

작가의 해학이 가지는 역사성 즉 전통성에 대해 살펴보았다. 해학의 전통은 기법적인 면과 정신적인 면이 있다. 좋은 소설은 이 둘을 잘 결합하고 표현한다. 문학사에서는 과거의 문학적 기법들을 베껴내거나 원형의 복원만으로도 찬미되는 경우가 있다. 그러나 그것은 전통에 대한 이해 부족이기 쉽다. 문학의 전통은 한편으로 방법이면서 한편으로 정신이다. 자신이 역사적이고 전통적이고자 하는 작가는 바로 이 점을 숙지하고 있어야 한다. 뿐만 아니라 그것을 자신의 시대정신에 창조적으로 적용할 줄 알아야 한다. 김유정은 해학의 전통적 성격을 창조적으로 되살려 냈다는 데서 다른 작가들의 앞자리에 선다.

김유정은 왜 해학을 선택했는가? 풍자의 길을 가지 않고 해학으로 직진한 이유는 무엇인가? 그것은 앞에서 부분적으로 해명된 바 있지만 빈농과 소작인과 들병이의 참담한 현실을 드러내기 위해서이다.[129] 다 아는 얘기지만, 1930년대의 정치·사회현실은 신산하고 가혹하기 이를데 없는 시절이었다. 이러한 시절에 소설 속에 웃음을 장치한다는 것은 자칫 의심받을 수 있는 일이다.[130] 실제로 작가에 대한 이와 같은 짧은 생각들이 없는 것은 아니나 말 그대로 그것은 짧은 생각이다. 작가가 핍박받는 농민들의 속사정을 뻔히 알면서 분노 대신 웃음이라는 양식을 선택한 이유는 무엇인가? 다음과 같은 견해를 끌어다 그 답을 헤아려 보고자 한다.

> 현실에 대한 묘사가 객관적인 것이라면, 그것을 처리하는 장면에 개입된 진술은 주관적인 것이다. 이 객관과 주관의 합작을 김유정은 능란한 익살로 넘어가고 있는 것이다. 그리고 그것을 익살로 구성하고 있다는 바로 그 점에 이 작가의 유우머성이 있다. 왜냐하면 그 익살은

---

129) 서종택, 한국근대소설의 구조, 시문학사, 1982. 182쪽.
130) 이효석의 일부 작품은 좋은 성취에도 불구하고 자기 시대의 고통을 비켜 갔다는 점으로 인해 일부 논자들로부터 외면받고 있다. 김유정에게도 이런 혐의를 두는 논자가 없지 않은데 이 글은 물론 거기에 동의하지 않는다.

비참을 극복하는 과정에서 사용되어 우리의 마음을 촉촉하게 만들어 주고 있기 때문이다. 우리로 하여금 연민의 마음을 끌어내고 있으며, 그런 의미에서 그것은 서구문학에서 말하는 유우머 정신에 아주 근접해 있다.131)

김유정문학의 해학성을 규정하는 데 있어 김주연의 지적은 매우 설득력이 있다. 김유정의 웃음은 현실의 비참상을 극복하는 과정에서 일어난다. 그러므로 현실 폭로적인 면이 있다 하더라도 그것을 정색하고 드러내지 않는다. 다르게 말해 웃음을 통해 살벌한 현실적 측면은 축소되고 완화되어 나타난다. 이때 독자는 억압당한 느낌을 받는 것이 아니라 해방감을 느낄 수 있다. 이런 점에서 김유정 소설의 해학은 정화의 기능을 가진다.132)

나는 오십사원을 갚을 길이 업스매 죄진 몸이라 도망하니 그대들은 아예 싸울 게 아니겟고 서루 의론하야 어굴치 안토록 분배하야 가기 바라노라 하는 의미의 성명서를 벽에 남기자 안으로 문들을 걸어닷고 울타리 밋구멍으로 세 식구 빠저나왔다 (「만무방」,83쪽).

채무자가 채권자들에게 남긴 성명서의 내용과 형식 속에 익살이 가득하다. 빚을 갚을 길이 없어 '도망감'을 당당하게 공고하고 채권자들에게 자신의 물건을 '어굴치 안토록 분배'하라고 당부하는 태도가 자못 여유롭게 느껴진다. 그렇지만 '응칠'이가 고향을 등지고 출분하는 이유는 성명서의 어조와 같이 한가롭지 않다. 기껏 농사를 지어 봐야 남는 것은 빚뿐인 인물들의 현실을 고려할 때 웃음의 표면과 현실의 거리는 너무 넓고 멀다. 작가는 비참한 농민들의 급박한 현실을 익살을 통해 감추고 있는 것이다. 그것은 드러내기 위한 감추기이다.

---

131) 김주연, 유우머와 초월, 국문학자료집, 대제각, 1983. 111쪽.
132) M. H. Abrams, 문학용어사전(최상규역), 대방출판사, 1985. 314쪽 참조.

매팔짜란 웅칠이의 팔짜이겟다.
그는 버젓이 게트림으로 길을 거러야 걸릴 것은 하나도 업다. 논맬 걱정도, 호포 밧칠 걱정도, 빗 갑흘 걱정, 안해 걱정, 또는 굶을 걱정도. 호동가란히 털고 나스니 팔짜 중에는 아주 상팔짜다. 먹구만 십으면 도야지구, 닭이구, 개구, 언제나 엽흘 떠날 새 업겟지 그리고 돈, 돈 두— (「만무방」, 83쪽)

자신의 처지를 상팔자라 여기는 자조적 탄식은 많은 것을 뒤집어서 보여주고 있다. '응칠'은 논·호포·빚·안해와 같이 자신의 삶을 구성하고 있는 중요한 항목들을 모두 작파하고 벗어남으로써 상팔자가 되었다고 뇌까린다. 그것은 그러나 한편으로 진심이면서도 그 진심은 역설로 위장되어 있다. 가진 것이 없는 자가 행복할 수 있다는 강한 역설이 '응칠'의 처지를 분명하게 규정지어 준다. 그가 반사회적 사고를 가지고 있음은 그가 딛고 선 사회가 바로 반사회적라는 것을 반영하는 것이 된다. 일제 수탈의 시대상황과 그 속에 파괴되어 가는 인간을 바라보는 작가의 정신은 객관성과 자신감에 기초하고 있다.[133] 객관성과 자신감은 곧 작가의 정직성으로 환원된다.

「봄·봄」의 희극이 코메디로만 머물지 않고 독자들의 지적 인식력을 환기할 수 있는 힘도 작가가 감상적 차원으로 함몰되지 않음으로써 획득된다. 이 소설은 경제적 소유의 불평등과 신분간의 부조화가 충돌하면서 익살스런 풍경을 연출한다. 장인과 데릴사위라는 종적 관계(규범)가 횡적 관계의 싸움에 부딪혀 생긴 희극[134]이라는 논점은 의

---

133) 김주연, 앞의 글, 111-115쪽 김주연은 유우머를 통해 작가가 개인적인 입장을 벗어나 긴 역사적 평면과 진실의 연대 속에 자신을 편입시킨다고 말했는데, 이 진술은 김유정의 해학을 매우 효과적으로 설명해 준다.
134) 이선영, 앞의 글, 99쪽.

미 있다. 「봄·봄」의 '나'나 「만무방」의 '응칠'은 사회적 규범으로 보았을 때 건강한 가치에 기반을 두고 있는 인물이 아니다. 이들의 사고와 행동 양식은 다분히 현실일탈적인데 그렇게 그들을 추동하고 억압하는 배면은 왜곡되고 어긋난 현실이다.

골계는 작가의 정직성으로 인해 발생한다.[135] 정직성의 문제는 작가가 골계적 방법을 자신의 소설에 차용한 이유가 된다. 여기서 말하는 정직성이란 당대 사회와 구성원들이 맺고 있는 삶의 모습에 대한 올바른 통찰을 뜻한다. 「동백꽃」의 남자 주인공은 사회적 위치 때문에 신분이 성격화된 대표적인 예[136]인데 여기서의 신분은 마름과 소작인이라는 경제적 예속 관계를 말한다. 다소 과도한 해석을 무릅쓴다면, 당대 사회의 왜곡된 경제 구조가 농민들의 성격까지 구속했다는 뜻이 된다.

> "자네는 어떻게 된 사람이걸래 그리 도도한가 앞으다고 누었고 애뱃다고 누었고 졸립다고 누었고 이러니 대체 일은 누가 할 겐가"
> 이렇게 눈이 빠지라고 톡톡히 역정을 내었을 제
> "애 밴 사람이 어떻게 일을 해요? 아이 별 일두! 아씨는 홋몸으로도 일 안하시지 않아요? 하고 저도 맞우대고 눈을 똑바루 뜬 걸 보드라도 제 속에서 우러나온 소리는 아닐 듯 싶다. 순사가 인구조사를 나왔다가 제 성명을 물어도 벌벌 떨며 더듬거리는 이년이 않이었든가 (「정조」, 268쪽).

행랑어멈은 애기를 뱄다는 핑계로 직무 유기를 하고 있다. 한 걸음 더 나아가 주인아씨를 공격하기도 한다. 고용 관계에 있는 상전을 야유하며 사보타지를 벌이고 있다는 점에서 「봄·봄」과 유사한 상황이

---
135) 신동욱, 앞의 글, 744쪽.
136) 신동욱, 앞의 글, 744쪽.

다. 인구조사를 나온 순사에게 말대답도 옳게 하지 못하던 행랑어멈이 주인아씨 앞에서 당당할 수 있는 이유는 무엇인가? 그것은 주인서방의 타락한 도덕성을 확실한 담보로 잡고 있기 때문이다. 행랑어멈의 태만은 돈을 뜯어내기 위해 계산된 행동이다. 행랑어멈의 이력은 삶의 터전으로부터 쫓겨남→떠돎→장사밑천 마련과 같은 과정 위에 놓여 있다. 즉, 그녀의 자해적이며 영악한 삶의 계산법은 더 이상 뒤로 물러설 수 없는 현실 속에서 배태되고 착안되었다. 「정조」의 해학은 그러므로 주인서방으로 대표되는 계층의 도덕적 타락을 담보하는 과정에서 발생한다. 이와는 달리 동정받아야 할 대상이 오히려 해학의 대상으로 전락하는 예가 있다. 「총각과 맹꽁이」가 이에 해당하는 경우이다.

"뵈기는 아까부터 뵀스나 인사는 처음 엿줍니다"하고 죽어 가는 음성으로 억지로 봉을 뗐다. 그로는 참으로 큰 용기다.
"저는 강원두 춘천군 신남면 증리 아랫말에 사는 김덕만입니다. 우라버지가 승이 광산 김갑니다."
두 손을 작구 비비드니
"어머님허구 단 두 식굽니다. 하치 못한 사람을 차저 주서서 너무 고맙습니다. 저는 설흔 넛인대두 총각입니다."
"?"
계집은 영문을 몰라 어안이 벙벙하다가
"고만이올시다"하며 이마를 기우려 절하는 것을 볼 때 참앗든 고개가 절로 돌앗다. 그리고 터지려는 우슴을 깨물다가 재채기가 터저버럿다.
"일테면 인사로군? 뭘 고만이야 더 허지—"
여기저기서 키키거린다 (「총각과 맹꽁이」, 20쪽).

'덕만'은 초면인 들병이에게 인사를 하고 있다. 신부감으로 요량하고 있기에 진심과 최선을 다해 말하고 있다. '덕만'은 동네에 들어온 들병이를 자신의 아내로 맞고자 술값과 닭 한 마리의 안주까지 부담하면서 뭉태에게 당부해 두었다. 그러나 막상 들병이를 초빙한 좌중은 아무도 그에게 관심을 두지 않는다. '덕만'이 스스로 들병이 앞에 나서 자기 소개를 하는 발상과 풍경부터 희극이다. 일단의 악동들에게 포위된 '덕만'의 풍경은 한 편의 民畵다. 그러나 이 민화에는 익살스런 분위기로 인해 '덕만'의 대책 없는 현실의 답답함은 감추어져 있거나 환한 빛으로 위장된다. 가히 밝은, 비극의 세계라 명명해 볼만하다.

그러고 보면, 밝은 비극은 김유정 소설의 일반적인 모습이다. '덕만'이 들병이 앞에서 좌중의 웃음거리가 되는 데는 그럴듯한 개연성이 있다. 그의 어리숙함·지나친 정직성·결혼에 대한 절박감·상황에 대한 무지 등이 어우러져 희화의 대상이 되기에 충분하다. 그러나 작중 현실 속에서 '덕만'의 언행을 바라보며 웃고 있는 인물들의 입장과 처지도 '덕만'과 별로 다를 게 없다. 마치 자신들이 '덕만'보다 신분과 처지의 면에서 한 칸 높다고 생각하는 이 오해도 해학의 대상일 뿐이다. '조밧 고랑에 쭉 느러백여서 머리를 숙이고 기여 가는' 농군들의 모습과 '덕만'을 조롱하고 있는 좌중의 부속적인 인물들도 동일한 상황과 운명 속에 연루되어 있기 때문이다. 이에 비춰 볼 때, 작가는 해학을 통해 당대의 장삼이사인 작중인물들의 빈궁한 풍경을 극명하게 제시해 놓고 있다.

비극의 모습이 더 즉물적으로 구조된 작품은 「가을」이다. '복만'이가 아내를 팔아먹을 때 매매 계약서를 대필해 준 '나'는 정작 자신은 팔아먹을 아내가 없음을 탓하는 장면은 어둡고도 쓴웃음을 자아낸다.

①기껏 한해 동안 농사를 지었다는 것이 털어서 쪼기고 보니까 나의 몫으로 겨우 벼 두 말 가웃이 남았다. 물론 털어서 빚도 못가린 복

만이에게 대면 좀 날는지 모르지만 이걸로 우리 식구가 한겨울을 날 생각을 하니 눈앞이 고대로 캄캄하다.
　②나두 올 겨울에는 금점이나 좀 해볼까 그렇지 않으면 투전을 좀 배워서 노름판으로 쫓아다닐까. 그런 대도 미천이 들 터인데
　③돈은 없고 복만이 같이 내팔 안해도 없다. 우리 집에는 여펜네라군 병들은 어머니밖에 없으나 나히도 늙었지만 (좀 부끄럽다) 우리 아버지가 있으니까 내 맘대룬 못하고— 이런 생각에 잠기어 짜증 나는 복만이더러 네 안해를 팔지 마라 어째라 할 여지가 없었다. 나두 일즉이 장가나 들어 두었으면 이런 때 팔아먹을 걸 하고 부즈러운 후회뿐으로 (「가을」, 174쪽, 이상의 고딕은 인용자).

　소설의 초점은 소장수에게 아내를 파는 '복만'의 처지에 맞추어져 있다. 작중 화자인 '나'는 매매 계약서를 쓸 줄 아는 정도의 교양적 우위를 가지고 있지만 현실적 대응력이 없기는 '복만'과 다를 바 없다. 소장수에게 소를 팔 듯이 아내를 판다는 상황 자체가 희극이다. 한편으로 이 소설의 희극성은 '나'와 같은 작중 화자의 선망적 태도를 통해 고조되고 완결된다. 화자의 처지가 아내를 매매한 '복만'의 처지보다 유리한 것이 없다. 오히려 내다 팔 아내도 없다는 상황과 표현 사이에서 해학은 배태된다. 동시에 이 해학의 상황은 덕만류의 인물들이 마주하고 있는 현실의 절대적 막막함을 또렷하게 보여준다. 해학의 상황 속에서 작중인물들의 고난 찬 처지가 분명하게 부각된다. 이 또한 밝은 비극의 세계이다. 특히 나레이터 '나'의 개인적 처지에 대한 진술은 김유정 소설에서 반복되고 중첩되는 고정된 서사 현실을 특징적으로 요약하고 있다. 앞서 제시한 인용문 ①②③의 현실적 상황에 해당되는 작가의 작품을 정리해 보기로 하자.

　　①의 상황:「산골나그내」「총각과 맹꽁이」「소낙비」「금따는 콩밧」

「만무방」,「가을」
②의 상황:「금」,「노다지」,「금따는 콩밧」,「만무방」,「소낙비」
③의 상황:「소낙비」,「노다지」,「안해」,「가을」,「정조」,「땡볕」

①②③의 소설적 현실에 공통적으로 기능하고 있는 요소는 경제적 궁핍이다. 이러한 상황 속에 던져진 인물들은 나름대로 출구를 찾고자 전력투구한다. 그런데 그들이 선택하는 삶의 출구는 사회적으로나 윤리적으로 바람직한 방향에 있지 못하다. 요컨대 김유정의 인물들이 선택하는 출구는 다분히 비정상적이고 부정적인 방법이다. 위장된 결혼·매춘·인신매매·투전·잠채·들병업과 같은 방법들이 바로 그것이다. 이처럼 열악한 현실적 삶과 그 삶의 출구 사이의 극심한 부조화에서 해학은 배태되고 있었다.

지금까지 해학의 사회적 기능에 대해 살펴보았다. 작가가 소설의 기법과 정신으로 해학을 선택한 이유는 분명하다. 김유정의 해학은 현실의 비극적 면모를 정확하게 인식하고 그것을 객관화하려는 의도에서 선택된 방법이다. 해학은 그것이 발생하는 상황과 조건에 따라 작중인물들의 처지를 분명하게 보여주기 때문이다.「만무방」의 '응칠',「정조」의 행랑어멈,「총각과 맹꽁이」의 '덕만',「가을」의 '나'와 '복만'이는 모두 경제적 하층민들이다. 이들은 비정상적이거나 부정적인 수단들을 동원하여 자신들의 전망 없는 삶의 문제를 해결하고자 한다. 대체로 희극은 이 과정에서 인물들 스스로도 의식하지 못하는 가운데 발생한다. 빚을 갚을 길이 없자 채무자들에게 익살스런 성명서를 남기고(「만무방」), 주인서방의 타락한 도덕성을 담보로 현실을 개선하고(「정조」), 결혼하기 위해 술을 사나 허사로 끝나고(「총각과 맹꽁이」), 팔아먹을 아내가 없어(「가을」) 탄식하는 과정에서 해학이 발생했다. 요점만 말한다면 김유정의 해학은 비해학적 상황에서 일어나고 있다.

「총각과 맹꽁이」에서 '덕만'이가 웃음거리가 되는 것은 오래되록 기억될만한 민화적 장면이다. 본고에서는 이러한 특성을 가리켜 밝은 비극의 세계라고 명명했다.

결국, 김유정이 소설 속에서 보여 준 해학은 일차적으로 독자의 감정을 정화하는 기능을 수행한다. 아울러 수탈의 대상으로 전락한 농촌 사회의 왜곡된 경제 구조를 노출시키는 기능을 행사한다. 일제 식민지라는 엄하고 가혹한 시기에 해학적 방법으로 소설을 창작했다는 점을 들어 김유정을 과소평가하려는 시각은 수정되어야 한다. 앞의 논의 과정에서 밝혀졌듯이 해학은 결코 문제의 본질을 희석시키지 않는다. 오히려 문제의 심각성을 송두리째 독자 앞에 당겨 놓는 힘이 있을 뿐이다. 이것을 특히 김유정의 해학이 지닌 사회적 기능이라고 결론짓는다. 식민지시대의 사회적 현실과 농민들의 고난을 김유정의 소설만큼 적실하게 드러낸 작품은 그 수도 적지만 의미 있는 질적 성취에 다다른 작품은 더욱 적다.

4. 문체의 사회학

범박하게 말해 소설가는 소설을 통해 말한다. 소설을 통해 말한다는 의미는 무엇인가? 역시 이 정의 속에는 다양한 해석이 포함된다. 줄거리를 통해서 말할 수도 있고 구성을 통해서 말할 수도 있다. 작중인물을 통해서 말할 수도 있고 시점을 통해서도 말할 수 있다. 소설가의 메시지 전달 방식은 그러고 보면 참으로 다양하다. 그러나 예의 다양한 방식들도 따지고 보면 작가의 언어 구조를 통하지 않고는 가능하지 않다. 작가는 언어를 조립하면서 자신의 정체성을 확인받는 존재들이다. 언어야말로 작가들이 세계를 인식하고 표현하는 대안 없는 유일

무이한 매체다. 어떤 경우든 문자예술인 소설이 존재하는한 이 명제는 부서지지 않는다. 부서질 경우 우리는 그것을 더 이상 문학이나 소설이라는 명칭으로 부르지 않게 될 것이다.

　작가를 평가하는 기준도 다양하다. 주제나 제재의 독자성으로 인정받는 작가가 있을 수도 있고 독특한 세계관 때문에 고평받는 작가도 있다. 속절없는 얘기겠지만 독자의 평판과 수에 따라 평가되는 경우도 없지 않다. 좋은 작가는 언제나 그렇지만 시대를 뛰어넘는 생명력을 보장받을 수 있어야 한다. 그것은 유감스럽게도 주제나 제재나 판매부수 같은 것으로 결정되지 않는다. 그것을 간결하게 표현한다면 세계에 대한 관찰과 해석과 표현이라고 말할 수 있다. 이 문제들은 하나의 선 위에 놓이면서 그 선후가 있는 것도 아니고 굳이 구분되어 읽혀지는 것도 아니다. 관찰과 해석이 그 깊이와 넓이와 빛깔을 제대로 뿜어내기 위해서는 거기에 맞는 표현을 얻어야 한다. 이론적으로는 흔히 이를 가리켜 문체style라고 부른다. 다시 한번 앞의 사변들을 정리하면 작가는 결국 문체를 통해 작가라는 정체성을 보장받는다. 문체 연구는 어떤 품사를 많이 사용했으며 문장의 장단에 대한 통계에도 의존할 수 있다. 그러한 통계들은 문체를 협소하게 규정짓거나 결론도 편리하게 내릴 위험성이 있다. 그보다는 세계를 인식하고 파악하는 작가의 세계관과 연관지어 보는 노력이 더 소중할 것이다. 문체가 소설의 형태나 구조라는 개념과 구분되는 문장상의 특성이나 기교로만 이해된다면, 작가의 작품세계에 가라앉아 있는 정신의 침전물을 다 건져 올리기는 힘들기 때문이다. 한 작가가 언어를 선택하고 재구성하는 작업은 그 작가가 구현하려고 하는 세계와 대응된다.

　앞에서 서술한 내용에 유념하면서 김유정의 문체를 살펴보고자 한다. 본 장의 서두를 다시 흉내내면 '김유정은 무엇으로 말하는가?' 또는 '그는 어떻게 말하고 있는가?'와 같은 질문이 이 자리에서 규명할 논지이다. 문체와 소설의 내용은 이원론적으로 파악되어서는 안된다. 문체가 내용을 견인하고 내용은 문체와 한 몸이 되어야 한다. 즉 문체와 소설의 내용은 동전의 양면과 같은 관계이지 어느 한 면을 분리하여 규정할 수 있는 것은 아니다. 그러므로 문체는 작가정신의 내부에서 우러나오는 것이라는 관점[137])을 이 글은 지지한다. 특히 김유정에 대해 기법을 체질화한 작가[138])라고 보는 견해는 일정 부분의 효율성은 인정되나 작가의 작품세계를 기교주의로 제한할 개연성도 있다. 따라서 이 자리에서 김유정의 문체를 살피는 일은 작가정신과 문학세계를 아울러 살피기 위함이다. 특히, 작가의 언어사용의 특성과 세계인식과의 관계에 유의하면서 문체에 대한 논의를 전개하고자 한다. '문체의 사회학'이라는 다소 낯선 용어를 선택한 것도 앞서 서술한 생각들과 관련된다.

(1) 일상적 비속어의 세계

김유정의 소설적 특질을 꼽으라면 단연 그 민화적 해학의 세계인데 그것을 가능케 하는 것은 작가의 특별한 언어사용 방법에 의존한다. 말하자면 김유정의 소설언어는 살아 있다. 생생하다. 구체적이다. 작중 인물들의 정신과 육체와 감정과 깊이 접속된 현장 녹음이다. 나아가 농민의 생활감정과 밀착된 언어 표현과 작품 기법은 독자에게 매력 있는 미학적 측면이며 口頭語·방언·卑語·속담·속어 등의 자유로운 구사야말로[139]) 김유정 문체를 이루는 강력한 외형적 특질들이다. 더불어 당대 농민들의 언어와 전통적 조선 어휘의 풍부함이[140]) 어울

---

137) 정한숙, 소설기술론, 고대출판부, 1977. 31쪽.
138) 구인환, 한국근대소설연구, 삼영사, 1977. 331-332쪽.
139) 이선영, 앞의 책, 99쪽.
140) 김문집, 김유정, 김유정전집, 현대문학사, 1968. 446쪽.

려서 특이한 문체미를 형성하고 있다.

　문체를 살필 때 우선적으로 고려해야 할 사항은 작가의 언어 선택과 용법상의 특징이다. 김유정은 하층민들의 일상어와 비속어를 중심적으로 선택한다. 따라서 작가의 소설은 당대 농민계층의 일상어로 직조된 그물망이라고 해도 크게 어긋나지 않는다. 물론 작가가 채택한 농민들의 일상어는 농민계층 사이에서 자연스럽게 그리고 일상적으로 폭넓게 사용된 언어군이다. 농민들의 일상어 속에는 그들의 사색과 고뇌와 정서가 그대로 녹아 있다. 그의 문체가 肉談과 구어적인 속어감각 등으로 조형된 매우 특이한 세계[141]라는 사실은 재론의 여지가 없다. 그렇다면 이러한 언어들이 작가의 소설 속에서 존재하는 방식과 의미에 대한 논의가 뒤따라야 될 것이다. 본고는 김유정 문체의 특질을 이루는 비속어를 살피고 작가가 고집스럽게 하층민의 일상어인 비속어를 사용한 소설적 배경을 찾아보고자 한다. 우선, 비속어의 용례부터 살펴보자.

　　―홀어미는 열벙거지가 나서 일은 아침부터 돈을 받으러 돌아다녔다./ 잡놈 보게 으하하……/누구보고 해라야? 응? 이 자식 까놀라! (「산골나그내」)
　　―제미부틀 배고파 일못하겟네―/ 획-획 이 망한년의 ×으로 난놈의 팽이― (「총각과 맹꽁이」)
　　―이년아 기집 조타는 게 뭐여? 남편의 근심도 덜어주어야지 끼고 자자는 기집이여?/ 어수룩한 시골이라 별반 풍설도 아니나고 쏙싹되엇으나/ 이런 망할 거 남 말하는데 자빠저잔담― (「소낙비」)
　　―제-미/이런 쌍년의 자식하곤 싶으나/ 일 하다 말면 누굴 망해 놀 속셈이냐 이 대가릴 까놀 자식? (「봄·봄」)
　　―제집 살림살이 이야기를 개소리쥐소리 한참 지껄이드니/ 망할 새

---

141) 이재선, 앞의 책, 371쪽.

끼 저만 처먹을랴고 얼른 죽어 버려라 염병을 할 자식/ 어이 배라먹을 년 웬걸 그러케 처먹고 이 지랄이야 하고는 욕을 오랄지게 퍼분다 (「떡」).
—쥐뿔도 없는 것들이 붙어단긴대짜 별 수는 업다/ 이거 왜 수짜질이야/ 응칠이는 덤벼들어 우선 허리께를 나려조겻다 (「만무방」).
—감석을 손에 잡자 놈의 골통을 퍼트렷다/ 조선천지의 금점판치고 아니 찝쩍거린 데가 업섯다/ 뭘 안다고 푸뚱이가 어줍대는가 (「노다지」, 이상의 고딕은 인용자)

작가의 소설에서 사용된 비속어를 임의로 뽑고 고딕으로 표기했다. 김유정의 소설문자는 가히 비속어의 행진이라 칭하고도 남음이 있다. 비속어를 건너뛰고는 문장을 구성할 수 없을 정도다. 그만큼 비속어가 풍부하고 적절하게 선택되고 있다. 뻔한 얘기지만 비속어는 하층민들의 일상적 언어다. 이들 언어는 교양의 수혜층이 누리는 문명어가 아니라 기본적인 欲求充足材들로 짜여져 있다.[142] 그러므로 비속어들은 하층 농민들의 성격·심리·정서를 포착하는 데 매우 효과적이다. 소설의 문맥 안에서 비속어의 기능이 십분 발휘되고 있는 한 예로 「안해」를 거론하지 않을 수 없다.

그래도 하나 기특한 것은 년의 성의는 있단 말이지. 하기는 그나마도 없다면야 들병이커녕 깨묵도 그르지만. 날이라도 틈만 있으면 저 혼자서 노래를 연습하는구나. 빨내를 할 적이면 빨내방추로 가락을 맞후어가며 이팔청춘을 부른다. 혹은 방 한 구석에 죽치고 앉아서 어깨짓으로 버선을 꼬여매며 노랫가락도 부른다. 노래 한 장단에 바눌 한 뀌엄식이니 버선 한 짝 길나면 열 나절은 걸리지. 하지만 압따 버선으로 먹고 사느냐, 노래만 잘 배워라. 년도 나만치나 이밥에 고기가 얼뜬 먹고 싶어서 몸살도 나는지 어떤 때에는 밖앝밭둑을 지날랴면 뒷간 속

---

142) 윤홍로, 한국문학의 해석학적 연구, 일지사, 1976. 298쪽.

에서 콧노래가 흥이거릴 적도 잇겟다. 그러나 인제 노랫가락에 홍타령쯤 겨우 배웠으니 그 담건 어느 하가에 배우느냐, 망할년두 참 (「안해」, 157쪽).

비속어의 사용이 빈번하다는 점에서, 또 그것의 사용이 매우 적절하게 체질화되어 있다는 점에서, 무엇보다 비속어들이 작중인물들의 심중을 정밀하게 견인해 내는데 성공하고 있다는 점에서 「안해」만한 소설도 흔치 않을 것이다. 인용한 부분은 아내에게 들병이 훈련을 시키는 장면인데 비속어의 사용 빈도가 썩 많은 것은 아니다. 그러나 시종일관 아내를 '년'으로 지칭하면서 이야기를 풀어 간다는 점에서 상황 자체가 비속화되어 있다. 작가의 비속어가 작품 속에서 소기의 성과를 거두고 있는 순간이다. 즉, 비속어를 통해서 두 인물이 거느리고 있는 가난한 생활의 모습이 장식적 수사에 의해 지체되지 않고 직설적으로 다가온다. 비속한 언어와 그것을 사용하는 인물과 삶의 상황이 하나의 울림으로 조화를 이룬다. 비속어가 소설 문맥 속에 녹아들어 절묘한 분위기를 만들었다. 이는 인물들이 구사하고 있는 비속어들이 바로 그들의 성격을 형성한 현실을 그대로 반영하고 있음을 의미하며, 동시에 하층민 자신이 처한 생생한 사회적 문맥을 보여주는 것이기도 하다.[143)]

김유정의 소설은 일상적 공간 속에서 비천한 인물들이 벌이는 일상적 이야기의 구조를 가지고 있다. 이 말은 김유정 소설의 서사 단위가 범속한 일상사를 다루고 있음을 뜻한다. 동시에 작가는 일상화된 비극적 세계의 모습을 비속적 언어를 통해 형상화하고 있다는 뜻이기도 하다. 그런 점에서 작품에 빈번하게 등장하는 비속어는 소설 속의 드라마와 일정한 상관성 위에 있는 것이다. 야비하고 저열한 언어는 어

---

143) 신동욱, 김유정고─목가와 현실의 차이, 현대문학, 1969. 1. 293쪽.

느 사회에서나 경제적·사회적 하층민들에 의해 사용된다는 공통점을 가지고 있다. 이러한 언어에는 그 사회의 타락한 풍속, 원색적인 욕망, 왜곡된 삶의 모습들이 적나라하게 표출된다. 비속어는 그러므로 교양주의와 같은 겉치레에 종속되지 않으면서 言衆들의 의사를 직설적으로 표출한다. 비속어가 한 시대의 주류 교양과 담을 쌓은 언어라는 점을 부인할 수는 없지만 이 변두리언어에는 생생한 활력과 강렬한 역동성이 동반되어 있다는 점은 주목되어야 한다. 욕설과 농담과 야비한 언사들은 분명히 비교양적이되 그 나름으로 직정한 효능을 보유한다. 그러기에 작품 속의 인물들이 일상적으로 즐겨 사용하는 비속어들은 언어 사용의 주체와 그 언어를 생성케 한 사회적 배경을 동시에 설명하고 지시한다.

작가의 소설에는 비어와 같은 특별한 표현, 특별한 표현적 효과를 갖는 말들이 대량으로 사용된다. 이는 민중 자신의 느낌을 민중 자신의 시점으로 전달함으로써 소설의 리얼리티를 확보하는 중요한 문체론적 배경이 된다. 결국, 김유정 소설의 언어적 특성이 작중인물들의 직업이나 사회계층과 크게 상관되는 것은 필연적이다. 이러한 사실은 인물들의 직업·경제 사정·현실적 처지 등을 통해 또렷하게 드러난다. 실제로 주요 인물들의 생활상을 살펴보면 인물들의 직업은 대체로 농민 아니면 이농민이다. 농민은 또 거의 소작농이고 이농민은 부랑노동자, 투전꾼, 들병이, 잠채꾼 등으로 분화되었다. 이들은 한결같이 무지하고 비천하다는 공통 속성을 가지며 교양과 멀리 떨어져 있다. 이들은 열악한 생존 환경과 맞서 있으며 오직 살아남기 위해 세계와 대결하고 있는 것이다.

작가의 소설에 숨쉬고 살아가는 하층 농민들은 그 시대의 경제 구조 위에서 출현된 것이다. 이들이 겪고 있는 가난한 현실은 이들이 선택한 것이 아니다. 다시 말해 이들 인물들의 개인적 자질에 기인하는 것이 아니라 주로 일제의 식민지 수탈 정책과 관련된다는 것은 주지의 사실이다. 따라서 김유정의 작중인물들이 즐겨 혹은 적극적으로 사용하고 있는 비속어들은 비속화된 당대의 사회 현실을 정직하게 반영하는 기능을 담보한다. 그러나 작가는 일상적으로 소통되는 속어체 속에서 교양이 없는 인간들의 저속한 미적 효과 자체의 특이한 감각만을 목적한 것이 아니고, 그러한 효과 속에서 농민들의 태도가 왜 그렇게 뒤틀릴 수밖에 없었는가를 발굴하여 보여주려는 것이다.[144]

농민들이 사용하는 비속한 언어에는 열악한 환경과 그 속에서 삶을 유지해야 하는 고달픈 그들의 심정이 물씬 배어 있다. 한 걸음 더 나아가면 비속어를 상용하도록 만든 뒤틀린 농민들의 태도가 비속어를 통해 증언되고 있다. 이 점을 가리켜 작가의 성실성이라고 본 신동욱의 견해는 참말이지 눈밝은 지적이다. 작가는 일제하의 농촌과 농민이 겪고 있는 비참한 생활상을 이념적 측면에 기대지 않고 하층민 자신의 언어를 통해 재구성하고 있다. 이 점을 우리는 작가의 성실성과 정직성의 척도로 평가한다.

한편, 김유정의 소설에는 비속어와 함께 지방색을 반영하는 토속어가 많이 사용되고 있다. 지역적으로는 중부지방의 언어이면서 구체적으로는 작가가 소상하게 알고 있는 현재의 강원도 춘천시 신동면 증리 일대에서 사용되고 있는 언어들이다. 이 지역의 언어는 한편으로 경기지역의 언어와 교섭되고 한편으로는 강원도 영서권의 언어와 교섭되면서 나름의 특징을 保持한다. 그런데 김유정의 방언채용은 두 가지 점에서 이채롭다. 그 하나는 수다한 지방어들을 채집하고 사용하고 있다는 점이다. 여타 논자들이 토속어라고 지칭하는 개념들이 바로 그것이다. 이러한 지방어 즉 토속어는 표준어의 영역을 벗어나 있기에

---

144) 신동욱, 목가와 현실의 차이, 한국현대작가·작품론(김시태 편), 이우출판사, 1982. 241쪽.

금방 눈에 띄고 분석도 비교적 수월하다. 그렇지만 김유정의 언어사용에서 잘 지적되지 않고 있는 사항이 있다. 그것은 지방어 특유의 억양이다. 작가는 나름대로 지방어 자체만 사용한 것이 아니고 그 지방어들이 조직되고 활용되는 문맥을 독특한 문장을 통해 제시한다. 그 문장의 리듬을 우리는 억양이라고 부르기로 한다. 이것이 김유정 방언 채용의 두 번째 이채로운 지점이다. 한 번 더 강조한다면 작가가 창조한 인물들이 보여주는 생동감의 요인은 사실 지방어에 있다기보다 '지방어를 그 지방의 억양'으로 제시했다는 데서 찾아져야 한다. 이 점에 대한 분석적 논의가 없다면 김유정은 그저 토속어를 능사로 사용한 작가로 취급되기 십상이다.

토속어는 말 그대로 그 지방의 언어다. 즉, 표준어권에 속하지 않은 언어를 가리키는 말이다. 그런 점에서 작가의 소설에 사용되고 있는 일부 언어들은 국어사전에 등록된 언어가 아니라 특정 지방의 언중들 사이에서 기억되고 통용되는 것들이다. 작가의 예민한 관찰력에 의해 채집되고 있다는 점은 인정된다. 그러나 김유정 소설의 공간, 제재, 방언 등과 같은 문제에 한정하여 그의 문학을 향토문학[145] 또는 향토성[146]의 관점으로 파악하는 것은 반드시 적절한 것만은 아니다.

> 유정의 작중인물들은 사실로 대개 이처럼 천진하고 소박한 인간형들일 뿐만 아니라 그들이 등장하는 지리적인 배경도 대개는 시골 농촌이다. 그러한 지리적인 배경 속에서 등장하는 인물들의 표현에서도 유정은 생생한 방언을 그대로 능숙하게 구사함으로써 그 향토적인 색깔을 농후하게 드러내고 있다. 그러므로 유정의 문학은 지리적인 용어로 표현하자면 무엇보다도 향토문학이라고 할 수 있는 것이다.[147]

---

145) 김우종, 한국현대소설사, 선명문화사, 1973. 265쪽.
146) 이주일, 유정문학의 해학성과 향토성, 국어국문학 83, 국어국문학회, 1980. 395쪽.

> 향토적인 성격의 문학이 향토의 풍물·전통·생활을 주요 대상으로 그 지방의 분위기·색채·민속·사상·감정 등의 특색을 나타낼 수 있는 문학이라면 우리 한국문학에 있어 향토성이라는 말은 한국적인 전통을 가지고 있다는 말이요, 또 그 배경은 도시생활을 다룬 것이라기보다는 전원적인 농촌생활을 다룬 것을 일컫는다는 것을 일차적으로 생각할 수 있다.148)

위의 글들은 도시/농촌이라는 배경의 이분법 속에서 향토문학 및 향토성의 개념을 논의하고 있다. 이 논의에 의한다면 농촌의 언어가 곧 향토성을 담보한다고 보는 것이다. 향토성을 다르게 말하면 지방색 local color과 동의 개념이다. 어떤 지방의 특성이 되는 배경·방언·습관·의복·사고방식과 감정 등을 소설 속에 상세히 표현하는 것을149) 향토문학 또는 향토성의 조건으로 받아들인다면 김유정의 향토성에 대해서는 재고해 볼 여지가 있다. 또 공간적 방위의 문제로 본다면 1920-1930년대에 창작된 농민소설의 거개가 향토문학이라는 용어에 포함되어 추상화될 가능성도 다분하다. 아울러 특정 지방의 방언적 요소가 소설에 포함되어 있다는 사실만으로 향토성을 운위하는 것은 적절해 보이지 않는다. 특정 지역의 언어나 공간이 지역주의 문학의 필요조건은 될 수 있지만 그렇다고 그것이 충분조건이 되는 것은 아니라고 보기 때문이다.

향토문학의 자질에 대해서는 한국문학 전반 속에서 다시 찾아지고 용어의 적절성에 대해서도 검토되어야 한다. 1930년대는 외형상으로는 근대도시의 풍모가 갖추어진 때이고150) 이러한 바탕 위에서 박태원,

---

147) 김우종, 위의 책, 265쪽.
148) 이주일, 앞의 글, 395쪽.
149) M. H. Abrams, 앞의 책, 155쪽.

이 상, 이효석 등의 작가들이 일련의 도시소설을 제출하게 된다. 그러나 당시 인구의 90%가 농촌 인구라는 점을 감안할 때, 향토문학에 대한 개념은 마땅히 새로운 관점으로 정립될 필요가 있다. 작가가 소설 속에서 지방어를 두루 사용했다는 점을 두고 향토성의 범주로 논할 것이 아니라 특정 지방어를 문학어로 개발해 갔다는 측면으로 논의하는 것이 더 바람직하다.

지금까지 김유정 소설의 문체적 특징을 구성하는 비속어에 대해 살펴보았다. 비속어는 그것 자체로는 교육과 교양의 수혜로부터 먼 계층이 사용하는 하층민의 언어들이다. 김유정 소설의 인물들이 비속어와 같은 품위 없고 교양 없는 언어를 주로 사용한다는 것은 바로 그들이 품위 없고 교양 없는 계층에 소속되어 있음을 의미하는 것이다. 그런데 앞서의 논의들을 종합하면서 강조하고자 하는 것은 비속어를 일상어라는 더 큰 개념으로 바꾸어 사용하자는 것이다. 물론 비속어는 어느 시대를 막론하고 특정한 계층의 언어로 존재한다. 그 점에서 김유정 소설의 비속어도 특정 계층의 사고와 정서를 대변한다. 그러나 김유정시대 혹은 김유정 소설의 인물들이 상용하고 있는 비속어의 차원은 비속어라는 계층 언어로만 이해되기보다는 당대 농민사회 일반에서 두루 쓰여진 일상적인 언어로 이해되는 것이 더 온당할 것으로 본다. 비속어는 계층과 신분을 초월하여 직정적이고 활력 있는 언어이다. 따라서 김유정 소설에서 당대의 일상어가 폭넓게 자주 사용되는 것은 인물들을 생생하게 그려내기 위해 의도된 것이다. 역으로 말하면 김유정의 인물들이 보여주는 생동미와 구체성은 바로 일상어에 의해 추동되고 있다. 바로 이 점이 김유정 소설의 인상적인 성취의 한 부분이다.

---

150) 서준섭, 앞의 책, 22쪽의 1930년대 인구 통계에 따르면 1934년 서울 인구는 약 38만 2천명이다.

한편, 일상어와 더불어 중요하게 사용된 언어는 강원도 춘성군 일대의 지방어이다. 지방어는 김유정 소설의 한 특징을 이루는 결정적인 요소이기도 하다. 그것은 지방어의 사용에서 확인되고 그 지방어의 억양을 살려내는 독특한 문법에서도 확인된다. 그러나 지방어라는 이른바 어휘적 측면에만 기대어 김유정 소설을 바라보는 것은 타성성을 상실하기 쉽다. 그보다는 강원도 춘성군 일대의 지방어가 가지는 내밀한 용법들에 대한 논구가 뒷받침되어 한다. 그렇지 않으면 김유정 소설의 일부 언어적 특질을 두고 향토문학으로 분류하는 소박한 논의가 반복되기 쉽기 때문이다. 그런 점에서 김유정을 염두에 둔 토속어·향토성·향토문학과 같은 문학용어들은 한꺼번에 재고되어야 한다. 일부 지방어의 사용과 작품의 공간적 배경에 근거하여 작가의 작품세계를 한정짓는 논의는 너무 협소하다. 김유정은 당대 농민 사회에서 폭넓게 사용되는 일상어를 채택함으로써 비속한 사회를 감내하고 있는 농민들의 실상을 그려내려 했다. 또, 농촌 혹은 강원도 춘성군 일대의 소설적 배경은 1930년대 사회의 한 단면을 상징적으로 드러내는 공간적 영역에 지나지 않는다. 이 점을 너무 협소하게 해석하면 작가의 작품세계도 바람직한 해석에 이르기 어렵다. 결국, 김유정은 소설을 통해 일상화 된 비속어의 세계, 비속화 된 일상어의 세계를 보여준다. 다시 말해 비속과 일상이 전도된 세계를 보여준다. 말 그대로 식민지시대의 속악한 현실을 포섭하기 위해 농민들 틈에서 속악한 방식으로 소통되는 언어를 선택한다. 그것이 김유정의 언어이고 문장이고 문체이다.

(2)리리시즘과 한의 만남

김유정의 언어는 살아 있다. 그것은 대체로 앞에서 확인한 바와 같다. 쉼없이 쓰이고 있는 비어와 속어들의 행진·역동적인 언어의 윤기와 솔직성은 비어와 속어들의 장점이다. 교양과 도덕으로 다듬어진 교양어는 비속어 앞에서 빛을 잃는다. 김유정은 비속어를 통해서 잘못된 사회의 모순을 환히 드러나게 만들었다. 일상어가 김유정의 인물들을 살아 있는 인물로 만들었다면 리리시즘은 인물들이 견디는 현실적 상황과 분위기를 구성하는 바탕이다.

그런데 리리시즘은 얼핏 나약한 문장의 산물로 보일 수 있다. 리리시즘을 감상주의와 동의어로 간주하는 시각이 그것이다. 사실 감상주의는 온갖 주의ism에 다 해당되는 것이지 리리시즘에만 해당되는 것은 아니다. 특히 김유정 소설의 한 측면인 리리시즘을 감상적 차원으로 보는 것은 부당한 오해이다. 리얼리즘은 리리시즘을 기피한다. 소설의 건강한 성취를 방해한다고 믿기 때문이다. 그러나 이러한 신념은 미신일 뿐이다. 일제에 의해 황폐화 된 농촌사회와 리리시즘은 조화롭게 보이지 않을 수 있다. 오히려 둘은 서로를 밀어내며 대척적인 자리에 서는 것처럼 여겨지기 때문이다. 혹자는 리리시즘이 있는 그대로의 현실적 모순을 터무니없이 확대·축소·은폐할 소지가 있다고 보는 것이다. 그러나 김유정의 서정주의는 그렇지 않다. 리리시즘에 대한 그 모든 걱정이 김유정의 소설에서는 발견되지 않기 때문이다.

김우종은 「봄·봄」「산골」「산골나그내」「동백꽃」 등을 거론하면서 이들 작품에 흐르는 애수의 색채를 감미로운 리리시즘의 표백으로 보았으며 작가의 리리시즘을 '역사의 부재'라고 평가했다.[151] 이러한 논점은 다소 피상적이어서 수긍하기 어렵다. 역사의 부재란 무엇인가? 김유정의 소설세계는 평화로운 농촌의 한가로운 풍경화란 말인가. 김유정의 소설에서 역사를 읽어 내지 못한다는 것은 너무 편협하고 안일한 독서다. 이는 김유정 소설 전반에 대한 성찰이 없이 부분에 집착

---

151) 김우종, 앞의 책, 266쪽.

한 독서이며 또한 부분을 작품 전체의 맥락에서 바라보기를 외면한 결과이다. 작가의 리리시즘은 현실을 미화하거나 낭만화하려는 경향과는 거리가 멀다.152) 작가가 제시한 리리시즘은 당대 현실을 정직하게 관찰하고 그것을 능률적으로 포착하기 위한 문장의 한 체계이다.

밤이 기퍼도 술꾼은 역시 들지 안는다. 메주 뜨는 냄새와 가티 쾨쾨한 냄새로 방안은 괴괴하다. 웃간에서는 쥐들이 찍찍어린다. 흘어머니는 쪽 떨어진 화로를 끼고 안저서 쓸쓸한대로 곰곰 생각에 젓는다. 갓득이나 침침한 반짝등불이 북쪽지게문에 뚤린 구멍으로 새드는 바람에 반득이며 빗을 일는다. 흔 버선짝으로 구멍을 틀어막는다. 그리고 등잔 미트로 반짓그릇을 끌어댕기며 슬음업시 바눌을 집어든다.
산골의 가을은 왜 이리 고적할까! 압뒤 울타리에서 부수수 하고 떨닙은 진다. 바로 그것이 귀미테 들리는 듯 나죽나죽 속삭인다. 더욱 몹슬 건 물소리 골을 휘돌아 맑은 샘은 흘러나리고 야릇하게도 음률은 읊는다.
퐁! 퐁! 퐁! 쪼록 퐁!
박가테서 신발소리가 자작자작 들린다 (「산골나그내」, 3쪽).

「산골나그내」의 도입부분이다. 서정적 분위기와 정조가 소설의 전면을 압도하고 있다. 단문이 형성하는 밭은 호흡과 메주, 쥐, 헌 버선, 쪽 떨어진 화로, 뚫린 문구멍, 반짓그릇 등의 일상적 사물들이 덕돌어멈의 고단한 삶의 내역을 서정적으로 환기하고 있다. 또, '산골의 가을은 왜 이리 고적할까!'라는 덕돌어멈의 독백과 거기에 이어지는 낙엽 지는 소리와 샘이 만들어 내는 물소리의 어울림은 한 편의 서정시적 분위기를 형성한다.
리리시즘적 문체는 작가가 의도적으로 고안한 것으로 작품세계의

---

152) 윤지관, 앞의 글, 264쪽.

세목들과 필연적인 관련을 맺고 있다. 작가가 형성한 서정주의 뒤에는 어둡고 비참한 현실이 감추어져 있다. 덕돌네의 가난(시원찮은 술장사, 선채금이 없어 아들을 결혼시키지 못하는 현실)—덕돌의 결혼—결혼의 파국 등으로 전개되는 이 작품의 참담한 서사현실과 서정적 호흡의 문제는 특이한 조화를 이루고 있다. 서정이 듬뿍 담긴 문체는 덕돌어멈의 답답함을 명징하게 드러내 주면서 동시에 그 아픔을 덮어주고 씻어주는 정화의 기능도 갖는다. 삶의 고단함을 환기하는 도입 부분과 함께 결말 부분의 리리시즘도 이 작품의 완결성을 한층 높이는 데 기여한다.

> 쏭꿋이 마르는 듯이 게집은 사내의 손목을 겁겁히 잡아끈다. 병들은 몸이라 끌리는대로 뒤툭어리며 거지도 으슥한 산 저편으로 가치 사라진다. 수은빗갓흔 물쌩울을 품으며 물셜은 산벽에 부다쓰린다. 어데선지 지정치 못할 넉대소리는 이산 저산서 와글와글 굴러나린다 (「산골 나그내」, 13쪽, 고딕은 인용자).

이 장면은 덕돌이와 혼사를 치뤘던 들병이가 숨겨 놓았던 병든 남편을 데리고 급히 도망을 가는 대목이다. 선채금이 없어 결혼을 못하다가 마을에 들어온 들병이를 만나 결혼하는 행운을 잡은 덕돌, 병든 남편을 먹여 살리기 위해 들병이가 되어 위장 결혼을 한 산골나그네, 물레방앗간에 숨어 지내며 아내에 의해 연명하는 들병이 남편 등 이들의 고단한 처지는 우열을 따지기 어렵다. 덕돌, 덕돌어멈, 산골 나그네인 들병이, 들병이의 본 남편 등이 감내해야 하는 절망·분노·비애 등은 그들의 삶에 해소할 길 없는 앙금으로 맺혀 있다. 이 감정의 앙금이 김유정 소설에 드러나는 한의 **正體**일 것이다. 덕돌네가 겪는 비애의 크기에 비해 문체의 외연이 담고 있는 느낌은 아름답기까지 하다. 이 고적한 아름다움의 정조! 이러한 리리시즘의 문체가 환기하는 효과는 작중 인물들이 떠 안고 있는 한의 무게를 독자에게 그대로 전해 준다는 점이다. 달리 말해 서정성이 강한 문체는 한의 무게를 물소리처럼 명징하게 드러내면서 현실의 고통을 순간적으로 無化시켜 준다. 이것이 리리시즘이 갖는 값진 의미 가운데 하나이다.

리얼리즘이란 일상적 생활, 가장 적게는 일상생활의 비참하고 어두운 면을 곧이곧대로 재현하는 것이 아니라 현실의 모든 어두운 면이 문학적인 구상 속에서 어떤 식으로든 극복되게끔 변용되어야 한다.[153] 결국, 작가의 리리시즘은 현실을 극복하는 하나의 문학적 방법이자 대안이다. 그런 점에서 리리시즘은 해학과 더불어 김유정 소설의 빠뜨릴 수 없는 골간이다. 하지만 리리시즘은 환상이나 애상성에 기초하지 않고 또 이와 같은 국면을 초래하지 않으면서 현실을 꼼꼼하게 점묘해 낸다. 리리시즘이 현실을 비꼬아 곱새겨 놓는다면 거기에는 어떤 가치도 부여하기 어렵다. 매춘을 선택할 수밖에 없는 상황을 줄거리로 하고 있는 「소낙비」의 경우도 개인이 겪는 삶의 비참상이 리리시즘의 프리즘을 통해 변용된다.

> 음산한 검은 구름이 하늘에 뭉게뭉게 모여드는 것이 금시라도 비한 줄기할 듯 하면서도 짖구즌 햇발은 겹겹 산 속에 뭇친 외진 마을을 통재로 자실 듯이 달구고 잇섯다. 잇다금 생각나는 듯 살매들린 바람은 논밧간의 나무들을 뒤흔들며 미처 날뛰엇다. 뙤박그로 농군들을 멀리 품아시로 내보낸 안말의 공기는 쓸슬하엿다. 다만 맷맷한 미루나무 숲에서 거츠러가는 농촌을 을프는 듯 매미의 애끗는 노래—
> 매—음! 매—음! (「소낙비」, 23쪽)

---

153) 스테판 코올, 리얼리즘의 역사와 이론(여균동 편역), 한밭출판사, 1982. 114쪽 참조.

안말의 공간적 배경과 그 배경이 이루고 있는 외진 마을의 분위기가 정지된 사진처럼 묘사되어 있다. 이 장면에는 두 가지의 복선이 깔려 있다. 하나는 장차 일어날 춘호내외의 암울한 운명에 대한 예언으로 '음산한 구름'이 배치되어 있으며 다른 하나는 매미 울음이 환기하는 '매—음'이다. 음성상징인 '매—음'은 이 소설에서 전개될 중심 사건인 춘호처의 매음을 예언하는 중의로 작용하고 있다.

> 이러한 압축된 시적 효과는 그의 문학이 고전적 리얼리즘의 본령에 닿아 있음을 말해 준다. 왜냐하면 진정한 리얼리즘이란 현실을 있는 대로 모방하거나 현실 변혁의 의지를 표출하는 데 그치지 않고 그것과 시적 형식을 결합하려는 시도를 통해 이루어지기 때문이다. 이런 문맥에서 김유정이 획득한 시적 형식에는 이미 현실을 넘어서는 전망이 담겨 있다고 해도 무방하다. 해소할 길 없는 분노와 비애의 정서가 일종의 노래로 표출되는 것이다. 한의 정서는 노래로 승화하면서, 궁극적으로 삶의 의미에 대한 발랄한 믿음과 거기에 기반하여 현실의 고통을 견뎌 내는 힘을 부여받는다.154)

인용문은 김유정의 시적 형식에 대한 매우 유효한 통찰이다. 김유정은 있는 그대로의 일상적 고통을 수락하고 견디는 민중들의 삶의 모습을 시적 형식으로 작품화함으로써 현실을 뛰어넘을 수 있는 전망을 확보한다. 시적 형식은 당대 현실의 비참상을 변용하기 위한 방법으로 「금따는 콩밧」에서도 올바른 의미의 성취를 보여준다.

> 땅 속 저 밑은 늘 음침하다.
> 고달픈 간드렛불, 맥없이 푸리기하다. 밤과 달라서 낮엔 되우 흐릿하엿다.

---

154) 윤지관, 앞의 글, 264-265쪽.

거츠로 황토장벽으로 앞뒤좌우가 콕 막힌 좁직한 구뎅이. 흡사히 무덤 속 같이 귀중중하다. 싸늘한 침묵. 쿠더브레한 흙내와 징그러운 냉기만이 그 속에 자욱하다.
고깽이는 뻔질 흙을 이르집는다. 암팡스러히 나려쪼며
퍽— 퍽— 퍽—
이렇게 메뜨러진 소리뿐. 그러나 간간 우수수하고 벽이 헐린다 (「금따는 콩밧」, 47쪽).

마치 자유시와 같은 형식으로 행갈이를 한 짤막한 문장들은 독특한 서정의 운율을 만들어 내고 있다. '고단한 간드렛불'과 '푸리끼하다' '흐릿하였다'와 같은 형용사가 동반하는 함의는 작중인물의 정서를 효과적으로 되비쳐 낸다. 가난을 벗어나기 위해 자신의 콩밭을 파헤치며 노다지가 잡히기를 고대하는 영식의 기대 섞인 노동은 서정적 문체에 도움받아 비극의 정도가 한층 강화된다. 또한 서정적 문체는 인물의 심리를 묘사하는 데는 물론이고 소설의 전체 분위기와 진로에 대한 암시성을 획득하는 데도 큰 몫을 담당하고 있다. '구뎅이' '무덤 속'과 같은 어휘들은 장차 영식이 맞닥뜨려야 할 파국적 현실을 멀리서 가리키고 있는 상징들이다.
작가의 문체가 전혀 비극미를 동반하지 않는 無垢한 세계를 나타내는 경우도 있다. 하지만 그것은 어디까지나 표면적인 위장에 지나지 않는다. 탈속한 듯한 무구의 세계도 사실은 비애의 정서를 확대시키는 장치로서 기능하기 때문이다. 「만무방」의 서두는 이러한 비극의 선명도가 다른 작품에 비교해 두드러진다. 이것은 어떤 비장한 문체로도 감당할 수 없는 무거운 현실적 비극의 질량을 서정주의 속에 가라앉히고 있다는 의미가 된다.

산골에, 가을은 무르녹았다.
아람드리 로송은 빽빽이 느러박엿다. 무거운 송낙을 머리에 쓰고 건들건들. 새새이 끼인 도토리, 벳, 돌배, 갈입들은 울긋불긋, 잔듸를 적시며 맑은 샘이 쫄쫄거린다. 산토끼 두 놈은 한가로이 마주 안저 그 물을 할짜거리고. 잇다금 정신이 나는 듯 가랑입은 부수수, 하고 떨린다. 산산한 산들바람, 구여운 들국화는 그 품에 새뚝새뚝 넘논다. 흙내와 함께 향깃한 땅김이 코를 찌른다. 요놈은 싸리버섯, 요놈은 입 썩은 내 또 요놈은 송이─아니, 아니 가시넝쿨 속에 숨은 박하풀 냄새로군 (「만무방」, 78쪽).

인용한 부분은 리리시즘 문체의 한 극점을 보여준다. 이효석의 시적인 소설을 연상시킨다. 아늑하고 한가로운 풍경이 무구한 세계로 보이게 하지만 뒤에 전개될 사건은 전혀 층위를 달리 한다. 이를 보면 작가는 전원의 아름다움을 그리거나 반도회적인 미를 그리려 한 것이 아니라 사회적 모순과 갈등 속에 살고 있는 농민이라는 사회적 인간에게 초점을 맞추고 있음을 또렷하게 알 수 있다.[155] 작가의 관심은 농촌의 전원과 같은 배경에 관심이 있지 않다. 시적 형식의 모태인 실제의 전원 속에 살고 있는 사람들의 적나라한 非詩的인 모습을 부각시키는 것이 작가의 진정한 의도다. 아니 그렇게 읽히고 해석된다. 리리시즘은 소작농이나 유랑민으로 표랑하고 있는 민초들의 울적한 심정을 투명하게 되비쳐내는 문체적 장치이다. 김유정의 소설에서 이러한 리리시즘은 농민들의 고단하고 참담한 심정을 투명하게 포착하면서 훌륭한 성취에 이르고 있다.

「만무방」의 서두 부분을 장식하고 있는 리리시즘은 외관상으로는 이 작품을 한갓진 농촌의 풍경화로 오해하게 만들 소지가 없지 않다. 또, 단순한 배경묘사로 읽힐 수도 있다. 그렇지만 '산골에, 가을은 무

---
155) 신동욱, 앞의 글, 284-285쪽 참조.

르녹앗다'는 문장이 환기하는 수확기의 풍요로움과 작중의 인물이 겪는 궁핍한 현실과의 편차는 엄청난 것이다. 한편, 리리시즘의 문체는 이러한 현실적 편차에 대응하기 위한 거리 유지에 필요한 감정 조절의 기능도 수행하고 있다.

이제껏 김유정소설의 좋은 성취의 한 측면인 리리시즘에 대해 살폈다. 리리시즘은 현실의 비참상을 제대로 묘파하는 데에 방해가 될 수도 있다는 우려를 물리치고 당대 농민들의 비참한 생활상을 명징하게 재구성하는 데 기여했다. 그러므로 작가가 선택한 리리시즘은 현실의 도피나 그것의 미화에 있는 것이 아니라 당대 현실의 정직한 성찰에서 출발한 문학적 인식의 소산인 것이다. 리리시즘은 농민들의 고단함과 참담함에 대응하는 심적 거리를 유지할 수 있는 감정 조절의 기능도 수행하고 있었다. 따라서 작가는 비참하고 어두운 현실을 곧이곧대로 재현하기보다 리리시즘이라는 변용의 프리즘을 통해 현실을 조명함으로써 리얼리즘의 좋은 성취에 도달할 수 있었던 것으로 판단된다.

(2) 口語와 視點

비속어와 리리시즘이 김유정의 문체를 형성하는 매우 특징적인 요인임을 살펴보았다. 이와 같은 문체적 요인은 작가가 우수한 리얼리스트임을 확인시켜 주는 전거가 된다. 문체는 제재나 주제와 같은 요소에 못지 않은 중요한 가치를 지닌다. 주제가 무엇을 가리키는 것이라면 문체는 무엇을 어떻게로 바꾸어 주는 소설적 기능을 수행한다. 물론 무엇과 어떻게가 내용/형식과 같은 이분법으로 논의될 수 있는 것은 아니다. 내용이 형식이 되고 형식이 내용이 되는 관계가 좋은 문학의 보기이기 때문이다. 우수한 소설은 거기에 맞먹는 우수한 형식을 보유한다. 한 작가가 작품의 핵심을 전달하는 話法을 일괄하여 문체라정의할 수 있다. 이런 점으로 볼 때, 김유정의 화법은 동시대의 동료 작가들에 비해 단연 한 급수 높은 개성적인 문체를 자랑한다. 이미 살펴본 바와 같이 비속어·방언·리리시즘 등은 작가의 화법을 개성적으로 만들어 주는데 일정한 기여를 하고 있었다. 이러한 요소들과 함께 작가의 문체를 특징짓는 요소로 빼놓을 수 없는 것이 있다. 그것은 판소리와 관련을 맺는 시점의 혼유현상과 구어, 구두어, 구연체 등으로 불릴 수 있는 언어의 특수한 사용법이다. 이와 같은 문제들이 함께 살펴질 때, 김유정 문체와 전통과의 맥락이 밝혀질 것이다.

여기서 거론할 내용은 주로 구어와 시점의 문제다. 먼저 거론할 것은 작가의 소설 속에 빈번히 드러나는 시점의 혼유현상이다.156) 김유정의 소설시점은 거의 1인칭과 3인칭의 전지적 시점이 중심을 이루고 있으나 서술자의 시점과 작중 인물의 시점이 혼유되어 있다는 특징을 보유한다. 시점의 일관성이 유지되지 못하고 있다는 것은 장점이 될 수 없다. 시점의 혼유는 소설 작법상의 미숙이나 오류로 비쳐질 수 있기 때문이다. 작가가 소설을 쓴다는 것은 한 편의 이야기를 꾸미는 것인데 이 과정에서 작가가 부심하는 사항이 시점의 문제다. 시점point of view에 대한 확고한 입장이 정립되지 않고는 이야기線이 만들어지지 않는다. 그런데 김유정의 소설을 읽다 보면 시점상의 혼란이 관찰된다. 이것은 작가가 시점에 대한 혼란을 일으키고 있거나 아니면 소설 작법상의 미숙으로 지적될 수 있다. 그렇다면 김유정 소설이 보지하고 있는 상당 부분의 미학은 반감되고 말 것이다. 그러나 김유정 소설에서 발견되고 있는 시점의 혼유현상은 충분히 계산되고 의도된 결과이다. 즉, 시점의 혼유는 판소리 사설에서도 일정하게 발견된다. 그렇다면 작가는 판소리의 시점을 자신의 소설에 접목시키고 있다는 뜻

---

156) 김현실, 김유정 문학의 전통성, 이화어문논집 6, 이대한국국문학연구소, 1983. 304쪽.

이 된다. 이 점은 새롭게 그리고 충분히 검토해야 할 사안이다.

①그들은 묵묵하엿다. 조밧 고랑에 쭉 느러백여서 머리를 숙이고 기여갈 뿐이다. 마치 땅을 파는 두더지처럼—. 입을 벌리면 땀 한 방울이 더 흐를 것을 염려함이다.
②그러자 어디서 말을 부친다.
③"어이 뜨거 돌을 좀 밟엇다가 혼난네"(「총각과 맹꽁이」, 14쪽)

위의 장면은 3인칭 시점으로 서술되고 있다. ①은 관찰자의 시점이지만 ②는 관찰자의 시점에서 작중인물의 시점으로 바뀌어 있다. 이는 인물의 시점과 관찰자의 시점이 혼재되어 있는 것으로 농민들이 노동 장면을 국외자의 시각에서 작중인물의 상황으로 받아들이게 하는 절묘한 효과를 발휘하고 있다. 이것은 다른 시점으로는 결코 재현할 수 없는 상황이다. 아울러 농촌 현실이 객체화된 대상으로 비쳐지지 않기에 그 효과에 있어 민중적 직접성을 획득하는 동인이 되고 있다.

① 주인은 즐거움에 너머 겨워서 추배를 은근히 들엇다. 여간 경사가 아니다. 뭇사람을 뻬집고 안팎으로 드나들며 분주하기에 손이 돌지 안는다.
② "애 메누라! 국수 한 그릇 더 가저 온—"
③ 어째 말이 좀 어색하구면—다시 한 번
④ "메누라 애야! 얼는 갓어 와—"(「산골나그내」, 10쪽)

덕돌어멈이 아들 덕돌의 잔치를 준비하는 부산하고 들뜬 장면이다. 며느리를 얻는다는 기쁨에 흥분되어 있는 인물의 외관과 심리가 대사를 통해 적절한 실감을 얻고 있다. ①과 ③은 지문이지만 시점이 이동하고 있다. ①이 관찰자의 외부 시선에 의해 덕돌어멈의 행위가 서술되고 있는데 비해 ③은 관찰자의 시점이 아니라 ②에 이어지는 덕돌 어멈 자신의 것이다. 이와 같은 시점의 혼유현상은 대상에 대한 정서적 거리를 단축시키는 효과를 발휘한다. 이는 곧 소설의 구체성 확보에 결정적인 요인이 된다. 아울러 이러한 시점의 혼유는 작가의 소설에 常數로 작용하고 있는 구어의 사용과 더불어 소설의 상황을 입체적으로 살려내는 탁월한 힘을 발휘한다. 판소리에서 보여지는 독특한 시점상의 혼유가 김유정 소설에서 개성적으로 결합되고 재현된 예라고 하겠다.

또한 작가의 소설은 곳곳에 틈입자로서의 서술자 논평이 가해짐으로 현대소설의 이론에 역행하는 모습을 드러낸다. 주제를 배반한 문체,157) 반산문성158)과 같은 논의는 소설이론에 관한 역행을 지적한 것들이다. 작가의 소설이 판소리와 같은 구비문학과 관련을 맺는 시점은 바로 시점과 서술 태도다.159) 그러나 작가는 서구소설의 시점 이론을 배반하면서 역으로 리얼리즘소설의 핵심에 접근하고 있다.

①춘호처가 그 집을 나선 것은 들어간지 약 한 시간이엇다. 비는 여전히 쭉쭉 나린다. ②그러나 의외로 아니 천행으로 오늘 일은 성공이엇다. ③그는 몸을 소치며 생긋하엿다. ④그런 모욕과 수치는 난생 처음 당하는 봉변으로 지랄 중에도 몹쓸 지랄이엇으나 성공은 성공이엇다. ⑤복을 받을려면 반듯이 고생이 따르는 법이니 ⑥이까짓 거야 골백번 당한대도 남편에게 매나 안맞고 의조케 살수만 잇다면 그는 사양치 안흘 것이다. (「소낙비」, 31쪽, 고딕은 인용자).

춘호처가 이주사와 성관계를 나눈 뒤 그 행위에 대한 소감을 피력

---

157) 정한숙, 앞의 글, 91쪽.
158) 김용직, 앞의 글, 286-295쪽 참조.
159) 김현실, 앞의 글, 304쪽.

하는 대목이다. 서술자의 시점과 작중인물의 시점혼유는 지문 속에서도 발견된다. ①③⑤의 문장은 사실에 대한 서술로서 주관적인 정보는 배제되어 있는 서술자의 시점이다. ②와 ④는 작중인물인 춘호처의 입장으로 시점이 이동하고 있다. 그러나 ⑥은 하나의 문장 안에서 두 개의 시점이 교차하고 있는 경우이다. ⑤에서 이야기되는 '복'은 보편적인 의미의 복과 개념이 같지 않다. 춘호처가 누리게 되는 복은 매춘이라는 고생의 실질적 의미로 인해 웃음이 유발된다. 이는 판소리의 이중 시점에 의해 형성된 웃음이다. 이 점은 판소리와 작가의 소설을 대비하면 더욱 분명해진다.

　　①이렇듯 하직할 제 하느님이 아시든지 백일은 어디 가고 음운이 자욱하다. ②이따금 빗방울이 눈물같이 떨어지고 휘늘어져서 곱던 꽃이 울고자 빛이 없고, 청산에 섰는 초목은 수색을 띠어 있고, 녹수에 드린 버들의 근심을 돕는 듯 우는 저 꾀꼬리, 너 무슨 회포런가? ③너의 깊은 한을 내가 알든 못하여도 통곡하는 내 심사를 네가 혹시 짐작할까?……160)

　　①응칠이는 싱글거리며 굴을 나섰다. ②공연스리 쑥스럽게 일이나 버러지면 성가신 노릇이다. ③돈백이나 된 줄 알앗더니 다 봐야 한 사십원 될가. ④그걸 바라고 어느 놈이 안젓는가― (「만무방」, 99쪽).

두 개의 인용문서 시점의 혼유현상이 잘 드러나고 있다. 「심청전」의 ①과 ④는 서술자의 시점이나 심청의 시점으로 바뀌어져 있다. 「만무방」의 경우, ①만 서술자의 시점이고 나머지 ②③④의 지문은 작중인

---

160) 이어령, 사랑과 여인의 풍속도, 삼성출판사, 1968, 177쪽. 이 책에 수록된 「심청전」은 완판본이 사용되었으며, 현대어 표기로 적절히 옮겨져 있기에 이를 인용한다.

물인 응칠의 시점이다. 이와 같은 시점의 이중노출은 명백히 판소리계통의 소설과 인연을 맺고 있는 증거이며, 아울러 이 문장들은 소설 속에서 주관과 객관의 혼유라는 특이한 효과를 발휘한다.

①내가 밤에 집에 돌아오면 년을 앞에 안히고 소리를 가르키겟다. 우선 내가 무릎장단을 치며 아리랑타령을 한 번 부르는구나.
②너나 내나 얼른 팔자를 고처야지 늘 이러다 말 테냐. 이렇게 기를 한 번 쓰는구나. 그리고 밤의 산천이 울리도록 소리를 빽빽 질러가며 년하고 또다시 흥타령을 부르겟다.
③이번엔 저고리 섶이 들먹들먹 하더니 아 웬 곰방대가 나오지 않나. 사방을 흘끔흘끔 다시 살피다 아무도 없으니까 보강지에다 드러대고 한 먹음 빠는구나 (이상 「안해」, 156-159쪽).
④매팔자란 응칠이의 팔짜이겟다.
그는 버젓이 게트림으로 길을 거러야 걸릴 것은 하나도 업다 (「만무방」, 83쪽, 고딕은 인용자).

이상에 인용한 네 개의 지문에서 차용된 서술 어미는 판소리계 소설에서 흔히 보여지는 어미들이다. 이들은 판소리계 소설의 어미와 형식이 동일하다. 각 인용문에 공통적으로 사용되고 있는 '~겟다'와 '~는구나' 등은 1인칭 시점에서 3인칭 객관시점이 혼유된 것으로서, 판소리에서 唱者의 시점으로 이야기되어 문장을 종결하는 현상과 거의 같다고 할 수 있다.[161] 이와는 다른 측면에서 판소리 창자들이 구연하던 형태의 口演體가 소설에 혼용되어 변이된 소설들이 있다. 「애기」와 「슬픈 이야기」는 구연체가 적극적으로 채택되어 소설적 효과를 극대화 한 예가 되겠다.

---

161) 김현실, 앞의 글, 304쪽.

①날이 갈수록 배는 여일히 불러옵니다. 예전 동이같이 되었읍니다. 이러고 보면 의심할 건덕지가 없읍니다. 대뜸 매를 들고 사뭇 나려팹니다. 하니까 그제서야 겨우 부는데 어떤 전기회사 다닌다는 놈인가하고 둘이 그 꼴을 만들었든 것입니다. 잘만하면 이원이 될지, 이만원이 될지, 모르는 이 몸이다. 복을 털어두 분수가 있지 그래 그까진 전기회사놈 허구! 그는 눈에서 눈물이 날 지경입니다 (「애기」, 368쪽).

②누가 깔고 올라앉았는지 모릅니다. 얼굴은 멋없이 넙적합니다. 디룩디룩한 살덩이. 필시 숫가락이 넘어 커서겠지요. 쭉 째진 그 입술. 떡을 처도 두 말은 칠법한 그 응덩판. 왜 이리 버러졌을까요 (「애기」, 373쪽).

③이 놈이 또 무슨 방정이 나 이러나, 싶어 성가스리 눈을 부비고 일어나서 벽 틈으로 조사해 보았드니 놈이 방바닥에다 안해를 엎어놓고 그리고 그 허리를 깡충 타고 올라 앉어서 이년아 말해, 바른 대로 말해 이년아 하며 그 팔 한 짝을 뒤로 꺾어 올리는 기술이었으나 어쩌면 제 다리보다도 더 굵은지 모르는 그 팔뚝이 호락호락이 꺾일 것도 아니거니와, 또 거기에 열을 내가지고 목침으로 뒤통수를 콕콕 쥐어박다가 그것두 힘에 부치어 결국에는 양옆구리를 두 손으로 꼬집는다 하드라도, 그것쯤에 뭣할 안해가 아닐텐데 오늘은 목을 놓아 울 수 있었든만치 남다른 벅찬 서럼이 있는 모양이다 (「슬픈 이야기」, 279쪽).

앞에 인용한 부분은 모두 구연체가 사용된 경우들이다. 이것은 모두 서술자가 듣는 이를 상정하고 있는 것으로 판소리가 청중을 대상으로 하고 있다는 점과 동일하다. ①은 「애기」에서 발췌한 것으로 문장도 비교적 단정하고 어조도 현대의 독자들에게 이질감을 주지 않을만큼 순화되어 있다. 그러나 ②에 이르면 인물의 묘사가 고대소설의 묘사 방법에 접근되어 있다. ③은 「슬픈 이야기」의 일부인데 소설 전체가 하나의 형식 단락으로 되어 있다는 점이 다른 소설과 크게 다르다. 뿐만 아니라 끊어지지 않고 이어지는 판소리 문체의 호흡을 소설 속에서 실험적으로 적용해 본 느낌이 들 정도로 판소리의 가락에 닮아 있다. 이와 같은 점들에 비춰 볼 때, 김유정 소설의 서술자는 판소리의 창자와 같은 역할을 담당하고 있다고 볼 수 있다.

작가는 구어와 구연체를 소설 속에서 실험적으로 채용함으로써 일체의 관념을 배제하고 생생한 구체성을 확보하는 효과를 얻고 있다. 문어체의 문체가 딱딱하고 굳어진 형태로 세상을 고정시키는 부정적인 면을 가진다면 판소리는 생동하는 느낌을 주고, 경험을 통해서 느낀 갈등을 관념적인 설명으로 왜곡시키지 않는 특징적인 면을 갖는다.162) 그렇다면 김유정 소설의 생동감과 활력은 부분적으로 구어 혹은 구연체 문장을 통해 획득된 것으로 볼 수 있다.

지금까지 김유정의 소설에 나타나는 시점의 혼유현상, 구연체, 판소리의 서술 어미 차용 등에 대해 살펴보았다. 시점의 혼유현상은 관찰자의 시점과 작중인물의 시점이 혼용되는 것을 말한다. 이는 작가의 소설에 흔히 보이는 현상으로 작법상의 혼란으로 볼 수는 없다. 그것은 오히려 대상에 대한 정서적 거리를 단축시켜 독자들을 작품 속의 구체적 현실로 끌어들이는 중요한 기능을 띠고 있었기 때문이다. 또한 판소리가 갖는 시점상의 특징과 서술 어미 등을 본격적으로 차용함으로써 판소리의 구비문학적 형식을 창조적으로 이어받고 있음도 확인하였다. 따라서 작가가 문어체가 아닌 구어체 중심의 문장 형식을 선택한 것은 당대의 기층 민중이 겪는 고단한 체험을 관념의 측면으로 희석시키지 않으면서 역동적인 세계로 포획하고 조망하기 위한 미학적 방법으로 보아야 할 것이다.

---

162) 조동일, 판소리의 이해, 창작과 비평사, 1979. 24쪽.

5. 자전소설의 세계

작가라는 존재는 타인의 이야기를 하면서 자기 이야기를 하는 존재다. 그 반대의 설명도 진실이다. 작가가 자신의 생각과 가치관을 드러내는 방법은 작품 전체를 통해서이다. 그러나 흔히 작가는 작중인물을 통해서 자신의 생각을 투영시킨다. 가장 흔하고 빈도가 많은 방법이며 독자들도 이를 자연스럽게 받아들인다. 알다시피 김유정의 소설은 농민과 도시 빈민 계층의 문제가 중심이 되고 있다. 그런데 이와 같은 범주로 분류하기에 적절하지 않은 일단의 소설이 존재한다. 소설에서 묘사되고 있는 인물들이 명백하게 작가 자신의 개인적 정황과 일치하는 소설들이 있다. 이 소설들은 도시 빈민의 생활상을 배경으로 하면서도 작가의 개인적 정황을 주로 묘사하고 있다는 점에서 구분을 요구한다. 이 계열의 소설을 자전소설 autobiographical novel로 설정하여 논의하려 한다.[163] 자전적 소설은 본질적으로 고백 confession의 양식이다. 작가의 개인적 정황이 고백의 형식을 취하며 허구로 변용되었을 때 그것을 일러 자전소설이라 명명할 수 있을 것이다. 고백이 가지는 특징은 내향적이며 지적인 색채가 짙다는 것인데[164] 자전소설적 요소가 강한 김유정의 소설들은 바로 이러한 특징의 연장선상에 있다.

작가의 소설에서 자전적 요소가 강한 소설들은 대개 고백의 형식을 취하고 있으며, 이 형식을 통해 자신의 모습을 객관적으로 드러내고 있다. 물론 이 계열의 소설들은 작가의 다른 소설들과 같이 가난하고

---

163) 자전적 요소가 강한 소설로는 「형」「생의 반려」「두꺼비」「연기」「심청」 「이런 음악회」「슬픈 이야기」가 있다.
164) 조남현, 소설원론, 고려원, 1982. 311쪽.

힘든 삶을 사는 인물들이다. 그런데 작중인물들의 개인적 정황과 정보는 작가 개인의 전기적 자료들과 흡사하거나 거의 일치하고 있다. 이 점은 작가의 다른 소설들과 엄연히 구분되는 측면이다. 또, 자전소설의 계열에 드는 소설들은 공통적으로 지적인 인물들이 등장한다. 일반적으로 작가의 소설이 무지하고 교양없는 농민 계층을 다루고 그들의 시점을 통해 이야기를 서술하는 데 이에 비해 자전소설은 분명한 차이를 드러낸다. 또, 자전소설의 범주에 드는 작품에서는 작가와 작중인물이 동일시되고 있다.

김유정의 자전소설은 작가의 개인적 생애 기록과 분명한 일치점들을 보여준다. 그러나 작가의 신상 정보와 작중인물의 그것이 정확하게 대응되는 것은 아니다. 이것은 작가가 개입하여 허구라는 소설적 허용을 통해 사실과 정황을 변용·굴절시켜 놓고 있기 때문이다. 그의 자전소설은 3인칭 시점의 활용, 작중인물의 희화와 같은 방법으로 작가와 관련된 사실적 정보를 허구로 편입시켜 놓고 있다. 그럼에도 불구하고 유사하게 반복되는 인물·성격·상황설정 등은 '자전적 요소의 소설화' 이외의 방법으로는 설명할 길이 없다. 자전소설을 통해 작가의 삶을 재구성할 수 있고, 작가의 삶을 빌어 소설세계를 풍요하게 읽을 수 있다는 사실은 행복한 일이다. 특히, 김유정처럼 단명하고 단촐한 작품을 남겨 놓은 경우는 더 그러하다. 본고는 저전소설에 등장하는 작가의 자아 문제와 가족들의 모습을 논의의 중심에 두고 살피고자 한다.

(1) 자아의 두 모습

작가는 왜 자전소설을 쓰는가? 이 질문은 일반적으로 작가들이 소설을 쓰는 궁극적인 이유와 관계될 것이다. 소박하게 말해 작가들이 자전소설을 쓰는 것은 자기이해·자기탐구에 있을 것이다. 그것은 마치 화가들이 자화상을 그리는 이유와 흡사한 면이 있다. 우리는 화가의 자화상을 통해 화가의 생각과 심리상태를 읽을 수 있다. 그렇듯이 작가는 소설 속에서 자기를 서술하면서 끊임없는 자기해체의 과정을 보여준다. 김유정은 비록 짧은 삶을 살았지만 그가 겪은 삶의 과정은 결코 순탄하지 않았다. 이러한 삶의 과정 속에서 김유정의 자아는 형성되었고 굴절의 과정도 겪게 된다. 작가는 아마 짧았지만 지독하게 고통스러웠던 자기 삶을 소설이라는 양식을 통해 분석·성찰해보고 싶었는지도 모른다. 또는 죽음을 예감하면서 자기 기록을 남기고 싶은 본능적 욕구를 갖게 되었는지도 모른다. 그러나 어느 쪽이 되었든 우리는 작가가 남겨 놓은 자전소설을 통해 김유정의 속사람을 만날 수 있다. 우리가 자전소설을 문제삼는 것은 이 때문이다. 먼저 작가가 자신에 대한 기록을 남기는 이유부터 살펴보자. 그것은 「생의 반려」를 통해 소상하게 확인할 수 있다.

> 동무에 관한 이야기를 쓰는 것이 옳지 않은 일일는지 모른다. 마는 나는 이 이야기를 부득이 시작하지 아니치 못할 그런 동기를 갖게 되었다. 왜냐하면 명렬군의 신변에 어떤 불행이 생겼다면 나는 여기에 큰 책임을 지지 않을 수 없는 까닭이다.
> 현재 그는 완전히 타락하였다. 그리고 나는 그의 타락을 거들어 준, 일테면 조력자쯤 되고만 폭이었다.
> 그렇다면 이것이 단순히 나의 변명만도 아닐 것이다. 또한 나의 사랑하는 동무, 명렬군 위하야 참다운 생의 기록이 되어 주기를 바란다 (「생의 반려」, 226쪽).

「생의 반려」는 서술자인 '나'가 친구인 명렬군의 이야기를 서술하는 1인칭 관찰자 시점을 취하고 있다. 1인칭 관찰자 시점에 힘입어 작가의 생애는 상당한 정도의 객관성을 유지할 수 있다고 본다. 명렬군은 기생인 나명주를 적극적으로 짝사랑하는 인물이다. 김유정 자신은 소설 속에서 명렬군으로 나명주는 박록주에 해당하는 인물이다. 김유정 소설의 화자가 동무의 삶을 기록해야 하는 동기는 '명렬군의 신변에 어떤 불행이 생겼'을 때를 대비한 도덕적인 책임감과 우정 때문이다. 작가가 사망한 해가 1937년이라는 사실에 비추어 보면 「생의 반려」 「두꺼비」와 같은 자전소설의 집필 의도는 분명해진다.165) 이 작품을 쓰던 무렵 유정은 자신의 죽음을 예감하고 있었다고 보아야 한다. 회복의 기미가 보이지 않는 병고 속에서 작가는 '참다운 생의 기록'을 통해 자기를 정리하고 싶었을 것이다.

「두꺼비」는 「생의 반려」보다 발표 시기가 5개월 앞서지만 박록주와의 연애 사건을 다루고 있다는 사실은 공통적이다. 그러나 살펴보면 그것을 다루는 태도면에서는 매우 다른 층위를 견지하고 있다. 작가 자신의 모습이 「두꺼비」에서는 희화적으로 묘사되고 있는데 반해, 「생의 반려」에서는 희화적 방법이 채택되지 않고 있다. 오히려 온건한 표현과 정상적인 어조 속에서 이야기가 진행된다. 이 두 작품은 김유정의 전기적 자료들과 상당한 정도의 일치점을 드러내고 있다. 논의의 편의를 위해 희화적 요소가 배제된 정상적인 문맥의 「생의 반려」를 먼저 살피고 뒤에 「두꺼비」를 살펴보겠다. 그렇게 하면 두 소설 속에 투영된 작가의 모습이 한층 분명한 모습으로 드러나리라 보기 때문이다. 아울러 동일한 제재에 대한 희화의 유무에 따라 작가의 심리가 변이되는 양상도 함께 밝혀질 수 있을 것이다.

---

165) 「두꺼비」(시와 소설, 1936. 3)와 「생의 반려」(조선중앙일보사, 1936. 8-9)는 약 5개월의 차이를 두고 발표된다. 「생의 반려」는 <新連載長篇小說>이라는 장르 표지가 명기되어 있었던 것으로 보아 계속 연재할 예정이었던 것으로 추정되나 2회 연재로 중단되고 말았다.

먼저 「생의 반려」부터 살펴보자. 이 작품은 친구이자 작중 화자인 '나'가 명렬의 이야기를 서술하는 형식이다. '나'는 서술자이면서 명렬의 편지를 화류계 기생인 나명주에게 전달해 주고 답장을 받아 오는 중개자 역할도 맡고 있다. 그러나 나명주의 답신이 없자 '나'는 나명주의 편지를 대필하여 명렬에게 전달해 주지만 모든 것은 거짓으로 드러나고 명렬의 실망만 증폭된다. 소설의 끝부분으로 보아서 명렬군이 편지와 같은 소극적인 구애의 수단을 버리고 직접 나명주를 찾아 나서는 방향을 예고하고 있으나 소설은 거기서 중단되었다.

①그는 사람 대하기를 극히 싫어하는 이상스런 성질의 청년이었다 (「생의 반려」, 226쪽).

i)나의 머리에는 천품으로 뿌리깊은 고질이 백여 있습니다. 그것은 사람을 대할 적마다 우울하야지는 그래 사람을 피할려는 염인증(厭人症) 입니다[166]

②그는 같은 나히에 비하면 숙성한 학생이었다. 키가 훌쩍 크고 넓적한 얼골을 가진 학생이었다. 말을 할 때에는 좀 덜하나 선생 앞에서 책을 낭독할 적이면 몹시 더듬었다. 그래 우리는 그를 말더듬이라고 별명을 지었다. 그 대신 그는 말이 드문 학생이었다. (「생의 반려」, 236쪽).

ii)그러한 심약함은 그를 말더듬이로 만들었고(뒤에 휘문고보 2학년 때 訥言矯正所에서 고쳤으나 그후에도 이따금씩 흥분하면 말을 더듬었다), 그리고 낯선 사람에게 지나치게 민감한 반응을 보이거나 굳어지는 내성적인 성격을 형성하게 했다. [167]

---

166) 김유정, 병상의 생각, 전집, 449쪽.
167) 이선영, 문학으로 불사른 단명한 생애, 한국대표명작, 지학사, 1985. 237쪽.

③그는 어려서 양친을 다 여이었다. 그리고 제 풀로 돌아다니며 눈치밥에 자라난 소년이었다. 그러면 그의 염인증도 여기에 뿌리를 박았을지도 모른다.
그에게는 형님이 한 분 있었다. 주색에 잠기어 밤낮을 모르는 난봉군이었다. 그리고 자기 일신을 위하얀 열 사람의 가족이 희생을 하라는 무지한 폭군이었다 (「생의 반려」, 238쪽).

ⅲ)부모 생존시부터 방탕해 마지않던 형은 그해 8월 관철동으로 이사를 하자 본격적인 난봉을 피우기 시작했다.168)

인용한 글들은 소설 속에 등장하는 작중인물인 명렬의 성격과 김유정의 생애 기록을 대비해 본 것이다. ①은 명렬군이 심한 염인증을 가지고 있음을 말해 준다. 김유정이 염인증적 증세를 가지게 된 것은 그가 유년기에 받은 정신적 상처 때문이다. 작가의 생애 기록을 통해 볼 때 김유정의 정신적 외상은 주로 폭력적이고 비도덕적인 형 때문에 발병되었다. 형의 포악성→유정의 정신적 공포→말더듬이→염인증·내성적 성격 형성이라는 과정은 충분한 근거를 가지고 있다. 특히 ⅰ)은 「병상의 생각」이라는 산문 속에서 작가 자신이 직접 밝혀 놓은 사실이기에 사실에 대한 신빙성이 높다. 이 작품 속에서 밝혀지고 있는 명렬의 가족사와 질병 등은 모두 김유정의 실제 사정과 동일하다. 소설로 기록한 자서전이라 이를 만큼 자전적 요소의 나열로 일관되어 있으며 생애에 대한 치밀한 복원력도 돋보인다.
명렬군이 짝사랑하고 있는 여인 나명주는 주로 박록주의 형상화이다. 나명주의 인적 사항과 박록주의 그것은 의심의 여지없이 대응된다. 즉, 나명주가 다섯 살 연상의 기생이라는 사실, 명렬이 나명주를

---
168) 김영수, 김유정의 생애, 김유정전집, 현대문학사, 1968, 392쪽.

처음 만난 장소 등은 김유정과 박록주와의 관계를 그대로 반영하고 있다. 소설 속의 사실과 박록주의 증언을 비교하면 이러한 사실은 더욱 분명해진다.

①그 상대가 화류계의 인물이요, 그러함에도 불구하고 명렬군보다는 다섯 해가 우였다. 삼십이 가찹다면 기생으로는 한 고비를 넘은 시들은 몸이었다. 게다가 외양도 출중나게 남달리 두드러진 곳도 없었다 (「생의 반려」, 232쪽).

②그가 집의 일로하야 봉익동엘 다녀 나올 때 조고만 손대야를 들고 목욕탕에서 나오는 한 여인이 있었다. 화장 안한 얼골은 창백하게 바랬고 무슨 병이 있는지 몹시 수척한 몸이었다. …(중략)…
명렬군은 저도 모르고 물론 따라갔다. 그 집에까지 와서 안으로 놓쳐 버리고는 그는 제 넋을 잃은 듯이 한참 멍하고 서 있었다.
그리고 집으로 돌아와 그날 밤부터 편지를 쓰기 시작하였다. 매일 한 장식 보내었다 (「생의 반려」, 232쪽).

③겉봉에 <박록주 선생님>이라고 한글로 단정히 써 있었다.
<나는 조선극장서 선생이 소리하는 것을 보았습니다. 모든 사람의 인기를 끄는 것이 정말 기뻤습니다. 나는 당신을 연모합니다. 나는 22살의 延專 학생이오. 형님과 누님이 있는데 나는 지금 누님집에 있습니다. 주소는 바로 옆동네인 봉익동이오.>
처음에 나는 무슨 편지인지 잘 몰랐다. 연모라는 말의 뜻은 한참 새겨 본 뒤에야 대강 짐작이 갔다. 도로 편지를 부쳐 버렸다. 그런데 그 다음날 그 편지가 다시 돌아왔다. 레코드 재키트에 찍혀 있던 내 얼굴 사진을 곁들여서—.
사실 나는 처음에 김유정이가 다른 박록주를 나로 착각한 게 아닌가 생각했었다. 그때 서울에는 굉장히 예쁜 박록주라고 하는 이름이 같은 화초 기생이 있었다. 처음엔 그 사람인 줄 알았던 것이다. 그러나

이것은 내 사진으로 해서 의문이 가셨다.

그로부터 김유정은 매일 한 통의 편지를 보냈다. 아침마다 우체부가 김유정의 연애편지를 갖다 놓았다. 내용은 항상 비슷했다. 나는 당신을 연모하니 저를 사랑해주시오가 이야기의 전부였다. 간혹 길가에서 당신을 보았소. 정말 밤에 본 당신은 아름답더이다. 목욕을 하고 오는 자태는 정말 이쁘게 보였노라. 나는 그 길가에서 얼마나 기다렸는지 모르오 등 차마 눈뜨고는 못 볼 귀절도 있었다.[169]

①은 작중 화자인 '나'가 나명주에 관한 객관적 정보를 제공하는 부분이며 ②는 '명렬군'이 나명주를 만났던 장면에 관한 회상이다. 이와 같은 정보는 박록주가 쓴 ③의 회상 내용과 동일하게 나타나고 있다. 박록주의 회상을 온전하게 신뢰하기는 어렵지만 김유정과 박록주에 얽힌 사건에 대한 정황과 그 윤곽을 이해하는 데 중요한 시사점을 제공하고 있다. 「김유정의 비련을 공개 비판함」[170]에서 김문집은 박록주에 대해서는 관대한 입장을 보이면서 또 다른 박아무개 여성에 대해서는 다소 감정적인 어조로 비판하고 있어 주목된다. 김문집이 왜 이런 태도를 취했는지에 대해서는 다음 글을 통해 엿볼 수 있다.

> 천하의 명창 박록주가 옛날 무명 시절의 김유정군의 사랑의 대상이었다면 아마도 놀라지 않을 사람이 없을 것이다. 年前 나는 대구 모 요정에서 때마침 명창대회로 來演한 박록주를 초청해서 하룻밤 豪遊한 일이 있었다. …(중략)…
> 삼십명 개평 기생은 吳太石의 가야금 병창에 맡기고 대 박록주여사를 구석으로 모셔 와서 한 잔 먹은 기세로 대뜸 <자네 김유정이란 소설 작가를 아는가…> 물었다. 하니까 얼굴에 미소로운 긴장을 띄우면

---
169) 박록주, 나의 이력서(15), 한국일보, 1974. 1. 26.
170) 김문집, 김유정의 비련을 공개 비판함, 김유정전집, 현대문학사, 1968. 463-471쪽.

서 답하는 말이
      <그이가 죽었다지요?>
      이 어조에서 벌써 나는 여사를 초청한 것이 허사가 아니었다는 것을 알고 기뻐하는 동시에 초면의
      박록주가 조선서는 제일류의 여류 교양인인 것을 직감하였다.171)

　1930년대 한 비평가의 도타운 애정이 감지되는 글이다. 김문집은 일관되게 김유정의 작품을 옹호하고 고평했듯이 그의 인간됨에 대해서도 지속적인 관심을 기울였다. 위에 인용한 장면은 김유정의 여인 관계를 확인해 보려는 김문집의 은근한 노력이 잘 보여지는 대목이다. 사실 김문집의 공개비판 대상은 박록주가 아니라 박아무개 여인이었다.172) 박아무개 여인은 김유정이 집요하게 사랑의 편지를 보냈던 여인으로서 女專을 다닌 지식계층이었다. 김문집은 이와 같은 김유정의 구애 행위에 대해 일언반구의 인간적 반응도 보여주지 않은 박아무개 여인을 강도 높게 비판하고 있는 것이다. 그러나 이 부분에 대한 김문집의 판단은 공평성을 잃고 있다. 김유정의 구애에 대한 여인들의 반응 여부를 가지고 상대를 비판하는 것은 이성적인 판단이라고 보기 어렵다. 그것은 작가에 대한 편애에 기인한다고 해도 그렇다. 박아무개는 전혀 반응이 없었다는 점으로 송두리째 비판되고 상대적으로 박록주의 인격이 고무되는 것은 더욱 옳아 보이지 않는다. 기록상으로나 口傳으로나 박록주가 김유정에 대해 긍정적인 반응을 보인 자취는 어디에도 보이지 않는다. 오히려 박아무개 여인보다 박록주가 훨씬 문제적일 수 있다. 그것은 작가에게 구체적인 모욕과 거절의 언사를 지속적으로 표시했기 때문이다.

---

171) 김문집, 앞의 글, 465쪽.
172) 박아무개는 시인이자 평론가인 박용철의 누이 박봉자로 후일 평론가 김환태와 결혼함.

그런데 작가 자신이 이토록 여자를 향해 무모하게 질주한 배면은 무엇인가? 이에 대한 대답은 이 논의의 시작 부분에서 다루어진 바 있다. 간단히 추론해 보건대, 일찍이 어머니를 상실한 작가는 그 공허를 메우는 대안으로서 여인을 추구한 것으로 보여진다. 그래서 그가 추상하는 여인은 어머니요, 누이요, 여인이 종합된 이미지일 수밖에 없다. 박록주는 바로 이 과정에서 우연히 선택된 우상이다. 이 선택에는 상당 부분 恣意性이 엿보인다. 그것은 작가가 우연을 필연으로 가장하고 자신의 운명을 힘껏 전진시켰다는 뜻이 된다. 그러면서도 이와 같은 작가의 female complex가 어머니에서 비롯된다는 논의는 부인되기 어렵다.173)

앞에서 살핀 바처럼 「생의 반려」는 소극적인 인물 명렬군이 한 여자를 향해 집요하게 질주하지만 끝내 좌절하는 실패의 모습을 보여주고 있다. 소극적이고 내성적인 인물과 화류계 기생이라는 신분은 성격 면에서 부조화를 이루고 있기에 명렬군의 실패는 어느 정도 예정된 것이었다. 그리고 이러한 실패의 과정은 김유정에게도 동일하게 적용된다. 한편, 작가가 여인을 바라보는 관점은 사랑—그것도 지극히 정신적이며 플라토닉한 사랑을 추구하고 있다는 것이 「생의 반려」와 「두꺼비」에서 드러난다. 이것은 그의 불우한 현실적 환경과 어머니에 대한 애정 결핍이 작용하여 나타난 결과로 보인다.

「생의 반려」가 고백적이고 평면적인 서술이라면 「두꺼비」는 입체성을 띠면서 인물과 상황이 극화되고 희화된다. 작중인물에 대한 묘사도 현실성에 접근하고 있다는 점에서 「생의 반려」와 다르다. 「두꺼비」는 옥화에게 반한 나(이경호)가 옥화의 마음을 얻기 위해 옥화의 동생인 두꺼비에게 속으면서 그의 뒤치다꺼리를 하는 이야기다. 소극적인 '나'

---

173) 서정록, 앞의 글, 59쪽.

가 옥화에게 접근하기 위해 그녀의 동생인 두꺼비에게 물심양면으로 헌신하지만 이용만 당하고 마는 결말이 '나'에게 더없는 비애를 안겨 준다. '나'가 옥화를 위해 진력하나 결말은 그 역으로 나타나고 만다. 믿었던 중개자인 두꺼비의 교활한 계략이 이 소설을 희극으로 만들어 놓고 있다.

> 열김에 달겨들어 강선생 좀 참으십쇼 하고 그 손을 확 잡으니까 대 뜸 당신은 누구요, 하고 눈을 똑바로 뜬다. 뭐라 대답해야 좋을지 잠시 어리둥절하다가 이내 제가 리경흽니다, 하고 나의 정체를 밝히니까 그는 단 마디로 저리 비키우 당신은 참석할 자리가 아니유, 하고 내 손을 털고 눈을 흘기는 그 모양이 반지를 받고 실례롭다 생각한 사람커녕 정성스리 띠인 나의 편지도 제법 똑바루 읽어 줄 사람이 아니다 (「두꺼비」, 188쪽).

순진한 '나'의 태도와 옥화의 안하무인격의 고자세가 부딪혀 웃음을 만들어 내는 국면이다. '나'가 보낸 반지와 편지를 두꺼비가 옥화에게 전달하지 않았다는 사실이 명백해지는 순간이기도 하다. 이 소설이 「생의 반려」에 비해 성공적으로 읽혀지는 것은 작가 특유의 장처인 희극이 작품을 감싸고 있기 때문이다. 그로 인해 독자들은 작가의 생애를 일정한 거리를 두고 바라보게 된다.

> 나는 얼빠진 등신처럼 정신없이 나려 오다가 그러자 선뜻 잡히는 생각이 기생이 늙으면 갈 데가 없을 것이다, 지금은 본 체도 안하나 옥화도 늙는다면 내게 밖에는 갈 데가 없으려니, 하고 조곰 안심하고 늙어라, 늙어라, 하다가…(중략)… 광화문통 큰 거리를 한복판을 나려 오며 늙어라, 늙어라,고 만물이 늙기만 마음껏 기다린다 (「두꺼비」, 190-191쪽).

명렬군은 일을 칠 듯이 벌떡 자리에서 일어나 앉았으나 그러나 두 손으로 머리를 잡고는 묵묵하였다. 한참 동안 무엇을 생각하고 있는 듯 싶었다. 이윽고 그는 자리 밑에서 그걸 꺼내 놓더니 낙망하는 낯으로…… (「생의 반려」, 260쪽)

두 개의 인용문은 구애가 좌절되었을 때의 반응인데 그 반응은 서로 다르게 나타난다. 앞의 인용에서는 대상 인물인 옥화가 빨리 늙기를 기다리는 냉소적인 태도를 보이는 데 반해 뒤의 인용에서는 차분한 내성적인 인간의 모습을 보여준다. 이러한 반응은 같은 내용의 다른 표현이다. 또 이와 같은 상이한 표현을 가능하게 하는 것은 두 소설이 취하고 있는 언어형식과 관계가 깊다. 즉, 「두꺼비」는 희화적 표현을 채용함으로써 작중인물의 반응도 냉소적이고 희극적이 되었다. 이에 비해 「생의 반려」는 허구적 장치보다 사실의 기록을 중시한 듯이 보인다. 그러므로 이 소설의 인물들이 보여주는 모습은 「두꺼비」에 비해 생동감은 적은 편이다.

「생의 반려」와 「두꺼비」는 작가의 짝사랑의 대상이었던 박록주와의 관계를 소설화하고 있다. 이 점은 소설 외의 다른 기록과 증언들에 의해 뒷받침되고 있다. 「생의 반려」의 명렬은 바로 작가의 분신이며 작가 그 자체의 형상화다. 작품 속의 명렬은 오로지 나명주를 향한 열정으로 가득 찬 인물이다. 그에게는 다른 선택의 대안이 없다. 이 점은 「두꺼비」의 이경호에게도 동일하게 적용된다. 굳이 명렬과 이경호의 차이가 있다면 희화의 유무 문제이다. 「두꺼비」의 경우 주인공 이경호는 여러 각도에서 철저히 웃음거리로 전락한다. 그런 점에서 「두꺼비」는 작가의 실제 생애와 일정한 거리를 유지하는 장점을 확보하기도 한다. 그러나 두 작품의 차이에도 불구하고 여인을 향한 작가의 기본적 의식 즉 자아의 모습에는 표나는 차이가 노출되지 않는다. 또한 자전소설에서 발견되는 자아는 조실부모로 인한 애정 결핍, 특히 가난과 질병이라는 현실적 억압의 요인들이 모성 결핍과 상승작용을 일으키면서 작가의 자아 형성에 커다란 空洞을 만들어 놓았다. 정신적 공동을 채우기 위한 질주의 형식 그것이 김유정의 연애였으리라. 그리고 그것은 성공보다 실패를 통해 완성되는 삶의 뜨거운 형식이었다. 하지만 이러한 판단들은 작가에 대한 체계적이고 본격적인 전기가 출판되었을 때 더욱 분명한 해석을 얻을 수 있으리라고 본다. 따라서 여인들을 향한 '무모한 질주'에 대한 작가의 본심은 더 깊이 분석되어야 한다. 자기 앞에 던져진 한 개의 우연을 마치 거역할 수 없는 운명인 것처럼 받아들이고 행동한 작가만의 깊은 내면에 대한 설득력 있는 분석들이 추가되어야 한다.

(2) 자아와 가족

앞서 언급했듯이 김유정의 연애는 곧 삶이었다. 다시 말해 그의 연애의 형식이 곧 삶의 형식이었다. 그것은 작가가 고단한 삶에 맞서 버티기 위한 치열한 삶의 한 가지 방법론이었다. 그러므로 그에게 소중했던 것은 연애의 대상이 아니라 연애 그 자체였으리라. 그렇다면 작가는 왜 이와 같은 치열한 연애의 형식을 필요로 했던가? 이것에 대한 대답은 너무 명확해서 한 점 의혹도 가질 수 없다. 앞에서 되풀이했듯이 정신적 공동·공허를 채우기 위해서다. 그런데 이 질문과 대답 사이에는 간단치 않은 우여와 곡절의 잠복되어 있다. 그것을 우리는 작가의 참담한 가족사에서 찾는다.

작가의 소설에는 연애 못지 않게 가족 문제가 두루 살펴지고 있어 주목된다. 자전소설에는 가족에 대한 묘사가 반복되어 나타난다. 가족의 이미지는 거의 고정된 모습이어서 가족 구성원의 성격을 한눈에 파악할 수 있다. 김유정 소설에서 중요하게 등장하는 가족은 형·누이·아버지 등이다. 이들은 소설 공간 안에서 긍정적인 기능을 가지기보다는 부단히 작가의 자아를 억압하는 요소로 기능하고 있다. 가족이 행사하는 억압은 우울증·염인증과 같은 소극적이고 퇴행적인 자아를 형성하는 원인이 된다.

이 자리에서는 자전소설에 등장하는 가족의 면모를 종합하고 그들이 작가의 자아 형성에 어떤 영향력을 끼쳤는가를 살펴보고자 한다. 김유정은 유년기의 극히 짧은 기간을 제외하고는 지속적인 물질의 적빈 상태를 견뎌야 했다. 게다가 회복의 가망이 보이지 않는 장기간의 투병 생활은 그에게서 정상적인 삶을 앗아가 버렸다. 그러므로 김유정과 그의 가족은 서로에게 계량할 수 없는 짐이 되었음을 추론하는 것은 어렵지 않다. 이 점은 작가의 삶을 살피는 기본항이 된다. 먼저, 아버지와 형이 보여주는 갈등의 모습부터 살펴보자.

> 부자간의 고롭지 못한 이 분쟁이 발생하길 아버지의 허물인지 혹은 형님의 죄인지 나는 그것을 모른다. 그리고 알랴지도 않았다. 한갓 짐작하는 건 형님이 난봉을 부렸고 아버지는 그 비용을 담당하고도 터보이지 않을 만치 재산을 가졌건만 한 푼도 선심치 않았다. 우리 아버지, 그는 뚝뚝한 수전노이었다. 또한 당대에 수십만원을 이룩한 금만가이었다. 자기의 사후 얼마 못되나 그 재산이 맏아들 손에 탕진될 줄을 그도 대중은 하였으련만 생존시에는 한 푼을 아끼었다 (「형」, 355쪽).

「형」을 통해 김유정 부친의 인간적 윤곽이 밝혀지고 있다. 그의 부친은 당대로는 상당한 지주계급에 속하는 부호였으며 한편으로 수전노였다. 또한 부친과 장자인 김유근 사이에 존재하는 불화 관계도 엿볼 수 있다. 부자간에 존속하는 갈등의 원인은 돈이라는 물질적 매개를 통해 예각화 된다. 아울러 이러한 갈등은 지주 2세인 형의 부도덕 성으로 인해 파생된다. 다음은 두 부자가 드러내는 갈등의 도식을 요령 있게 지적하고 있다.

> 富를 일구었거나, 부를 보유하는 기성세대는 구두쇠적인 검약을 생리화하고 그것을 상속받을 다음 세대는 유복한 환경에서 헐렁하게 자라난 다음 세대로서 필연적으로 씀씀이가 헤프거나 방탕으로 치닫게 되는 '1세대 부유→2세대 방탕→3세대 극빈'의 일반적 부의 신진대사 싸이클이「형」의 그것에 해당된다고 할 수 있다.174)

「형」에서 보여지는 '형'은 타락한 인물의 한 전형이다. 그가 보여주는 악덕의 목록은 내외간의 불화·가출·作妾·재산 탕진·가족폭행 등이다. 이로 미루어 보아 '형'의 타락상은 주로 그의 인격적 파산에서 비롯됨을 알 수 있다. 즉, 그의 삶에는 건전한 가치관이 존재하지 않는다. 그는 오로지 아버지가 형성한 재산을 축내면서 사회적 활동보다 가정 내적인 불화를 조장하면서 인생을 소모하는 비위생적인 인물이다. 이 소설에서 드러나는 부자간의 갈등 양상에는 염상섭의 『삼대』, 채만식의 『태평천하』와 같은 1930년대 대표적인 가족사소설에서 조망되는 사회와 역사에 근거한 세대론적 갈등은 노출되지 않는다. 아버지와 아들은 공히 자기 시대에 관해 아무런 의지나 신념이 없는 인물이라는 점에서 공통적이다. 아버지는 '소싯적에는 뭇사랑에 몸을 헤였던' 인물로 돈을 모으는 데만 집착하는 인물이다.

> 아버지는 자식을 사랑하였고 당신의 몸같이 부리긴 하였으나 돈에 들어선 아주 맑았다. 가용에 쓰는 일전일푼이라도 당신의 손을 거쳐서

---

174) 박선부, 앞의 글, 134쪽.

야 들고났고 자식이라고 푼푼한 돈을 맡겨 본 법이 없었다. 형님은 여기서 배심을 먹었다 (「형」, 359쪽).

부자간의 갈등은 가치관의 차이가 아니다. 그들의 갈등은 그저 돈의 쓰임에 있을 뿐이다. 아버지와 형은 둘 다 긍정적 가치를 지향하는 인물이 아니다. 그나마 아버지는 현실 원리에 집착하여 돈을 모은 위인인데 비해 아들인 형은 그것을 타락한 방식으로 소모하는 인물이다. 돈에 대한 집착이 강한 아버지와 그 아버지로부터 돈을 받아내려고 하는 아들의 욕심은 필연적으로 충돌할 수밖에 없는 상황이다. 한편, 아들과 아버지는 난봉이라는 비윤리적 항목을 공유하고 있다. 따라서 재산에 집착하는 아버지와 방탕스런 아들의 갈등은 집안의 기강을 흐트리고 가문의 경제적 몰락을 가져오는 주요 원인이 된다. 이 과정에서, 아버지로부터 불신임 받으면서 포악한 탕아로 변한 형의 성격은 가족들을 향해 폭력을 행사하는 것으로 나타난다. 형이 보여주는 비윤리적이고 패륜적인 포악성은 유치한 김유정의 성격 형성에 심대한 영향을 끼치게 된다.

그는 술을 마시면 집안 세간을 부시고 도끼를 들고 기둥을 패었다. 그리고 가족들을 일일이 잡아 가지고 폭행을 하였다. 비녀쪽을 두 손으로 잡고 그 모가지를 밟고 서서는 머리를 뽑았다. 또는 식칼을 들고는 피해 다라나는 가족들을 죽인다고 쫓아서 행길까지 맨발로 나오기도 하였다. 젖먹이는 마당으로 내팽개쳐서 소동을 이르켰다. 혹은 아이를 움물 속으로 집어던져서 까무러친 송장이 병원엘 갔다.
　이렇게 가정에는 매일같이 아우성과 아울러 피가 흘렀다. 가족을 치다치다 이내 물리면 때로는 제 팔까지 이로 물어뜯어서 피를 흘렸다. …(중략)…
　가정에는 따뜻한 애정도 취미도 의리도 아무 것도 없었다. 다만 술과 음행 그리고 비명이 있을 따름이었다. (「형」, 238-239쪽, 고딕은 인용자).

형이 가족에게 행사하고 있는 폭력의 내용이 적나라하다. 가족에 대한 폭력행위는 물론이고 자신에게 가하는 자해 행위를 보면 그는 거의 성격 파산자에 가깝다.175) 형의 폭력은 가족 구성원에게 형언하기 어려운 심대한 정신적 상처를 안겨 준다. 그러나 「형」에서는 금치산자에 가까운 형을 작가는 비교적 이해심 깊은 시선으로 묘사하고 있는데 이는 작가의 정신적 성숙도를 반영하는 것으로 볼 수 있다.

형의 폭력은 김유정만이 아니라 온 가족에게 골고루 영향을 끼쳤다. 김유정에게는 누이가 여럿 있다. 그 가운데 그의 소설에 반복하여 등장하는 누이는 유형이다. 유형은 김유정의 둘째 누이로서 이혼하고 유정과 같이 살면서 그를 보살펴 주었다. 그러나 「생의 반려」「따라지」「연기」에 묘사된 누이의 모습은 모두 히스테리칼하다는 면에서 공통적이다.

> 누님은 경무과 분실 양복부에 다니는 직공이었다. 아츰 여섯시쯤해서 가면 오후 다섯 시에 나오고 하는 것이다. 일공이 칠십전쯤 되므로 한 달에 공일을 제하면 한 십구원 남직하였다. 그걸로 둘이 먹고 쓰고 있는 것이다.
> 그러나 허약한 여자에게 공장살이란 견디기 어려운 고역이었다. 공장에 다닌지 단 오년이 못되어 그는 완연히 사람이 변하였다. **눈매는 허황하게 되고 몸은 바짝 파랬다** (「생의 반려」, 241쪽, 고딕은 인용자).

---

175) 김유정의 실제 맏형인 김유근은 6·25때 실종된 것으로 추정된다(전상국, 유정의 사랑, 고려원, 1993. 324쪽).

작가는 형님의 휘하에서 누님에게로 옮아가 더부살이를 하면서 일에 시달리는 누이로부터 핍박을 받는다. 이혼, 고된 공장살이, 동생의 병 구완 등으로 피로한 누이는 동생에게 온갖 히스테리를 쏟는다. 누이는 '승질이 급하고 변덕이 쥐 끓듯'하며 '공장에서 얻은 히스테리로 말미암아 그는 제 승미를 제가 것잡지 못하는' 성격의 소유자다. 누이는 하나뿐인 불쌍한 동생에 대한 극진한 육친적 애정과 그것을 강하게 배반하는 공격적인 히스테리라는 성격의 양면성을 보여준다. 누이 역시 형 유근 못지 않은 성격 파산자이다.

① "내가 널 왜 밥을 먹이니……"
하고 눈을 똥그렇게 떴다.
때로는
"네가 뭐길래 내 이 고생을 하니…"
하기도 하고
"이놈아 내 살을 긁어먹어라"
하고 악장을 치며 발을 동동 구르기도 하였다. 그리고 그대로 펄썩 주저앉아서 소리를 내어 엉, 엉, 우는 것이다 (「생의 반려」, 242쪽).

② "왜 내가 이 고생을 해 가며 널 먹이니 응 이놈아?"
헐 없이 미친 사람이 된다. 아우는 그래도 귀가 먹은 듯이 잠자코 앉었다. 누님은 혼자 서서 제 몸을 들볶다가 나중에는 울음이 탁 터진다. 공장살이에 받는 설움을 모다 아우의 탓으로 돌린다. 그러면 할일 없이 아우는 마당에 내려와서 누님의 어깨를 두 손으로 붓잡고
"누님! 다 내가 잘못했수 그만 두"하고 달래지 않을 수 없다.
"네가 이 놈아! 내 살을 뜯어먹는 거야" (「따라지」, 288-289쪽).

③평소에도 툭하면 잘 짜는 누님. 이건 황금을 보구두 여전히 눈물이냐. 이걸 바라보니 나는 이만만 해도 황금 얻은 보람이 큼을 느낄

수 있다. 뺀둥번둥 놀고 자빠져 먹는다 하여 일상 들볶든 이 누님. 이 왕이면 나두 이 판에 잔뜩 갚아야 한다 (「연기」, 312쪽).

각각 다른 소설에서 인용한 ①②③에서 묘사되고 있는 누님의 성격은 대체로 유사한 공통점을 드러내고 있다. 누이의 성격적 공통점은 단적으로 말해 극심한 피해 의식이다. 오로지 동생 때문에 자신이 하지 않아도 될 고생을 하고 있다는 것이 누이가 드러내고 있는 피해 의식의 정체이다. 정도를 넘는 누이의 비상식적인 피해 의식은 쪼들리는 살림 때문에 발생했고 누이는 동생에게 히스테리를 가함으로써 이것을 해소하려 한다. 그런데 누이와 유정이 겪는 경제적인 고통과 정신적 히스테리는 그 근원이 모두 아버지-형(/오빠)으로부터 비롯되고 있다. 따지고 보면 유정이나 유정의 누이는 모두 피해자인 셈이다.

「따라지」는 작가 자신의 자아가 소설을 통해 명징하게 객관화 된 소설로 작중인물들의 심리묘사가 뛰어난 수작이다. 주인공 톨스토이는 경무과 제복공장의 직공으로 다니는 누이에게 얹혀 산다. 그는 뻐스걸, 카페 여급 등과 한 집에 살고 있는데 사글세를 내지 못할 정도의 가난뱅이이며 병신스럽고 무력한 인물이다. 이 작품은 가난한 도시인들이 방세 때문에 집주인과 벌이고 있는 신경전을 희극적으로 다루고 있는데 주인물은 어디까지나 소설을 쓰는 톨스토이라고 하겠다.

  쓸방을 못쓰고 삭을세를 논 것은 돈이 아수웠던 까닭이었다. 두 영감 마누라가 산다고 호젓해서 동무로 모은 것도 아니다. 그런데 팔자가 사나운지 모두 우거지상, 노랑퉁이, 말괄냥이, 이런 몹쓸 것들뿐이다. 이 망할 것들이 방세를 내는 셈도 아니요 그렇다고 안내는 것도 아니다. 한 달치를 비록 석달에 별러 내는 한이 있더라도 역 내는 건 내는 거였다. 즈들끼리 짜위나 한 듯이 팔십전 칠십전 그저 일원, 요렇게 짤끔짤끔 거리고 만다 (「따라지」, 285쪽).

인물들의 생활상이 한눈에 파악된다. 그들은 한결같이 가난한 도시 빈민들이다. 다른 인물들은 주인을 무서워하지 않는다. 그런데 톨스토이만은 주인에게 쩔쩔맨다. 그는 그래서 주위의 동정을 사는 인물로 그려지고 있다. 여고를 중퇴한 아끼꼬의 시선을 통해 드러나는 톨스토이의 사람됨은 바로 김유정의 성격적인 면과 흡사하다. 제목이 암시하듯이 「따라지」에 등장하는 인물들은 모두 도시 하층민들이다. 이러한 인간군을 가리켜 활력감을 상실한 零點人間이라 본 논의는 매우 적절해 보인다.176)

이상에서 자전소설에 등장하는 가족들—아버지, 형, 누이에 대해 살폈다. 또 소설의 문맥을 통해 가족들이 작가에게 드리운 정신적 외상의 범위와 정도에 대해서도 살펴보았다. 작가의 아버지는 그 자신 돈밖에 모르는 지주이며 비도덕적인 인물로서 자식들에게 공적이고 사회적인 가치를 심어 주지 못한 위인이다. 따라서 아버지는 맏아들인 유근과 부자지간의 갈등을 빚게 되지만 그것은 이념이나 가치관의 대립이 아니라 재물에 관련된 갈등이다. 이 문제는 아들을 타락하게 만들고 더 넓게는 온 가족을 불행하게 만드는 원인이 된다. 작가가 수임하게 되는 상처의 먼 배경에는 비위생적인 가치관을 지녔던 그의 부친도 포함된다.

「형」과 「생의 반려」에 나타나는 형의 사람됨은 패륜적인 인물이다. 그는 주정뱅이이자 난봉꾼이며 폭군이다. 그는 부친으로부터 신봉할만한 가치를 교육받지 못했다는 점에서 그리고 자신이 처한 현실을 직시하지 못했다는 점에서 불행한 인물이다. 나아가 자신의 방탕과 패륜적 폭력으로 동생의 삶은 물론이고 가족 모두의 삶에 커다란 상처를

---

176) 정창범, 열등인간의 초상, 문학춘추, 1964. 12. 266쪽.

안겨 주었다는 점에서 성격 파산적이요 금치산적인 인물이다. 김유정에게 있어 형의 존재는 보호자이자 후견인과 같은 존재였으나 형은 자신에게 위임된 역할을 완전히 배반하였다. 그러나 김유정은 형의 고뇌를 긍정적으로 그려내고 있는데 이것은 작가의 인간적 성숙도가 그만큼 깊었음을 의미한다고 볼 수 있다.

형이 아버지의 비도덕적인 인격을 폭력적으로 계승했다면, 누이들은 이로 인한 극심한 피해자들이다. 「생의 반려」, 「따라지」, 「연기」에서 보여지는 누이는 과도한 피해망상에 시달리는 병적인 히스테리의 소유자다. 누이는 결혼의 실패, 공장살이의 피로, 생활고, 병든 동생의 뒷바라지 등이 뒤섞인 복합 심리로 인해 동생에 대해 극단적이고도 상반된 반응을 보여준다. 육친적 애정과 히스테리칼한 정신적 학대가 그것이다. 이것은 그녀 역시 폭력적인 오빠로부터 받은 상처가 크고 혼란스러웠음을 반증하는 대목이다.

김유정이 자신의 자전소설을 통해 보여주는 가족 구성원에 대한 반응은 그의 전기적 사실과 크게 다르지 않다. 아울러 가족에 대한 기억들이 소설에 자주 되풀이되는 것은 가족에 대한 기억의 강도를 반영하는 것으로 볼 수 있다. 그것은 곧 정신적 영향의 정도와 관계가 된다. 작가의 아버지, 형, 누이 등 가족들이 그에게 남겨 준 것은 심대한 정신적 상처가 중심을 이룬다. 작가가 사람을 기피하는 염인증과 같은 극단적 성격을 가지게 된 것도 다분히 가족 구성원의 영향 탓이다. 특히 김유정의 가족들은 서로가 가해자이면서 피해자라는 특징을 갖는다. 누이가 그 좋은 본보기이고 형 또한 예외가 아니다. 그러나 형은 역시 작가에게 특별한 가해자다. 형은 그 특유의 비도덕성과 폭력으로 동생 유정의 마음에 지울 수도 용서받을 수도 없는 흠집을 낸 장본인이다. 가족들로부터 받게 되는 이 모든 황폐한 상처들 그리고 작가를 엄습한 전도 없는 병마와 가난은 김유정 자신에게 끊임없는 비상구를 요구하는 절대절명의 원인이 되었을 것이다. 작가의 개인사와 관련하여 이것은 의심의 여지 없는 하나의 결론이다.

Ⅳ. 김유정 소설의 총체적 의미

 지금까지 김유정 소설 전반에 대해 살펴보았다. 이제 논의를 종합하고 그에 대한 총체적 의미를 규명해 보고자 한다. 이러한 작업은 두 가지의 의의를 지닌다. 하나는 작가의 소설세계에 대한 타당한 가치를 규명할 수 있다는 측면이고, 다른 하나는 문학사의 문맥 속에서 작가가 점유하는 자리를 파악할 수 있다는 점이다.
 김유정에 소설에 대한 검토는 충분히 이루어졌는가? 또 기존의 문학사적 평가는 온당한가? 같은 시대의 다른 작가들과 비교했을 때 작가에 대한 이해의 결핍은 없는가? 그러나 이러한 의문들은 여전히 의문의 수준으로 남아 있다고 본다. 다시 말해 김유정의 문학적 가치에 대한 타당한 이해가 여전히 결여되어 있다는 사실이다. 이러한 저간의 배경에는 여러 가지를 상정할 수 있다. 1930년대의 일각에 활동한 유니크한 작가라는 식의 피상적인 관찰과 농촌을 배경으로 향토적이고 유머러스한 소설을 쓴 작가라는 정도의 반성 없는 선입관들은 여전히 김유정 소설을 올바로 이해하는 길목을 가로막고 있는 판단들이다. 인생파의 문학[177], 牧歌[178], 객관적 묘사를 통한 풍자의 표현[179] 등으로 김유정을 인식하고 그러한 인식을 김유정의 문학적 標識로 고정시키려는 논의는 작가의 작품세계를 은근하게 관찰한 결과라고 보기는 어렵다. 작가에 대한 이러한 관찰과 판단들은 그가 인식하고 드러내려 했던 문제의식을 과소평가하거나 외면하고 있다는 혐의를 포함하고 있기 때문이다.

이러한 관찰의 피상성에 분기점을 마련해 준 것은 신동욱이고[180] 이때부터 작가의 현실인식적 관점이 주목되기 시작했다고 보아도 무방할 것이다. 김유정은 이와 같은 논의의 확산·축적에 힘입어 식민지 치하 농촌의 궁핍상을 여실하게 묘파한 작가로 재인식되는 계기가 되었다고 본다.[181]

앞에서 소략하게 살핀 바와 같이 다양한 논의의 축적에도 불구하고 작가에 대한 총체적 의미 해명은 미흡하다고 보여진다. 이 글은 작가의 부분적인 성취의 측면보다 부분들이 이룩한 전체적 의미망의 해명에 관심을 둔다. 따라서 이 자리에서는 본론에서 다루어진 문제의 핵심들을 고려하고 조망하면서 김유정 소설의 총체적 의미를 새겨 보고자 한다.

1. 평민소설의 전통계승

이 글의 본론에서 살핀 바에 따르면 김유정의 문학적 가치는 대체로 두 측면에서 확인된다. 중세기의 평민문학적 특징을 소설창작에 적

---

177) 조윤제, 한국문학사, 탐구당, 1981. 586쪽.
178) 김우종, 한국현대소설사, 선명문화사, 1973. 262쪽.
179) 장덕순, 한국문학사, 동화문화사, 1980. 387쪽.
180) 신동욱, 김유정고—목가와 현실의 차이, 현대문학, 1969. 1.
181) 김윤식·김 현, 앞의 책, 1973. 199쪽.

용하여 1930년대 현실에 알맞게 효과적으로 수용하였다는 점과 작가가 소속한 당대 사회의 구조적 모순을 소설의 구조를 통해 재현하고 있다는 점이다. 김유정은 판소리를 포함하는 조선시대 평민소설의 문체를 차용하고 해학적 방법을 소설에 접합함으로써 독특한 소설미학을 획득하고 있다. 물론 이와 같은 특징은 동시대 작가 채만식에서도 발견된다는 점에서 두 작가는 자주 비교된다.182) 그러나 김유정에게서 활용되고 있는 살아 있는 언어들의 기능은 1930년대 농촌을 구성하고 있는 비천한 농민들의 비참한 삶을 생생하게 되살려 내고 있다는 점에 그 중심 특징이 있다. 김유정이 즐겨 사용하는 구어 또는 구두어는 그가 묘사하고자 한 인물들의 환경 즉 심리적·문화적·경제적 상황을 실상 그대로 재현했으며 동시에 생생하고 구체적인 세계를 열어 놓았다.

한편, 작가의 소설에 중심적으로 사용되고 있는 구어와 비속어는 조선시대 평민소설의 전통과 일정하게 접맥되어 있다. 그의 소설은 평민소설 가운데서도 「춘향전」 「심청전」 「흥부전」과 같은 일련의 판소리계 소설과 관련된다. 판소리의 생성 시기는 조선조 후기다. 구비문학들은 그 발생의 시기를 규정하기 어려운 것이 예사이나 판소리만은 그렇지 않다. 조선조 후기에 민중문화가 크게 발흥했을 때 민중문화의 집약적 표현의 하나로서 판소리가 나타났기 때문이다.183)

판소리가 민중문화의 중심에서 태어났다는 것은 곧 서민의식 다르게 말해 민중들의 각성과 관련된다. 이 점은 김유정의 소설 이해를 위해 암시적인 대목이 아닐 수 없다. 작가가 판소리계 소설의 방법적 측면을 계승한 것은 단순히 전통적 측면을 복원하거나 이어받기 위한

---

182) 김유정과 채만식은 소설에서 골계를 활용하고 있다는 점에서 유사한 일면을 공유한다.
183) 조동일, 앞의 책, 15-16쪽 참조.

IV. 김유정 소설의 총체적 의미 171

것이 아니라는 뜻이다. 조선시대 평민들의 처지와 일제 침략기의 한국 사회 농민들의 고단함과 신산스러움은 일맥상통한다. 즉, 작가는 전통소설의 서술방법이 고통받는 일제 시대 농민들의 삶을 실감 있게 견인하면서 동시에 농민들이 감내하는 무거운 고통의 하중을 조금이라도 解怨시킬 수 있다고 보았던 것이다.

또, 작가가 제시하고 있는 해학은 한국인이라면 누구나 수긍할 수 있는 범상한 생활 속의 웃음이다. 거기에는 어떤 허위와 가식도 들어 있지 않다. 김유정 해학의 본질은 인간에 대한 따뜻한 애정과 동정에 기초하고 있다. 이 점은 그가 제시한 인물들이 경제적으로나 교양적으로 가장 천박한 계층이라는 사실과 무관하지 않다. 작가는 못난 인물들의 못난 삶을 감쌀 수 있는 방법으로 골계의 하위 개념인 해학을 선택한 것이다.

그러나 김유정은 희극의 세계를 통해 단순한 웃음을 제시한 것이 아니라 웃음을 통해 당대 현실의 아픔을 제시했다. 이른바 恨으로 개념화 할 수 있는 일제 치하 농민들의 고난을 웃음에 포함시켜 놓았다. 김유정이 제시한 해학은 당대 사회의 하층민들이 겪는 삶의 고통을 정화하면서 동시에 그것을 통해 제도화된 사회의 모순 구조를 폭로하는 사회적 기능을 담당한다. 이와 같은 김유정적 웃음이 생산될 수 있었던 소설의 조건은 고전소설의 기법 원용이다. 따라서 작가는 이른바 조선 후기 소설의 문체적 특질을 계승하여 웃음을 생산하고 그 웃음에 기초하여 당대의 사회적 문제와 모순을 인식하는 계기로 삼았다.

그런데 김유정의 중요성은 평민소설의 문체를 1930년대에 재현하고 있다는 점에 있다기보다 평민소설의 문체가 거느릴 수 있는 문체적 의미를 확인하고 자기화 했다는 사실이다. 문체를 자기화 했다는 의미는 두 가지 측면에서 살필 수 있다. 하나는 판소리를 포함하는 조선조 후기의 평민소설의 혈맥을 잇는 문체를 주체적으로 수용했다는 점이다. 이러한 사실을 증거하는 세목으로는 구어체 문장, 해학적 요소, 판소리의 구연체, 시점의 혼유현상, 판소리의 서술어미, 육담 등이 포함된다. 이러한 세목들과 작가의 섬세한 심리묘사 방법이 조합되어 김유정만의 독특한 문체를 확립했던 것이다. 그의 문체에서 서양식 구문이 발견되지 않는 것은 토속어, 방언 등으로 대표되는 일상어에 대한 작가의 속깊은 애정이 깔려 있기 때문이다.[184] 작가의 소설 속에 살아 움직이는 인물들은 바로 김유정이 선택하고 조립한 생생한 모국어에 의해 비로소 생명이 부여된 인물들이다.

문체를 자기화 했다는 두 번째 의미는 평민소설들이 지향했던 세계가 사회의 상층부를 위한 것이 아니라 보통 인간들의 삶을 드러내고 위안하기 위한 것이라는 점이다. 조선시대 평민소설들의 대부분이 그 시대 하층민의 삶을 소설의 대상으로 삼고 있다는 것은 김유정소설의 이해에도 소중한 열쇠가 되어 준다. 그런 점에서 다음과 같은 논고는 시사적이다.

> 「구운몽」의 문체는 중후함이나 의례적인 특색을 드러내는데 「흥부전」의 구어체는 가볍고 야비한 특색을 드러낸다. 이러한 문체의 차이에서 귀족은 권위를 누리고 명령하는 생활이 위주가 됨을 엿볼 수 있게 되고, 평민은 반항적이며 불평적인 생활을 해왔다는 특성이 엿보인

---

[184] 식민지 사회에서 한글에 대한 본격적인 자각이 일기 시작한 것은 1930년대 초반이다. ≪조선어연구소≫가 ≪조선학회≫로 발전하여 조직된 것은 1931년으로 그 목적은 '조선어문의 연구와 통일을 목적함'으로 되어 있다(김윤식 · 김 현, 한국문학사, 178-184 참조). 식민지 시대에 일어났던 한글운동은 논리적 응전력을 갖추면서 작가들에게도 실천적 감응력이 컸을 것으로 본다. 김유정의 토착어 중심의 문체에 대해서는 아직 정밀한 분석이 없는 채로이다. 김유정의 다른 산문 예컨대 「조선의 집시」나 서간문 「문단에 올리는 말씀」을 보면 한문에 대한 교양이 남다르다는 점을 인지할 수 있다. 그런데 소설에서는 한문투의 공식 어법이 일체 반영되지 않고 있다는 사실은 의미 있는 사안이다.

다.「구운몽」의 현학적이며 典故的인 수사에서 한문학의 귀족풍이 나타나는 데 반하여「흥부전」은 강조의 수사와 야비한 常民風이 나타난다. 과장된 귀족의 현학적 수사는 권위와 일치되지만 상스럽고 거친 평민의 수사는 억압과 학대 속에서 길러진 반항적 태도와 일치됨을 알 수 있다. 이러한 평민문학의 수사가 지닌 본질적 기능은 그들의 사회적 불만을 강하게 노출하고 호소하는 데 있다고 보겠다.[185]

양반소설과 평민소설의 특징적인 국면이 선명하게 대비되고 있다. 양반소설은 현학적인 문어체를 바탕으로 하고 있는데 반해 평민소설은 야비한 상민풍의 구어체를 바탕으로 한다. 이러한 문체상의 차이는 현실을 보는 시각의 차이를 드러낼 수밖에 없다. 김유정의 소설에는 비속어가 차지하는 비중이 적지 않다. 이러한 비속어의 비속한 표현 형식은 당대의 비속한 삶의 환경과 인간의 모습을 사실적으로 반영하려는 작가의 의도로 해석된다. 비속어와 구어는 크게 보아 서민들의 일상어이다. 그러므로 일상어 속에는 서민들의 애환이 적나라하게 표출된다. 김유정은 이들 일상어를 통해서 식민지 시대 농민들의 일상적 삶을 송두리째 드러내고자 의도했던 것이다. 여기에 김유정과 조선시대 평민소설이 갖는 문체상의 공감대가 있다.

전통의 계승은 단순히 전통의 재현이나 복제에 그치는 것일 수는 없다. 전통은 시간의 진행과 함께 변형되거나 수정되는 것도 필연적이다. 전통의 특수성과 보편성을 그 시대의 특수성과 보편성에 적절하게 접맥시킬 때 말의 참된 의미에서 전통계승의 길이 트인다. 김유정은 주로 조선조 후기 평민소설의 전통적 요인들을 주체적으로 수용함으로써 독자적인 문체를 개발했고 아울러 이를 빌어서 창조적인 전통계승의 길을 열어 놓았다. 또, 이와 같은 문체적 요인들은 형식적인 외

---

185) 신동욱, 숭고미와 골계미의 양상, 창작과 비평, 1971 가을, 영인본 6, 740쪽.

관의 문제를 넘어서 자기 시대를 철저히 인식하는 방법적 자각이 되고 있음은 주목되는 사실이다.

2. 리얼리즘 정신의 구현

　전통과 접맥되는 독자적인 문체를 통해 자기 시대를 관찰하는 거점을 마련했다는 점에서 김유정의 중요성이 확인되었다. 그렇다면 김유정이 관찰했던 시대상은 무엇이고 그것을 어떻게 인식하고 있었는가? 작가는 이에 대해서 누구 못지 않은 날카로운 통찰력을 보여주었다. 농촌 현실에 대한 김유정의 인식은 이원화된 경제 구조와 그 배경을 꿰뚫어 보는 데 있다. 일제하 농촌은 식민정책에 의해 크게 사회구조가 변경된다. 지주계층이 소작인으로 몰락하면서 농민계층이 분해되는 과정이 그것이다. 작가는 이 몰락하는 농민들의 모습을 소설 언어로 찍어냈다. 지주의 횡포, 소작인의 비참상, 농민들의 이농현상, 농민들의 현실 탈출 등의 문제는 작가의 소설에서 집중적으로 다루어지는 문제들이다. 봉건사회의 부유물인 가부장제도의 폐해도 작가가 비판한 제재의 하나다. 이러한 항목들은 서로 동떨어져 있다기보다 그 시대의 모순된 경제구조와 명백하게 한몸을 이루고 있다는 점을 작가는 소설을 통해 보여주었다.

　그러나 그 시대의 궁핍상에 주목했다거나 일관되게 농민문제에 초점을 고정시켰다는 사실만으로 김유정의 중요성이 인정되는 것은 아니다. 김유정이 최서해나 이기영과 같은 작가들과 유사한 맥락에서 이해될 수 있는 공통분모가 있다고 하더라도 그는 분명 이들과 다른 자리에 서 있다.[186] 1920년대 소설의 중요한 특징이 빈민의 증식화 현상에 있다고 볼 때,[187] 가난의 문제를 대표적으로 부각시킨 작가로는 현진건과 최서해를 들 수 있다. 이들의 경우, 가난의 조건을 병리적인 사회구조에 두고 있다는 점에서 김유정의 관심과 방향을 같이한다. 그러나 다음과 같은 점에서 김유정은 최서해 같지 않다.

> 어쨌든 서해의 인물들은 어느 면에서나 가난의 표본적 인물들이다. 그들은 극도로 가난하며 굶주리고 또 영양실조나 기아의 재난 때문에 파멸한다. 이런 파멸의 순간에 있어서 그들은 으레 그같은 파멸의 요인이 타자의 비정이나 억업에 있다고 믿어 버린다. 그래서 그들의 최종적인 행위는 그러한 대상들에 대한 외적 및 물리적 폭력으로서의 방화·살인 등의 범죄적인 행동으로 이루어진다. 일종의 반항의 변증법에 입각한 것이라고 할 것이다.188)

최서해가 가난의 문제를 일관되게 그리고 체험을 바탕으로 절규에 가까운 참상을 제시하고 있다는 점은 문학사가 승인하고 있는 사실이다. 그렇지만 그의 소설은 그의 장점과 달리 여러 측면에서 감동을 삭감하거나 둔화시키는 약점을 안고 있다. 이른바 프로소설의 공통적 한계인 도식성과 지나친 목적의식의 노출이 그것이다. 그러나 김유정의 소설은 1920년대 프로소설이 흔히 보여주는 즉물적이고 물리적인 저항을 문제의 해결로 삼지 않는다. 가난의 문제를 定式性에 의해 해결하려 하지 않는다는 점에서는 현진건의 시선과 유사한 일면이 있다. 식민지 현실의 두드러진 특징 가운데 하나는 계층의 양극화 현상이었다. 현진건은 사회계층의 양극화라는 구조적 병리현상과 더불어 그러

---

186) 1920년대에 일관되게 가난의 문제를 다룬 작가로는 최서해가 있고 농민 문제를 다룬 작가로는 이기영을 들 수 있다. 이들은 농민 문제와 궁핍의 문제를 다루면서 나름대로 중요한 문학적 성과를 보였다는 평가에도 불구하고 그 성과는 이념 편향이라는 한계로부터 자유롭지 못하다.
187) 이재선, 한국현대소설사, 1979. 223쪽.
188) 이재선, 앞의 책, 244쪽.

한 사회현상의 뒤에 도사리고 있는 근원적인 문제에 대하여 관심을 가졌다.189) 김유정에게 있어 이러한 양극화의 모습은 지주와 소작인의 대립 양상을 통해 구체화된다. 이러한 대립의 원천적인 배경은 일제의 지배체제와 관련된다. 작가는 이와 같은 그 시대의 사회적 모순을 반어라는 세련된 양식을 통해 제시함으로써 다른 작가와 구분되는 독자적인 소설 미학을 창조했으며 또한 리얼리스트로서의 면모도 확실하게 보여주었다.

　또한 김유정은 지주와 소작인으로 양극화 된 사회구조 속에서 소작인 또는 이농민으로 전락한 농민계층의 분해 과정을 사실적으로 묘파해 낸다. 특히 이 과정에서 아버지중심사회의 잔재적 권위가 여성의 상품화, 가족의 물신화를 촉진하는 과정을 정확히 폭로한다. 이와 같은 사실들을 종합하여 볼 때, 작가는 1930년대 사회의 겉과 속을 정확하게 꿰뚫어 보고 있다는 점이 인정된다. 하지만 김유정의 값진 현실 이해는 생각만큼 충분히 인정되고 있지 못하다는 느낌이다. 여기에는 여러 가지 요인이 있을 테지만, 소설의 전면을 감싸고 있는 해학적 표면 때문에 현실 이해라는 이면을 놓치거나 과소평가한 측면이 김유정 오해의 중심으로 보인다.

　김유정의 해학은 다분히 비판적인 기능을 행사한다. 이 점에 관한한 현대문학사에서 그 유사성이 찾아지지 않는다. 같은 시대의 작가로는 채만식이 있으나 두 작가의 골계는 비슷할 뿐 내용과 수준은 같지 않다. 채만식의 작중인물은 부정적인 인물과 긍정적인 인물이 분명하게 구분된다. 또한 그는 부정적인 인물을 소설의 전면에 내세우고 긍정적인 인물은 후면에 내세우거나, 희화하는 데 비해190) 김유정은 채만식과 같이 이원화된 시선으로 인물을 설정하지 않는다. 김유정의 경우,

---

189) 현길언, 현진건소설연구, 한양대 박사논문, 1984. 12. 63쪽 참조.
190) 김윤식・김 현, 앞의 책, 185쪽.

긍정적인 인물과 부정적인 인물에 상관없이 희극의 대상이 된다는 점이 한 특징으로 지적될 수 있다. 작가의 소설을 지배하고 있는 해학의 세계는 웃음의 뒷면에 도사린 낱낱의 현실을 폭로하는 역할과 소설 자체에 기능하는 미학적 작용을 함께 보유한다. 결국 작가가 선택한 해학은 폭넓은 현실 이해와 현실인식의 미학적 기제 그 자체이다.

> 사실 김유정은 식민지 시대의 작가 가운데, 소작 빈민을 중심으로 하는 당대의 빈민층을 일관적으로 다루면서 그들의 감각과 느낌을 민중의 시점으로 기술한 거의 유일한 작가이다.[191]

윤지관의 의견은 김유정 평가에 있어 매우 소중한 길을 열어 준다. 이는 작가가 어떤 각도에서 창작에 임했는가를 올바르게 보여주는 거의 유일한 관찰인지도 모른다. 작가의 현실 이해는 1930년대의 농민 현실에 대한 정확한 자각, 그 이상도 그 이하도 아니다. 임중빈은 이효석·이 상·김유정을 대비하면서 이효석은 천상으로 비약하고 이상은 지하로 내려갔으며 유정은 지상에 남았다는 의미의 말을 했다.[192] 정말 값지고 유용한 통찰이다. 작가는 이 상처럼 심층의식의 세계를 지향하지 않았다. 이효석처럼 거짓 초월의 미학을 꿈꾸지도 않았다. 김유정은 철두철미 지상적인 것을 추구한 작가로서 그의 시선은 대지에 발붙이고 살아가는 생활인에 집중된 것이다. 김유정은 旣知의 것을 위해 未知의 것을 포기한 작가이다. 그리고 오직 눈앞에 전개되고 있는 지상적인 문제를 당사자들의 눈과 입을 빌어 표현하기 위해 값지게 자기를 투신했다. 그래서 우리는 그에게 리얼리스트라는 지위를 부여한다.

---

191) 윤지관, 앞의 글, 268쪽.
192) 임중빈, 닫힌 사회의 캐리캐츄어, 동아일보, 1965. 1.

한편, 이재선은 1930년대 소설사의 개괄적 특징을 수평적 관심과 수직적 관심으로 나누면서 수평적 관심은 도시와 자연(문명과 흙, 농촌)으로 확산되고 수직적 관심은 역사소설이나 가족사소설로 확산되었다고 보았다.[193] 이재선의 의견을 다시 원용하면 김유정 소설의 총체적 의미가 선명한 윤곽과 그 실체성을 드러낸다.

즉, 김유정의 수평적 관심은 식민지 농촌사회 속에서 피폐되어 가는 일상적인 농민 현실을 향해 놓여 있으며, 수직적 측면은 조선시대 평민소설의 혈맥을 상속하고 있다는 점이다. 즉, 소설 속에서 전통성과 당대성을 훌륭하게 결합시키고 있다는 점이야말로 김유정에게 귀속되어야 할 문학사적 몫이다. 아직도 우리 문학이 실험성/습관성, 역사성/비역사성, 이념성/서정성, 지식인문학/노동문학, 형식이론/도덕이론과 같은 이항 대립의 갈등 구조를 드러내면서 그것의 바람직한 극복을 이루어 내지 못하고 있다는 점에서[194] 볼 때, 김유정이야말로 이미 오래 전에 형식론과 도덕론의 경계를 값지게 허물어 버리고 넘어선 실험적인 작가의 전형이기 때문이다.

---

193) 이재선, 앞의 책, 313-315쪽.
194) 박철희·조남현(대담), 한국문학의 갈등 구조, 문학과 비평 10, 1989 여름, 26쪽.

V. 결 론

 이제 이 글을 마쳐야 할 단계가 되었다. 이 글은 김유정 문학의 특질을 구명하고 그 역사적 가치를 밝히기 위한 목적을 가지고 논의를 전개했다. 이를 위해서 이 글은 주로 작품의 밑자리가 되는 사회・역사적인 배경들과의 연관 아래서 작품을 분석하고자 했다. 뿐만 아니라 작품의 자율적인 형식들을 분석함으로써 작가의 작품이 보지하고 있는 고유한 미학을 탐사하고자 했다. 이제 앞자리에서 분주하게 검토하고 논의한 내용들을 간단하게 요약・정리하면서 결론을 맺고자 한다.
 먼저, 우리는 김유정의 생애와 문학의식에 대한 검토를 통해서 작가의 생이 전도 없는 가난과 질병에 포위되었음을 확인할 수 있었다. 아울러 조실부모에 기인하는 상실감과 이로 인한 정신적 空洞은 작가의 내면에 특별한 모성 지향의 성격을 형성했으며, 이러한 문제들은 그의 자전소설에서 설득력 있게 형상되고 있다. 또, 서간문 형식의 에세이 「병상의 생각」과 ≪풍림≫에 실린 <새로운 문학은 무엇을 목표로 할 것인가>라는 설문을 통해 작가의 문학정신의 편린을 엿볼 수 있었다. 김유정의 문학의식은 사랑론과 혈맥론으로 요약된다. 이것은 자기 시대의 삶을 반영하되 서구적 방법이 아닌 우리의 방법으로 창작하겠다는 분명한 작가의식의 소산이다.

　김유정의 소설적 상황은 1930년대 식민지 시대이고 이 시기는 일제 하의 식민지 농업정책이 진행된 때이다. 그러므로 농민들은 오로지 식민지 농업정책의 수탈의 대상일 뿐이었다. 이 과정에서 농민들은 자신의 농토를 잃어버리고 소작인이나 유랑 농민으로 전락하게 된다. 작가는 이와 같은 식민지하의 농촌과 농민의 처지를 지주와 소작인이라는 이항 대립을 통해 소설로 재현한다. 그것은 「총각과 맹꽁이」「금따는 콩밧」「동백꽃」「봄·봄」「만무방」 등 그의 주요 소설에서 폭넓게 확인되었다. 더불어 작가는 반어 즉 아이러니의 양식을 통해 당대의 고단한 농촌 현실을 들여다보려 했다. 「산골나그내」「총각과 맹꽁이」「금따는 콩밧」「만무방」「땡볕」과 같은 소설들은 작가의 반어적 현실 인식과 창작 방법에 의해 일정한 문학적 성취를 이루고 있는 작품군이다. 아이러니는 김유정이 현실에 대응하는 독특한 소설적 인식 방법의 하나이다. 그는 이를 통해 1930년대의 우수한 리얼리스트로서의 지위를 확보하게 된다.

　김유정의 인물들은 가난한 현실을 개선하기 위해 다양한 노력을 한다. 정상적인 방법이 차단되었을 때 그들은 비정상적이고 탈윤리적인 방법으로 욕망을 실현시키고자 한다. 그 대표적인 예가 가족과 여성을 현실 개선의 수단으로 삼는 물신화 현상이다. 「총각과 맹꽁이」「안해」「땡볕」「애기」「가을」「만무방」과 같은 소설에서 이러한 물신화 현상은 폭넓게 관찰된다. 이와 같은 물신화를 촉진시키는 직접적인 배경은 일제의 경제 수탈 정책이었으며, 또한 아버지중심사회의 잔재적 권위도 일련의 물신화 과정을 조장하는 사회적 基底가 되었다. 김유정의 소설에 드러나는 물신화의 다른 측면은 성의 상품화이다. 여성의 성이 경제의 교환조건이 되는 매춘의 모습이 극명하게 드러난 작품은 「소낙비」「정조」 등이다. 여성의 성은 가난한 하층민들이 현실을 개선하고 탈출하기 위해 선택하는 마지막 수단이었다. 또한 성의 거래 과정에서 윤리의식이 침묵하는 것은 생존의 문제가 도덕의 문제를 승복시켰기 때문인 것으로 풀이된다.

김유정 소설에서 가장 특징적인 국면은 뭐니뭐니해도 해학이다. 그가 제시한 해학은 가난하고 고단한 개인들을 폭넓게 감싸안는 애정과 동정에 기초하고 있었다. 또, 그의 해학은 조선시대 평민소설들이 특징적으로 보유하고 있던 풍부한 골계의 흐름을 잇고 있으며 자기 시대에 알맞게 주체적으로 수용하고 있음도 주목된다. 이와 같은 해학의 기능은 일차적으로 독자의 감정을 정화시킨다. 더불어 웃음 뒤에 가로 놓인 제도화 된 비극을 폭로하는 기능을 수행하고 있다. 다시 말해 김유정의 해학은 감정의 이완과 같은 표면적인 기능을 떠맡고 있지만 더 광범위하게는 현실의 비극적 구조를 폭로하는 미적 기제로 작용한다.

김유정의 소설 언어의 특징은 일상어를 소설 속에 대폭 수용하고 있다는 점이다. 일상어 가운데서도 가장 중심적으로 쓰인 언어는 비어와 속어이다. 이러한 비속어들은 주로 비교양계층의 일상 언어들이다. 비속어들은 말 그대로 비속하고 천박한 측면이 있지만 그럼에도 불구하고 이 언어들은 잡초와 같은 생명력을 자랑한다. 작가는 바로 이 살아 있는 언어군을 통해 당대 하층민들의 역동적이고 생동감 넘치는 삶을 여실하게 복원해 내고 있다. 또, 그의 소설에는 강원도 춘성군 일대의 지역어들이 대거 사용된다. 뿐만 아니라 이 지역어들의 내밀한 리듬과 억양이 김유정의 문장 속에서 매우 특수한 무늬를 만들어 내고 있다. 그런데 작가의 소설에 채택되고 있는 일부 지역어와 소설의 특정 공간을 결부시켜 그의 소설을 향토성·향토문학으로 고정시키려는 논의는 재고되어야 한다. 한편, 김유정의 문장들은 독특한 서정적 분위기를 띠고 있다. 이를 일러 리리시즘이라 명명할 수 있다. 이 리리시즘은 작중인물들의 고단한 삶과 조화되면서 절묘한 소설적 승화를 이루어 내고 있다. 그러므로 김유정의 리리시즘은 현실의 도피나 그것의 미화에 있지 않고 당대 현실의 정직한 성찰에 기인하는 문학적 인식의 소산이다. 현실의 참담함을 직접적으로 찍어내지 않고 리리시즘이라는 변용의 프리즘을 통해 조명함으로써 값진 리얼리즘의 미학을 성취하는 계기가 되기도 한다. 또한, 김유정은 판소리가 갖는 시점상의 특징과 서술 어미 등을 차용함하면서 판소리의 구비문학적 성격을 주체적으로 이어받고 있다. 이러한 문체는 그 당시 농민들의 경험을 관념화시키지 않고 생생하게 전달한다는 커다란 의미와 가치를 지닌다.

우리는 작가의 생애가 형상되고 복원된 일단의 소설을 자전소설이라 불렀다. 그 대표적인 자전소설은 「생의 반려」와 「두꺼비」이다. 두 소설에 투영된 작가의 자아는 전자가 고백적이고 평면적인 데 비해 후자는 자아를 희화함으로써 작가의 생애와 일정한 거리를 유지하고 있다는 점이 달랐다. 두 편의 자전소설을 통해 드러나는 것은 애정결핍·가난·질병이라는 현실적 억압 요인이 겹쳐져서 작가의 내면에 커다란 공동을 형성했다는 것과 이러한 공동을 메우는 방편으로 여인을 향한 집요한 질주가 시작되었다는 사실이다. 한편, 작가의 자전소설에 등장하는 가족의 모습은 다분히 부정적인 모습으로 나타난다. 아버지는 도덕적 신념이 없는 수전노로, 형은 패륜적 부도덕자로, 누이는 극심한 피해 의식에 시달리는 인물로 묘사된다. 특히 맏형 유근의 폭력적 성격은 작가와 가족 구성원 모두에게 지울 수 없는 정신적 상처를 남겨 놓는다. 이와 같은 가족사적 비극이 김유정으로 하여금 사람과 사랑을 갈구하게 만드는 주요한 원인이 된다.

이상의 내용에 근거할 때, 김유정은 조선조 후기 평민소설의 전통적 요인들을 주체적으로 자기화 하면서 독자적인 문장 형식을 제시했다는 의의를 지닌다. 아울러 전통적 요소가 접맥된 작가의 문체는 형식적 외관의 문제가 아니라 그것을 넘어서서 1930년대의 사회적인 문제를 인식하는 중요한 인식의 근거가 된다는 점에서 이채롭고 가치 있다. 또한 김유정은 1930년대의 사회적 모습을 당대인들의 눈과 입을 통해 말함으로써 리얼리즘 정신을 구현하고 있다.

이상에서 개괄적으로 요약한 내용을 토대로 김유정의 문학세계를 다시 종합하면서 이 글의 결론으로 삼고자 한다.

첫째, 김유정은 자신의 소설 속에서 일관되게 당대의 소외 계층을 다루었다. 그가 주로 다룬 계층은 빈농·이농민·이동식 작부·도시 빈민·잠채꾼·카페 여급 등으로 그들은 한결같이 경제적·사회적 약자들이다. 이처럼 뿌리뽑힌 자들에게 관심과 애정을 둔 것은 당대의 갈등과 모순이 개인의 가난을 통해 표출되고 있음을 작가가 분명하게 자각하고 있었다는 증거가 된다. 이는 곧 작가가 궁핍한 현실적 국면에 대해 적극적 응전의 방편으로 소설쓰기에 임했음을 시사한다.

둘째, 김유정은 빈민 계층을 다루면서 궁핍의 원인을 개인에 두지 않고 사회·경제적 구조 위에서 파악했다. 일제에 의해 진행된 일련의 식민지 농촌 정책을 작가는 소설의 구조를 통해 여실하게 드러내고 있다. 다시 말해 작가는 개인의 성실한 노력이 아무런 보상도 받지 못하는 식민지하의 정치적·경제적 모순에 대한 항의를 소설에 내면화시켜 놓고 있다.

셋째, 그의 소설에는 영웅적 인물이나 시혜적 인간형의 지식인이 등장하지 않는다. 즉, 이와 같은 사실은 하층민 자신들의 시점을 통해 당대 현실의 비참상을 있는 그대로 묘사하고 있다는 점에서 사실주의 소설의 새로운 장을 열었다는 평가에 값한다.

넷째, 김유정은 1920-1930년대 소설문학의 주류를 이루었던 주제인 가난을 다룸에 있어 그 어떤 작가와도 유사성이 찾아지지 않는 독특한 소설 미학을 제출했다. 그는 특정 이데올로기에 종속되거나 편향되지 않고 해학이라는 미학적 기제를 통해 당대의 문제를 파악함으로써 도덕론과 형식론의 양극단을 문학적으로 뛰어넘은 매우 드문 전례를 보여주었다.

다섯째, 김유정은 일상어를 문학어로 채택한 좋은 보기가 되는 작가이다. 아울러 지방어를 문학어로 개발했다는 평가에도 부응한다.

여섯째, 김유정 소설의 인물들은 말뚝이, 방자, 상좌와 같은 평민소설, 구비문학 등에서 폭넓게 발견되는 역동과 활력이 넘치는 인물들의 유전인자를 이어받고 있다.

지금까지의 논의들을 종합해 볼 때, 김유정은 당대성과 전통성을 창조적으로 접목시킨 한국소설의 한 전형을 제시했다고 판단된다. 이로써 1920년대부터 수다한 작가들에 의해 추구되어 온 리얼리즘이 1930년대의 김유정에 이르러서 한 차원 높게 성숙되는 계기가 마련되었다고 볼 수 있다. 이 점에서 그는 1930년대의 우수한 리얼리스트라 명명할 수 있다. 앞으로 김유정 연구는 동시기에 활동한 다른 많은 작가들 예컨대 카프계열 및 모더니즘 계열의 작가들과의 비교연구가 진행되어야 한다. 아울러 전통성에 대한 논의와 그 영향의 수수 관계도 더 깊이 해명되어야 할 것으로 본다. 그러므로 또 하나의 결론은, 여전히 그리고 아직도 김유정은 이해와 분석을 기다리는 한 명의 소설가로 남아 있다는 사실이다. 명민한 이해와 분석들이 추가될 훗날을 기다린다.

참고 문헌

≪김유정의 소설세계≫

1. 자 료

김유정전집: 현대문학사, 1968.
김유정: 산골나그네, 한국단편문학전집 29, 정음사, 1974.
김유정 외: 신한국문학전집 10, 1979.
전신재 편: 김유정전집, 한림대학출판부, 1987.

2. 논문·기타

김병익: 땅을 잃어버린 시대의 언어, 문학사상 22, 1974. 7.
김영기: 농민문학론, 현대문학 169, 1973. 10.
───: 김유정의 인간과 문학, 문학정신 20, 1988. 5.
김영화: 김유정의 소설 연구, 어문론집 16, 1975.
김용구: 김유정소설의 구조, 관악어문연구 5, 서울대 국문학과, 1980.
김용직: 반산문적 경향과 토속성, 문학사상 22, 1974. 7.
김진석: 「만무방」 논고, 어문론집 23, 고려대 국문학과, 1982.
김주연: 유우머와 초월, 국문학자료논문집, 대제각, 1983.
김진악: 김유정 소설의 골계 구조, 국어교육 51·52 합병호, 한국국어

교육연구회, 1985.
김　철: 꿈·황금·현실, 문학과 비평 4, 1987 겨울.
김현실: 김유정문학의 전통성, 이화어문논집 6, 이대한국문학연구소, 1983.
문재룡: 김유정소설의 구조와 문체, 성균관대 석사, 1983.
박록주: 나의 이력서, 한국일보, 1974. 1. 2-31.
─────: 녹주, 나 너를 사랑한다, 문학사상 7, 1973. 4.
박병호: 한국 가부장권법제의 사적 고찰, 한국여성연구, 청하, 1988.
박선부: 김유정소설의 문학적 지평, 한국학논집 3, 한양대 한국학연구소, 1983.
박종철: 김유정의 언어적 특징, 강원문화연구 창간호, 강원대 강원문화연구소, 1981.
박현채: 일제 식민통치하의 한국농업, 창작과비평, 1972 가을.
변정화: 30년대 한국단편소설연구, 숙대 박사, 1987.
백　철: 고난 속에 빚은 웃음의 상, 문학춘추, 1965. 5.
서정록: 작품에 나타난 작가의 심층의식, 동대논집 6, 동덕여대, 1976.
─────: 한국적 전통에서 본 김유정의 문학, 동대논집 1, 1967.
서종택: 궁핍화 시대의 현실과 작품 변용, 어문논집 17, 고대 국문과, 1976.
신종한: 김유정 소설연구, 단국대 석사, 1983.
신동욱: 김유정고—목가와 현실의 차이, 현대문학 169, 1969. 1.
─────: 숭고미와 골계미의 양상, 창작과 비평, 1971 가을.
우찬제: 한국서사문학에 나타난 돈의 이미지 연구, 서강대 석사, 1986.
유인순: 김유정의 소설 공간, 이대 박사, 1985.
─────: 풍자문학론—채만식·김유정을 중심으로, 인문학연구 18, 강원대, 1983.
유종호: 한국적이라는 것, 사상계, 1962 신년 증간호.

윤병로: 김유정론, 현대문학 63, 1960. 3.
윤지관: 민중의 삶과 시적 리얼리즘, 세계의 문학 48, 1988 여름.
이봉구: 살려고 애쓰던 김유정, 현대문학 97, 1963. 1.
이석훈: 유정의 최후에 바치는 고백, 백광, 1937. 5.
이성미: 새 자료로 본 김유정의 생애, 문학사상, 1974. 7.
이어령: 해학의 미적 범주, 사상계, 1958. 11.
이재선: 희화적 감각과 바보열전, 문학사상, 1974. 7.
이주일: 유정문학의 향토성과 해학성, 국어국문학 83, 1980.
─── : 김유정소설의 등장인물에 대한 고찰, 상지대어문집, 1982.
이주형: 「소낙비」와 「감자」의 거리, 국문학 자료 논문집, 대제각, 1986.
임종수: 유정문학의 문체론적 연구, 어문논집 14, 중앙대 국문과, 1974.
임중빈: 닫힌 사회의 캐리캐츄어, 동아일보, 1965. 1. 5.
전상국: 김유정연구, 경희대 석사, 1985.
전신재: 김유정 소설의 판소리 수용, 강원문화연구 4, 1984.
정창범: 열등인간의 초상, 문학춘추, 1964. 12.
─── : 전통의 허약성, 현대문학, 1964. 8.
─── : 김유정론, 현대문학 44, 1958. 8.
정한숙: 해학의 변이, 고대인문논총 17, 1972.
조남철: 일제하 한국농민소설연구, 연세대 박사, 1985.
조동일: 전통의 퇴화와 계승의 방향, 창작과비평, 1966 여름.
조옥라: 가부장제에 관한 이론적 고찰, 한국여성연구 1, 청하, 1988.
조 은: 가부장제와 경제, 한국여성연구, 청하, 1988.
허인일: 김유정론, 선청어문 6, 서울대 국어교육과, 1976.
현길언: 현진건 소설 연구, 한양대 박사, 1984.
홍현숙: 이 상과 김유정의 문체 비교연구, 전남대교육대학원, 1985.

3. 단행본·기타

구인환: 한국근대소설연구, 삼영사, 1977.
국어국문학회 편: 현대소설연구, 정음문화사, 1986.
김병익 외: 현대한국문학의 이론, 민음사, 1978.
김상태: 문체의 이론과 해석, 새문사, 1982.
김시태: 한국프로문학비평연구, 아세아문화사, 1978.
─── 편: 식민지시대의 비평문학, 이우출판사, 1982.
─── 편: 한국현대작가작품론, 이우출판사, 1982.
김영화: 현대작가론, 문장, 1983.
김우종: 한국현대소설사, 선명문화사, 1973.
김윤식: 한국근대작가논고, 일지사, 19178.
김윤식·김 현: 한국문학사, 민음사, 1973.
백 철: 신문예사조사, 신구문화사, 1965.
서준섭: 한국모더니즘 연구, 일지사, 1988.
신동욱: 한국현대문학론, 박영사, 1981.
───: 현대작가론, 개문사, 1982.
윤병로: 한국현대소설연구, 이우출판사, 1980.
역사문제연구소 문학사연구모임: 카프문학운동연구, 역사비평사, 1989.
이선영: 상황의 문학, 민음사, 1976
이어령: 사랑과 여인의 풍속도, 삼성출판사, 1968.
이재선: 한국현대소설사, 홍성사, 1982.
이재선·조동일 편: 한국현대소설 작품론, 문장, 1981.
임형택·최원식 편: 한국근대문학사론, 한길사, 1982.
장덕순: 한국문학사, 동화문화사, 1982.
전석담: 조선경제사, 박문출판사, 1948.
정현기: 한국근대소설의 인물유형, 인문당, 1983.
조남현: 소설원론, 고려원, 1982.

조동걸 편: 판소리의 이해, 창작과비평사, 1979.
조연현: 한국현대문학사, 성문각, 1980.
조윤제: 한국문학사, 탐구당, 1981.
홍정선: 역사적 삶과 비평, 문학과지성사, 1986.
루시앙 골드만(송기형·정과리 옮김): 숨은 신, 인동, 1980.
루시앙 골드만(조경숙역): 소설사회학을 위하여, 청하, 1982.
루카치(반성완 역): 소설의 이론, 심설당, 1985.
미하일 바흐찐(이득재 옮김): 바흐찐의 소설미학, 열린책들, 1988.
에두아르트 푹스(이기웅·박종만 역): 풍속의 역사 II, 까치, 1986.
에스카르피(민희식·민병덕 역): 문학의 사회학, 을유문화사, 1983.
Arthur Pollard(송낙헌 역): 풍자, 서울대출판부, 1980.
D. C. Mueck(문상득 역): 아이러니, 서울대출판부, 1982.
M. H. Abrams(최상규 역): 문학용어사전, 대방출판사, 1985.
Michel Zeraffa(이동렬 역): 소설과 사회, 문학과 지성사, 1981.
Northrop Frey(임철규 역): 비평의 해부, 한길사, 19182.
B. 키랄리활(김태경 역): 루카치 미학 비평, 한밭출판사, 1984.
K. 밀레트(정의숙 역): 성의 정치학, 현대사상사, 1983.
K. K. Ruthven(김경수 역): 페미니스트 문학비평, 문학과비평사, 1989.
A. Hauser: Sozialgeschichte der Kunst und Literatur, Munchen, 1953.

제2부 김유정의 전기·기타

제2부 김동리 문학 기행

김유정 전기의 모습

1. 짧은 머리말

　김유정의 문학적 전기들이 여러 지면에서 산견된다. 이러한 전기들은 각각 나름의 관점을 통해 작가의 생애와 문학 세계를 성찰하는 데 기여하고 있다. 그러나 이들 전기들이 선택하고 있는 서술방법과 해석상의 문제들은 비슷하거나 서로 다른 모습을 보여준다. 따라서 이 글은 김유정을 다루고 있는 전기 혹은 전기류의 텍스트를 한꺼번에 조망하면서 이들 전기들의 특징적 모습과 갈라진 견해의 틈을 살피고자 한다.

2. 논의를 위한 전제

　김유정의 전기를 검토하기 위해서 먼저 구획지어야 할 전제가 있다. 문학적 전기에 대한 개념적 정리를 염두에 두면서 전기와 비전기적 자료를 구분하는 일이 그것이다. 실제 김유정의 문학과 생애를 중심에 둔 글들은 한 두 편이 아니다. 이 자료들은 나름의 관찰과 판단으로 김유정을 재구성하면서 전기의 대열에 끼고자 한다. 그러니까 이 문제는 본고가 다루게 될 김유정 전기의 범주를 확정짓는 일과 관계된다. 실제로 작가와 관련된 글 중에는 추모의 자리에서 쓴 아주 짧은 글에서부터 픽션의 형태가 가미된 것과 폭넓은 조사와 자료의 방증을 통해 이루어진 단행본에 이르기까지 그 진폭은 다양하다.[1)

본고는 김유정의 전기 작업들을 고찰하려는 자리에서 김유정 전기의 다양한 진폭을 개방적으로 수용하고자 한다. 다시 말해 전기로서의 품격을 충분히 갖추지 못한 텍스트라 하더라도 논의의 능률을 위해 검토의 대상으로 포함시킬 것이다. 이러한 판단에 입각하여 본고가 선정하고 논의코자 하는 전기적 텍스트는 각주를 통해 밝힌 목록과 같다. 그런데 이 목록의 내용은 그것들이 '전기'라는 항목으로 함께 묶이는 데는 다소 논란의 여지가 있을 수 있다. 이를테면, 김문집의 글은 그것이 전기가 되고자 한 텍스트라기보다 김유정을 추모하기 위해 쓴 평론가의 주관적인 감상문에 불과하다는 견해가 충분히 제출될 수 있다. 본고는 이점을 강하게 부인할 의도는 없다. 그러면서도 김문집의 텍스트를 논의에 포함시킨 의도는 명백하다. 즉, 김문집의 글이 애당초 작가에 대한 전기를 고려하지 않았다 하더라도 이 글은 김유정의 작품 세계와 인간을 통찰하는 힘을 보유하고 있다는 측면에서 충분히

---

1) 이 글에서 김유정의 전기적 텍스트로 삼고자 하는 자료는 ①김문집, 김유정의 예술과 그의 인간 비밀, 조광, 1937. 5. (김유정전집, 현대문학사, 1968에 재수록. 본고의 인용은 이에 준함), ②이상, 김유정—소설체로 쓴 김유정론—, 청색지, 1939. 5. (김유정전집, 1968에 재수록, 본고의 인용은 이에 준함), ③안회남, 겸허—김유정전—, 문장, 1939. 10. ④김영수, 김유정의 생애, 김유정전집, 현대문학사, 1968. ⑤이동주, 김유정, 월간문학, 1974. 1. ⑥김영기, 김유정—그 문학과 생애—, 지문사, 1992. 6. ⑦전상국, 유정의 사랑, 고려원, 1993. 앞으로 본문 안의 인용은 필자와 쪽수만 밝혀 나갈 것임.

전기적이다. 이는 김문집이 당시 여러 경로를 통해 작가 김유정을 인정하고 지지했다는 증거들을 통해서도 그가 김유정의 인간적 면모에 대한 상당한 이해가 있었음이 입증된다. 이와 같은 측면에서 김문집의 글은 불충분한대로 전기의 미덕을 다분히 포함하고 있기에 논의에 포함시킨다.

두번째로 전제되어야 할 사안은 이 상, 안회남, 이동주, 전상국의 전기들이 '소설' 혹은 '소설체' 등의 부제나 장르 표지를 달고 있다는 점이다. 그러나 전상국의 것을 제외한 나머지의 것은 '소설'이라는 명칭이 무색할 정도로 사실의 나열과 기록성에 충실하고 있다. 그런 만큼 김유정 전기에서 잠칭되고 있는 '소설'의 개념은 허구라는 개념과 동일선상에 있다기보다 작가와 관련된 사실fact을 객관적으로 바라보려는 記述上의 '거리' 확보를 위한 標識로 이해된다. 그러면서도 김유정과 관련된 전기적 기록에 '소설'이라는 표제가 붙은 비소설적 기록이 3편에 이르고 있음은 흥미로운 일이다.2) 전상국의 소설은 다른 '소설류'의 전기들과 커다란 차이점을 드러낸다. 전상국의 것은 앞서의 '소설'들처럼 사실에 봉사하고 있으면서도 '장편소설'이라는 장르 명칭에도 부합되는 미학을 확보하고 있다는 뜻에서 그렇다. 다시 말해 전상국의 전기는 명백히 전기를 지향하되 그것이 소설이라는 미학 속에서 존재하기를 희망한다. 그러니까 허구와 사실의 경계를 허물면서 새로운 소설 미학을 혹은 새로운 전기의 형태를 제시하고 있다는 점에서 복합적인 구조를 가진 전기라 하겠다. 이 상의 것을 비롯한 '소설'류의 전기적 텍스트는 허구적 사실과 사실적 허구, 즉 사실과 허구 앞에서

---

2) 이 상의 것은 '소설체로 쓴 김유정론'이라는 부제가 달려 있고, 안회남의 것은 '김유정전'이라는 부제가 붙어 있으며, 채만식·박태원 등의 소설과 함께 '창작란'에 게재되고 있다. 이동주의 것은 '실명소설'이라는 명칭이 부기되어 있다.

머뭇거릴 이유가 거의 없다. 반면, 전상국의 텍스트에 이르면 이 문제는 다소간 복잡한 양상을 띠게 된다. 그것은 이 전기를 (혹은 이 소설을) 전기로 볼 것인가 소설로 볼 것인가, 아니면 전기적 소설로 볼 것인가 소설적 전기로 볼 것인가와 같은 난점에 부닥치기 때문이다. 그러나 본고에서 이 문제를 대하는 입장은 명백하다. 즉, 전상국의 것이 비록 '장편소설'이라는 장르 표지를 달고 있다 하더라도 이 자리에서는 김유정 전기의 하나로 간주하고 논의를 전개할 것이다. 전상국은 <작가의 말>에서 '김유정의 짧고 어두운 삶을 관통한 그의 병적 열정의, 섬광 같은 예술혼의 소설적 진단' 그리고 '작가 평전이 갖는 서술의 단조로움과 문학성의 결여, 작가론의 그 도식적 결론 도출, 사랑소설의 한계인 그 깊이의 옅음과 통속성으로부터 한 발짝이라도 자유로워지고 싶은 욕심이 이러한 부조화의 이중주를 연주하게 된 진짜 이유'라고 명시하고 있다. 전상국은 평전과 사랑소설을 하나로 묶겠다는 의도를 드러내고 있다. 사실 전상국의 텍스트를 판단하는 자리에서 전기적 요소에 강조점을 두느냐 소설적 요소에 강조점을 두느냐의 문제는 어쩔 수 없이 어렵고 까다로운 성찰을 요구한다. 이 점에 대해서도 본고는 유연하고 개방적인 입장을 견지하겠다. 전상국의 텍스트를 소설로서 존중하되 전기문학의 전범으로 삼는데도 주저하지 않겠다는 뜻이다. 이 소설을 검토한 독자라면 이 텍스트가 김유정의 전기적 사실에 어느 정도 충실하고 있는가를 명료하게 이해할 수 있을 것이다. 그 순간 전상국의 '소설'은 '전기'의 자리로 넘어간다. 지금까지 김유정의 전기적 텍스트를 대하는 기본 입장을 정리해 보았다. 결국, 소설류와 비소설류에 대해서 개방적으로 접근하겠다는 것이 이 전제의 요지가 된다.

　세번째로 전제할 것은 이 글이 선정한 일곱 가지의 전기를 어떤 순서에 따라 논의할 것인가 하는 문제이다. 이 문제는 대수롭지 않게 여겨질 수 있겠으나 사실은 그렇지 않다고 본다. 이는 한편으로 기존의 전기 텍스트를 어떤 기준으로 묶을 것인가와 관련되고 다른 한편으로는 전기 기술의 방식을 해명하는 일에도 상관되기 때문이다. 이를테면, 전기류와 비전기류로 나누어서 전기적 텍스트를 관찰할 수 있는 방법이 있다. 이 분류의 기준은 지나치게 소박하다는 지적을 비켜서기 어렵지만, 적어도 김유정의 전기를 검토하는 자리에서는 유용성이 인정될 수 있다. 지금까지 보고되는 전기 텍스트들이 기실은 이 범주에서 단순화될 수 있기 때문이다. 다음으로 검토할만한 것은 연대기 chronicle life, 회화 pictorial, 서술적 회화 narrative-pictorial와 같은 범주로 세분하여 살필 수 있는 길이 있다.[3]

앞서 말한 방법들을 제외하고 나면 전기 발표와 순서에 따라 검토하는 방법이 남는다. 이 방법이야말로 너무 소박하고 단순한 것으로 치부될 수 있다. 하지만 본고가 이 방법을 선택하려는 데는 분명한 이유가 있다. 작가의 문학과 삶의 증거 evidence는 제한적일 수밖에 없다. 전기작가들이 대상 작가를 다루기 위해 다양한 분석과 종합을 거치는 동안에 그들의 흥미가 집중될 수 있는 자료는 역시 앞시기에 집필된 전기 자료 이상의 것이 없을 것으로 본다. 간단히 말해 전기 텍스트는 서로 영향의 수수관계 위에 놓여 있으며, '발표 연대순'의 검토는 텍스트간의 대화내용을 밝히는데 있어 일정한 효과를 거둘 수 있다고 판단된다. 더욱이 김유정 전기를 처음으로 검토하는 자리에서는 더욱 그렇다. 김유정의 전기를 검토하기 위한 이 글의 중심적인 전제는 전기의 개념을 편협하게 잡지 않겠다는 의미로 요약할 수 있고,[4]

---

[3] 레온 에델(김윤식 옮김), 작가론의 방법—문학전기란 무엇인가, 삼영사, 1983. 187쪽.
[4] 전기에 대한 개념상의 혼돈이 있을 수 있겠으나, 여기서는 김유정의 전기 작업의 전체적인 면모를 조감하기 위해 전기의 범주를 넓게 설정한다. 이

다음으로는 김유정 전기 텍스트 상호간에 존재할 수 있는 집필상의 영향관계를 비롯한 전기의 전모를 밝히기 위해 '발표 연대순'으로 검토하겠다는 것이다. 이를 통해서 작가 김유정의 수수께끼를 밝히려는 시도의 하나인 전기작업들의 총체적인 현황이 밝혀질 수 있을 것으로 기대한다.

이상의 전제 속에 포함되어 있지 않으면서 김유정의 전기를 다루는 자리에서 반드시 숙고되어야 할 까다로운 사안이 남아 있다. 전기 작업에 앞서서 이들 전기에 유형무형의 압력을 행사하고 있는 작가의 자전소설이 존재하고 있기 때문이다.5) 전기작가들에게 있어 자전소설이 갖는 권위는 상당하지만, 그렇다고 자전소설의 내용을 그대로 수용할 수도 없고 전면적'으로 배격할 수도 없다는 데에 딜레머가 있다. 따라서 전기를 효과적으로 검토하기 위해서는 반드시 작가의 자전소설에 대한 입론이 정리되어야 한다. 이 부분의 논지에 대해서는 필자의 다른 글이 있기에 그것으로 대신하고자 한다.6)

3. 김유정 전기의 모습

논의를 위한 전제에서 이미 언급한 바 있듯이 김유정의 전기적 텍스트의 포괄적 상황을 검토하기 위하여 본고는 전기적 자료들이 발표된 시간적 순서를 존중할 것이다. 본고가 논의의 중심으로 잡은 전기들을 발표의 연대순으로 열거하면 다음과 같다. 김문집의 「김유정의

런 관계로 인해 본고에서 사용되는 전기 개념은 어느 정도 유동적이거나 제한적일 수 있을 것이다.
5) 「형」「생의 반려」「두꺼비」「연기」「심청」「이런 음악회」「슬픈 이야기」 등이 자전소설의 계열에 든다.
6) 졸저, 김유정 소설 연구, 인문당, 1990. 117-135쪽 참고.

예술과 그의 인간 비밀」이 상의「김유정—소설체로 쓴 김유정론」안 회남의「겸허—김유정전」김영수의「김유정의 생애」이동주의「김유정」김영기의「김유정—그 문학과 생애」전상국의「유정의 사랑」등이 그것이다. 이제 이들 전기들에 대해 각각의 서술상의 특징과 방법들을 살펴보고자 한다.

1)김문집 :「김유정의 예술과 그의 인간 비밀」

김유정의 전기적 텍스트로 제일 먼저 다루게 될 것이 김문집의 것이다. 김문집의 것은 일견 전기와는 거리가 먼 것으로 간주될 수 있다. 요컨대 이 글의 당초 의도가 작가 전기 내지는 그러한 범주로 의도되지 않았다는 의미다. 이 글은 김유정이 작고하고 난 직후 김유정 추모특집으로 마련된 ≪조광≫의 지면에서 제목이 지시하는 바와 같이 작가의 예술세계와 인간을 포괄적으로 다루었다는 점에서 뒷날의 전기 작가들에게 의미심장한 빛을 던져주고 있다.[7] 여러 측면에서 전기와는 동떨어져 보이는 김문집의 것을 중요하게 거론하고자 하는 이유가 여기에 있다. 평론가 김문집이 김유정의 문학적 특장을 잘 이해하고 지지한 옹호자의 한 사람이었음은 주지의 사실이다. 그러므로 그는 지속적으로 그리고 애정을 가지고 김유정의 작품을 독서해왔다고 볼 수 있다. 이러한 비평적 관심은 자연스럽게 작품 뒤에 있는 작가의 인간적 존재에 대한 관심으로 이어지고 실천된다. 이 점에서 김문집은 김

---

[7] 이 글과 짝하여 살필만한 김문집의 글로는 「병고 작가 구조운동의 변」(조선문학, 1937. 1), 김유정(비평문학, 김문집평론집, 청색지사, 1938),「김유정의 비련을 공개 비판함」(여성, 1940)이 있다. 이 글들은 김유정의 인간됨과 문학세계를 조망하고 지지한다는 점에서 한결같고 아울러 작가의 개인적 불행을 이해하려는 지극한 애정으로 점철되어 있다는 점에서 공통적이다.

유정의 문학과 인간에 관해 발언할 지분을 충분히 가지고 있다.8)

김문집의 글은 스스로 문학 전기가 되기보다 다른 전기 혹은 전기 작가에게 일정한 비전을 제시한다는 점에서 주목된다. 「김유정의 예술과 인간 비밀」은 한편으로 작가의 작품세계에 대한 상찬적 추모의 글이자 한편으로는 인간과 예술의 세계를 아우르는 인상비평이면서 거기에 머물지 않고 김유정의 전체를 보듬어내는 비평적 통찰력을 보여준다. 아울러 김문집의 것이 작가의 사후, 추모의 자리에서 작가의 생애와 문학세계를 요약하는 사회적 기능을 띠고 있다는 점도 의미있는 대목이다. 다음에 제시하는 두 개의 인용을 통해 김문집의 글이 행사할 수 있는 영향력을 짐작할 수 있을 것이다.

①君은 江原道 春川産, 徽文을 아마 마치지 못한 채 延專과 普專에 일,이개월씩 다녀 보았으나 家勢가 傾衰했다기보다 재미가 없어서 一如히 집어치우고 放浪과 職業을 섞어 맛보았으니 「소낙비」가 조선일보에 일등으로 당선했을 적에는 君의 직업은 실로 '金鑛쟁이 뒷잽이'였다. 鑛쟁이 따라 다니면서 밥도 얻어먹고 登記所 심부름도 하고……아마 그렇게 하고 돌아다닌 모양이다. 그 君의 집안은 어떠했느냐 하면 춘천서도 손꼽는 가문으로 數三千石 추수를 했다 한다. 아버지와 형이 家産蕩盡의 경쟁을 한 것은 君의 소년시대의 일이었다 (김문집, 438).

②一言以蔽之하면 그의 藝術은 그의 苦痛에 逆比例해서 즐거웠다. 나는 그의 文章의 즐거움을 새로이 즐기지 않을 수 없다. 과연 나

---

8) 김문집이 《조선문학》의 지면을 통해 범문단적으로 김유정 돕기 운동을 발기하고 추진해나간 일화는 널리 알려져 있다. 사족: 김문집의 과장을 다소 삭감하더라도 그만큼 유정에 대해 애정과 고평을 아끼지 않은 비평가는 다시 찾기 힘들 것이다. 이와 같은 사실은 그의 <병고 작가 구조 운동의 변>과 같은 글에서 여과 없이 잘 드러나고 있다.

는 그 悲痛한 君의 文章藝術의 즐거움을 즐겁게 하는 그 재주를 사랑한다. 裕貞은 소설이 무엇인지를 모르는 소설가다. 立體的 構成도 없고 플로트도 없고 고츠(骨)도 없고 트릭도 없을 뿐더러 문학의 敎養조차 없다면 없는 작가다. 그럼에도 불구하고 유정의 소설만큼 나를 魅惑하는 소설은 外國文壇의 新人中에도 없다. 애기 젖빠는 本能으로 유정은 소설을 쓴다 (김문집, 443).

인용문 ①과 ②를 통해 김유정에 대한 김문집의 사색과 판단을 이해할 수 있다. ①은 작가의 신상 명세에 관한 정보를 비교적 소상하게 기록하되 객관적 거리를 유지하고 있다. 다시 말해 위에 기록하고 있는 사실이 객관적이고 타당하다는 확신이 깃들어 있다. 이에 비해 인용문 ②는 인용 ①과는 대조적이다. 즉, 김유정의 작가적 특장을 날카롭게 파악하고 있다는 점에서 비평가다운 시선이 십분 발휘된 통찰이다. 그러나 이러한 문학적 통찰은 여기에만 머무는 것이 아니다. 한 작가의 작품세계를 인정하고 전폭적으로 지지한다는 것은 작가에게는 물론이거니와 비평가에게도 커다란 행복이다. 드문 경우지만, 비평가로서 이와 같은 지점을 비켜 가지 않았다는 점에서도 김문집의 비평 행위는 이 분야의 희귀한 예로 기억될만 하다. 다시 말해 김유정은 비평가 김문집의 비평적 '발견'에 값하는 존재라 하겠다. 그런 만큼 작가에 대한 통찰의 정확성과 넉넉함이 함께 보장될 수 있는 신뢰가 확보된다고 본다. 이 점이 김문집의 글에 커다란 힘을 부여한다. 그러나 작가에 대한 애정이 지나쳐 더러는 균형을 상실하는 위험한 측면도 없지 않다.

특히 김유정이 죽음에 이른 원인의 일단을 작가의 실연에서 찾는 태도는 일면 그 개연성을 추인받을 수 있으나 지나친 과장으로 기울 위험이 있음을 지적해야 한다. '그를 肺病으로 몰아간 것은 그의 술의 탓이요 우리의 善良한 裕貞으로 하여금 그만큼 술을 要求케 한 것은 그의 靑春의 特權이었다. 청춘의 특권? 비꼬인 君의 특권은 그의 一代의 失戀' (김문집, 439)이었다고 단언할 정도로 김문집은 김유정의 실연의 배후에 대하여 단호하다. 그의 이러한 견해는 「김유정의 비련을 공개 비판함」과9) 같은 글에서 김유정의 연애 대상이었던 여인을 거침없이 비판하는 격양된 태도를 보여준다. 각주에서 덧붙인 것처럼 이 부분에 대해서는 액면만으로 납득하기 어려운 구석도 있다. 즉, 작가에 대한 애정의 도를 감안해도 비이성적으로 이해될 수 있는 여지가 없지 않다. 그럼에도 불구하고 김문집은 여러 편의 평문을 통해 김유정의 인간과 문학에 대해 명민하고 날카로운 판단들을 던져 놓고 있

---

9) 여기서 김문집이 비판의 대상으로 삼고 있는 여성은 시인 박용철의 누이동생이자 문학평론가 김환태의 부인이 된 박봉자로 전해지고 있다. 박봉자와 함께 김유정의 대표적 열애의 대상이었던 다른 한 여인은 당대의 명창으로 알려진 박록주다. 김문집은 「김유정의 비련을 공개 비판함」 속에서 박록주에 대해서는 우호적이되 박봉자에 대해서는 맹렬히 비판하고 있다. 김유정의 구애에 상대 여성들이 어떻게 반응했는가가 비판의 근거로 작용하고 있지만 김유정의 구애는 박록주·박봉자 두 여인 모두에게서 분명하게 거부되었다. 훗날 당사자의 한 사람이었던 박봉자는 '지금 여성들은 다르겠지만 당시는 아무리 신여성이라 하더라도 김유정같은 뜨거운 구애에는 침묵을 지킬 도리밖에 더 있었겠는가? 이후 김문집이 나 때문에 김유정의 명이 재촉되었다고 글을 썼는데 나는 불평하고 싶었지만 여러 가지 사정을 참작해서 입을 다물었다' (김유정의 여인, 문학사상 22호, 1974. 317쪽)고 술회한 바 있다. 이런 점들을 감안할 때, 김문집의 공개 비판은 다소 감정적이었다는 인상을 지울 수 없는데 이는 작가에 대한 과도한 애정의 발로와 김문집 자신의 다혈질적인 성향이 함께 투영된 결과가 아닌가 여겨진다. 아울러 당시의 문단적 역학 관계도 음미될 필요가 있다. 왜냐하면 박봉자의 오빠가 《시문학》을 주도했던 시인이자 시론가였던 박용철이었다는 점과 박봉자의 약혼자가 비평가 김환태였다는 사실은 비록 김문집과 그들이 일면식을 갖지 못했던 관계라 하더라도 서로의 존재를 의식하고 있었으리라고 추론할 수 있다. 이 부분에 대한 증언과 자료들이 더 보완될 필요가 있으리라 본다.

다. 그러므로 그의 글은 '전기'라는 명칭에는 부합되지 않는 측면이 있음에도 불구하고 특유의 혜안으로 당대에 이미 김유정 문학의 본질을 꿰뚫어 보았다는 점과 일련의 선언적이고 도발적인 비평문을 통해 김유정을 소신 있게 지지했다는 데에 그 의의가 발견된다.

2) 이 상 : 「김유정 —소설체로 쓴 김유정론」

이상의 전기는 '소설체'의 특징이 십분 발휘된 텍스트다. 이 전기는 '소설'이라기보다 소설의 시늉을 빌어 온 '소설체'라는 묘미를 가지고 있다. 분량으로 보아서도 그것은 손바닥만한 소설(掌篇)에 지나지 못한다. 이상의 전기 텍스트는 김유정의 일면을 점묘해내는 것으로 소임을 다하고 있다. 그러므로 한 인간의 문학과 그 체취를 통괄할 수 있는 그릇으로는 협소하다. 그렇지만 다른 전기 못지 않게 김유정의 체취를 전달하고 형상화한다는 점에서 평가의 가치가 있다. 이상의 「김유정」은 김유정을 비롯하여 이상, S君, B君이 술에 취해 벌이는 좌충우돌의 활극을 통해 김유정의 일면을 선명하게 부각시키는데 성공하고 있다. 이와 같은 성공의 요인은 무엇보다 작가로서 이상의 명민함과 적확한 묘사능력이 전기 텍스트 속에 유감없이 발휘되었기 때문이다. 특히 이상은 김유정과 각별한 우정을 교환한 것으로 전해지고 있는데 이들 사이에는 同病相憐과 문학을 통해 서로를 공감하는 바가 있었기에 이상의 '소설체' 전기는 폭넓은 공감과 설득력을 가질 수 있었다고 본다.

> 彰文社에서 내 執務랍시고 하는 중에 떠억 나를 찾아온다. 와서는 내 執務책상 앞에 마주 앉는다. 앉아서는 바위덩어리처럼 말이 없다. 낸들 또 무슨 그리 신통한 이야기가 있으리오. 그저 서로 뻥뻥이 앉아 있는 동안에 나는 나대로 校正 等屬 일을 한다. 가지가지 符號를 써서

내가 校正을 보고 있노라면, 그는 불쑥
「金兄! 거 지금 그 표는 어떡하라는 푠가요.」
이런다. 그럼 나는 기가 막혀서,
「이거요, 글자가 곤두섰으니 바로 놓으란 표지요.」
하고 나서는 또 그만이다. 이렇게 평소의 유정은 뚱보다. 이런 양반이 그 곤지곤지만 시작되면 通姓을 다시 해야 한다(李箱, 453-454).

인용문의 상황과 분위기를 통해 이상과 김유정의 인간적 관계를 잘 엿볼 수 있다. 더욱이 인간 김유정을 투명하게 떠올리게 하는 이상의 묘사력이 돋보이는 대목이다. 평소에는 '뚱보'인 김유정이 술에 취하면 다른 사람이 된다는 것인데 이는 李石薰이 증언한 '君은 대단한 沈默家였다. 그러면서도 점점 친해지자 자기의 胸中을 솔직하게 고백하기를 꺼리지 않았다. 나의 拙作「移住民列車」에 대해서도 그 缺點과 長處를 말하고 그걸 읽고 나를 좋아하게 되었다고 하였다.'10)는 내용에서도 잘 확인된다. 즉, 평소의 유정이 과묵했다는 것을 이상과 이석훈을 통해 잘 알 수 있다. 그런데 유정에 대한 하나의 측면을 두고 이상의 묘사와 이석훈의 서술은 그 효과면에서 상당한 차이가 난다. 즉, 이상의 것은 간결하고 정확한 소설적 묘사력으로 생동감과 입체성을 확보하고 있다. 이 점에 있어 이상의 전기 텍스트는 단연 돋보임은 물론 독보적인 김유정 초상화pictorial의 자리를 점유한다.11) 인간 김유정이 처하고 있는 인생의 명암과 성격적 측면을 명징하게 유형화하는데 성공하고 있다는 점이 이상의 '소설체' 전기가 갖는 의미라 하겠다. 아

---

10) 이석훈, 유정의 영전에 바치는 최후의 고백, 백광, 1937. 5. 152쪽.
11) 이상의 전기는 한 인간을 요약하고 있다든가, 고유한 특성을 찾아내어 인물을 규정·표현하고, 최소한의 배경만 사용하고, 초상화의 경우처럼 대상 인물을 주어진 위치에서만 다룬다는 측면에서 레온 에델이 말하는 '초상화'의 개념과도 호응하면서 효과적인 표현을 득하고 있다(네온 에델, 189쪽 참조).

울러 두 사람이 교유를 통해 공유한 의식의 편린이 이 전기의 전편에 배어 있다는 점에서도 이상의 텍스트는 사실fact과 부합하면서 동시에 예술적 향기도 획득하고 있다.

3) 안회남 : 「겸허」

안회남은 김유정에 대한 사적 정보를 가장 많이 장악하고 있는 인물 중의 한 사람이다. 주지하다시피 그는 휘문고보에서 학생의 신분으로 김유정을 만나 한편으로는 급우요 한편으로는 문우로서 비교적 긴 교유의 시간을 갖는다. 이런 개인적 정황을 감안한다면 안회남이 김유정 전기 기술에 있어 일견 매우 유리한 입장에 있다고 하겠다.

안회남의 전기는 '김유정전'이라는 부제를 달고 있고, 발표 당시 ≪문장≫지의 <창작란>에 게재됨으로써 이 전기가 한 편의 '소설'이라는 인상을 한층 강화하고 있다.12) 안회남의 전기 텍스트는 자료와 분량의 측면에서 우월한 지위를 가지면서 김유정의 사후 그와 교유했던 경험 내용들을 담담하게 서술하는 방식을 선택하고 있다. 이 글은 김유정과 많은 체험과 사색을 공유했다는 장처를 가지면서도 일방적인 찬미에 치우치지 않고 대상과 일정한 비판적 거리를 유지하고 있음이 돋보인다. 아울러 이 텍스트는 다른 전기들이 보여주지 않는 증언들을 내놓고 있어 주목된다. 이제 그 부분을 중심으로 안회남 전기의 특성을 살피겠다.

김유정을 살필 때, 반드시 거론되는 안건 중의 하나가 그의 연애 문

---

12) 「겸허」는 1939년 ≪문장≫지 10월호(제1권 제9호)에 게재된다. 당시 창작란에는 최정희의 「초상」, 이무영의 「도전」, 채만식의 「모색」, 박태원의 「陰雨」, 선진수의 「실인기」, 양주동의 「샐러리맨」 등이 함께 실려 있다. 게재 당시 분량은 120매로 기록되어 있으며, 33면에 걸쳐 발표되었다. 안회남이 평소 사소설을 많이 쓴 작가라는 점을 감안한다면 그의 글이 '창작란'에 포함되어 있는 것은 어색한 일이 아니며, 편집상의 착오는 더욱 아니라는 반증이 된다.

제다. 이 문제는 김문집의 경우에서도 거론되었지만 쉼없이 반복되는 사안의 하나다. 문제는 연애의 대상보다 그 과정과 배경에 대한 심리적 탐색이라고 본다. 이 문제에 대해 김문집이 좀 과장된 접근을 했던 것과는 달리 안회남의 분석은 매우 냉정하고 비판적이기까지 하다. 즉, 김유정의 연애 심리를 어머니에 대한 상실감과 연결짓고 있는데 이는 일견 타당하고 설득력이 있다.

> 남이 손가락질하며 비웃을 만치 그가 그렇게 많이 비참한 외쪽 사랑의 슬픔을 겪으면서도 겉으로 태연자약했던 것은 어머님을 존경하는 마음, 어머님을 예쁘다고 하는 생각, 어머님을 그리워하는 정성, 이것이 그대로 자기가 연모하는 상대편 여자에게까지 연장하여 그저 꿇어엎드리고, 그저 미화하고, 그저 모든 것을 바치려는 태도를 취하게 된 것이리라 믿는다. 유정은 어머님에게 대한 사랑에 있어서나 애인에게 대한 사랑에 있어서나 그 보수를 채 상상하지 않고, 우선 정열이 불탔던 것이다 (안회남, 41-42).

어머니를 향한 그리움이 그대로 여인에게로 연장되었다는 분석은 동의받을만 하다. 연애가 성립되기 위해서는 쌍방간의 교류가 있어야 옳겠으나 유정의 경우는 모두가 일방적인 질주에 해당된다. 이는 김유정이 현실을 망각하고 자기를 몰입시키는 존재 방식으로 연애라는 형식을 선택했으리라는 추론을 뒷받침 한다. 그러나 안회남은 김유정의 연애에 대해 이해는 하되 다소 냉소적인 태도를 취하고 있다. 연애의 대상이었던 여인에 대해 과소평과하는 한편으로 그런 여자를 선택하고 열정을 쏟아부은 김유정에 대해서도 비판적이다. '그 여자에게 손톱만치라도 존경하는 마음을 가질 수 없'(안회남, 44)다고 언급한 것은 이를 반증하는 증거다. 그러나 안회남도 한 여자를 향한 집요하고도 정열적인 유정의 '순심' 앞에서는 고개를 숙였는데 이 문제는 오래도록 김유정 이해의 중요한 길목이 되고 있고 앞으로도 그러할 것이다. 여자 문제 다음으로 흥미로운 안건은 김유정 가문의 축재 문제다. 이와 관련된 내용들을 인용해 보겠다.

①내가 개벽사(開闢社)에 있었을 임시 춘천 출생의 車相瓚氏에게서 이야기를 들어
―생각했던 것보다 유정의 집이 더 큰 부자였던 것.
―그의 집안이 퍽 유명한 양반인 것.
―옛날 양반의 세력으로 재물을 모은 것.
이런 사실을 알았다.
「그러니까 유정이 할아버지 때……」
「그 할머니가 더 유명하지」
「할머니가요?」
「암 이야기가 많지」
「그러니까 양반 세력으로……」
「그저 함부로 잡어다 주리를 틀구 볼기를 때리구 해서, 그 큰 재산을 모았으니까」
「아하!」
裕貞이가 짝사랑하는 기생과 더불어 술 먹는 좌석에는 나를 교묘하게 맞던 것과 같이 겉으로는 인사로 오너라 오너라 했지만, 친한 친구였으므로, 그 눈이 더욱 무서워 혹 무슨 자기 집안의 암흑면이 들추어질가 겁내어 내가 춘천으로 방문할 기회를 일부러 피하였던 것이 아닌가 한다 (안회남, 50-51).

② 「춘천 고향에서는 우리 집안이 망하는 것을 좋아한다.」
어느 때 裕貞은 이런 말을 나에게 했다. 나도 또한 車相瓚氏에게서 얻은 지식을 내대어 그에게 이야기한 듯하다. 유정의 할아버지 시대에 양반세력에 눌리어 재물을 빼앗기고 가진 곤욕을 다 당했던 이곳 백성들이 아직껏 원한을 잊지 않고 유정의 집안을 저주한다는 것이었다

(안회남, 57).

③유정이 고향 춘천에서 동리에다 강당을 지어 놓고 마을의 빈한한 집 아이들 수십명을 모집하여 글을 가르친 일이 있다. 월사금도 받지 않고 오히려 아이들에게 책값과 학용품대를 주어 공부를 시킨 것이다. 물론 강당도 유정이 제 돈을 들여 지었다. 그러니까 그의 조부 때 한 일과는 정반대의 일인데, 유정은 이렇게 착하고 좋은 일을 고향땅 백성들에게 베풂으로서 조금이라도 선조의 죄악을 씻으려 했던 것이며, 사람들의 눈총을 피하려 했었음일가—.
언젠가 유정이 가장 기쁜 얼굴로 춘천 자기 동리에 사는 사람들은 모두 자기만은 존경한다는 이야기를 했고,
「무슨 날에 모여서 술을 먹게 되어도 술잔을 제일 먼저 나한테 가져오니까!」
하며 웃은 일이 있다. 그리고 다음에 동리 구장에게로 차례가 간다는 것이었다. 그랬을 게다 (안회남, 59).

앞에서 인용한 내용은 김유정 가문의 축재 과정이 떳떳하지 못했다는 것, 김유정의 집안은 동리의 저주를 받고 있다는 것, 그에 대한 반동과 속죄의 차원으로 유정이 금병의숙을 열어 동리에 봉사했으며 동리에서 유정만은 존경받고 있다는 것 등으로 정리할 수 있다. 이 글의 안건은 안회남의 설명과 같이 김유정 가문의 재산 형성 과정상의 정당성 여부를 밝혀 내는 데에 있다기 보다 김유정이 이러한 사실을 어느 정도 인지하고 있었는가의 정도 문제다. 즉, 자기 집안의 '암흑면'을 인정하고 그것을 진정으로 부끄러워했는가, 그래서 안회남과 같은 친구들을 강원도로 초청하지 않았는가, 자기 집안의 문제와 금병의숙 개설의 상관성 등이 검증되어야 한다. 이러한 문제야말로 한 작가의 내면 심리를 제대로 파악하고 이해하는 데 도움이 되기 때문이다. 본고는 안회남이 제기하고 있는 집안 문제와 금병의숙 간의 개략적인

인과관계를 인정한다. 즉, 당시에 농촌을 중심으로 전개되었던 농촌계 몽운동의 정신과 선조의 축재 과정에 심리적 부담을 느끼고 있었던 유정의 생각이 서로 조응한 지점에서 금병의숙을 개설한 것이라 추론해 볼 수 있다.

안회남의 전기 가운데 특이한 것으로 김유정의 결혼 사실을 들 수 있다. 김유정과 교유했던 박태원, 이석훈, 이 상, 김문집 등이 한결같이 '김유정을 장가 한 번 못 보내고 죽인 것이 무엇보다 분하다'고[13] 토로하고 있는 것과는 너무 상치되는 사실이다. 그렇다면 왜 이런 문제가 제기되는가? 김유정은 과연 결혼했었는가? 이 문제는 김유정 전기에서 논쟁거리가 되기에 충분하다. 유정의 혼인과 관계된 안회남의 서술을 인용해 보자.

> 유정이 총각으로만 있다가 죽은 줄 알았는데, 나중에 그가 결혼했었다는 것이 발견되었다. 나도 까맣게 모르고 있다가, 그가 작고한 후에서야 永壽君에게서 들어 알았다. 그러면 어째서 유정이 나에게까지 그것을 감추었는지 내가 결혼한 날의 유정 일기를 보면, 그는 나를 퍽 행복스러운 사람이라고 말한 후, 자기는 도저히 그런 행복을 꿈꿀 수 없다고 하고, 「나는 영원히 결혼하지 않으리라. 나는 문학과 함께 살련다. 그것이 나의 애인이요, 안해이다.」 이러한 의미의 것을 적어 놓았는데 한 여자와 연애(戀愛)없이 그냥 결혼(結婚)한 것을 부끄러이 생각하여 나에게 알리지 않았던 게 아닐까 추측된다. 어느 때든지 항상 잘 한 사람의 이성을 연애하며 정열을 쏟아 놓던 그로써는 자기가 사랑하는 여성은 딴 곳에 있고 조금도 사랑함 없는 다른 여인을 안해로 위한다는 것이 무슨 치욕같이 생각되고, 거짓인 것처럼 느끼게 되었으리라 (안회남, 65, 고딕은 인용자).

---

13) 김문집, 김유정의 비련을 공개 비판함, 471쪽.

안회남에 따르면, 유정은 자신의 연애와 상관없이 사랑 없는 여인을 안해로 맞아야 하는 상황이 있었다고 보아야 한다. 그러나 이 전기는 이 부분에 대한 심증만을 던져 줄 뿐 유정의 결혼에 대한 자세한 정황을 입증하지는 못하고 있다. 다만, 유정의 조카인 김영수에 의해 증언되었다는 점은 이 대목이 진실일 가능성을 높여 준다.14)

지금까지 안회남의 전기는 몇 가지 점에서 전기로서의 유리한 지위를 갖는다고 본다. 즉, 전기의 대상 인물과 체험 및 사색을 공유했던 회남으로서는 유정의 생애를 기록하는 데는 행복한 위치를 점하고 있다. 이러한 점이 객관성 확보에 장애가 될 수 있을 터인데도 안회남은 이 난제들을 잘 이겨내면서 몇 가지의 주목할만한 안건들을 제시했다. 유정의 연애의 심리적 배경, 유정 가문의 축재 경위와 금병의숙의 因果性, 결혼 사실 등이 그것들이다. 안회남은 이러한 안건들을 '신변소설체'로 요령 있게 정리해 놓고 있다. 아울러 안회남의 전기는 일방적인 찬미나 비판에 기울지 않고 사실과 비판적 안목을 균형 있게 조화시킴으로써 친구의 회고담 차원을 넘어서는 좋은 전기의 형식을 남겨 놓았다는 가치를 갖는다.15)

---

14) 전상국, 유정의 사랑, 330쪽. 여기서도 김유정의 '연안 이씨와의 혼인설'이 신빙성 있게 제기되고 있다.
15) 김유정 사후, 안회남은 유정과의 우정을 배경으로 유정에 대해 증언할 문학적 지분을 누구보다 많이 보유했던 것이 사실이다. 아울러 그에 대한 자료들도 많이 가지고 있었음이 확인된다. 유정 사후, 전집을 내주겠다고 하며 유정의 유고와 유품을 모두 챙겨 가고 돌려주지 않았고, 병석에 있던 유정을 위해 병문안 한 번 제대로 하지 않았다는 증언도 있다(전상국, 유정의 사랑, 327쪽. 영수옹의 증언). 훗날 안회남의 월북으로 인해 김유정 자료는 소실되고 만다. 김유정 자료가 영성한 데는 이러한 저간의 사정이 있다. 그러므로, 그렇기 때문에 김유정과 안회남의 우정의 배면에 있을 수 있는 문학적 경쟁은 검증되어야 할 항목의 하나다. 안회남에 대한 김유정의 회고도 재고의 여지가 있지 않겠는가? 死者를 향한 일방적인 회고는 얼마나 위험한가?

4) 김영수 : 「김유정의 생애」

　김영수의 전기는 김유정의 생애 기록에 관한한 하나의 전범이자, 공식 전기의 시초라고 적을만 하다. 그러므로 이 기록은 김유정 전기 작가들이 최초로 입문해야 할 자료이자 최종적으로 졸업해야 하는 관문이기도 하다. 그만큼 김유정의 생애 기록에 있어서는 절대적 권위를 지닌다. 이러한 권위의 배경은 전기의 집필자들이 김유정과 한솥밥을 먹은 가족이라는 점이 먼저 꼽힌다. 다음으로는 김영수의 기록들이 저간의 유정에 관한 자료들을 결정적으로 종합하고 있다는 점과 일부 와전된 부분에 관해서는 김유정 생애의 입회인 자격으로 결정본을 제시하고 있다는 점이다. 그런 점에서 이 기록과 맞서거나 경쟁할만한 전기는 없다고 해도 지나치지 않다.

　김영수의 전기는 무엇보다 기록성에 충실하다. 이 글이 「김유정전집」의 한 항목으로 기획되었다고 해도 유정의 형수, 조카 영수 · 진수가 함께 기억을 복원하여 조합한 것이기에 기록의 내용도 신빙성이 높다. 이 전기는 본래 김유정의 생애를 복원하는 것을 그 본분으로 삼고 있기에 연대기적 서술의 방식을 좇고 있다. 아울러 유정의 출생, 가족 관계, 病歷, 교우, 여성 문제, 취향, 경제 문제 등 다양한 문제들을 폭넓게 취급함으로써 문자 그대로 유정의 생애를 면밀하게 조감하고 있다는 장점을 드러낸다. 말하자면 유정에 관한한 모든 것에 대해 모든 것을 말하고 있다고 보아도 무방하다.

　그러나 이 전기는 가족에 의해 기록되었다는 장점만큼 불리한 점도 내포한다. 즉, 유정의 생애에 대해 정서적 거리를 충분히 확보하고 있는가, 기억이 망실된 부분에 대해 추측이나 예단으로 대체함으로써 정확성을 결여한 부분은 없는가에 대한 검증이 있어야 옳다. 가령, 이 전기의 모두는 유정의 출생지에 대해 '그는 1908년 1월 11일 오전 11

시 춘성군 신남면 증리(실레)에서 부친 金春植씨와 모친 沈氏 사이의 8남매중 일곱째로 태어났'(김영수, 391)다고 일말의 의심 없이 단언하고 있다. 그러나 이 대목은 훗날 바로 이 사실을 기록한 당사자들에 의해 번복됨으로써 김유정의 출생지에 대한 혼란을 초래한다.16) 유정의 출생지에 대해 애매성이 증가되는 데는 확신 없는 증언도 문제가 되지만, 무엇보다 유정 자신이 강원도가 자신의 고향이라고 적시함으로써 판단상의 어수선함을 더해 놓고 있다.17) 이 문제는 유정의 전기를 논의하는 자리에서는 꼭 토의되어야 할 사안이나 그것은 토의로 머물 공산이 크다.

또, 김영수의 전기는 유정의 연애에 대한 흥미로운 단서를 제공한다. 그러니까 유정의 어머니와 박록주의 이미지가 상당 부분 닮아 있음을 언급하면서 유정이 박록주에게서 어머니에 대한 환상을 좇고 있다고 기술한다.

> 그가. 가지고 있는 사진을 보면 여인으로선 큰 키에 기름한 얼굴하며 벗겨진 이마와 올라간 눈 귀가 남자의 상에 가까우며 눈초리의 날카로움이 그 성깔의 팔팔함을, 그리고 꼭 다물어진 얇은 입술이 의지의 군건함을 엿보게 했습니다 (김영수, 398).

> 「후리후리한 게 몸맵시가 있나 길쭉한 얼굴에 말씨조차 정이 우러나지 않은 그런 매력없는 계집이었어.」 (김영수, 397)

---

16) 유정의 출생지에 대해서는 김영수·진수씨 두 사람 모두 춘천설을 부인하고 서울설을 시인했다(전상국, 유정의 사랑, 330쪽). 이에 비해 김영기는 『김유정—그 문학과 생애』에서 유정의 출생지가 춘천임을 의심 없이 고증하고 있다 (김영기, 13-29).
17) 전신재 편, 김유정전집, 한림대학출판사, 1987. 401쪽.

앞의 인용은 유정의 어머니에 대한 인상비평이고 뒤의 인용은 유정이 만취했을 때의 '독백'을 채록한 부분이다. 앞뒤의 인용을 비교할 때 외모상의 유사성은 수긍할 수 있지만 그렇다고 그것을 연애의 심리적 기저와 깊게 연결짓는 것은 단순성의 논리로 떨어질 가능성이 없지 않다. 유정의 전기 부분에서 이 대목은 매우 조심스럽게 취급되어야 할 문제에 해당한다. 김영수의 기록도 이러한 개연성을 인정하고 있다.

김영수의 전기에 기록되고 있는 어떤 문제들은 그것이 유정의 소설에서 귀납된 것이 아닌가 여겨지는 대목들이 있다. 가령 들병이에 관한 내용들이 그렇다. 유정이 들병이들과 어울린 적이 있다는 사실을 전제하더라도 현실과 픽션을 동일시하거나 픽션을 현실적 사실로 환원하는 데 따르는 위험이 없는 것은 아닐 터이다. 유정의 단편「솥」에서 '근식'이가 들병이 '계숙'과 동숙하는 머리맡에 들병이의 남편이 등장하는 대목과18) 김영수의 기록은 거의 같은 맥락으로 조응하고 있다(김영수, 407)는 점에서 흥미롭다. 물론 김영수는 전기의 같은 장소에서 들병이가 유정으로 하여금 '어머니에 대한 向念을 일으키게 한 것을 보면 朴某 기생 다음으로 그에게 큰 영향을 주었다'는 점은(김영수, 407) 참고될만 하다.

무엇보다 김영수의 증언들은 다른 전기들이 포착하기 어려운 세세한 내용들을 전하고 있다는 장점을 가지고 있다. 작고 직전까지 현덕이 유정을 보살폈다는 것, 유정이 玄德의 李氏에게 부탁하여 한 달여에 걸쳐 유화로 된 자신의 초상화를 그렸다는 것, 장편소설「숲밭」을 구상했다는 것, 李箱 부부의 방문, 일본행을 꿈꾸었다는 것 등의 내용이 유정 생애의 세목을 보완하고 있다. 이와 같은 점들을 종합하건대,

---

18) 전신재 편, 같은 책, 133-134쪽.

김영수의 기록은 그만의 것이 아니라 가족 모두의 체험과 기억이 동원된 것이기에 내용이 다양하고 충분하다는 점을 특징으로 한다. 아울러 김유정 사후에 기록된 전기로서는 질과 양의 측면에서 제대로의 품위를 지녔다는 점에서 유정의 공식 전기로 꼽을 수 있다는 의의를 가진다. 그러나 전기 서술 과정에서 유정과의 정서적 거리 문제, 사실에 대한 추측과 예단의 문제 등은 오래도록 검토의 대상이 되어야 한다. 또, 전기 기록자가 가족이나 친구라는 점이 강조되면, 그들의 자료가 절대시될 수 있는데 그런 이유로 인해 작가의 진실이 훼손되거나 독점되는 일은 피해야 한다. 그렇지 않아도 유정의 자료는 너무 영성한 편이기에 도처에 오류의 함정이 도사리고 있다.

5)이동주 : 「김유정」

이동주의 전기 텍스트는 '實名小說'이라는 표제를 달고 있으며, 김유정 생애의 특징적인 국면을 중심으로 픽션이 가미된 전기다. 즉, 유정의 병력, 들병이와의 애정 행각, 기생 옥화에 대한 구애 등의 문제가 소설의 중심 기둥이 된 짧은 꽁트다. 이동주의 '실명소설'은 '소설체'를 표방했던 이상의 것보다 훨씬 소설적이고자 한다. 다시 말해 기왕의 자료들을 소설의 문맥 속에 녹여 허구화함으로써 유정의 삶 전체를 劇化한다. 이동주의 전기는 유정의 삶을 입체적으로 조망한다는 장점에 값한다. 그것은 이 전기가 자료를 병치하는 형태가 아니라 허구의 형태를 십분 활용했기 때문이다. 10페이지에 불과한 분량이지만 효과는 그 분량을 넘어선다. 그러나 검토되어야 할 문제점도 없지 않다. 즉, 기왕의 자료를 장식적으로 활용했다는 혐의가 느껴지고 고증상의 문제점도 나타난다. 예를 들자면, 연희 전문 재학 기간을 2년으로 본다던가(이동주, 55) 박록주를 지칭하는 옥화를 '목로집 색시'(이동주, 58)로 묘사하고 있음은 적어도 잘못이거나 과장된 표현이다. 결국, 이동주의 전기는 이상의 것과 비교될 수 있는 여지를 많이 가진다. 김유정의 지지자인 김문집이 이상의 「김유정」에 대해 59점의 점수를 매겼다는(김영기, 186) 일화는 소설체 전기가 넘어야 할 어떤 문턱으로 새길만 하다.

6) 김영기 : 「김유정—그 문학과 생애」

김영기의 전기는 김유정 전기 가운데 가장 발전되고 진화한 형태다. 그에게 이르러 비로소 제대로 된 편제를 갖춘 김유정 전기가 출현했다 해도 과히 어긋난 표현은 아닐 것이다. 그만큼 김영기의 것은 풍부한 자료와 오랜 관찰이 동원된 종합적인 전기다. 기왕의 전기들이 회고담, 소설체 등의 형식을 차용하고 있는데 반해 김영기의 것은 문학 전기의 체계를 분명하게 갖추고 있다는 점에서 김유정 전기의 한 정점을 이루는 데 모자람이 없다.[19]

이제 김영기의 전기의 특징을 분석해 보자. 먼저, 서술의 측면에서 이 전기는 전지적 시점과 같은 서술 방법을 사용하고 있음이 눈에 띈다. 이는 소설의 기법을 빌려쓰고 있다는 의미와 같다.

> 혜성처럼 등장했다. 무지개처럼 나타났다. 김유정(金裕貞)이 1935년 조선일보 신춘문예에 「소낙비」가 당선되고, 조선중앙일보 신춘문예에 「노다지」가 가작 입선되어 문단에 등단했을 때, 찬양의 소리가 전국에서 울려 퍼졌다 (김영기, 12).

---

[19] 김영기의 전기는 크게 김유정의 생애, 김유정의 문학, 김유정의 문단 교유, 김유정의 문학세계 등 4부로 나뉘고 각 부는 다시 장으로 분류되어 세부적인 소제목들을 달고 있다. 김유정과 관련된 사실들은 거의 남김없이 기록되었다고 볼 수 있다.

인용문은 김영기 전기의 가장 첫머리에 해당하는 단락이다. 문장만으로 본다면 소설의 첫머리와 흡사하다. 김영기는 이러한 서술 태도를 시종일관 지켜 나가고 있지만 자신의 전기에 픽션적인 요소를 가미함으로써 주관적인 판단으로 기울거나 자의적 해석을 내리지는 않고 있다. 이러한 점은 서술 태도와 관련하여 전기의 신뢰감을 확보하는데 도움이 되고 있다.

서술 태도에 이어 김영기가 전기 텍스트를 통해 자료를 취급하고 있는 태도 역시 매우 정교하고 엄밀하다. 일차적으로 김유정과 관련된 모든 자료를 수집하고 체계적으로 분류, 종합함에 있어 비약과 오류를 피하고 있다는 점에서 매우 학구적이다. 이는 물론 전기 작가의 재능과 성실성이 균형을 이룸으로써 얻어진 결과일 것이다. 실제로 김영기는 김유정과 동향이라는 연대감 속에서 일찍부터 김유정의 문학세계를 비평적으로 조명하는 일에 헌신해 왔다. 그런 점에서 그는 김유정 전공자의 한 사람이고 그렇기 때문에 전기 집필의 더할 나위 없는 적임자로 볼 수 있다.

> 재동공립보통학교가 있던 지역은 당시 우리 나라 정치·경제·문화·사회의 중심지였다. 사대부 집안들이 이 지역에 거주했다. 경복궁, 창경궁, 비원, 운현궁 등으로 둘러싸여 있었고, 옛 관청들이 왕궁 주변으로 늘어서 있었다…(중략)….
> 이 지역의 주민 대부분은 조정의 관리들로 구성되었고, 상류계급의 귀족층이 주류를 이루었다. 특권계급에 속하는 사람들이 거주하는 지역이었다 (김영기, 51-52).

인용문은 김영기의 서술 태도와 자료를 취급하는 관점을 명료하게 보여주는 예가 된다. 또, 윗글은 김유정이 수학한 재동공립보통학교가 위치한 곳의 지정학적 특성과 문화적 특성을 간결하게 잘 요약하고 있다. 하나의 자료를 다룸에 있어 그 자료에 연결된 관계항을 성찰하는 일은 전기 작가에게 매우 중요하다. 김영기는 비평가라는 직업적 특성을 전기 집필에 충실하게 반영하고 있다.
 다음으로 이 전기의 구성을 살펴보자. 출생(성장)→소설쓰기→문단 교유로 구성된 것이 이 전기의 서술 순서다. 기왕의 자료를 종합하면서 작가의 생애를 순차적으로 정리하는 이러한 서술 방식을 편년체적 기술이라고 지칭할 수 있다. 편년체적 기술은 작가의 생애를 정리하기에는 적절한 능률성이 보장된다. 또, 편년체적 구성과 전지적 시점이 교차함으로써 전기에 입체성이 부여된다. 여기서 말하는 입체성이란 사실의 병치에서 오는 기술의 평면성을 지양하려는 방식을 의미한다. 김영기는 이에 머물지 않고 대상을 객관적·분석적인 태도로 다룸은 물론 엄격한 실증적 태도까지 겸함으로써 전기를 훨씬 풍요롭게 만들어 준다.
 이제 김영기의 전기에서 내용상 특이한 점들을 정리해 본다. 먼저 유정의 출생지를 춘천으로 단정하고 면밀한 조사를 통해 유정의 가계도를 고증해 낸 부분은 이 전기에서 단연 빛나는 대목으로 보인다. 또 유정의 가계도를 통해서 그의 문학적 재능이 어머니 심씨로부터 전해진 것으로 추론하는 것은 흥미로운 의견이다(김영기, 28). 다음으로 유정 가문의 축재 과정과 관련하여 안회남이 「겸허」에서 부정적으로 언급한 것에 대해 김영기는 다음과 같이 전면적으로 부정하고 있다.

> 양반의 세력으로 재물을 탈취했다는 증거는 없다. 또 춘천지방에 그런 이야기가 전해 오는 것을 찾아볼 수 없다.
> 유정의 실레마을에서의 농민운동은 고향을 살리려는 마음, 고향을 살찌게 하려는 마음, 그리고 궁극적으로는 식민지시대 민족갱생의 거름이 되고자 한 데서 비롯되었다 (김영기, 118).

김영기는 유정의 농민운동을 회남이 언급하는 바와 같이 선조의 죄를 대속하기 위한 것으로 보지 않고 식민지시대 민족 갱생이라는 대의명분 속에서 찾고 있다는 점에서 대조적이다. 김영기와 안회남의 상반된 시각과 해석은 양자가 일면적 진실에 접근하고는 있지만 전부 옳거나 전부 그르다고 못박기는 난처하다. 잠정적이지만, 유정가의 축재 문제는 김영기와 안회남의 견해가 양보적으로 타협하는 것이 타당성이 있어 보인다. 즉, 양반이라는 사회적 신분을 통해 부를 축적했다는 사실은 일면 그 축재의 정당성을 고집하기 어려운 측면이 존재한다. 김유정가의 축재에는 비도덕적인 방법도 포함되었을 개연성이 있기 때문이다. 이 점에 대해 김유정은 심리적 자괴감을 가지고 있었을지도 모른다. 또, 당시에 펼쳐진 농촌계몽운동은 유정과 같은 젊은 지식인 청년들에게 일정 부분 시대적 소명의식을 고취하기에 충분했다고 본다. 그러므로 유정이 고향에서 <금병의숙>을 비롯한 농민운동을 주도한 저변에는 1930년대의 사회·역사적 환경과 유정의 개인적 환경이 맞물리고 있다고 봄이 더 그럴 듯 하다. 이밖에도 「소낙비」와 「노다지」의 체험적 현장성을 논하면서 「소낙비」가 실화에 근거함을 역설한다. 그러나 이 문제는 '그런 사람이 있었다더라'와 같은 聽聞만으로는 고증이 되지 않는다고 본다. 또, 철저한 조사와 고증을 자랑하는 전기가 취할 태도가 아니라고 본다.

더불어 작가의 전기는 생애를 고증하는 일만이 아니라 생애와 작품이 혼융된 세계를 제시할 수 있다면 더 바랄 것이 없을 터이다. 김영기는 자신의 전기 속에서 비평가로서의 직능을 십분 발휘했다고 할 수 있지만 김유정 모노그라피라기보다 주석에 너무 치우친 감도 없지 않다. 그렇다해도 김영기의 전기는 치밀한 조사 및 고증을 통해 작가의 문학과 생애를 체계적으로 종합했다는 점에서 김유정 전기에 값한다.

7) 전상국 장편소설 : 「유정의 사랑」

 김유정의 전기를 검토하는 자리에서 전상국의 장편소설을 논의하는 것은 일견 어색해 보이지만, 이에 대해서는 앞서 '논의를 위한 전제' 부분에서 잠시 해명한 바 있다. 요컨대 전상국은 평전이 갖는 서술의 단조로움을 극복하면서 사랑소설과 평전이 행복하게 결합하는 텍스트를 만들겠다는 작의를 「유정의 사랑」을 통해 구체화한다. 이런 점에서 전상국의 것은 논쟁적 소지를 갖는다. 그러나 이 글은 전상국의 텍스트를 소설로 인정하면서 동시에 한 편의 역동적인 작가 평전으로 읽는다. 즉, 전상국은 기왕의 전기 기록들을 수용하면서 그 위에 두 젊은 남녀의 연애를 펼쳐 놓는 방식을 통해 한편으로는 기록에 봉사하고, 한편으로는 연애에 봉사하면서 동시에 둘을 교묘하게 겹쳐 놓은 소설을 만들어 냈다. 따라서 전상국의 소설은 평전과 소설이 요구하는 공통적 특질과 서로 다른 장르상의 요구를 동시에 만족시키는 야무진 구조를 가졌다는 점에서 홍미롭고 성공적인 전기다.[20] 그리고 역시 홍미롭고 성공적인 장편소설이다. 편의적이고 기계적인 발상이라는 비난에 직면할 수 있겠지만, 그렇더라도 논의의 능률을 위해 이 글은 평전 기록들을 중심으로 살펴 나가려고 한다. 전상국의 소설을 소설로 분석하려고 했을 때는 매우 까다롭고 골치 아픈 문제들이 곳곳에 깔려 있다. '나'라는 인물을 통해 김유정의 생애를 탐사·분석하는 소설적 구조 속에는 두 개의 스토리가 따로 또는 서로 관계하면서 전개된다. 즉, 소설의 주인물인 '나'와 김유정, '나'의 연인인 '하리'와 김유정의 연애

---

[20] 전기 작가는 상상력을 사용할 것(자료까지 상상해서는 안됨), 과거를 현재의 관점에서 이해할 것, 사실을 재판하는 투의 행동을 삼갈 것, 고인을 존경하되 진실해야 한다고 하는데 전상국의 전기는 이상의 유의점들을 충분히 존중하는 차원에서 기술되고 있다(레온 에델/김윤식 옮김, 18쪽 요약).

대상이었던 '녹주'가 서로 조응하면서 풀려 나가는 이야기는 매우 난삽한 문제들을 내장하고 있기 때문에 자칫 논지를 벗어날 수 있다.[21]

전상국은 유정에 관하여 김영기 못지 않은 향토적 연대감을 가지고 김유정을 추적해 온 작가다. 그러니까 그 역시 김유정 전공자라는 당당한 지분을 소유하고 있다.[22] 그런 점에서 그의 전기는 주도면밀하게 준비된 야심 찬 노작에 값한다. 이제부터 전상국의 전기의 내용 중 새로운 의견으로 보이는 것들을 차례로 제시하고자 한다. 맨 먼저 눈에 들어오는 것은 유정의 출생지 문제다. 전상국은 유정의 고향을 서울로 규정한다. 필자가 제시하는 주장을 다음에 인용한다.

> 생존하는 마을 사람 누구도 김유정이 춘천에서 태어났다고 주장하지 못했을 뿐더러 김유정의 셋째 누나 유경의 주장에 일리가 있다고 생각했기 때문이다. 당시의 정황이 그 셋째 누나의 주장을 뒷받침해 준다. 춘천 의병이 봉기하던 구한말 한일합방을 앞둔 뒤숭숭한 세상에 춘천 실레 부자가 신상에 어떤 위험을 느껴 서울에 집을 마련해 식솔들을 옮겨갔을 가능성이 높은 것이다. 어쩌면 그 이전부터 대부분의 식솔들이 서울 생활을 하고 있었는지도 모른다 (전상국, 14, 고딕은 인용자).[23]

---

21) 「유정의 사랑」의 주인공 '나'는 국어학 전공의 기혼 대학원생이고 여자 인물 '하리'는 전직 교사 출신이며 미혼의 이지적인 수학 강사다. '나'는 작가 김유정의 분신이자 '하리'는 유정이 추구했던 여성을 대리하는 구실을 맡고 있다. 즉, 유정의 '이루어지지 않은 사랑'과 유부남과 미혼녀의 일탈적 사랑을 대비시키면서 사랑의 본질을 추구하겠다는 작의가 분명하다. 소설에 등장하는 갖가지 식물에 대한 관찰과 묘사는 주인공의 전공이 국어학이라는 점을 감안하더라도 놀라운 경지다.
22) 전상국은 1985년 그의 모교인 경희대학교 대학원에서 「김유정 연구」를 석사 논문으로 제출한 바 있다.
23) 이러한 주장은 〈같은 책〉 330쪽에서 김영수·진수웅에 의해 분명하게 확인됨으로써 심증의 단계를 넘는 신뢰감을 형성하고 있다.

인용을 통해 볼 때, 기존의 춘천으로 고정되어 왔던 유정의 출생지에 대한 반론은 동의받을 개연성을 많이 거느리고 있다. 그런 점에서 출생지에 관한 문제는 앞으로의 숙제로 남는다. 그러나 출생지 문제는 작가의 전기에서는 밝혀져야 할 항목이지만 유정문학의 본원적 정서와 주요 배경이 서울이 아니라 춘천 실레마을이라는 점은 음미될 부분이다.

전상국의 전기에서 빛나는 부분은 역시 유정의 사랑에 대한 심층분석에 있다. 유정이 어머니에 대한 연모의 정을 연인에 대한 그것으로 대체시켜 나갔다고 하는 기존의 의견들에 대해 전상국은 생각을 달리한다.

> 그는 오직 자신의 외로움을 통해 자기 신념과 열정을 확인하고 싶었다. 그는 자기 자신을 깊은 절망의 밑바닥까지 떨어뜨린 다음 그 밑바닥에서 다시 솟아날 수 있는가를 시험했다. 그때 그가 필요했던 것은 자기 확인이었다. 그는 뭔가를 확인하지 않고서는 견딜 수가 없었던 것이다 (전상국, 107).

> 김유정의 그 편지 쓰기는 그야말로 발광이었다. 스물 한 살 그 나이에 시작된 그 방황의 조짐은 심상치 않았다. 박록주라는 여자를 만났기 때문에 그의 편지 쓰기가 시작된 것이 아니라 그가 편지를 쓰지 않으면 안 되는 그런 절박한 상황 속에 박록주가 나타났을 뿐이다. 다른 여자가 나타났더라도 그것은 마찬가지였을 것이다. 중요한 것은 편지 쓰기가 아니라 그가 처한 절박한 상황으로부터 탈출하는 것이었다 (전상국, 106, 고딕은 인용자).

두 개의 인용문은 유정이 집요하게 경사되었던 여성 문제에 대한 새로운 단서를 제공한다. 그러니까 자기 확인을 위한 대안으로서 탈출이 필요했고 그 출구가 박록주라는 여인을 통해 이루어진다는 논리다. 즉, 외로움이라는 '열등 에너지'(전상국, 153)를 통해 새롭게 태어나고자 했다는 것이 전상국이 전기 속에서 부각시키고자 했던 주장의 요지다. 이러한 논지는 사랑소설이라는 겹의 구조 속에서 높은 설득력으로 다가온다. 유정의 짧은 삶을 추동해 온 에너지가 외로움에 기인한 '열등 에너지'임을 밝히고 이를 통해 그의 연애와 글쓰기를 밝혀 나간 과정은 전상국이 김유정과 동업의 후배 소설가라는 점도 무관치 않을 것이다.

전상국의 전기에서 흥미를 끄는 것은 유정의 서자설을 들 수 있다. 즉, 유정이 첩실의 아들이라는 설은 동리 주민의 증언으로 채록되어 있는데 증언만으로 유정의 서자설이 확인되기에는 미흡한 점이 한두 가지가 아니다.

> 아, 그런데 김유근이 그 양반이 그때 쉰 살이 넘었는데(김유근이는 본처 아들이구 유정이 그 양반은 첩실 아들이니까 그렇게 나이가 차이 질 수밖에 읍지유뭐.) 집에다 첩을 둘인가 셋인가 함께 데리구 살 땐데 웬 아새끼들이 글을 배운다구 짹짹거리니까 당장 내쫓데유 (전상국, 179).

위의 인용은 '1992년 10월 3일, 신남 금병산 기슭에서, 조문희옹(70세, 신동면 증리)이 구술한 것으로 기록되어 있다. 그러나 이러한 증언의 신빙성은 매우 허약하다. 왜냐하면 구술자 자신이 열살 경에 유정을 처음 만났다고 회상하는데 구술자 자신의 착오도 있을 수 있기 때문이다.24) 더구나 유정의 부친 김춘식은 그의 아들 유근과는 달리 매

---

24) 서자 문제는 유정의 가족 측에 의해 강력히 부인되고 있는데 설령 그렇다고 하더라도 한국사회의 문화적 관습으로는 인정되기 어려운 사안일 것이다. 우리의 경우 전기의 일반적 모습은 고작 작가에 대한 상투적인 추모나 상찬에

우 근엄했다는 증언들이 설득력을 갖는다. 유정의 형 유근은 집안에 여자들을 여럿 거느리고 살았다고 하는데 이것이 선친의 취첩 행위로 오해되어 전달되었을 가능성도 없지 않다. 더욱이 당시로서는 한 여자가 8명의 자식을 생산하는 일이 없지 않았기 때문에 유정의 서자설은 설득력이 떨어진다(전상국, 330-331).[25] 이밖에 전상국 소설의 배경과 김유정 소설의 배경이 서로 넘나들면서 보여주는 배경적 교감은 전상국의 뛰어난 묘사력에 힘입어 이 전기의 좋은 장점으로 작용한다. 또, 영수·진수용의 육성을 채록하여 기록하고 있다는 점(전상국, 330), 기존의 평전과 증언자들의 증언에 대한 일정한 비판(전상국, 28-29), 유정의 결혼설 확인(전상국, 330), 유정의 기적비 비판(전상국, 47), 강원도 춘천에서 이루어지고 있는 추모와 관련된 행사들까지 수렴하여 적고 있으며, 유정의 후배 소설가들의 인맥까지 더듬어 놓고 있다(전상국, 322).

이상의 내용들을 종합해 볼 때, 전상국의 전기는 전기와 소설이라는 두 개의 구조를 통합하면서 일정한 성취에 값하는 장편소설로 볼 수 있다. 또, 기존의 김유정 자료들을 종합적으로 수렴하여 체계화하고

머물기 십상이다. 이처럼 전기문학이 寒微할 수밖에 없는 배경에는 私的인 프라이버시에 대한 완강한 封印을 들 수 있다. 앞으로 전기 작업이 활발히 이루어지기 위해서는 작가의 사생활에 대한 봉인이 과감히 해제되어야 할 것이다.
[25] 전상국이 표로 제시한 김유정의 가계는 다음과 같다 (전상국, 325).

부 : 김춘식 →	裕近 →	영수(남)→	진웅 →	기호·규호 형제
모 : (청송 심씨)	(대구 서씨)	진수(여)	석진절 등 3남 2녀	
	유달			
	유형			
	유경			
	유관			
	유흥			
	裕貞 →			
	부흥			

그것에 대해 일정한 비판을 가하고 있다는 점과 유족의 증언을 채록하고 있다는 점은 이 전기의 장점이다. 김영기의 전기가 비평가의 권능이 잘 구사된 것이라면, 전상국의 것은 작가의 권능이 넉넉히 발현되었다고 할 수 있다. 그러므로 전상국의 전기는 고증과 평가에 대한 관심 못지 않게 유정의 창작 심리의 저변을 확인하는 데에 성공하고 있다.

4. 김유정 전기의 쟁점

지금까지 이 글은 김유정의 전기 기록들을 살펴 왔다. 김유정에 관한 전기 기록들은 단순한 기록의 형태로 혹은 소설체의 형태거나 소설의 형태로 존재해 왔다. 간단하게 말하면 기록적 전기와 허구적 전기로 대별할 수 있다. 서술의 형태는 전기 작가가 효과적이고 능률적인 표현을 얻기 위해 선택하는 것이기에 그에 대한 특질들만 살펴지면 그만일 것이다. 즉, 전기 작가들에게 상상의 여지를 주지 않는다는 점에서 선택의 폭이 좁은 것이 사실이다. 특히, 김유정과 같이 문학활동을 한 기간이 짧고, 더욱이 생애마저 단명으로 끝난 경우는 전기의 자료가 단촐해서 편리할 수 있다. 사정이 이러한데도 불구하고 유정의 경우는 의견이 일치되지 않는 부분들이 존재한다. 사실을 밝혀 줄 자료 자체가 망실되었고, 지인들조차 소멸했기 때문에 쟁점이 될만한 사안들은 표류할 수밖에 없다. 이제 각 전기들에 공통적으로 나타나고 있는 대표적인 쟁점들을 살펴보겠다.

김유정 전기에서 우선적으로 대두되는 쟁점은 그의 출생지 문제다. 김유정의 출생지로 거론되는 곳은 주로 강원도 춘천군 신동면 증리 427번지다. 유정의 출생지를 춘천으로 잡는 데는 두 가지의 근거가 작용했다. 하나는 유정 자신이 1936년에 ≪조광≫에 발표한 수필 「5월의 산골작이」에서 '나의 故鄕은 저 江原道 산골이다. 春川邑에서 한 二十里假量 山을 끼고 꼬불꼬불 돌아 들어가면 내닷는 조고마한 마을이다'(전신재, 401)라는 언술과 1968년 김영수가 「김유정의 생애」26)에서 춘천을 출생지로 기록함으로써 결정적 사실로 받아들여져 왔다. 그러나 전상국에 의해 유정의 출생지가 춘천이 아니라 서울이라는 설이 제기되었다. 춘천설은 그것을 기록했던 조카 김영수에 의해서 다시 번복됨으로써 춘천 출생설은 그만큼 비중이 감소되고 있다. 그러나 이 문제는 확고부동한 증거가 출현하기 전까지는 김유정 논의의 현안으로 작용할 것이다. 김유정 논의가 좀더 깊은 폭을 얻기 위해서는 춘천설과 서울설이 대두될 수밖에 없었던 유정 가문의 특이한 배경을 살피는 일이 더 의미 있을 것으로 본다.

두 번째 쟁점은 김유정의 서자설이다. 이 문제도 전상국의 전기에서 제기된 쟁점으로서 논증을 통해 검증하기 난감하므로 김유정 연구의 과제로 등록된다.

또, 김유정의 결혼 사실도 쟁점이 될 수 있다. 즉, 안회남에 의해 결혼설이 제기되었고, 전상국은 가족들의 인터뷰를 통해 결혼설을 유력한 사실로 만들었다.27) 그러나 이 쟁점도 서자설과 같은 맥락에서 이해된다는 점에서 현안으로 남는다. 결혼설과 짝하여 유정 연구에 있어 최대의 쟁점이 될만한 것은 단연 유정의 여자 문제다. 박록주, 박봉자

---

26) 김유정 전집, 현대문학사, 1968.
27) 안회남의 <겸허>나 그 누님 중 한 분이 밝힌 바에 의하면 김유정은 연안 이씨와 혼인했다가 며칠 못 가 소박 놓았다는 이야기가 있다. 이 문제에 대해 영수씨 남매는 「소박 놓았다」는 말을 좀 안 좋은 일로 생각하는 눈치였지만 당시 고모네들과 왕래가 별로 없었던 때라 잘 모르겠다는 것을 전제로 그네들이 동생을 강제로 결혼시켰을 가능성이 아주 없지 않다는 의견을 조심스레 비쳤다(전상국, 330).

로 記名化된 여인들을 비롯하여 유정이 '왜' 그토록 여자들에게 무모한 '질주와 투신'을 감행했는가에 대한 문제는 유정의 삶과 문학의 핵심을 이해하기 위해 반드시 통과해야 하는 주제다. 유정을 논하면서, 그것이 생애가 되었던 문학이 되었던 간에 가장 빈번하고 확실하게 취급되는 것이 이 문제다. 유정이 여자에게 경사된 데에는 그의 조실부모, 병력, 경제적 궁핍의 가중과 같은 정신과 물질의 열악한 환경이 거론되어 왔다. 물론 이러한 견해들이 수긍이 가지만, 유정의 문학 작품에 반영된 여인형과 관계하여 설명할 수 있는 준거틀이 제시된 적은 없는 것 같다. 다만, 전상국의 전기에서 유정과 나, 녹주와 하리라는 등장 인물의 대비를 통해 김유정의 심리가 입체적으로 조명되는 성과를 얻었다고 본다.

유정의 학력에도 쟁점은 숨어 있다. 즉, 연희전문을 자퇴한 내력, 보성전문 입학 여부 등은 여전히 의문으로 남는 항목이다. 특히 유정이 1931년 4월 20일 보성전문학교에 입학했다고 전해지나 이에 대한 기록이 없다. 학과 성적이나 퇴학 날짜도 기록되어 있지 않고 퇴학자 명부만 남아 있다(김영기, 107). 학력에 관한 자료들이 충분치 못하므로 궁금한 부분은 추론으로 채워지고 있다. 추론이 사실의 자리를 차지해서는 안 될 것이다.

끝으로 유정이 서울에서 춘천으로 귀향한 이유, 금병의숙을 개설하고 농민운동에 참여한 동기 등은 두고두고 풀어나가야 할 숙제다. 안회남의 발언처럼 선조들의 잘못을 씻기 위해 동리 사람들에게 글을 가르쳤다는 의견을 어디까지 수용해야 하는지는 충분히 쟁점이 될 소지가 있다.

지금까지 유정의 전기를 통해 본 쟁점들을 정리해 보았다, 김유정의 생애와 문학에서 쟁점으로 대두되는 사안들은 자료의 망실, 부실한 증언과 편견 등이 복합적으로 뒤섞여서 고정된 것이 아닌가 여겨진다.

어쩌면 김유정 전기에서 가장 확실한 것은, 김유정은 1937년 3월 29일 오전 6시 30분 30세의 나이로 경기도 광주군 중부면 상산곡리 100번지에서 그의 매형이자 휘문고보 동창인 유세준과 누나가 지켜보는 가운데 적적하게 영면했다는 사실일 것이다. 더불어 그가 한 사람의 좋은 작가였다는 사실도 쟁점을 벗어나는 확고한 항목이라고 본다.

5. 맺음말

이제, 이 글을 정리하고 매듭지을 때가 되었다. 이 단계에 이르기까지 본고는 기존의 김유정 전기 자료들을 검토했다. 이 작업은 한편으로는 김유정 전기 작업의 개관을 위한 것이고, 다른 한편으로는 김유정 이해의 폭을 검토하려는 작업의 일환이었다. 이러한 논의를 수행하기 위하여 일곱 가지의 전기를 검토의 대상으로 삼았다. 그것은 다음과 같다. 김문집의 「김유정의 예술과 그의 인간 비밀」, 이상의 「김유정—소설체로 쓴 김유정론」, 안회남의 「겸허—김유정전」, 김영수의 「김유정의 생애」, 이동주의 「김유정」, 김영기의 「김유정—그 문학과 생애」, 전상국의 「유정의 사랑」 등이 그것이다. 이들 전기 자료들은 분량이 10여 페이지에 불과한 것에서부터 360페이지에 이르기까지 양적인 편차는 컸다. 또 고증에 치중한 기록적인 전기와 픽션이 가미된 허구적 전기가 공존하는 것이 김유정 전기의 형편이다. 이들은 서술의 형식에 있어서나 분량 면에서 판이한 면이 있기에 같은 자리에서 검토하기에 부적절한 요인이 없지 않다. 그러나 이들 자료들이 한결같이 작가 김유정의 삶과 문학을 위해 헌신하고 있다는 점에서 이들을 한 자리에 놓고 검토하기로 했다. 또 전기들 상호간의 영향 관계를 이해하기 위해 전기가 발표된 순서에 따라 검토하였다. 지금까지 검토한 내용들을 간단히 정리하겠다.

김문집의 것은 감정의 개입이 균형을 잃은 흔적은 있지만, 김유정에 대해 깊은 애정을 가지고 터놓고 작가를 지지해 온 비평가답게 유정의 삶과 문학에 대해 포괄적이면서 선명한 이해의 차원을 마련했다는 의의를 가진다.

이상의 것은 '소설체'라는 형식을 통해 김유정이 처하고 있는 인생의 명암을 상징적으로 함축하는데 성공하고 있다. 또, 두 사람이 공유한 의식의 편린이 전기의 전편에 자연스럽게 녹아 있다는 점에서 사실에 충실하면서도 예술적 향기를 획득하고 있다.

안회남의 것은 평소 많은 교분의 시간을 가졌던 친구라는 유리한 입장을 살려 '신변소설체'의 형식으로 유정의 삶을 그려냈다. 또 일방적 찬미나 비판에 기울지 않고 객관적 사실과 비판적 안목을 적절히 조화시킨 전기였다.

김영수의 것은 비로소 완성된 김유정의 공식 전기라 할 수 있다. 이는 김유정 생애에 입회한 가족의 입장에서 쓰여졌다는 점으로 인해 상당한 권위를 누리기도 한다. 또 이 전기는 유정에 관한 저간의 자료들을 종합하고, 수정하고, 판단하며 확정하고 있다는 점, 그리고 뒤에 올 전기기록의 원천이 된다는 점에서 다른 전기의 앞자리에 선다.

이동주의 것은 유정 생애의 특징적인 국면을 중심으로 하여 쓰여진 실명소설이다.

김영기의 것은 유정 전기 가운데 가장 발전되고 진화된 **형태다**. 또 이것은 풍부한 자료와 지속적 관심이 하나의 종합을 이루고 있으며 자료의 정리와 고증에 충실함으로써 비평가적 권능이 십분 발휘된 전기라 하겠다.

전상국의 것은 평전 형식과 소설 형식을 결합한 전기소설이라 할 수 있다. 즉, 이 전기는 평전이자 전기소설이라는 이중의 형식을 결합하고 있다는 점에서 입체적이고 역동적인 전기라고 할 수 있다. 아울러 이 전기는 작가적 안목과 성실성을 통해 유정의 정신세계를 조명했다는 의의를 지닌다.

이상의 전기 검토를 통해 유정의 출생지, 서자설, 결혼설 및 여성문제, 학력 문제, 귀향 이유, 농민운동을 전개한 배경 등의 쟁점이 존재하고 있음도 살펴보았다.

지금까지의 전기 검토의 내용들을 종합해 볼 때, 유정에 대한 문학적 연구들이 상당 부분 축적되었고 이러한 바탕 위에서 양질의 전기문학이 출현할 수 있었다고 본다. 그러나 좋은 전기가 출현하기 위해서는 다양한 조건들이 성숙해야 할 것이다. 즉, 전기문학에 대한 관심들이 제고되어야 한다. 아울러 이를 위한 사적·공적 자료들이 적극적으로 공개될 수 있는 풍토가 조성되어야 옳다고 본다. 이에 비추어 볼 때 김유정의 전기는 자료가 영성하다는 한계는 있지만 그 대부분은 명료해졌다고 본다. 문제는 이러한 전기의 축적 위에서 새로운 해석을 담은 전기들이 지속적으로 나올 수 있어야 한다는 점이다. 왜냐하면 전기의 집필은 곧 작가를 골똘히 그리고 깊숙하게 이해하려는 가장 적극적인 방법의 하나일 것이기 때문이다.

김유정 산문 읽기

1. 서 론

　김유정의 산문은 몇 가지 점에서 자세히 살펴져야 할 당위를 지닌다.
　첫째로 김유정의 산문은 작가 자신의 생생한 육성과 자전적인 정보를 포괄하고 있다는 점이다. 이 점은 다른 작가들의 경우와 크게 다르지 않다. 그러나 김유정은 워낙 단명한 생을 영위했고 문학에 투신한 기간이 짧았다는 점으로 인해 작가와 관련된 의미 있는 전기적 사실들의 구체를 만나기 어려운 실정이다. 이러한 점은 한 작가의 생애를 복원하고 재구성하는 데 있어 일정한 한계가 됨은 물론이고 작품 세계에 대한 폭넓은 이해도 가로막는 요인이 되기 쉽다. 따라서 작가에 대한 새로운 증언이나 자료의 발견을 기대하기 어려운 이 시점에서 작가와 작품에 관련된 새로운 해석의 지평을 얻기 위해 산문의 검토는 꼭 필요한 과정이다.
　두 번째로 거론할 수 있는 당위는 김유정의 산문이 그의 소설과 일정하게 대응하고 있다는 점이다. 작가의 생애, 산문, 소설이 서로 맞닿아 있다는 사실은 여러 대목에서 확인된다. 다시 말해 작가는 소설을 통해 자신의 삶의 특정 국면을 허구화하고 있다는 것이다. 그의 산문은 자신의 삶을 일정하게 반영하고 있는가 하면 소설과도 특별한 문학적 관계를 유지하고 있다. 그런 점에서 작가의 산문은 한편으로는 작품 분석을 위해, 다른 한편으로는 생애에 대한 고증과 해석을 위해 검토될 필요가 있다.

끝으로 김유정 산문을 살펴야 하는 이유는 산문 자체의 우수성이다. 앞에 지적한 두 가지의 당위성은 작가의 산문을 단순히 작품 이해를 위한 보조 자료의 성격으로 간주할 우려가 없지 않다. 그러나 김유정의 산문은 양적으로는 극히 빈한하지만 산문 자체로서의 문학성은 주목할 만한 가치가 있다. 김유정 특유의 꼼꼼하고도 희화적인 문체, 정직성, 정밀한 묘사 등이 유감없이 발휘된 산문은 그 자체로도 읽고 음미할 만한 수준을 유지하고 있기 때문이다.

이상에서 김유정 산문을 검토하는 당위를 개략적으로 제시했다. 이러한 당위는 서로 깊은 상관성 위에서 분석되어야 한다. 즉, 생애와 산문과 소설이 따로 분석되기보다 하나의 시선으로 통찰되어야 의미가 있다. 그래야만 이제껏의 작가 연구를 종합하면서 작가의 실체를 광범위하게 조망할 수 있는 근거를 확보하게 된다. 이 글은 바로 이와 같은 조망을 얻기 위해 작성된다.

2. 개 관

이 글에서 논의하고자 하는 산문은 김유정이 쓴 소설 이외의 글을 통칭하는 개념이다. 김유정이 남긴 글은 단편소설, 수필, 서간, 설문,

번역 등으로 장르를 나눌 수 있다. 소설의 영역을 빼면 수필과 서간 그리고 설문에 대한 답변 등이 남는다. 따라서 본고에서 논의될 산문의 중심은 역시 작가가 남긴 수필로 한정된다.

김유정이 남긴 수필은 모두 13편이다.[1] 각주에서 밝힌 이들 산문은 소설의 형태를 갖추지 않고 있다는 점에서 공통적이지만 무엇보다 작가의 문학적 신념과 판단 그리고 극히 개인적인 정황들이 가감 없이 세세하게 기록되고 있다는 점에서 이채롭다. 물론 서문에서 지적했듯이 작가의 산문은 산문 자체로도 분석의 가치가 있기도 하거니와 작가와 작품의 배후를 이해하는 데에도 중요한 몫을 할 것으로 판단된다.

김유정의 산문은 크게 전통적 수필의 영역으로 분류될 수 있는 산문과 서간문의 양식을 지닌 산문으로 구분된다. 그러나 이러한 명목상의 구분은 큰 의미의 변별을 갖지 못한다. 서간문의 본질이 개인간의 소통을 목적으로 한다고 하더라도 작가들의 서한은 공적인 영역에서 판독되고 해석되기 때문이다. 또 수필과 서한의 양식을 변별적으로 논의해야 할 경우가 없는 것은 아니지만 이 글에서는 작가의 서간을 산문의 영역에 편입시켜 논의하는 것이 자연스럽다고 본다. 그런데 예외적으로 짧은 서간이 있다. 예컨대「姜鷺鄕前」과「朴泰遠前」과 같은 개

---

[1] 김유정의 수필을 시대순으로 보이면 다음과 같다.
「님히 푸르러 가시든 님이」(1935), 「조선의 집시」(1935) 「나와 귀뚜람이」(1935), 「5월의 산골작이」(1936) 「어떠한 부인을 마지할까」(1936) 「전차가 희극을 낳어」(1936) 「길」(1936) 「행복을 등진 정열」(1936) 「밤이 조금만 짤럿드면」(1936) 「강원도 여성」(1937) 「病床迎春記」(1937) 「병상의 생각」(1937) 「네가 봄이런가」(1937). 「병상의 생각」은 서간문에 포함시킬 수도 있으나 작가의 생각이 반듯한 모양을 갖추고 있고 무엇보다 공적인 성격을 지녔다는 점에서 수필에 포함시킨다. 앞으로 인용할 산문은 전신재 편, 김유정전집 (한림대학출판부, 1987)에 근거할 것이고 인용의 경우 끝에 산문의 제목과 그것이 게재된 쪽수만 적는다.

인적인 편지들이 그렇다. 이들 서신은 불과 10개 미만의 문장으로 짜여 있다. 그러나 그 문장에 각인된 작가의 心惱는 그의 내면을 유추하고 이해함에 있어 그냥 지나치기 어려우므로 산문의 영역 속에서 논의함이 바람직하다고 본다.

　김유정의 산문을 개관하는 자리에서 추가하고 짚어야 할 사안은 당시의 잡지들이 기획한 설문에 대답한 내용들이다. 설문을 산문의 영역에 포함시키는 데는 문제가 있다. 산문이 문자의 영역이고 설문은 말의 영역이기도 하다. 또, 다른 산문들이 완성된 글의 형태를 지니는 데 반해 설문에 대한 답들은 그렇다기보다 어떤 주제나 주장에 대해 단편적이고도 순간적인 반응을 포착하고 있다는 특징을 보여준다. 그만큼 진지성의 정도가 떨어질 우려가 없지 않다. 그러나 이 글은 두 가지의 측면에서 앞서의 우려를 방어하고 싶다. 하나는 김유정에 대한 자료들이 너무 일천하기에 기왕에 존재하는 자료를 경시하지 말자는 것이다. 즉 기존 자료를 인정하고 해석하는 작업을 그쳐서는 안된다는 사실이다. 두 번째의 측면은 잡지에서 기획한 설문류에 반응한 작가의 대답은 그 속에 작가의 진의가 용해되어 있다는 점에서 의미 있게 새겨질 필요가 있다. 비록 그것이 휘발적이고 여담적이어서 진지성의 함량이 떨어지는 응답이라고 양보해도 작가가 남긴 사유의 부스러기임은 부인할 수 없기 때문이다. 그러므로 설문에 답한 단편적인 답변들을 통해 작가가 지녔던 사색의 윤곽과 잔상을 복원하는 일은 그럴 만한 의미와 가치가 있다고 여겨진다. 설문을 산문의 영역으로 포함시키고 논의하고자 하는 이유가 바로 여기에 있다.

　끝으로 개관되어야 할 것은 산문의 창작 시기다. 김유정의 창작 기간이 불과 2년여에 지나지 않는다는 것은 기왕에 공인된 사실이다. 그의 산문은 1935년으로부터 생을 마감하는 1937년 사이에 집중적으로 쓰여지고 발표된다. 물론 이 시기에 작가의 다른 소설들도 함께 발표

된다. 아울러 작가가 폐결핵과 치질이라는 지병과 말기적 투쟁을 벌인 것도 바로 이 시기였다는 사실이 동시적으로 고려되어야 한다. 이러한 사실들을 종합할 때, 김유정의 산문은 소설로 해소되거나 발언되지 못한 인간적 열망들이 표현된 장르라고 볼 수 있다. 따라서 김유정의 산문이 창작된 시기상의 특징은 그의 작가적 입장과 인간적 처지를 두루 분석하고 이해하는 데 유익한 단서를 제공하리라 믿는다. 그의 산문이 한편으로는 생에 대한 저항으로 읽히고 또 다른 한편으로는 유언처럼 읽힐 수밖에 없는 이유도 기실은 창작 시기의 고난스러움을 제쳐 두고 생각할 수 없기 때문이다.

3. 산문적 진실

김유정의 산문은 대개 잡지 지면을 통해 발표된다. 다르게 말하면 편집자들의 주문에 의해 창작되었다는 뜻이다. 대개의 산문 양식이 그렇듯이 소설을 쓸 때와는 긴장도가 다소 이완되는 것이 일반적 상례라고 하겠다. 김유정의 경우도 예외는 아니다. 그렇지만 지속적인 긴장을 요구하는 소설 창작과 달리 형식이 자유로운 산문 속에서 작가는 일말의 방임된 자유와 일탈감을 경험할 수 있다. 소설을 통해서도 작가는 자신의 개인적 발언을 할 수 있지만 그 경우 그것은 허구의 일부라는 점을 간과할 수 없다. 산문은 그렇지 않다. 산문은 허구화되지 않은 작가의 인간적 면모를 그대로 복사한다. 그 점에서 산문은 소설과 달리 자유롭고 일탈적인 특성을 가질 수 있다. 산문 속에서는 작가의 다양한 면모가 수식 없이 노출될 수 있는 개연성이 그만큼 높다. 김유정의 산문을 주목하는 것은 이와 같은 연유다.

김유정의 산문을 이해하는 방법에는 여러 가지를 상정할 수 있을 것이다. 이 글에서는 논의의 편의와 능률을 위해 다소간의 위험을 무릅쓰면서 내용과 형식으로 구획지어 살펴보고자 한다. 내용의 측면은 작가의 당대적 관심사·현실적 처지 등과 같은 문제들을 소상히 살펴보고 취합할 수 있다는 이점이 예상된다. 아울러 형식적인 측면은 주로 문체적인 측면이 관찰된다. 소설을 통해 유감없이 발휘된 김유정 특유의 문체가 산문 속에서는 어떤 기반을 가지는가에 대한 관찰이 필요하다. 당연한 얘기겠지만, 하나의 글을 내용과 형식이라는 이분법적으로 이해하려는 뜻은 아니다. 오히려 그것을 넘어서는 그리고 그것을 허물어 버림으로써 한 작가의 세계를 폭넓게 감싸안을 수 있기를 기대한다.

김유정의 산문을 읽게 되면 그의 관심이 몇 가닥의 방향과 영역을 향해 놓여 있음을 발견하게 된다. 그 방향은 나름의 일관성을 지닌다. 작가가 애착하는 관심의 영역과 방향을 통해 우리는 작가가 지향한 세계의 실상을 포착할 수 있다. 그렇다면 김유정은 그의 산문을 통해 어떤 관심사를 드러내고 있는가. 그의 관심사가 드러내고 있는 지향점은 무엇인가. 작가의 관심 부면을 요약하면 1)고향 또는 고향 사람들 2)병상일지 3)어머니에 대한 회상 4)문학적 발언 등이 된다. 이제 이 주제 항목들을 하나씩 검토해 보자.

1) 고향 또는 고향 사람들에 관한

첫 번째로 검토 대상이 될만한 것은 김유정의 고향과 관련된 담론의 영역이다.[2] 작가는 산문에서 흔히 자신의 고향을 제재로 삼고 있는데 이것은 두 가지 측면에서 주목된다. 하나는 자신의 고향으로 지칭

---

[2] 이 항목에 해당되거나 관련되는 산문은 「닙히 푸르러 가시든 님이」(조선일보, 1935. 3. 6) 「5월의 산골작이」(조광, 1935. 5.) 「조선의 집시」(1935. 10.22-29) 「강원도 여성」(여성, 1937. 1.) 등이다.

되는 강원도 춘천군 신남면 증리를 통해 농민과 농촌 사람들을 이해하고 이해시키고자 하는 양방향의 열망이 산문을 통해 표출되고 있다는 점이다. 다른 하나는 작가의 출생지에 대한 시사다. 지금까지 서울설과 춘천설로 양분되어 있는 작가의 출생지에 대해 작가 자신이 거기에 대해 명시적으로 밝혀 놓음으로써 전기작가들에게 피해 갈 수 없는 쟁점을 만들어 놓았다는 점이다.

> 나의 고향은 저 강원도 산골이다. 춘천읍에서 한 이십리가량 산을 끼고 꼬불꼬불 돌아 들어가면 내닷는 조고마한 마을이다. 앞뒤 좌우에 굵찍굵찍한 산들이 뺑 둘러섯고 그 속에 묻친 안윽한 마을이다. 그 산에 묻친 모양이 마치 옴푹한 떡시루같다하여 동명을 실레라 부른다. 집이라야 대개 씨러질듯한 헌 초가요 그나마도 오십호밖에 못되는 말하자면 아주 빈약한 촌락이다 (「오월의 산골작이」, 401).

위에 보인 산문의 일부는 김유정이 그의 고향을 밝히고 고향에 대해 설명하고 있는 대목이다. '나의 고향은 저 강원도 산골이다'라는 진술은 김유정 전기작가들에게 작가의 출생지에 대한 혼란을 주고 있는 것이 사실이다. 논의의 초점은 아니지만, 이 부분에 대한 주석이 필요하다. 김유정에 대한 출생지는 서울설과 춘천설로 나뉜다. 둘 중의 하나임은 분명하겠으나 구체적 자료에 입각한 확증은 없는 실정이다. 그러므로 두 개의 설은 설로만 인정된다. 우리는 출생지와 고향이 다를 수 있음을 상정할 수 있고, 김유정의 경우가 그에 해당할 개연성이 높다고 추리해 본다. 김유정은 서울 종로구 진골에서 태어났으나 강원도 춘천군 신남면 증리를 오가며 성장했을 것으로 유추할 수 있다. 이와 같은 타협적 판단은 사실을 왜곡할 요소가 없는 것은 아니지만 그 어떤 주장도 작가 자신의 명시적 발언을 초월하기는 쉽지 않다. 설령,

김유정이 서울에서 출생했다 하더라도 작가 자신이 실레를 정신적 고향으로 받아들이고 있는 대목 속에는 많은 함의가 개재되기 때문이다. 이러한 사실은 그의 소설세계와 깊숙하게 연결됨으로써 제법 타당한 의미망을 형성한다. 그러므로 김유정의 출생지에 대한 논쟁적 탐구는 이제 그 원론적 자리를 벗어남이 옳다고 본다.

다시 앞의 인용과 관련된 내용을 돌아가자. 김유정은 자신의 고향을 매우 아름답고 아늑하고 시적인 풍경으로 설명하고 묘사한다. 그것은 두 가지의 대상에 대해서 더욱 그렇다. 하나는 자연과 관련된 외곽적 풍경에 대한 것이고 다른 하나는 그 속에 묻혀 사는 농민들에 대해서이다. 이를 통해서 우리는 무엇보다 김유정이 고향에서 감득하는 '순결한 정서'(「오월의 산골작이」, 405)를 이해할 수 있다. 산문「오월의 산골작이」는 김유정이 고향과 고향 사람들을 바라보고 인식하는 기본적인 풍경이다. 이와 같은 認識素는 작가의 정서적 시각만이 투영된 풍경으로서 여타의 사회적 가치들이 반영되지 않고 있다는 점에서 순결한 정서라고 이를만 하다. 다음과 같은 부분은 김유정 산문의 한 아름다움이면서 그가 창작한 소설의 특징적 묘사와 자연스럽게 이어진다는 의미가 있다.

> 이런 산 속에 누어 생각하자면 비로소 자연의 아름다움을 고요히 느끼게 된다. 머리 우로 날아드는 새들도 각가지다. 어떤 놈은 밤나무 가지에 앉어서 한 다리를 반짝 들고는 길음한 꽁지를 회회 두르며
> 「삐쭉~! 삐쭉~」
> 이렇게 노래를 부른다. 그러면 이번에는 하얀 새가
> 「뺑!」하고 나라와 앉어서는 고개를 까땍까땍 하다가 도루
> 「뺑!」하고 다라난다. 혹은 나무둘기를 쪼며 돌아다니는 딱따구리도 있고. 그러나 떼를 지어 푸른 가지에서 유희를 하며 짖어귀는 꾀꼬리도 몹시 귀엽다 (「오월의 산골작이」, 403).

인용에서 보듯이 자연에 대한 투명한 묘사의 시각을 제외하고는 다른 감상이 배어 있지 않다. 그만큼 농촌과 자연에 대해 투명한 시각이 확보되어 있다. 거듭 언급하거니와 이러한 시각이 김유정의 문학적 바탕을 유지시키는 기본항으로 작용한다. 그러나 김유정은 이효석과 같은 순미한 자연 예찬이나 몰입의 경지를 추구한 작가는 아니다. 김유정의 자연은 단순성으로 요약된 천진함으로 비쳐지지만 그것만으로는 충분한 해명이 되지 못한다. 인용문에 드러나고 있는 새들의 한가로운 유희는 산골의 한적함을 깨뜨리는 파격쯤으로 이해될 수 있다. 이러한 공간 위에 혹은 속에 작가가 바라본 농민들과 그들이 이룩하는 삶의 풍경이 얹어지면서 김유정의 산문적 풍경은 완성된다. 여기에 이르면 자연이 비로소 한가로움과 유유자적의 공간만이 아님과 더불어 그 속에 삶을 잇대고 있는 인물들의 피로까지 감싸고 있음이 확연해진다. 달리 말해 지극한 고난마저 정제하고 난 뒤의 투명함이 김유정이 길어 낸 자연이다. 한없이 투명하고 순미하고 고적한 비애가 녹아 있는 배경, 그것이 김유정이 파악한 자연이라면, 그 속에서 삶을 영위하는 농촌 사람들을 작가는 어떤 시각에서 바라보고 있는가. 이제 그 대목을 살펴볼 차례가 되었다.

> 그들의 생활에는 허영이라는 邪가 일체 없습니다. 개명한 사람의 처신법과같이 뚫어진 발꿈치를 붉은 낯이 치마 끝으로 가린다든가, 혹은 한 字 뜯어볼 수 없는 외국서적을 옆에 끼고 그러잖어도 좋을 듯 싶은 용기를 내어 큰 거리를 활보한다든가, 하는 이런 어려운 연극을 도시 모릅니다. 해여진 옷에 뚫어진 버선, 혹은 맨발로 칠떡칠떡 돌아다니며 어디 하나 끄릴데 없는 무관한 표정입니다 (「강원도 여성」, 423).

이렇게 도회와 인연이 멀음으로 그 인심도 그리 야박지가 못하다. 물론 극히 궁한 생활이 아닌 것은 아니나 그러나 그들은 아즉 악착한

행동을 모른다. 그 증거로 아즉 나의 기억에 상해사건으로 마을의 소
동을 일으킨 적은 없었다 (「오월의 산골작이」, 401).

　　시골이란 그리 아름답고 고요한 곳이 아닙니다. 서울사람이 시골을
　동경하야 산이 잇고 내가 잇고 쌀이 열리는 풀이 잇고…… 이러케 단
　조로운 몽상으로 애상적 시흥에 잠길 고때 저-쪽 촌띄기는 쌀잇고 옷
　잇고 돈이 물밀 듯 질번거릴법한 서울에 오고 십퍼 몸살을 합니다. …
　(중략)…
　　시골의 생활감을 적실히 알랴면 그래도 봄입니다. 한 겨울동안 흙방
　에서 복대기든 울분, 내일을 우려하는 그 초조, 그리고 터무니없는 야
　심, 이 모든 불온한 감정이 엄동에 지질되어 압축되엇다 봄과 맛닥드
　리어 몸이라도 나른히 녹고 보면 담박에 폭발되고 마는 것입니다. 남
　자란 원악 뚝기가 좀 잇서서 위험이 덜합니다. 그것은 대체로 부녀 더
　욱이 파라케 젊은 새댁에 잇서서 그 예가 심합니다. 그들은 봄에 더
　뜰되어 방종하는 감정을 자제치 못하고 그대로 열에 띄입니다. 물에
　빠집니다. 행실을 버립니다 (「닙히 푸르르 가시던 님이」, 389-340).

　고향 사람들에 대한 작가의 생각은 기교 없는 삶, 온후한 인심으로
요약될 수 있다. 그것은 근대식 화장이나 인공적 협잡(422쪽)이 없는
자연의 상태와 닮아 있다. 인공적 기교가 없다는 것은 그만큼 문명한
세계와 격리되어 있다는 뜻이기도 하다. 그러나 이러한 관찰은 정직하
지 못하다. 당대의 농촌은 작가의 증언이 아니더라도 신산스런 생계와
직면해 있었기 때문이다. 그러므로 작가는 시골이란 더 이상 '아름답
고 고요한' 곳이 아님을 선언한다. 시골 사람들이 동경하는 것은 자연
의 순미함이 아니라 쌀, 옷, 돈과 같은 물질적 풍요다. 이는 풍요에 대
한 갈망에 앞서 궁핍을 벗어나고자 하는 원초적 열망이다. 특히 한산
한 시골에 대한 도시인의 동경이 농촌의 현실을 몰각한 허위일 수 있
음을 경계하는 대목은 작가 자신이 고향과 고향 사람들의 처지를 누

세 번째 인용문의 경우, 농촌 부녀자들의 發憤의 심리적 배경에 대해 매우 적확하고도 여유있는 해석을 내리고 있다. 부녀자들이 춘정을 이기지 못해 방종의 길에 들어서는 과정에 대한 분석이 커다란 설득력을 지닌다. '흙방에서 복대기든 울분, 내일을 우려하는 초조, 터무니없는 야심'과 같은 불온한 감정이 겨울 동안 결빙되었다가 봄을 맞아 한꺼번에 폭발한다는 분석은 당대 농촌 여성들의 심리를 설명하는 데만 유용한 것은 아니다. 오히려 이러한 정황은 농촌 사회 일반에 해당되며 특히 힘든 농사에 매달리면서도 특별한 성과가 없는 농민들의 심정을 명시적으로 대변하는 데 있어서도 그 적절성이 인정된다.

그런데 김유정의 산문적 관찰과 표현이 이 수준에서 멈추는 것은 아니다. 이 지점에서 한 걸음 더 전진함으로써 또 한 겹 더 깊숙한 관찰을 감행함으로써 자신이 창작할 소설의 실체를 발견하게 된다. 그것은 애상적 시흥과 같은 피상과 허위에 붙잡힌 관찰이 아니라 있는 그대로의 객관적 농촌 현실을 바라보는 일이다. 더욱이 이러한 현실을 있게 하는 구조적 심층을 투시함으로써 고향 사람들이 발붙이고 있는 현실적 토대를 분명하게 조명한다. 이러한 사색들은 여러 대목에서 발견되지만 선명한 논리와 분석이 빛나는 「조선의 집시」에서 결정적으로 드러난다. '들병이 철학'이라는 부제가 붙은 이 산문은 제목 그대로 들병이의 발생론적 배경과 그 생태에 관한 김유정식 보고서라 할 수 있다. 이 산문이 문제되는 것은 들병이에 대한 분석에 있다기보다 농촌에 대한 심도 있는 관찰에 있다. 즉, 앞서 살펴본 바처럼 가식과 허영이 없는 순진무구한 고향 사람들과 들병이가 조응하는 사회적인 관계를 적실하게 보여주기 때문이다. 고향 사람들로 불릴 수 있는 농촌 부녀자들의 '울분, 초조, 야심'이 폭발하면서 발분한 직종이 들병이라는 설명은 명민한 통찰의 소산이다. 부연컨대 농민들의 울분, 초조, 야심은 모호한 추상의 세계가 아니라 명징한 삶의 내역이기 때문이다. 작가는 이 점을 꿰뚫어 본 것이다.

> 가을은 농촌의 유일한 명절이다. 그와 동시에 여러 위협과 굴욕을 격고 나는 한 역경이다. 말하자면 그들은 지주와 빗쟁이에게 수확물로 주고 다시 한겨울을 염려하기 위하야 한해 동안 땀을 흘렷는지도 모른다.
> 여기에서 한번 憤發한 것이 즉 들뺑이 생활이다.
> 들뺑이가 되면 밥은 식성대로 먹을 수 잇다는 것과 또는 그 준비에 돈 한푼 안든다는 이것에 그들은 매혹된다. 안해의 얼골이 秀色이면 더욱 조타.
> 그러치 안트라도 농촌에서 항상 유행하는 가요나 멋마듸 반반히 가르키면 된다 (「조선의 집시」, 393).

김유정의 명명에 따르면, 들병이는 이동식 작부 계층이다. 그들은 한 해의 수확물을 지주와 빗장이에게 바치고 나면 남는 것이 없는 순수한 농민 출신이다. 이러한 처지를 벗어나기 위해 필요한 것은 반반한 용모와 유행하는 가요 몇 마디다. 이들은 술과 여흥을 제공하고 반대급부를 돌려 받는 것을 직업으로 삼는다. 들병이가 출몰할 수밖에 없는 사회적 배경에는 일제의 강점에 의한 조직적 수탈 구조가 감추어져 있다. 김유정은 들병이를 통해 피폐해 가는 고향 사람들의 전형을 본다. 즉, 그는 산문을 통해 다수의 농민 계층이 자작농―소작농―표랑농민으로 몰락해 가는 과정을 분명히 보여주고 있는 것이다.[3] 다음은 작가가 당대의 농촌사회 즉 고향 사람들의 현실을 분명하게 이해하고 있음을 단적으로 보여주는 대목이다.

---

[3] 졸고, 김유정 소설의 매춘 구조 분석, 상지전문대학 논문집 13, 1994. 51쪽.

농사라는 것이 얼른 생각하면 한가한 신선 노릇도 갓다. 마는 **實相**
은 그런 고역이 다시 업슬 것이다. 쌩볏헤 논을 맨다. 김을 맨다. 혹은
비 한 방울에 **渴急**이 나서 눈감고 꿈에 까지 천기를 엿본다— 그러나
어터케 해서라도 농작물만 잘 되고 추수째 소득만 **如意**하다면이야 문
제잇스랴 (「조선의 집시」, 393).

위의 대목은 농사가 신선노릇이 아니라 고역임을 준엄하게 일깨워
주고 있다. 추수 때의 소득이 여의치 못함으로써 농민들의 고난이 발
생하게 됨은 재론의 여지가 없다. 농촌 사회의 이러한 현실적 상황을
김유정은 냉철한 안목과 정확한 문장을 통해 끄집어내고 있다. 그리고
이와 같은 작가의 인식은 일정하게 소설에 반영되고 있다. 아울러 당
대 농민의 삶이 산문의 양식을 통해 진술됨으로써 허구에 기초한 소
설에서 받게 되는 감흥과는 또 다른 진실의 일면이 부각된다.

지금까지 김유정의 산문 속에서 유독 고향과 고향 사람들에 대한
인식이 두드러진 글들을 중점적으로 살펴보았다. 김유정은 자신의 산
문을 통해 강원도 춘성군 신동면 증리가 자신의 고향임을 밝히면서
고향의 자연과 고향 사람들에 대한 또렷한 관찰을 제시하고 있다. 동
시에 그가 파악한 고향의 자연은 순미한 **詩情**의 세계이지만 그 속에
사는 고향 사람들의 농촌생활은 그와 상반되는 고역의 세계임을 대비
시켜 보여준다. 여기서 농민계층이 몰락의 과정을 밟으며 새로운 직종
을 발견하게 되는데 그것이 '들병이'와 같은 작부계층이다. 요컨대 김
유정의 산문은 앞서 거론한 고향과 고향사람들에 대한 정확하고도 정
직한 문학적 보고서라는 점이다. 덧붙일만한 것은 김유정이 묘사하는
고향의 자연은 삶의 고난을 정제하는 혹은 그런 뒤의 투명함의 실체
를 담보하고 있다는 점이다. 이 문제는 앞으로 더 진지하게 논의해야
할 과제의 하나이다.

2) 病에 관한

 김유정의 많지 않은 산문 가운데 대부분은 작가 자신의 질병에 대해 언급하고 있다. 그런 만큼 작가의 산문을 관류하고 있는 기본적인 내용과 핵심은 그가 앓고 있던 병과 그에 관련된 병상일지라고 해도 크게 어긋난 것은 아니다.[4] 병은 일면 사람을 정직하게 만든다. 회복의 기미가 보이지 않는 오히려 그 증세가 악화일로에 있던 유정의 경우 글쓰는 행위는 유서를 쓰는 행위와 크게 다를 것이 없다. 그만큼 그는 절박한 상황 속에 놓여 있었던 것이다. 김유정의 지병은 폐결핵과 결핵성 痔瘻였다.

 시계에서 恤 집어먹은 시선을 천정으로 힘없이 걷어올리며 생각하여 보니, 이렇게 屈伸을 못하고 누어 있는 것이 오날째 나흘이 되어오련만 아무 가감도 없는 듯 싶고, 어쩌면 便秘로 말미아마 內痔核이 발생한 것을 이것쯤, 하고 等閒視하였던 것이, 그것이 차차 퍼지고 그리고 게다 結核性 膿瘍을 이루어 痔疾 중에도 가장 악성인 痔瘻, 이렇게 무서운 치루를 갖게 된 자신 밉지 않은 것은 아니나 그러나 다시 생각하면 나의 本病인 肺結核에서 필연적으로 도달한 한 과정일 듯도 싶다. 치루하면 선듯 의사의 수술을 요하는 腫瘡인 줄 아나, 우선 나에게는 그럴 물질적 여유도 없거니와 설혹 있다 하드라도 이렇게 衰弱한 몸이 수술을 받고 한 달포 동안 시달리고 난다면, 그 꼴이 말 못될 것이니 이러도 못하고 저러도 못하고 進退維谷에서 딱한 생각만 하야 본

---

[4] 병과 관련된 산문으로는「나와 귀뚜람이」「어떠한 부인을 마지할까」「길」「행복을 등진 정열」「밤이 조금만 짤럿드면」「병상영춘기」「네가 봄이련가」「병상의 생각」 등이 있다. 대부분의 산문이 병상에서 쓰여졌고 병의 상황에 관해 토로하고 있다. 유정은 本病인 폐결핵을 제외하고도 유년기의 횟배앓이, 휘문고보 시절 투포환에 가슴을 맞은 일, 눌언교정, 늑막염 등의 병력을 가지고 있다 (졸저, 김유정 소설 연구, 인문당, 1990. 25쪽).

다 (「밤이 조금만 짤럿드면」, 417-418, 고딕은 인용자).

김유정은 자신의 지병에 대해 소상한 이해와 지식을 가지고 있다. 인용한 부분은 그 사실을 뒷받침하고 있다. 뿐만 아니라 치료를 할 수 없는 신체적·재정적 상황은 말 그대로 유정을 더욱 난감한 백척간두의 벼랑으로 내몰고 있다. 인용한 산문은 그 앞뒤를 살피지 않더라도 유정이 처한 극한적 상황을 거의 생짜로 보여주는 사실성으로 충만해 있다. 이처럼 막막한 상황 속에서도 유정은 병을 포기하지 않고 병과 싸우는 건강성을 일관성 있게 견지한다. 특히 산문이 씌여진 1935년부터 그 이후는 병세가 극도로 나쁜 상황이었기에 병과 관련된 글들은 한결같이 지독한 고통 가운데 작성되었다고 보아야 한다.

①폐결핵에는 삼복더위가 끗없이 얄궂다. (…중략…) 살고도 십지 않지만 또한 죽고도 싶지 않은 그것이 즉 나의 오늘이다 (「나와 귀뚜람이」, 400).

②사실인즉 나는 그 행복과 인연을 끊은지 이미 오랬다. 지금에 내가 살고 있는 것은 결코 그것 때문이 아니다. 말하자면 행복과 등진 정열에서 빼쳐난 생활이라 하는 게 옳을는지 (「행복을 등진 정열」, 416).

③여섯 달 동안이나 문박 출입을 못하고 한자리에 누어잇는 몸이매 야윌대로 야위엇다. 인제는 온 전신의 닷는 곳마다 쑤시고 아프다. 들어 누엇으면 기침이 폭발하고 그러타고 안짜니 치질이 괴롭다.
그러트라도 먹은 것이 소화만 잘 되어도 조켓다. 묵다란 죽을 한 보시기쯤 먹고도 끌꺽 끌꺽하고 한종일 복기지 안는가. 이까진 병쯤에 그래 열이 벌컥 올라서 그제께는 고기를 사다가 부실한 창자에 함부로 꾸겨너헛다. 그리고 이제 하루를 일수 설사로 줄대□기에 몸이 착 까

부라지고 말앗다. 아직도 그 여파로 속이 끌른다. 아랫배가 꼿꼿한 것이 싸르를 아파들 온다 (「병상영춘기」, 429-430).

④필승아.
나는 날로 몸이 꺼진다. 이제는 자리에서 일어나기조차 자유롭지가 못하다. 밤에는 불면증으로 하여 괴로운 시간을 원망하고 누워 있다. 그리고 猛熱이다. 아무리 생각하여도 딱한 일이다. 이러다는 안되겠다. 달리 도리를 채리지 않으면 이 몸을 다시 일으키기 어렵겠다.
필승아.
나는 참말로 일어나고 싶다. 지금 나는 병마와 최후 담판이다. 興敗가 이 고비에 달려 있음을 내가 잘 안다. 나에게는 돈이 시급히 필요하다. 그 돈이 없는 것이다.
필승아.
내가 돈 백원을 만들어 볼 작정이다. 동무를 사랑하는 마음으로 네가 좀 조력하여 주기 바란다. 또다시 탐정소설을 번역하여 보고 싶다. 그 외에는 다른 길이 없는 것이다.
허니 네가 보던 중 아주 대중화되고 흥미 있는 걸로 한 뒤 권 보내주기 바란다. 그러면 내 오십일 이내로 번역해서 너의 손으로 가게 하여 주마. 허거든 네가 극력주선하여 돈으로 바꿔서 보내 다오.
필승아.
물론 이것이 무리임을 잘 안다. 무리를 하면 병을 더친다. 그러나 그 병을 위하여 엎집어 무리를 하지 않으면 안되는 나의 몸이다. 그 돈이 되면 우선 닭을 한 삼십 마리 고아 먹겠다. 그리고 땅군을 들여, 살모사 구렁이를 십여 못 먹어 보겠다. 그래야 내가 다시 살아날 것이다. 그리고 궁둥이가 쏙쏙구리 돈을 잡아먹는다. 돈, 돈, 슬픈 일이다.
필승아.
나는 지금 막다른 골목에 맞닥드렸다. 나로 하여금 너의 팔에 의지하여 광명을 찾게 하여다우.
나는 요즘 가끔 울고 누워 있다. 모두가 답답한 사정이다. 반가운 소식 전해 다우. 기다리마 (≪안필승의 편지≫ 전문, 451-452, 고딕은 인용자).

네 개의 인용문은 병의 실제적 증세와 그에 대한 자기 인식을 또렷하게 보여주고 있다. 문밖 출입을 못한 지 육개월에 접어든 시점에서 앉지도 서지도 못하는 병세는 김유정의 심신을 참혹하게 만들어 놓고 있다. 그런 가운데 인용 ①과 ②에서 처럼 '살고 싶지 않지만 죽고도 싶지 않은' 심정, '행복을 등진 정열' 등으로 표현된 투병 중의 심정은 독자에게도 참담한 울림으로 전달된다. 휘문고보 시절의 친구이자 문우였던 안회남에게 보내는 서한인 인용 ④는 처절함의 극점이라 해도 과언이 아니다. 이 서한은 유정이 작고하기 11일 전에 쓴 것으로 되어 있다. 작가가 남긴 현존하는 최후의 문장이라고 보면 되겠다. '필승아'라고 부르는 呼格은 이미 특정인을 향한 것이라기보다 자신을 향한 절규의 리듬이다. 그가 말한 것처럼 병마와 벌이는 최후 담판의 절절한 목소리다. 그러나 김유정 산문의 어디에도 핍진한 심정의 표명은 있어도 궁상스러운 자기 변호는 보이지 않는다. 이와 같은 문맥은 '만약 자식이 있다면 울지 않도록 가르치겠다. 궁상을 떠는 것도 우는 것'5)이라고 언급한 내용과 상통한다. 이 점은 그의 자아 형성과 연결하여 분석되어야 할 주제이기도 하다. 한 편의 짧은 글이라 하더라도 그는 마치 생명의 잔을 따르듯이 혼신의 열정을 다 쏟아 부었다. 산문에서 드러나는 정치한 문체가 이를 증명한다.

> 허공에 둥실 높이 떠올라 중심을 잃은 몸이 삐끗할 제, 정신이 고만 앗찔하야 눈을 떠 보니, 이것도 꿈이랄지, 어수散亂한 환각이 눈앞에 그대로 남어 아마도 그 동안에 잠이 좀 든 듯 싶고, 지루한 步調로 고작 두 점 오분에서 머뭇거리던 掛鍾이 그 사이에 십오분을 돌아 두 점

---

5) 전집, 45쪽.

이십분을 가르킨다 (「밤이 조금만 짤렷드면」, 417).

앞에 꺼내 놓은 예문은 심리적으로 지리하게 느껴지는 밤을 표현한 문장이다. 형식상 한 개의 문장으로 이루어진 이와 같은 문장은 사실상 김유정이 뛰어난 문장가라는 점을 확인시켜 주는 대목이다. 또 군더더기 없는 언어의 조립으로 상황을 명징하게 재구성해 내는 묘사의 재능을 가지고 있다는 점도 인정된다. 이와 같은 역량은 자신의 어려운 처지를 객관적으로 바로 바라보려는 작가의 정신적 노력과 관계되는 사항으로 이해된다.

지금까지 병과 관련된 산문을 살펴보았다. 자신의 병을 주제로 다루고 있는 산문이 가장 많았다는 것은 곧 작가 자신의 현실적 처지를 그대로 반영하는 결과다. 작가는 이러한 병상일지적 성격을 강하게 띄는 산문을 통하여 자신의 병, 병세, 심리적 추이, 타인의 관심 등을 세밀하게 그려내고 있다. 이는 소설에서 찾기 어려운 내용으로서 작가의 내면을 엿보는 데 있어 소중한 자료가 된다. 또 하나 말기적 병세에 시달리면서도 그는 강한 정신력의 일면을 보여주는데 그것은 탄식과 궁상을 떨지 않는다는 점이다. 병세를 객관적으로 세밀하게 묘사해내는 작가의 문체는 문장상의 문제만이 아니라 자신과의 일정한 감정적 거리를 유지하기 위한 피나는 투쟁의 산물이기도 하다. 그러므로 그는 죽는 순간까지 자신의 병과 담판을 벌여 나가면서 병에 굴복하지 않았던 것이리라.

3) 어머니에 관한

김유정은 여섯 살에 어머니를 또 여덟 살에는 아버지를 여읜다. 말 그대로 조실부모에 해당된다. 이러한 사실은 이후 김유정의 삶에 심대하고도 복잡한 밑그림을 그려 놓게 된다. 특히 어머니에 대한 상실감은 그의 소설과 산문을 비롯한 여러 지면에서 두루 발견된다. 이는 김유정의 가까운 문우였던 안필승에 의해서도 증언되고 있다. 다음과 같은 안필승의 증언을 통해 김유정이 잠재적으로 가지고 있던 어머니에 대한 생각의 일단을 엿볼 수 있다.

> 남이 손가락질하며 비웃을만치 그가 그렇게 많이 비참한 외쪽 사랑의 슬픔을 겪으면서도 겉으로는 태연자약했던 것은 어머님을 존경하는 마음, 어머님을 예쁘다고 하는 생각, 어머님을 그리워하는 정성, 이것이 그대로 자기가 연모하는 상대편 여자에게까지 연장하여 그저 꿇어 엎드리고, 그저 미화하고, 그저 모든 것을 바치려는 태도를 취하게 된 것이리라 믿는다. 유정은 어머님에게 대한 사랑에 있어서나 애인에게 대한 사랑에 있어서나 그 보수를 상상하지 않고, 우선 정열이 불탓던 것이다.6)

어머니에 대한 상실감은 김유정의 전 생애를 지배하는 부동의 관념이 되었다. 조실부모, 家系의 경제적 파산, 병고와 같은 문제들이 복합적으로 작용하여 어렵고 힘든 국면에 처할 때마다 김유정은 신앙처럼 어머니를 그리워한다. 김유정은 연애의 대상인 여인들에게서도 어머니를 떠올린다. 안필승이 회상하는 내용도 그렇다. 김유정이 어머니와 애인을 동일시하는 관념은 그만큼 어머니 지향의 열망과 강도가 큼을 말한다. 기생이요 명창이었던 박록주와의 비련은 김유정의 어머니 지향이 집중적으로 분출된 극단의 예가 된다. 특히 창작에 매진했던 1935년 이후부터 김유정은 여러 가지의 고난 속에 놓여 있었다. 재정적 빈곤이 그러했고, 깊어지는 지병이 그러했고, 성립되지 않는 연애

---

6) 안회남, 겸허—김유정전, 문장, 1939. 10. 41-42쪽.

도 그러했다. 가히 사면초가의 경우다. 그 중에서도 전망 없는 질병의 상황은 유정으로부터 대부분의 의욕을 앗아간다. 이러한 상황에서 의지하게 되는 마지막 신앙이 어머니였던 것이다.

> 한때는 나도 어머니가 없음을 슬퍼도 하였으나 이 情景을 목도하고 보니, 지금 나에게 어머니가 계셨드라면 슬퍼하는 그 꼴을 어떻게 보았으랴, 싶어 일즉이 부모를 여읜 것이 차라리 행복이라고 없는 행복을 있는 듯이 느끼고는 후―하고 가벼이 숨을 돌리어 본다 (「밤이 조금만 짤럿드면」, 419).

> 몸이 아프면 아플스록 나느니 어머니의 생각. 하나 업기를 다행이다. 그는 당신이 나아노은 자식이 이토록 못생기게스리 될 줄은 꿈에도 생각지 못하고 편히 잠드섯나. 만일에 나의 이 꼴을 보신다면 응당 그는 슬프려니. 하면 업기를 불행중 다행이다. 한숨을 휘, 돌리고 눈에 고엿든 눈물을 씻을 때에는 기침에 辱을 볼대로 다 본 뒤엿다 (「病床迎春」, 431-432).

> 나는 몸이 아플 때, 저 황천으로 가신 어머님이 참으로 그리워집니다 (「병상의 생각」, 443).

세 개의 지문은 각기 다른 장소에서 뽑았지만 그 내용은 대동소이하다. 공통점은 심각한 병중에 드러난 생각이라는 것과 자신의 불행을 행복으로 인식하는 역설의 사고다. '아프면 아플스록 나느니 어머니의 생각'이라는 문장은 아무런 수식 없이 날것으로 드러낸 진실 그 자체이다. 그러나 한편으로 유정은 자신의 생각을 반전시키고 있다. 어머니가 '업기를 다행'이라고 여기며, '없는 행복을 있는 듯이' 느끼는 역설은 역설인 채로 진실과 맞먹는 等價를 이룬다. 김유정의 어머니에 대한 집착과 회상은 산문으로, 소설로, 삶 속에서 쉼없이 반복된다. 동시대의 문인들도 예외 없이 이를 증언한다. 그만큼 어머니 指向性이 강하다는 반증이다. 산문은 이를 두루 확인시켜 주고 있다.

4)문학에 관한

문학에 관한 내용은 두 가지 측면에서 살펴질 수 있다. 하나는 창작 습관이나 독서 경향과 같은 창작 외적인 항목이고 다른 하나는 작가가 문학을 바라보는 태도를 검토하는 일이다. 김유정은 문학에 관한 담론을 많이 남겨 놓은 작가는 아니다. 비평적 관심이나 논객으로서의 역할을 담당하지 않았을 뿐만 아니라 그럴 시간적 여유도 없었기 때문이다. 먼저 「病床迎春記」를 통해 작가의 창작 관습과 관련된 편린을 살펴보도록 하자.

> 자정으로 석점까지 그 시간에야 비로소 원고를 쓸 수 잇는 것이 나의 버릇이엇다. 그때에는 주위의 모든 것이 잠이 들어 잇다. 두 주먹 외의 아무 것도 업고, 게다 몸에 병들어 건강마자 일흔 나에게도 이 기간만은 극히 귀중한 나의 소유엿다. 자정을 넘어스며 비로소 정신을 어디 아직도 살아잇는 자신을 깨닷는다. 이만하면 원고를 써도 되겟지. 원고를 책상 아페 끌어다 노코 강제로 펜을 들린다. 忽忽히 부탁을 밧고, 멧장 쓰다 두엇든 원고엿다. 한 서너장 계속하야 쓰고 나면 두 어깨가 아프로 휘여 든다 (「병상영춘기」, 431, 고딕은 인용자).

창작에 관련되는 신변잡기적인 사안들에 대해서는 작가가 직접적으로 언급한 예를 찾기가 쉽지 않다. 그런 점에서 보면 위의 인용은 비교적 희귀한 예가 된다. 자정 이후에 정신이 맑아진다는 사실과 그때부터 집필을 한다는 것은 다른 작가들의 경우와 비교해도 그리 특별한 내용은 아닐 것이다. 그러나 김유정이 육체적으로 극히 쇠약한 상태였다는 점을 감안한다면 그가 소설을 썼다는 사실은 그 자체로 死鬪의 과정이었다고 이를 수 있다.

그밖에 설문에 답한 것들을 모아 보면 작가의 사색의 윤곽을 짚어 볼 수 있다. 김유정은 조선문단의 문학서와 외국 문학서 중 가장 감명 깊게 읽은 것이 무엇이냐는 질문에 『홍길동전』과 제임스 조이스의 『율리시즈』를 꼽았다. 또 한 달에 독서하는 頁數[7)]에 대해서는 '대중이 없습니다. 망녕이 나면 한 삼천여혈, 또 망녕이 나면 한 혈 없'다고 답했으며, 藏書에 대해서는 '더러 있든 걸 돈으로 바꾸었'다고 답했다.[8)] 문학과 상관없는 질문이지만 '3일간 천지가 캄캄해진다면' 어떻게 할 것이냐는 만담같은 질문에 대해 유정은 '등불을 켜 들고 산보를 다니겠다'는 여유 있는 답을 내놓고 있다. 날개가 달려 공중을 날 수 있다면 어떤 일을 하겠냐는 질문에는 '공중에 올라가 그냥 번듯이 누워 卷煙을 한 개 피워 보겠다'고 대답. 인체 중에 한 가지를 더 가져도 된다면, 폐를 한 너덧 개 더 갖고 싶다고 답하기도 했다. 바로 앞에서 거론한 설문의 예들은 우문현답으로 치부될 수 있지만 그런 가운데 김유정의 진실이 드러나고 있음을 간과할 수 없다. 이러한 사실과 관련하여, 문학과 생을 바라보는 유정의 사색이 매우 절박한 가운데 있으면서도 유머와 여유를 상실하지 않았음을 간파하게 된다. 그러나 그 유머와 여유는 고난과 슬픔의 뒷면이다. 유정의 산문은 이에 대한 확고부동한 傍證이다.

작가의 문학에 대한 생각을 살필 수 있는 유일하면서도 중요한 산문은 1937년 ≪조광≫에 발표한 「병상의 생각」을 들지 않을 수 없다. 이 산문은 잡지 편집자가 제시한 '사랑의 편지'라는 주제 아래 작성된

---

7) 頁數는 책의 쪽수를 가리킴.
8) 이상의 답변들은 ≪조광≫(1937. 3. 259-261쪽)에 실린 것들임.

서간 형식의 글이다. 그런데 이 산문은 다소 복잡한 서술의 양식을 거느리고 있다. 서간문이 수신인을 전제하는 양식임을 감안한다면 그것은 발신인과 수신인의 대화이다. 그러니까 서간문은 사적 영역의 대화가 된다. 그렇지만 저널리즘을 통해 공개된 私信은 사적이되 공적인 영역 속에서 해석되어도 무방할 여지를 지니고 있다. 발표 지면이 잡지라는 속성을 감안할 때, 편지의 수신인은 公的인 독자라고 보아야 한다. 그런 점으로 본다면 글의 핵심인 사랑과 예술에 대한 발신인의 포괄적인 견해는 일반론으로 抽象될 수 있다. 하지만 다음과 같은 내용은 이 글이 특정 독자를 염두에 두고 있다는 혐의를 가지게 한다.

> 나는 당신을 진실로 모릅니다. 그러기에 일면식도 없는 당신에게, 내가 대담히 편지를 하였고, 매일과가치 그 회답이 오기를 충성으로 기다리였든 것입니다. 다 나의 편지가 당신에게 가서 얼만한 대접을 받는가, 얼마큼 이해될 수 있는가, 거기 관하야 일절 괘념하야본 일이 없었습니다. 그러던 차 당신에게서
> 편지를 보내시는 이유가 나변(那邊)에 있으리요.
> 이런 질문이 왔을 때, 나는 눈알을 커다랗게 뜨지 않을 수 없었습니다 (「병상의 생각」, 442).

김유정이 1930년대의 ≪시문학≫의 지도자이자 시인이었던 용아 박용철의 누이 동생이며 문학평론가 김환태의 약혼자였던 박봉자에게 구애의 편지를 띄웠다는 것은 널리 알려진 사실이다.[9] 더욱이 김유정이 구애한 여인 가운데 예술에 대한 감식력을 가진 여자는 당시 전문학교 출신이었던 박봉자 외에 달리 없는 것으로 보인다. 그렇다면 이 서간이 공적인 포장을 한 채 특정의 수신인을 겨냥하고 있다는 판단

---

9) 졸고, 김유정 전기의 양상, 상지전문대 지역사회연구 4, 1996. 66-67쪽 참고.

도 무리는 아니다. 「병상의 생각」은 그러므로 두 부류의 수신인을 겨냥하고 있다고 봄이 옳다. 즉 박봉자라는 개인에 빗대어 예술을, 예술에 빗대어 개인의 사랑을 토로하는 겹의 의미를 지닌 편지글이다. 이 편지는 사랑과 예술을 동일한 차원에서 이해하면서 그에 대한 개인적 판단을 명료하게 제시한다. 바로 이 편지 속에 김유정의 문학관이 정치한 논리를 드러내고 있다.

자, 그러면 김유정의 문학적 신념은 어떠한 방향 위에 있는가. 이를 규명하기 위해서는 다시 그의 산문으로 돌아가야 한다. 우선 그는 신심리주의 문학을 거론하면서 이 유파를 대표하는 제임스 조이스를 비판한다. 제임스 조이스보다는 에밀 졸라의 문학적 입장을 지지하고 있다. 이러한 비판의 저간에는 문학 형식과 기교의 극단화에 대한 혐오가 깔려 있는 것으로 보인다. 그들은 '괴망히도 치밀한 묘사법으로 인간심리를 내공(內攻)하야, 이내 산 사람으로 하여금 유령을 만들어 놓는 걸로 그들의 자랑'[10]을 삼고 있다고 비판하는 요지 속에는 신심리주의 문학의 생동감 결여, 비인간주의와 같은 징후들을 향한 통박이 포함된다. 김유정은 여기서 한 걸음 더 나아가 신심리주의가 치중하는 묘사에 대해서도 강한 비판을 보여준다. 신심리주의자들의 묘사 수준을 '주문의 명세서나 혹은 심리학 강의, 좀 대접하야 육법전서의 조문 해석같은 지루한 그 문짜만으로도 넉히 알 수 있으리라'[11]고 격하시킨다. 그러면 신심리주의가 아닌 대안은 무엇인가.

　　어느 누구는 예술의 목적이 전달에 있는가, 표현에 있는가,고 장히 비슷한 낯을 하는 이도 있습니다. 이것은 마치 사람이 먹기 위하야 사는가, 살기 위하야 먹는가, 하는 이 우문에 지나지 안습니다. 표현이란

---

10) 전집, 441쪽.
11) 전집, 447쪽.

원래 전달을 전제로 하고야 비로소 그 생명이 있을 겝니다. 다시 말하면 그 결과에 있어 전달을 예상하고 계략(計略)하야 가는 그 과정이 즉 표현입니다 (「병상의 생각」, 446, 고딕은 인용자).

인용문의 논지는 예술의 목적이 전달에 있느냐 표현에 있느냐를 궁구하는 것이다. 이른바 전달론과 표현론이 논지의 핵심이다. 전달론은 그 전달의 대상이 작가 중심이 아니라 독자 중심이다. 반면에 표현론은 그 중심이 독자가 아니라 작가에게 있다. 전달론과 표현론은 그 출발이 다른 만큼 문학적 태도도 다를 수밖에 없다. 중학생의 일기문 같은 작문을 예술지상주의로 미봉(彌縫)[12]하는 표현론자들의 문학적 誤用에 대해 김유정은 일단의 비판을 제기하고 있다. 결국, 김유정이 전달의 측면과 표현의 측면에서 지지하는 것은 전달의 측면에 있음을 분명히 알 수 있다. 그러나 이 과정에서 그가 전달의 측면만 강조하는 것이 아님도 유의되어야 한다. 그가 창작한 일련의 단편들이 전달과 표현의 행복한 일치를 보여준다는 점은 우리에게 유익한 시사점을 제공한다. 즉, 김유정은 전달을 예상하고 계략하여 가는 과정이 표현이라고 선언했다. 이 말은 표현만으로도 문학이 아니지만 전달만으로도 바람직한 문학이 될 수 없음을 주창한다는 점에서 주목된다.

'예술가에게는 예술가다운 감흥이 있고 그 감흥은 표현을 목적하고 설레는 열정이 많습니다. 이 열정의 도(度)가 강하면 강할스록 그 비례로 전달이 완숙하야 가는 것입니다. 그리고 예술이란 그 전달 정도와 범위에 딿아 그 가치가 평가되어야 할 겝니다 (「병상의 생각」, 447, 고딕은 인용자).

---

12) 전집, 447쪽.

예술에서 표현보다 전달의 측면을 강조한 입장으로 보자면 '전달의 정도와 범위'가 가치 평가의 기준의 되는 것은 자명한 이치다. 김유정이 제임스 조이스의 『율리시즈』보다 우리의 『홍길동전』에 예술적 가치를 둔 것은 전달론과 관계된 그의 독특한 문학관의 반영이다. 그런 점에서 독서 대중을 우선시 하는 문학관은 김유정 문학의 한 요체가 되고 있다. 1930년대 사회에서 농민의 문제를 농민의 시선으로 말하고자 한 작가의 태도는 '좀 더 많은 대중을 한 끈에 꿰고자' 했던 김유정 문학관의 발현이라 하겠다.13)

이상에서 산문에 드러나고 있는 김유정의 문학적 사색들을 정리해 보았다. 우리는 이 자리에서 작가의 창작 습관, 독서 경향, 사유방식의 일단을 살펴보았다. 앞서의 관찰을 통해 작가가 참담한 병고와 가난에 시달리면서도 생에 대한 강한 긍정을 보여주고 있다는 것, 현실적 처지가 괴로운 데도 불구하고 밝은 유머와 여유를 보여주었다는 것을 확인할 수 있었다. 또 작가는 문학에 있어 표현의 측면보다 전달의 측면을 지지하고 있었다. 이러한 문학적 태도는 창작에 있어 강조점을 작가가 아닌 독자를 우선하는 문학관과 연결된다. 전달론과 표현론을 통합적으로 변증해 나간 김유정의 문학적 태도는 그의 소설 창작에 지속적으로 적용되고 실천되었다는 점에서 의미가 있다.

지금까지 이 글이 다루어 온 논지는 김유정의 산문을 내용적으로

---

13) 에이브럼즈가 제시한 예술 비평의 좌표에 대입해 보면 김유정의 문학적 태도가 어떤 좌표와 상통하는가를 짐작할 수 있다 (아리스토텔레스 외, 김용권 외 역, 세계평론선, 삼성출판사, 1978. 19쪽).

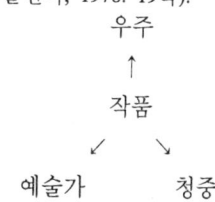

검토하는 작업이었다. 작가들의 산문은 엄밀하게 말해 창작과 같은 수준으로 여겨지고 논의되지는 않는다. 그럼에도 불구하고 작가들의 산문이 소중한 자료적 가치를 발휘하는 것은 그 속에 작가와 작품을 해명해 줄 어떤 빛이 잠재되어 있기 때문이다. 이러한 논지들을 만족시키기 위해 이 글은 김유정의 산문을 그 내용의 유형에 따라 나누어서 살펴보았다. 고향, 병, 어머니, 문학과 같은 내용이 그것이다. 이 낱말들은 김유정의 생애와 문학을 분석하는 데 빠질 수 없는 핵심어들이다. 앞에서 논의한 내용들을 몇 가지로 요약하여 소결로 삼고자 한다.

첫째, 김유정은 산문을 통해 강원도가 자신의 고향임을 명시해 놓고 있다는 점과 고향의 자연은 순미한 詩情의 세계이지만 농민들의 생활은 그와 상반되는 고역의 세계임을 기록하고 있다. 또, 들병이의 발생론적 배경을 통해 농민 계층의 해체 과정을 극명하게 분석해 내고 있다. 둘째, 김유정은 병상일지적 성격이 강한 산문을 통해 발병의 원인, 병세, 심리적 추이, 치료 방법 등에 걸친 지병의 소상한 내력을 증언한다. 그러나 극심한 병세에도 불구하고 병에 굴복하지 않는 여유와 의지적인 면모가 산문 속에 절절히 배어 있음을 관찰할 수 있었다. 셋째, 김유정은 삶의 어려운 국면마다 일찍 작고한 어머니를 떠올리는데 이는 어머니가 그의 삶의 지평에서 지고의 위안이자 더없는 인생의 신앙임을 의미한다. 넷째, 김유정은 표현보다 전달에 강조점을 두는 문학관을 지지하면서 두 측면을 변증법적으로 통합하려는 창작태도를 보여주었다. 앞에서 정리한 소결을 통해 작가 김유정의 인간적 진실과 문학적 진실이 개략적으로나마 윤곽이 잡혔다고 본다. 이제 산문을 통해 드러나거나 제안된 내용들이 그의 소설과는 어떤 관련을 맺는가를 살펴 볼 차례다.

4. 산문과 소설의 경계

　김유정의 산문은 일정하게는 산문 그 자체의 주제를 위해 봉사하지만 다른 한편으로는 그의 소설과 표리의 관계를 이룬다. 산문을 통해서 관찰한 고향과 고향 사람들 즉, 농촌과 농민에 대한 내용은 일정 부분 다시 소설 속에 환원되기 때문이다. 김유정의 산문적 촉수에 의해 포착된 내용들이 허구의 공간 속에서 재구성된 것이 곧 그의 단편 소설들이다. 그렇다면 작가의 산문과 소설은 어떤 관계를 맺고 있는가? 혹은 산문에서 기록되고 있는 관찰과 신념이 소설에 반영되고 있는 정도와 범위는 어떤 수준인가? 산문의 문체와 소설의 문체는 어떻게 조응하고 있는가? 이 목차에서는 이와 같은 문제를 살피고자 한다.
　먼저, 김유정이 산문을 통해 밝힌 관찰과 신념이 소설에 일정하게 반영된 글은 「조선의 집시」다. 이 글은 김유정의 산문에서 가장 분석적이고 논리성이 강한 산문이다. 여기서 분석되고 있는 '들병이'의 생태는 여러 편의 소설에서 일정하게 허구로 변형되어 나타난다. 「산골 나그네」, 「총각과 맹꽁이」, 「솥」, 「안해」, 「만무방」과 같은 소설들이 그 대표적인 예로 거론될만 하다. 「조선의 집시」에서 분석된 들병이의 생태는 몇 가닥으로 나누어 볼 수 있다. 즉, 산문 속에서 기록되고 분석된 들병이의 발생 배경, 들병이 교육 방법, 들병이 가족 문제, 들병이가 있는 술집 풍경 등이 그것이다. 이러한 분류는 그의 산문에서 세밀하게 분석되고 소설의 문맥 안에서 다시 허구로 재생되면서 산문의 사실과 소설의 허구가 일정한 대응을 보여준다. 이제 산문과 소설의 부분들을 인용해 보겠다.

①가을은 농촌의 유일한 명절이다. 그와 동시에 여러 위협과 굴욕을 격고 나는 한 역경이다. 말하자면 그들은 지주와 빗쟁이에게 수확물로 주고 다시 한겨울을 염려하기 위하야 한해동안 쌈을 흘렷는지도 모른다.
여기에서 한번 憤發한 것이 즉 들뼁이 생활이다 (「조선의 집시」, 393).

기껏 한해 동안 농사를 지어다는 것이 털어서 쪼기고 보니까 나의 몫으로 겨우 벼 두 말 가웃이 남았다. 물론 털어서 빗도 다 못가린 복만이에게 대면 좀 날는지 모르지만 이걸로 우리 식구가 한겨울을 날 생각을 하니 눈앞이 고대로 캄캄하다.…(중략)…
그런대도 미천이 들 터인데 돈은 없고 복만이같이 내다 팔 안해도 없다 (「가을」,174)

②남편은 안해를 데리고 안저서 소리를 가르킨다. 낫에는 물론 벌어야 먹으니짜 그럴 여가가 업고 밤에 들어와서는 안해를 가르킨다. 才操업으면 몇달도 걸리고 총명하다면 한 달포만의 熒치 난다. 아리랑으로부터 양산도, 방아타령, 신고산타령에 배싸라기—(「조선의 집시」, 393)

내가 밤에 집에 돌아오면 년을 앞에 앉히고 소리를 가리키겟다. 우선 내가 무릎장단을 치며 아리랑 타령을 한번 부르는구나. …(중략)… 그러면 년은 도사리고 앉어서 두 손으로 응뎅이를 치며 숭내를 낸다 (「안해」, 156).

③남편은 배후에서 안해를 물론 指揮操縱하며 간접적으로 酒客을 연락하여야 된다. 안해는 筋肉으로 남편은 지혜로, 이러케 공동전선을 치고 생존경쟁에 處한다. …(중략)… 듧뼁이에게 철저히 열광되면 그들 부부 틈에 끼여 가치 漂迫하는 친구도 잇다. 이별은 아깝고, 동거는 어렵고, 그런 이유로 결국 한 禮讚者로써 추종하는 고행이엇다 (「조선의 집시」, 399).

게숙이의 말을 드러보면 제에게도 번이는 남편이 잇섯다 한다. 즉 아랫묵에 방금 누어잇는 저 아이의 아버지가 되는 사람이다. 술만 처먹고 노름질에다 혹닥하면 안해를 쑤들겨 패고 벌은 돈푼을 쌧어가고 함으로 해서 당최 견딜 수가 업서 석달 전에 갈렷다 하는 것이다 (「솟」, 124).

④들뱅이가 들면 그날밤부터 동리의 청년들은 쎼난봉이 난다. 그렷타고 무모히 散財를 한다든가 탈선은 아니 한다. 아모쪼록 廉價로 享樂하도록 講究하는 것이 그들의 버릇이다. 여섯이고 몇치고 작당하고 出斂을 모여 술을 먹는다 (「조선의 집시」, 396).

얼골 쌈안 친구가 얼마 벼르다가 마코 한 개를 피여 올린다. 그리고 욱역으로 쓸어댕겨 남보란 듯이 입을 마춘다. 게집은 예사로 담배를 밧아피고는 생글거린다. 좌중은 밸이 상햇다. 양권연 바람이 시다는 둥 이왕이면 속곳밋 들고 인심 쓰라는 둥 별별 핀퉁이가 다 들어온다.
「돌려라 돌려 혼자만 주무르는 게야?」
목이 마르듯 사방에서 소리를 지르며 눈을 지릅뜬다. 이 서슬에 게집은 이러서서 어듸로 갈지를 몰라 술병을 들고 갈팡거린다 (「총각과 맹꽁이」, 19).

위에서 네 단락의 산문과 소설을 각각 대응시켜 놓았는데 논의의 편의를 위해 산문은 고딕으로 표기했다. 특별한 주석이 없이도 산문의 내용이 소설의 그것으로 가감 없이 투영되고 있음을 확인할 수 있다. 주목되는 것은 산문 속에 등록된 들병이에 관한 생태학의 세목이 고스란히 소설에서 복원되고 있다는 점이다. 마치 소설을 위한 밑그림이라 해도 과언이 아니다. 또 산문 한 편에 여러 편의 소설이 기반하고 있다는 사실도 흥미롭다. 이러한 연유를 설명하기 위해서는 산문 「조선의 집시」가 들병이 문제를 집중적으로 분석하고 있음에 유의해야 한다. 들병이의 생태학은 당대의 농촌과 농민이 처한 문제의 실상을 그대로 보여준다. 산문과 소설은 다르다. 산문이 논리와 개념을 중시한다면 소설은 그것의 **劇化**, 구체화를 지향한다는 점에서 크게 다르다. 김유정의 산문과 소설도 그만큼의 차이를 드러내고 있다.

> 나의 머리에는 천품으로 뿌리깊은 고질이 백여 있읍니다. 그것은 사람을 대할 적마다 우울하야지는 그래 사람을 피할려는 염인증입니다 (「병상의 생각」, 449).

> 그의 우울증을 타진한다면 병의 원인은 여러 갈래가 있으리라. 마는 근번이 되어 있는 원병은, 그는 애정에 주리었다. 다시 말하면 그는 사람에 주리었다 (「생의 반려」, 243).

김유정의 **厭人症**도 들병이와 같은 맥락으로 소설에 반영된다. 「생의 반려」는 유정의 자전소설임은 주지의 사실이다. 그러므로 자신의 사생활을 허구 속에 편입시키는 일은 당연하다. 그리고 작가의 개인적 정황이 대부분 허구의 **粉飾**을 거치지 않고 소설에 재생되고 있음을 감안한다면 산문의 내용이 소설로 이동하는 것은 새삼스러운 일은 못된다. 지금까지 산문과 소설의 정보가 일치하는 수준에 대해 살펴보았다. 들병이와 염인증이라는 항목을 통해 산문의 정보가 대체로 원형의 수준을 유지하면서 허구 속에 편입되어 있음을 확인했다. 들병이의 문제는 농민과 농촌의 핵심 문제라는 점에서 작가도 피해 갈 수 없었을 것이고 염인증은 자전소설이라는 이유로 인해 기피되지 않았을 것으로 판단된다. 산문 속의 내용과 일치되는 소설 속의 정보들은 이밖에도 더 많은 곳에서 많은 빈도로 찾아질 수 있다. 이와는 달리 산문과 소설의 문체 및 분위기 묘사가 유사하여 서로 넘나들 수 있는 경계가 존재한다는 점도 재음미되어야 할 항목이다.

> 산골에, 가을은 무르녹앗다.

아름드리 로송은 빽빽이 느러박엿다. 무거운 송낙을 머리에 쓰고 건들건들. 새새이 끼인 도토리, 뻣, 돌배, 갈입들은 울긋불긋. 잔디를 적시며 맑은 샘이 쫄쫄거린다. 산토끼 두 놈은 한가로이 마주 안저 그물을 할짜거리고 (「만무방」, 78).

먼 발치에서 소를 몰며 처량히 부르는 그 노래도 좋다.
이것이 모두 산골이 홀로 가질 수 있는 성스러운 음악이다.
산골의 음악으로 치면 물소리도 빼지는 못하리라. 쫄쫄 내솟는 샘물소리도 좋고 또는 촐랑촐랑 흘러나리는 시내도 좋다. 그러나 세차게 콸콸 쏠려 나리는 큰내를 대하면 정신이 번쩍 난다 (「오월의 산골작이」, 404).

김유정이 비교적 긴 문장을 즐겨 쓴다는 점을 감안하면, 위에 든 두 개의 예문은 단문의 아름다움과 시적 운율을 공유하고 있다. 자연의 개괄적 정황을 최소의 언어를 동원하여 찍어내듯 묘사해내는 기법은 두 개의 인용문에 공통적으로 적용되고 있다. 이와 같은 문체론적 특징이 김유정 소설의 자연 묘사에서 그 특장을 충분히 발휘하고 있음도 이 기회에 지적해 둔다. 다시 말해 산문에서 채용되고 있는 문체가 소설의 어떤 과정에 적용됨으로써 김유정적인 문체미를 만들어내고 있다는 점이다. 이와 같은 예들은 산문과 소설의 비교를 통해서 충분히 논증될 수 있다.

위에서 살펴본 바에 따르면 김유정은 자신의 산문에서 기록한 내용들을 일정 부분 소설에서 재생시키고 있음을 확인할 수 있었다. 「조선의 집시」와 같은 경우는 김유정 문학의 중심과 연결되는 중요한 관찰 및 판단을 담고 있거니와 이러한 내용의 상당 부분은 소설 속에 허구로 편입되어 동일한 어조와 분위기를 형성한다. 염인증과 같은 개인적 고백의 내용도 자전소설의 범주 속에서 기록되고 있다. 또, 문장에 있어서도 산문과 소설의 문장이 서로의 구분을 허물고 넘나들면서 공통의 분위기를 지니고 있다는 사실도 확인되었다.
　지금까지의 논의를 통해 작가의 산문과 소설이 서로 공유하는 내용, 분위기, 신념 등의 문제를 확인해 보았다. 그런데 산문 속에서 거의 말기적 징후를 보여주는 병고의 문제는 정작 소설 속에서 그려지지 않고 있다는 점은 주목된다. 게다가 산문과 소설이 거의 같은 시기에 쓰여졌다는 점을 감안하면 더욱 그렇다. 김유정의 개인적 현실은 병고와 가난 앞에 속수무책으로 내던져져 있는데 비해 그가 그려낸 소설의 핵심은 따뜻하고 밝은 해학에 의해 가리워져 있다. 가장 고통스러운 순간에 해학의 세계를 창조해 냈다는 사실은 주목되고 해석되어야 할 문학적 공안이다. 자전소설인「생의 반려」가 완성될 수 있었다면 이러한 문제들은 훨씬 구체적 대답에 접근할 수 있었을 것이다.
　이제껏 산문의 정보와 소설의 정보가 조응하는 관계에 대해 살폈다. 이상의 논의는 다분히 내용을 우선한 관점의 소산이어서 문체적 측면의 비중이 가볍게 취급된 감이 없지 않다. 그렇지만 김유정은 자아와 세계 즉, 자신의 문제와 농촌의 문제를 다루면서 철저한 산문정신의 일면을 보여주었다. 산문 속에서 발휘되고 있는 실증적, 분석적, 합리적, 비판적 사유가 그것이다. 따라서 김유정의 산문은 신변잡기에 그치는 여기의 기록이 아니라 명징한 인식의 틀을 제시한 우수한 산문으로 평가되어야 한다.

5. 결 론

　이 논의는 김유정의 산문을 검토하고 작가와 작품에 대한 새로운 조망을 획득하기 위해 작성되었다. 모두 13편으로 파악된 작가의 산문을 살펴본 결과 다음과 같은 개괄적 사실을 확인할 수 있었다.
　첫째, 김유정의 산문은 모두 13편이며, 그것들은 대개 잡지와 신문의 편집자들의 주문에 의해 창작되었다. 반면, 앙케이트에 대답한 짤막한 답변들은 산문의 형태를 갖추지는 못했으나 작가의 사유의 흔적을 유추하고 재구할 수 있다는 점에서 산문의 영역 속에서 검토하였다.
　둘째, 김유정은 산문을 통해 그의 고향과 고향 사람들에 대한 관찰, 자신의 병상 일지, 어머니에 대한 그리움, 문학에 관한 생각 등을 피력하고 있었다. 질병, 어머니 회상과 같은 개인적인 영역의 내용은 작가의 개인사에 대한 이해를 위해 음미되어야 할 부분이며, 고향 및 문학과 관련된 언급들은 작가의 문학적 태도를 분석하는 데 필수적으로 참고되어야 할 문제들이라고 여겨진다. 특히 표현론보다 전달론에 강조점을 두는 작가의 문학관은 그의 소설 세계 전체를 이해하는 관건으로 여겨진다.
　셋째, 김유정의 산문은 일정 부분 그의 소설과 관련을 맺고 있었다. 그것은 작게는 제재, 문학적 신념, 문체와 같은 부면에 걸쳐 있는 항목들이다. 이들 항목은 서로 일치하거나 닮아 있거나 스며 있는 모습으로 소설 속에 표현되어 있었다.
　앞에서 정리한 항목들에 비춰 볼 때, 김유정의 산문은 양적으로는 미미하지만 그의 소설과 깊은 상관성 위에 놓여 있다고 판단된다. 이러한 판단을 가능하게 하는 것은 산문과 소설이 공유하는 정보때문이기도 하고 문학내적 형식 때문이기도 한다. 산문과 소설은 상호간의 직접적 반영보다 간접화된 반영의 측면이 많다고 보아야 한다. 그러므로 김유정의 산문과 소설은 문학적 표리관계라고 부르는 것이 적당하리라 본다. 여기에 대해서는 훗날 작가에 대한 모노그라피가 작성되면 더욱 선명한 해석을 얻게 될 것이다.

결국, 김유정은 소량의 산문을 가지고 있지만 그 산문들은 중요하고도 의미있는 이해의 길을 터놓고 있다. 작가와 작품에 대해서. 그리고 둘 사이에 매개되는 셀 수 없이 많은 이해의 통로를 위해서도. 무엇보다 그는 산문을 통해 자신과 훗날의 독자를 위해 자기 생의 어떤 부분을 미리 '制毒'하였던 것이다.

김유정 소설의 매춘 구조 분석

1. 서 론

 이 글은 김유정 소설에 나타난 매춘 구조의 해명을 위해 작성된다.[1] 주지하다시피 김유정은 이 상, 박태원, 이효석 등과 함께 1930년대 소설문학을 응집하는 자리에 서는 작가다. 그는 식민지 사회에서 1930년대 농민들이 견뎌 내야 했던 당대의 모순과 궁핍의 문제를 탁월하게 제시하고 있다는 문학사적 평가를 받아 왔다. 이런 점에서 김유정을 관통하고 있는 핵심적 주제는 식민지 치하의 농민 문제에 바쳐졌다고 요약할 수 있다. 이광수와 심훈류의 농촌소설이 시혜적 인물을 통한 농촌의 계몽에 있었다면 김유정의 농민소설은 그 발상부터 다른 자리에서 출발하고 있다. 즉, 하층민의 문제를 일관되게 하층민의 입을 통해 말하고 있다는 점에서 김유정 소설은 구분된다. 또 작가가 탐

---

[1] 이에 관해서는 필자의 학위논문인 「김유정 소설 연구」(한양대학교 대학원, 1989)와 졸고 「매춘소설의 한 양상」(한국학논집 23 한양대학교 한국학연구소, 1993)을 통해 논의의 편린을 집약해 본 바 있다.

구했던 주제가 1930년대라는 특정 시대에만 유효하고 한정되는 것이 아니라 이후에 연속되는 한국문학사에 살아 있는 주제로 기능하고 있다는 측면에서 유정의 언어는 새로운 분석과 해석을 기다리고 있다.

김유정의 소설세계가 제시하고 있는 궁핍의 문제는 주로 가족주의의 해체를 통해 부각된다는 특징을 안고 있다. 여기서 말하는 가족주의는 한국의 전통사회가 지탱해 왔던 애정과 윤리를 바탕으로 하는 가정을 가리킨다. 가족주의의 해체와 그 과정에서 특징적으로 보여지는 문제가 김유정 소설의 매춘 모티프다. 작가의 소설에 특징적으로 나타나는 매춘의 핵심에는 일제의 수탈 정책이 자리하고 있다. 환언하면 제국주의의 정치적 억압과 경제적 수탈로부터 농민들은 기본적인 생존을 위해 암묵적 매춘 행위에 나서지 않을 수 없게 되어 있다는 것이다. 이와 같은 1930년대적 정치·경제적 상황을 고려할 때 김유정의 인물들이 벌이는 매춘은 그 배면에 다분히 발생론적 기원을 거느리고 있다. 따라서 이에 대한 본질적 해명이 있어야만 김유정 소설에 대한 이해의 지평이 넓어지리라 본다. 이 글은 이와 같은 문제에 부응하면서 김유정 소설의 매춘 구조를 분석코자 한다.

이 글에서는 김유정 소설 가운데 매춘의 문제가 취급되고 있는 모든 소설을 대상으로 할 것이다. 예컨대,「소낙비」「산골나그네」「안해」,「정조」「야앵」「솟」「가을」「총각과 맹꽁이」「만무방」과 같은 소설들이 주요 분석의 대상이 될 것이다. 이들 작품들은 소극적 혹은 적극적 형태의 매춘 행위가 드러나고 있는 작품들이며, 작품에 따라서는 매춘의 발생론적 근거가 되는 사회적 정황이 확연히 드러난다는 점에서 참고될 것이다. 아울러 이 논지를 진행시키기 위해 매춘의 배경이 되는 식민지 시대의 농민 수탈 정책으로부터 많은 참고점을 얻고자 한다.

결국, 이 글은 식민지라는 특수한 정치적 상황 속에 던져진 1930년대의 농민들이 왜, 어떻게 파멸과 표랑의 길을 걷게 되는가를 궁구하게 될 것이며, 그것을 매춘 구조를 통해 들여다보고자 한다. 이를 통해 우리는 김유정 소설의 심도 있는 이해의 디딤돌을 마련할 수 있을 것으로 기대한다.

2. 매춘의 배경

이 자리에서는 김유정 소설에 구조되고 있는 매춘의 배경을 살피고자 한다. 그러므로 매춘의 일반론적 기원이나 배경은 여기서 큰 설득력을 갖지 못한다. '불특정 다수인들을 상대로 성교를 하고 그 대가를 지불받는 직업'[2]을 창기, 창녀라고 할 때, 이 직업인들에 의해 이루어지는 일련의 성의 매매 행위를 폭넓게 매춘이라 규정할 수 있겠다. 그러나 김유정에게 있어 매춘 주체나 대상은 기본적으로 이 땅의 순수 농민 계층이었다는 점이 강조되어야 한다. 따라서 여기서는 명백히 김유정 소설의 매춘 배경이 되고 농민 계층의 전락 과정, 즉 농민의 해

---

[2] 박종성, 한국의 매춘, 인간사랑, 1994. 66쪽. 박종성은 매춘의 정치사회학이라는 일정한 관점에서 한국 매춘의 기원과 역사적 전개 과정을 정리하고 있다는 점에서 이 글의 유익한 참고가 되어 준다. 특히 이 저서는 매춘의 변인을 객관적 변인과 자발적 '매춘 유인론'으로 나누고, 객관적 변인의 하나인 일본 제국주의 침투와 미국 군정의 영향으로 인해 매춘 현상이 생성·변화·유지되고 또 오늘날처럼 구조화되었다는 점을 지적하고 있다. 그러나 유곽 중심으로 행해진 일제시대의 제도적 매춘과 자본주의의 회로 속에서 진행되고 있는 오늘날의 매춘 현상은 1930년대를 앞뒤한 시대에 걸쳐 비제도적, 개인적 차원에서 이루어진 매춘 현상과는 분명한 다름이 존재한다. 즉, 이 글은 개인적 차원의 불가피한 매춘이 제도적으로 흡수되고 구조화되는 과정에 관심을 갖되 오늘날의 상업적 매춘 제도와 같은 문제는 이 글의 범위에 포함되지 않는다.

체와 이로 인한 가족주의의 해체를 관찰할 것이다. 더불어 이를 위해 김유정의 소설작품의 구조와 현실의 구조가 상동 관계에 있음도 살피게 될 것이다.

가. 농민의 해체

농민의 해체는 농민계층의 전락 과정을 뜻한다. 김유정 소설의 중심이 농촌과 농민의 생존 문제를 취급하고 있다는 점에서 식민지 사회의 농민 계층의 분화 현상은 검토되어야 할 사항이다. 이에 대한 검토는 일제가 한국의 토지 점탈과 한국농업의 예속화를 위해서 설립한 회사를 참고할 필요가 있다.3) 농업 이민이라는 명목으로 시작된 한국농업의 예속화 단계에는 토지투자, 고리대금을 통한 토지약탈, 관권에 의한 토지약탈 등을 들 수 있다.4) 이와 같은 침탈의 수법은 막연한 개연성에 의지한 것이 아니라 철저히 계산된 일제의 한국 식민지 정책의 일환으로 나타나게 된 것이다. 결국 농촌의 궁핍화는 토지수용—동양척식주식회사—식량수탈—고리채 등의 과정을 밟아 진행된다.5)

1910년에 시작되어 1918년에 끝난 일본의 한국 토지조사는 일본인의 사적 토지 수탈의 근거를 마련해 주었다는 점에서 주목된다. 일본의 토지조사 사업이 직접적으로 목적하는 바는 통치 권력의 물질적 기초 확립과 식민지 수입의 증대에 있었다. 그 주요 내용은 다음과 같다.

---

3) 일제가 한국농업의 예속을 위해 설립한 회사는 1904년에 자본금 13만원으로 창립된 한국 농업 주식회사를 비롯하여 10여 개에 이르고 있다. 이 중 영국의 동인도회사를 자처하면서 만든 동양척식주식회사는 일제의 황실과 정부의 대행기관으로 토지 수탈을 대변하는 회사였다 (조동걸, 일제하 한국 농민 운동사, 한길사, 1979, 29쪽).
4) 조동걸, 같은 책, 28쪽.
5) 김윤식·김현, 한국문학사, 민음사, 1983. 137쪽.

①종래의 관유지를 조선총독부 소유지로 개편하고 無主地 및 무신고지 국유화의 원칙을 적용하여 소유주가 모호한 토지를 그에 병합하는 등 국유지 확보 확대를 기하여 직접적인 식민착취를 꾀하였다. 특히 일제는 신고주의를 이용하여 산림의 경우는 그의 90%에 해당하는 1천 4백만 정보를 당장에 국유지로 만들어 농촌에 큰 혼란을 야기시켰다.
②토지 소유의 증명제도를 확립하고 종래 토지에 부착되어 있는 농민의 각종 권리를 배제한 배타적 토지소유권을 수립함으로써 농업식민에 필요한 토지 매매의 자유화, 토지등기제도, 지번제도를 수립한다는 점이 또한 주요 목적이었다. 이러한 형식상의 근대 모방은 제국주의 경제수탈의 필요한 조처였던 것이다.
③종래에 전승되어 오던 농민의 토지 경작권을 박탈함으로써 식민지인의 경제·사회적 안정 기반을 파괴하여 식민통치를 용이하게 만드는 점.
④철저한 地稅 부과의 기반을 엄밀하게 해 두는 점.
⑤구한국 시대에 이미 잠식·점탈한 광대한 토지에 대한 소유권을 확고히 하는 점.
⑥일제 자본의 토지 투자와 농업 이민, 특히 동양척식회사 등의 식민사업의 지원체제를 확립하고 미개간지 조사로써 농경지 확대를 통한 식민수익을 높이고 농업이민의 확대를 꾀한 점.
⑦식량과 원료, 특히 미곡 수탈의 기초를 확립하는 점인데 일제는 한국에서 1천 만석의 미곡 수탈을 목표로 하고 있었다.6)

위의 인용문을 통해 일제가 한국농촌의 해체를 위해 펼친 식민정책의 내용을 일목요연하게 짚어 낼 수 있다. 일본의 토지조사는 1918년을 기점으로 완결된다. 이를 통해 한국농민이 소유하고 있던 물질적 기초인 토지의 상당 부분이 일본 또는 일본인의 소유로 이전되는 결

---

6) 조동걸, 앞의 책, 52-53쪽.

과를 낳게 된다. 이로써 한국 농촌과 농민은 해체되거나 급격한 전락의 과정을 밟게 된다. 또한 토지조사라는 점탈의 과정에서 일제가 취한 방법 중 특기할 대목은 지주와 소작인을 분리시켜 지주계층과 소작계층이 형성되었다는 점이다. 지주와 소작인을 분리하는 법적 체제는 사회체제로 심화되어 갔고, 아울러 경작권을 상실하는 소작농민의 수도 증가해 갔다. 소작 농민이 토지로부터 분리되더라도 근대산업이 일어나 자본주의적 성장을 기대할 수 있다면 그의 지위 변화가 생존권과 관계되는 것은 아닐 터이지만, 농토를 빼앗긴 소작농을 흡수할 노동시장이 없었기 때문에 소작농이 유랑하는 사회적 악순환은 계속될 수밖에 없었다.[7]

일제의 농촌 수탈 과정에서 고리대도 농민의 궁핍화를 극대화시키는 요소가 되고 있다. 1930년의 조사에 의하면, 전소작농의 75%에 이르는 농민이 빚을 지고 있는데, 그것은 식산은행의 것이 39.2%, 동척의 것이 14.6%, 금융조합의 것이 17.4%로 합계 70%를 넘고 있으며, 이자는 년 15-35%에 이르고 있다. 그 결과 농촌에서는 자작농의 감소와 소작농의 증가라는 계층적 분화가 촉진되며, 이농·이민현상이 증가된다.[8]

---

8) 조동걸, 앞의 책, 54-57쪽 참조.
  당시 농민의 계급적 몰락은 다음과 같은 통계가 분명하게 뒷받침하고 있다.

계 층 연 차	자작농		겸자작농		순자작농	
	호 수	증·감(-)	호 수	증·감(-)	호 수	증·감(-)
1917	517천호	——	1,061천호	——	989천호	——
1920	529	12	1,016	-45	1,082	93
1923	527	-2	951	-65	1,123	41
1925	507	-2	895	-56	1,193	70
1929	507	-18	885	-10	1,283	90
1932	507	-31	742	-143	1,546	263

김유정의 소설은 일제에 의해 촉발되고 진행된 농촌경제의 잠식과 농민 계층의 몰락에 분명한 초점을 맞추고 있다. 다시 말해 김유정 소설의 구조는 명백하게 식민지 시대라는 사회경제적 구조와 대응하고 있다. 이에 대한 반증으로는 첫째, 김유정 소설의 중요한 성과를 대표하는 소설의 거개가 농촌을 배경으로 하고 있으며 중심 인물이 농민이라는 점. 둘째, 소설의 중심인물이 농민이라고 해도 자신이 경작권을 행사하는 지주계층이 아니라 지주계층에 예속된 소작농이라는 점. 셋째, 인물들이 공통적으로 가혹한 도지와 빚에 시달리고 있다는 점. 넷째, 농사가 생존의 방편으로서 기능하지 못할 때 농사를 작파하고 농촌을 떠나 표랑하게 된다는 사실 등을 지적할 수 있다. 김유정 소설에 등장하는 농민들의 계층적 이동 현상 즉 농민의 하락 과정을 극명히 보여주는 대표적 작품은 「만무방」일 것이다. 「만무방」9)의 응칠이 보여주는 현실인식은 일제시대의 순수 농민들이 어떤 경로를 거쳐 농촌으로부터 분리되었는가를 잘 드러낸다.

    때는 한창 바쁠 추수 때이다. 농군 치고 송이파적 나올 놈은 생겨나도 안엇스리라. 허나 그는 꼭 해야만할 일이 업섯다. 십프면 하고 말면 말고 그저 그뿐. 그러함에도 먹을 것이 더럭잇느냐면 잇기커녕 부처먹을 농토조차 업는 게집도 업고 집도 업고 자식 업고. 방은 잇대야 남의 겻방이요 잠은 새우잠이요. 허지만 오늘 아츰만해도 한 친구가 차자와서 벼를 털텐데 일즘 와 해 달라는 걸 마다하였다. 몃 푼 바람에 그까진 걸 누가 하느냐. 보다는 송이가 조앗다. 왜냐면 이 땅 삼천리강산에 늘려노힌 곡식이 말정 누 거림. 먼저 먹는 놈이 임자 아니야. 먹

---

8) 김윤식·김현, 앞의 책, 137-138쪽 재인용.
9) 본고의 작품 인용은 『김유정전집』(전신재 편, 한림대출판부, 1987)에 의하고 작품의 표기법도 이에 준한다. 다만 의미의 혼란을 주지 않는 범위에서 현행 띄어쓰기를 취할 것이며 인용 작품은 작품명과 쪽수만 밝힐 것임.

다 걸릴만치 그토록 양식을 싸아두고 일이 다 무슨 난장마즐 일이람. 걸리지 안토록 먹을 궁리나 할 게지. 하기는 그도 한 세번이나 걸려서 구메밥으로 사관을 틀엇다. 마는 결국 제 밥상 우에 올라앉은 제 목도 자칫하면 먹다 걸리긴 매일반—— (「만무방」, 79쪽)

「만무방」의 응칠은 유랑 농민이다. 그에게는 '농토', '계집', '집', '자식', '일'이 없는 존재다. 따라서 추수철이 와도 그에게는 할 일이 없고, 추수를 도와 달라는 부탁이 있어도 '몇 푼 바람에 그까진 걸 누가 하느냐'며 농사와 농민에 대해 빈정댄다. 응칠은 힘들고 남는 것 없는 농사 대신에 송이파적에 나선 것이다. 평범한 농군이었던 응칠이 보여주는 현실해석의 기준은 농사가 이미 농민의 생존을 위한 직업이 아님을 분명하게 드러내고 있다. 응칠이 농토와 처자와 집과 일을 작파하고 표랑의 길에 나선 배경에는 앞서 검토해 온 일제의 토지수용을 비롯한 수탈 정책에 근거하고 있음은 재론의 여지가 없다. 응칠의 출분 이유를 소설 문맥을 통해 찾아보면 이는 명확히 제시된다.

그렇타고 응칠이가 번시라 영마직성이냐 하면 그런 것도 아니다. 그도 오년전에는 사랑하는 아내가 잇섯고 아들이 잇섯고 집도 잇섯고 그 때야 어딜 하로라고 집을 떠러져 보앗스랴. 밤마다 안해와 마주 안즈면 어찌하면 이 살림이 좀 늘어볼가 불어볼가. 애간장을 태이며 가튼 궁리를 되하고 되하엿다. 마는 별 뾰족한 수는 업섯다. 농사는 열심으로 하는 것 가튼데 알고 보면 남는 건 겨우 남의 빗뿐, 이러다가는 결말엔 봉변을 면치 못할 것이다. …(중략)… 나는 오십 사원을 갑흘 길이 업스매 죄진 몸이라 도망하니 그대들은 아예 싸울 게 아니겟고 서루 의론하야 어굴치 안토록 분배하야 가기 바라노라 하는 의미의 성명서를 벽에 남기자 안으로 문들을 걸어닷고 울타리 밋구멍으로 세 식구 빠저나왓다.
이것이 응칠이가 팔자를 고치든 첫날이었다 (「만무방」, 92-93쪽).

김유정 소설세계의 한 핵심을 납득하기 위해서는 앞자리의 인용문에 유의할 필요가 있다. 즉, 응칠이로 대변되는 인물이 아내, 자식, 농토를 가진 농군이었음에도 불구하고 농사를 작파할 수밖에 없는 저간의 사정이 극명하게 표출되고 있기 때문이다. 응칠이 자신의 물질적 토대인 농토를 버리고 가족마저 뿔뿔이 흩어지는 출분의 날을 '팔자를 고치든 첫날'로 인식하고 있음은 피폐한 당대 농민들의 현실을 단적으로 나타내고 있다. 「만무방」은 소작농으로 전락한 농민들이 도지와 빚에 몰려 생존의 근거인 농업을 작파하고 표랑의 길을 걷게 되는 사연을 응칠을 통해 보여주고 있다. 이와 같은 표랑의 길에서 가족의 중심인 남편과 아내가 생존을 위해 흩어지는 대목은 유의해 볼 필요가 있다. 응칠이 아내와 헤어지는 것은 '쥐뿔도 업는 것들이 붙어단긴대짜별 수는 업다. 그보담은 서루 갈리어 제맘대로 빌어먹는 것이 오히려 가뜬하'(「만무방」, 83쪽)다는 생존 차원의 타산 때문이다. 이것이 김유정 소설에서 가족이 해체되는 근거가 되고 있다.
　일제는 한국의 식민 지배를 구체화하고 농촌의 예속화를 위해 토지수용을 비롯한 각종 침탈정책을 펼쳐 왔다. 그 결과 한국의 농촌은 극도의 궁핍상태에 이르게 되었으며, 다수의 농민계층이 자작농—소작농—표랑농민으로 전락하며 해체의 과정을 겪게 된다. 김유정의 인물들은 바로 이 해체의 과정에 서 있는 농민들이며, 해체의 과정에서 생존의 길을 탐색하는 농민들이다. 농민계층의 해체는 다시 가정의 파탄과 같은 가족주의의 해체로 이어진다.

나. 가족의 해체

　한국 농촌의 예속을 위한 일제의 식민정책으로 인해 농촌은 여지없이 피폐된다. 이 과정에서 농민들은 기본적인 생존권마저 잠식당하는 극한적 상황에 직면하게 되었다. 이러한 문제는 앞서 제시한「만무방」에 함축적으로 제시되어 있었다.「만무방」의 소설적 상황은 곧 김유정 소설의 기본 상황에 해당한다는 점에서 의미 깊다. 왜냐하면「만무방」은 농촌해체─농민전락─표랑농민의 발생 배경을 소설 구조를 통해 분명하게 제시하고 있기 때문이다.
　김유정 소설에서 농민들이 보여주는 전락의 유형은 몇 가지로 대별해 볼 수 있다.
　첫째 유형은 소작형이다.「만무방」「동백꽃」「금따는 콩밧」「총각과 맹꽁이」「가을」과 같은 뛰어난 소설들이 모두 이 계열에 속하고 있다. 둘째 유형은 표랑형이다.「만무방」「소낙비」등이 이 계열을 대표한다. 셋째 유형은 이농형으로서「안해」「땡볕」「금」「노다지」등이 이 계열에 속한다.
　소작형 유형은 가장 빈번히 그리고 가장 중심적으로 형상되고 있다는 점에서 김유정 소설의 기본적 인물군이라 할 수 있다. 이들은 하나같이 자작농이 아니라 소작농이며 가혹한 도지와 빚에 시달리고 있다. 바로 이들이 농사를 포기했을 때 다른 유형의 인물군으로 발전하게 된다.
　그런 점에서 표랑형과 이농형은 소작형의 연장선상에 놓인다. 표랑형과 이농형은 둘 다 농사를 작파하고 있다는 점에서는 같으나 표랑형이 반사회적이고 비도덕적인 측면을 포함하는 데 비해 이농형은 그런 점이 없거나 적다는 점이다. 또 이농형은 농촌을 완전히 이탈하여 도시의 날품팔이가 된 경우나 (「땡볕」의 덕순이) 나무꾼 (「안해」의 나,

잠채꾼 (「노다지」「금」)으로 전락한 경우를 들 수 있다.
 그러나 이들 인물 유형은 각 유형간에 뚜렷한 구분점을 가진다기보다 서로 혼재되어 있는 경우가 많다. 그런 점에서 이 유형 분류는 잠정적이라고 할 수밖에 없다. 다만 이런 인물 분류에서 분석을 요하는 점은 순수한 소작농의 지위가 위협받을 때 이들이 보여주는 생존전략이라 하겠다. 그 생존의 방편으로 채택된 직종이 잠채꾼, 도시 노동자, 나무꾼, 들병이 등이다. 이와 같은 직종은 절도, 인신매매, 도박, 매춘과 같은 반사회적 항목들로 표출된다.
 특히 이 글의 논지와 관련해 볼 때, 김유정 소설에서 보여지는 매춘은 가족이라는 단위가 해체되는 자리에서 발생한다는 점에서 문제적이다. 즉, 농민의 계층적 전락과 이농현상 속에서 필연적으로 가족의 해체가 배태된다는 점이다. 가족 구성의 중심이 부부라고 파악할 때 부부가 현실 속에서 어떻게 분리되고 있는가를 여실하게 보여주는 작품은 「만무방」이라 하겠다.

> 다 쓰러저가는 물방아간 한구석에서 섬을 두르고 언내에게 젓을 먹이며 떨고 잇드니 여보게유, 하고 고개를 돌린다. 왜, 하니까 그 말이 이러다간 우리도 고생일 뿐더러 첫때 언내를 잡겟수, 그러니 서루 갈립시다 하는 것이다. 하긴 그럴 법한 말이다. 쥐뿔도 없는 것들이 붙어단긴대짜 별수는 업다. 그보담은 서루 갈리어 제 맘대로 빌어먹는 것이 오히려 가뜬하리라. 그는 선뜻 응락하엿다. 안해의 말대로 개가를 해서 젓먹이나 잘 키우고 몸성히 잇스면 혹 연분이 다아 다시 만날지도 모르니깐 마즈막으로 안해와 같이 땅바닥에 나란히 누어 하루밤을 떨고 나서 날이 훤해 지자 그는 툭툭 털고 일어섯다 (「만무방」, 83쪽).

 가족의 중심인 부부가 기약 없이 갈리게 되는 현실적 이유가 인용문에는 분명히 제시되고 있다. 남편인 웅칠은 이후 전과 4범의 절도범으로 전락한다. 아내의 경우도 남의 집 안잠자기가 아니면 들병이로 전락할 수밖에 없다.10) 그 이상의 지위 변화를 허락치 않는 것이 당대의 현실이기 때문이다.

「만무방」의 경우와 달리 가족 개념이 더 적극적으로 생존을 위해 희생되는 경우가 「가을」이다. 「가을」에서 드러나는 인신매매의 상황은 여성이 거래의 대상으로 전락하고 있다는 점에서 가족 해체의 근거는 명확해지고 있다.

> 다른 짓은 다 할지라도 영득이(다섯살 된 아들이다)를 생각하야 안해만은 팔지 말라고 사실 말려 보고 싶지 않은 것은 아니다. 그러나 내가 저를 먹여 주지 못하는 이상 남의 일이라구 말하기 좋아 이렇궁 저렇궁 지꺼리기도 어려운 일이다. 맞붙잡고 굶느니 안해는 아른데 가서 잘먹고 또 남편은 남편대로 그 돈으로 잘먹고 이렇게 일이 필수도 있지 않으냐 (「가을」, 173쪽).

> 매매계약서
> 일금 오십원야라
> 우금은 내 안해의 대금으로써 정히 영수합니다.
> 갑술년 시월 이십일
>   조 복 만
> 황거풍 전 (「가을」, 175쪽).

인용에서 보여지는 바와 같이 「가을」의 상황은 「만무방」의 가족 갈

---

10) 「솟」의 게숙이 아이와 남편을 거느리고 있는 들병이라는 점, 「산골나그내」의 나그네가 병든 남편을 데리고 들병이로 나서고 있다는 점은 주목된다. 이런 점에 비추어 볼 때, 「만무방」의 안해와 「솟」의 게숙, 「산골나그내」의 나그네는 서로 상관성을 가지며 조응하는 동형의 인물군이라 봄직 하다.

림과 또 다른 경우이다. 「만무방」에서는 부부가 합의에 의해 살길을 찾는 경우라면 「가을」은 남편이 아내를 타인에게 양도한다는 점에서 큰 차이를 보여준다. 아내를 물건처럼 매매하는 이유도 남편과 아내가 공히 잘먹고 살 수 있다는 것으로 귀착된다. 복만이는 결국 일금 오십 원을 받고 소장수 황거풍에게 아내를 매매한다. 여기서 소장수 황거풍과 복만의 매매 계약서 작성을 도와준 〈나〉의 인식은 아내를 매매하는 복만이에 못지 않다는 점은 많은 점을 암시한다.

> 기껏 한해 동안 농사를 지엇다는 것이 털어서 쪼기고 보니까 나의 몫으로 겨우 벼두말 가웃이 남았다. 물론 털어서 빗도 다 못가린 복만이에게 내면 좀 날는지 모르지만 이걸로 우리 식구가 한겨울을 날 생각을 하니 눈앞이 고대로 캄캄하다. 나두 올 겨울에는 금점이나 좀해볼까 그렇지 않으면 투전을 좀 배워서 노름판으로 쫓아다닐까, 그런대도 미천이 들 터인데 돈은 없고 복만이같이 내 팔을 안해도 없다. 우리 집에는 여편네라군 병들은 어머니밖에 없으나 나히도 늙었지만 (좀 부끄럽다)
> 우리 아버지가 있으니까 내 맘대룬 못하고……
> 이런 생각에 짜증 나는 복만이더러 네 안해를 팔지 마라 어쩌라 할 여지가 없었다. 나두 일즉이 장가나 들어 두었으면 이럴 때 팔아먹을 걸 하고 부즈러운 후회 뿐으로 (「가을」, 174쪽).

복만이의 아내 매매를 바라보는 '나'의 관점은 매우 복합적이다. 그것은 아내 매매의 비윤리성을 알면서도 복만을 만류하지 못하는 점에서 분명해진다. 자신에게는 팔 아내가 없다는 점과 병들고 나이 든 어머니마저 팔고 싶은 유혹에 잠기는 '나'의 의식은 다분히 희극적이지만 이런 측면은 복만의 상황이 특수하고 개별적인 것이 아님을 드러내는 증거로 기능한다. 이것은 도덕이나 윤리의식보다 생존의 무게에 압도당하는 현실 논리를 드러내는 것으로 판단된다. 김유정 소설의 인물들이 가족이라는 단위를 이탈하는 것은 결국 생존의 방편 이외의 아무 것도 아니다. 김병익의 다음과 같은 성찰은 이와 같은 정황을 뒷받침해주고 있다.

> 유정의 인물들이 마지못해 택하는 길은 30년대 한국 농민의 비참한 삶의 양태를 묘사한다. 이들은 빚에 몰려 야반도주하며 유리걸식하거나(「만무방」「소낙비」「산골나그네」) 〈유일한 밑천〉인 아내를 팔거나(「소낙비」「가을」) 들병이로 전락시키며 (「산골나그네」「안해」) 도박에 요행을 걸거나(「만무방」「소낙비」) 금을 찾아 일확천금의 꿈을 꾸며(「금따는 콩밭」「금」「연기」) 혹은 도시로 진출하여 걸식하거나(「봄과 따라지」) 여급생활을 한다(「따라지」).11)

 순수한 농민의 지위에 있던 인물들이 유리걸식, 아내 매매, 도박, 잠채꾼, 들병이, 여급생활 등의 생활 수단을 강구하게 되는 과정에서 자연스럽게 가족은 뿔뿔이 흩어지게 된다. 이는 일제의 식민정책에 의한 결과로서 소작인으로 전락한 농민들이 생존의 길을 찾기 위한 막다른 수단이었다. 남성들이 소작, 도박, 걸식, 노동, 잠채꾼 등으로 전락할 때 여성들은 들병이, 여급 등으로 변신한다. 남성이나 여성 공히 반사회적 윤리를 딛고 생존하고 있다는 점은 공통적이며 팔려 간 아내, 들병이, 여급 등이 매춘을 통해 생존의 길을 찾는다는 점은 이들 인물이 감내하는 비극의 중심 구조이다.
 이로써 식민지 시대에 가족이 해체되는 기저에는 일제의 농촌수탈 정책이 버티고 있다는 사실을 확인할 수 있다. 그런데 이와 함께 지적되어야 하는 것은 남성이 여성의 매춘을 조장·방조하고 있다는 점이

---

11) 김병익, 땅을 잃어버린 시대의 언어, 문학사상, 1974. 7월호. 282쪽.

다. 남성이 여성을 지배할 수 있다는 관습은 명백히 봉건사회의 유제인 가부장제와 관련된다. 가부장제는 성에 근거한 사회의 위계 구조, 즉 남성—지배, 여성—예속, 그리고 경제적·정치적 이데올로기 등 모든 수준을 포함하여 남성 중심적 관계에 의한 <여성억압체제>를 지칭한다.12)

결국, 김유정 소설의 가족 해체현상의 배경에는 두 가지의 억압 체계가 존재한다. 일제의 경제적 수탈과 봉건주의의 유제인 가부장제가 그것이다. 일제의 수탈이 선행 요인이고 가부장제는 후행 요인이라 할 수 있다. 그러나 두 요소는 악성적으로 결합하여 사회의 기본 단위인 가족 관계를 와해시키고 여성을 매춘의 현장으로 내모는 기층 요인으로 작동한다.

3. 매춘의 양상

김유정 소설의 매춘이 일제에 의해 촉발된 농민계층의 분해와 이로 인한 가족 해체라는 배경을 내장하고 있음을 살펴보았다. 이러한 배경 위에서 김유정 소설의 매춘은 어떻게 진행되는가. 그리고 매춘의 양상은 어떻게 드러나고 있는가를 살펴볼 차례다. 김유정의 소설에서 매춘 모티프가 취급되고 있는 소설은 「산골나그네」「총각과 맹꽁이」「소낙비」「솟」「안해」「야앵」「가을」「정조」「따라지」「두꺼비」「생의 반려」 등이다. 이 작품들은 다소간의 차이에도 불구하고 공통적으로 매춘과 그 가능성에 연결되어 있다는 점에서 작가의 매춘 모티프를 살피는 데 유효하다.

---

12) 조 은, 가부장제와 경제, 한국여성연구·1, 청하, 1988. 191쪽.

우리는 매춘 모티프가 나타나고 있는 작품들을 두 가지의 양상을 통해 살피고자 한다. 다시 말해 매춘의 양상을 소극적 형태와 적극적 형태로 나누어 논의하겠다는 뜻이다. 소극적 형태는 매춘의 직접 당사자의 하나인 여성이 자신의 주체적 판단과 필요보다 남성에 의한 피동적 매춘을 가리킨다. 이에 비해 적극적 형태는 여성 자신이 능동적인 경우와 직업적 매춘을 포함한다.13)

가. 소극적 형태

우리는 「안해」, 「가을」, 「산골 나그네」, 「소낙비」 등을 매춘이 소극적 형태로 제시되고 있는 대상 작품으로 선택하고 논의를 진행시키고자 한다. 이들 작품은 매춘모티프를 구체적으로 드러내거나 간접적으로 암시하고 있다. 이는 여성이 생존 수단의 객체라는 점에서 매춘의 전단계 내지 소극적 매춘의 형태로 간주할 수 있다. 이들 작품에 대한 구체적 분석에 앞서 소설 속의 인물들이 어떤 경로를 거쳐 매춘과 연결되는가를 살피는 것이 이 논의의 개진을 위해 유익할 것으로 본다. 「만무방」은 매춘 모티프를 포함하고 있지 않은 작품이지만 이 논의에 중요한 길을 터 준다. 다시 말해 「만무방」에서 분명한 모습으로 형상되고 있는 가족해체 과정은 상기한 작품들의 매춘 모티프와 의미 있는 상관성을 공유한다고 이해되기 때문이다. 「만무방」의 경우 '응칠'이 아내와 갈라서는 이유는 순전히 생존의 편의성을 위해서다. 이때 '응칠'이 농촌을 떠나 할 수 있는 일과 아이까지 데리고 있는 여성인 '아내'가 선택할 수 있는 일은 동일하다고 보기 어렵다. 우리가 「만무방」을 주목하는 이유는 작가가 취급하고 있는 매춘의 발생론적 원형

---

13) 매춘의 소극적 형태와 적극적 형태를 분류하는 기준에는 경계 설정에 애매함이 개재될 소지가 있다. 이 글은 이와 같은 난점을 인정하나 상습적으로 반복되지 않는 일회적인 매춘의 경우를 소극적인 형태로 분류하고자 한다.

이 이 작품에 고스란히 제시되어 있기 때문이다.

논의의 편의상 소극적 형태의 매춘은 두 부류로 나누어 볼 수 있다. 하나는 「안해」 「가을」계열이고 다른 하나는 「소낙비」 「산골나그네」계열이다. 이제 이들의 분석을 통해 작가가 제시한 소극적 형태의 매춘 구조를 규명하고자 한다.

「안해」는 일인칭 화자인 '나'와 '아내'의 관계를 일인칭 화자인 '나'를 통해 서술하는 소설이다. 나무장사를 해서 생계를 이어가는 '나'는 '이마가 홀떡 까지고' '도야지코'(153쪽)를 연상케 하는 다시 말해 박색의 아내를 데리고 산다. 이들은 '농사는 지어도 남는 것은 없고 빚에는 몰리'(153쪽)는 최하층의 삶을 부지하고 있는 부부다. 아내는 궁핍하고 비참한 생활을 타개하기 위해 자신이 들병이로 나설 것을 남편에게 제안한다. 이 부분에 의지한다면 '아내'의 태도는 매우 적극적이며 능동적이다. 그러나 '아내'의 제안에 대해 남편은 이를 부추기고 나아가 들병이로 내보내기 위해 소리 학습까지 시킨다는 점에서 아내의 적극성을 반전시키고 있다.

> 미찌는 농사보다는 이밥에, 고기에, 옷 마음대로 입고 좀 호강이냐. 마는 년의 얼굴을 이윽히 뜯어보다간 고만 풀이 죽고 마는구나. 들병이에게 술 먹으러 오는 건 게집의 얼굴 보자하는 걸 어떤 밸없는 놈이 저 낯짝엔 몸살 날것 같지 않다. 알고 보니 참 분하다. 년이 좀만 똑똑이 나왔더면 수가 나는 걸 (「안해」, 156쪽).

인용문으로 보듯이 남편은 아내가 들병이로 나서겠다는 제안을 적극 환영하고 있다. 또 '아내'의 용모가 들병이에 적합치 않다고 판단하여 실망까지 한다. 따라서 남편의 생각은 예견되는 아내의 매춘 행로에 대해 묵인·방조의 차원을 넘어서고 있다. 다시 말해 남편도 아내의 들병이생활을 통해 생활의 안정을 누리기를 적극 희망하고 있는 것이다. 이는 「안해」가 가진 해학적 구조를 감안한다 하더라도 현실적 궁핍을 탈피하는 길이 아내의 몸밖에 없음을 적극 암시하는 것이며, 이와 같은 행위의 뒤에 남편이 있음을 간과해서는 안될 것이다.

「가을」은 일인칭 화자인 '나'가 조복만이 자신의 아내를 황거풍에게 매매할 때 중간에서 매매 계약서를 대서해 주면서 복만의 처지와 자신의 처지를 비교하는 내용이다. 복만이는 '남의 꼬임에 떨어질' 위인이 아니라는 화자의 서술은 복만이가 어쩔 수 없이 아내를 팔았음을 뒷받침하는 근거가 된다. 결국, 복만의 아내는 소장수 황거풍에게 팔려 가 술장사를 하는 것으로 귀착된다. 「가을」의 작품 문맥이 보여주는 의미를 단순화시켜 볼 때 결과적으로 남성이 여성을 매춘의 접경으로 인도하는 것이 된다. 이 경우 복만이나 황거풍 모두 소극적 매춘 행위를 승인하고 있다.14)

「안해」「가을」에는 여성이 남성에 의해 들병이 혹은 술장사로 지위가 변하는 현실과 그 가능태를 보여주고 있다. 이에 반해 「소낙비」「산골나그네」에서는 명백한 매춘 행위가 자행된다. 특히 「소낙비」는 작가의 작품들 중 표나게 매춘이 문제되고 있는 작품의 하나다. 이 작품의 주인물인 '춘호'부부는 해를 이은 흉작과 빚장이들의 악다구니를 견딜 수 없어 고향을 떠난 1930년대의 전형적 표랑 농민에 속한다. 춘호 부부는 '동리의 빚이나 대충 가리고 옷 한 벌 지어 입고는 진저리나는 이 산골을 떠나'(32쪽)고 싶어한다. 그러나 〈춘호〉는 진저리나는 산골을 떠나고 싶어도 거기에 소요되는 3·40원의 경비가 없다. '춘호'

---

14) 복만의 아내에게서 황거풍의 아내로 바뀐 여성이 술을 판다는 행위 그 자체는 매춘의 범주에 들지 않는다. 다만, 김유정 소설 속의 인물들이 보여주는 전락의 도식으로 볼 때 젊은 여성이 술을 판다는 행위는 매춘의 접경에 속한다. 따라서 여기서는 여성이 남성에 의해 매춘과 연결될 수 있는 거리에 놓여 있다는 점에서 매춘의 영역으로 이해한다.

는 2원만 있으면 노름판에서 이 경비를 따올 수 있다고 믿고 아내를 졸라댄다. 남편이 아내를 졸라대는 것은 도를 넘어 폭력으로 이어진다.

「이년아 기집 조타는 게 뭐여? 남편의 근심도 덜어 주어야지 끼고 자자는 기집이여?」
지게 막대는 안해의 연한 허리를 모지게 후렸다. 까브러지는 비명은 모지락스리 찌그러진 울타리 틈을 뻿어나간다. 잽처 지게 막대는 안즌 채 고까라진 안해의 발뒤축을 얼러 볼기를 내려 갈렸다.
「이년아 내가 언제부터 너에게 조르는 게여?」(「소낙비」, 24쪽)

남편은 돈 2원을 구해 오지 못하는 아내를 매질한다. 그러나 '춘호'가 자신의 아내가 돈 2원을 구할 수 있다고 믿으며 아내를 구타하는 근거는 아내가 '나히 젊고 얼골 똑똑하'(24쪽)기 때문이다. 이는 아내의 육체를 경제적 교환가치의 대상으로 인식하고 있음을 명백하게 의미한다. 아내가 곧 돈이라는 등식이 성립한다. 아내를 물질시하는 극단에서 여성의 매춘은 성립된다. 일부일처제 아래서는 보통 결혼 관계가 사회적 인습에 의해 지탱되기 때문에 부부간의 애정이 주관적인 애정에 의해 지속되기보다는 오히려 객관적인 의무가 되는 수가 많다는 견해는[15] 「소낙비」의 춘호 부부에게도 적용된다. <춘호>의 처가 이주사를 찾아가 자신의 몸을 제공하는 대가로 2원을 구하는 과정은 이를 잘 뒷받침한다.

여기서 아내가 이주사를 스스로 찾아가 몸을 허락하는 과정은 자발적 의지로 이해될 수 있으나 두 가지 측면에서 그것은 자발성으로 보기 어렵다. 첫째는 그것이 남편의 폭력을 동반한 지속적 강요에 의한

---

15) 에두아르트 푹스, 풍속의 역사Ⅱ: 르네상스(이기웅·박종만 옮김), 까치, 1986. 268쪽 참조.

것이라는 점이고 둘째는 자신의 행위를 통해 남편으로부터 매맞지 않고 의좋게 살 수 있다고 믿기 때문이다. 결과적으로 자신으로 인해 자신과 남편이 함께 안락을 얻을 수 있으리라는 비극적 소망이 매춘으로 연결된 것이다.

「소낙비」와 유사성을 가지는 작품이 「산골나그네」다. 이 작품이 「소낙비」와 유사한 거리에 선다는 점은 여성이 남편을 위해 다른 남성과 잠자리를 같이한다는 점에 있다. 다만 「소낙비」는 남성의 강요가 바탕이 되고 있고, 「산골나그네」는 병든 남편을 보살피기 위한 방편이라는 점에서 두 작품은 다르다. 「산골나그네」는 선채금 30원이 없어 결혼을 못하고 사는 '덕돌' 모자의 집에 19세의 과부인 '산골나그네'가 나타나 '덕돌'과 혼인함으로써 '덕돌'모자에게 큰 희망이 된다. 그러나 '덕돌' 모자의 꿈이었던 '산골나그네'가 '덕돌'이 아끼던 인조견 옷을 훔쳐 가지고 물레방앗간에 숨겨 놓은 병든 남편과 함께 도망침으로써 이 서술 구조는 반전된다. 「산골나그네」를 '덕돌'의 입장이 아니라 병든 남편의 부양의무를 지고 있는 여성 '산골나그네'의 입장에서 보았을 때 이 소설의 핵심은 더욱 뚜렷해진다. '산골나그네'가 '덕돌'의 집에 찾아 들고, 술청을 거들고, 혼인을 하고, 인조견 옷을 챙겨 도망치는 일련의 행위는 오직 병든 남편을 위한 것으로 보아야 한다. '산골나그네'와 '덕돌'의 혼인은 다분히 의도적인 것으로 보아야 하기 때문에 일종의 소극적 매춘 행위로 규정하는 것이 옳을 것이다.[16]

---

16) 매춘이 성의 대가로 물질적 보상을 취함을 전제할 때, '산골나그네'는 이 전제를 혼란스럽게 하는 대목이 있다. 인조견 옷을 가져가기는 했으나 값비싼 은비녀를 가져가지 않았기 때문이다. 그러나 소설이 반전되는 마지막 대목은 이 작품의 핵심을 충분히 헤아리게 만든다. 즉, 이 작품은 병든 남편에게 변변한 옷 한 벌을 입히기 위해 아내가 노총각 '덕돌'의 집에 들어서게 된 것으로 이해하는 데 무리가 없을 것이다. 아울러 「산골나그네」를 비롯한 일련의 작품에서 남성의 생활 능력이 거세되어 있다는 사실과 여성의 매춘 행위는 깊은 상관성을 가진다.

이상에서 우리는 「안해」「가을」「소낙비」「산골나그네」 등의 작품을 통해 매춘의 소극적 형태에 대해 살펴보았다. 「안해」와 「가을」에서는 공통적으로 남성이 여성을 경제적 가치로 환산하는 모습과, 여성의 매춘을 조장하는 형태가 드러남을 알게 되었다. 또한 「소낙비」와 「산골나그네」에서는 여성이 남성을 위해 매춘 행위에 접근하게 되는 형태가 드러났다. 이들 작품에서 보여지고 있는 매춘의 공통적 속성은 그 배후에 매춘을 방조하는 남성의 억압이 도사리고 있음을 지적할 수 있다. 또, 매춘의 성격이 매우 은밀하고 사적이며 자연발생적인 현상으로 제시되고 있다는 점도 소극적 매춘의 한 특징으로 꼽을 수 있다. 따라서 여성은 자발적 의지에 의하기보다 남성에 의해 성을 매매할 수밖에 없는 피해자의 상황에 놓이게 된다는 점이다. 이는 뒤에서 살피게 될 적극적 매춘의 형태와는 분명한 변별점을 갖는다.

나. 적극적 형태

이 단락에서는 「정조」「총각과 맹꽁이」「솟」「따라지」「夜櫻」「두꺼비」「생의 반려」 등을 매춘이 적극적 형태로 제시되고 있는 대상 작품으로 선택하고 논의를 진행시키고자 한다. 이들 작품에는 매춘 모티프가 매우 능동적이거나 직업적인 양상으로 제시된다는 점에서 적극적 매춘의 형태로 간주한다. 매춘의 능동적 양태에는 작가의 소설에 특징적으로 출현하고 있는 인물 유형인 들병이가 등장하며, 기생·카페 여급 등의 직업여성이 등장한다. 이는 매춘의 계통화, 직업화, 전문화와 관련된다는 점에서 앞서 살핀 개인적이고 자연발생적인 소극적 매춘과 큰 대조를 이룬다.

「정조」는 '행낭어멈'이 주인서방과 육체적 내통을 하고 그 대가로 돈 이백원을 받아 낸다는 서술 구조를 가지고 있다. 「정조」의 매춘이 적극적 형태를 띠고 있다는 것은 매춘의 주체인 '행낭어멈'의 행위가 교묘하게 계산된 것이며 동시에 잠자리를 같이한 주인서방과 주인아씨에게 공개적으로 돈을 요구한다는 점이다. 이는 생활력이라는 점에서 긍정적이기도 한 요소이나 탈윤리적이라는 점에서 문제적이다. '행낭어멈'과 같은 작가의 인물들은 농군→이농→날품팔이 혹은 들병이와 같은 전락의 과정을 밟는 가운데 타산적이고 탈윤리적인 성격으로 바뀐 것으로 보아야 할 것이다.17) 신분의 전락 과정에서 생겨난 타산적 성향은 자신의 육체를 이용해 한 몫을 잡을 수 있다는 데까지 발전하고 「정조」의 '행낭어멈'은 이를 행동화하고 있는 인물이다.

> 허나 년의 행실이 더 고약했는지도 모른다. 전일부터 맥없이 빙글빙글 웃으며 눈을 째긋이 꼬리를 치든 것은 그만두고라도 방에서 그 알양한 낯파대기를 갖다 부비며 「전 서방님허구 살구 싶어요 웬 일인지 전 서방님만 뵈면 괜스리 좋아요」
> 「그래 그래 살아보자꾸나!」
> 「전 뭐 많이도 바라지 않어요 그저 집 한 채만 사 주시면 얼마든지 살림하겠어요」
> 그리고 가장 이쁜듯이 팔로 그 목을 얽어드리며
> 「그렇지 않아요? 서방님! 제가 뭐 기생첩인가요 색시첩인가요 더 바라게?」 (「정조」, 265-266쪽)

'행낭어멈'은 자신의 말처럼 기생첩도 색시첩도 아니면서 사실은 그 이상의 계산을 통해 '주인서방'으로부터 돈을 요구한다. '행낭어멈'의 매춘 계략은 남편과의 묵계 속에서 진행된다는 점에서 「소낙비」류의 소극적 매춘과 같은 항목으로 분류될 수 있다. 그러나 그 방법이 훨씬

---

17) 졸고, 매춘소설의 한 양상, 한국학논집 23집, 한양대학교 한국학연구소, 1993. 207쪽.

적극적이고 교활하다는 점에서 대조를 이룬다. 「정조」는 직업적 매춘 즉, 기생이나 카페 여급의 수준에서 교환되는 성의 거래를 제외한 전직 농민의 아내인 여성의 신분으로 행해지는 적극적 매춘의 대표적 유형으로 볼 수 있다.

이에 비해 「총각과 맹꽁이」, 「솟」은 1930년대의 시대적 소산으로 이해되는 들병이가 등장하는 작품이다. 들병이는 전직 농민 출신이라는 점, 술을 판다는 점, 남편과 함께 다니기도 한다는 점, 춘궁 때는 고향으로 돌아가 칩거한다는 점, 특별한 재능이나 자본 없이 할 수 있다는 점 등을 그 특징으로 들 수 있다. 작가 자신이 「조선의 집시」라는 글에서 들병이에 대해 규정하고 있는 내용은 이 논의에 좋은 참고가 된다.

>가을은 農村의 唯一한 名節이다. 그와 동시에 여러 威脅과 屈辱을 격고나는 한 逆境이다. 말하자면 그들은 地主와 빗쟁이에게 收穫物로 주고 다시 한겨울을 念慮하기 위하여 한해 동안 쌈을 흘렸는지도 모른다.
>여기에서 한번 憤發한 것이 즉 들쌩이 생활이다.
>들쌩이가 되면 밥은 食性대로 먹을 수 잇다는 것과 또는 그 準備에 돈 한푼 안든다는 이것에 그들은 魅惑된다. 안해의 얼골이 秀色이면 더욱 조타.
>그러치 안트라도 農村에서 항상 流行하는 歌謠나 몃마듸 반반히 가르키면 된다.18)

들병이의 발생 배경과 활동상에 대한 작가의 관찰과 사색은 매우 일목요연하게 정리되어 있다. 작가의 의견을 따른다면 들병이는 우연히 분발한 것이 아니라 분명한 사회적 조건 속에서 분발한 족속이다.

---

18) 전신재 편, 앞의 책, 393쪽.

들병이가 분발한 사회적 조건은 지주와 빚장이에게 일년 농사의 수확물을 모두 바치고 남는 것이 없는 농민들의 현실을 가리킨다. 들병이는 농촌의 궁핍상을 극복하고자 나선 당대 농민들의 유랑적 성격을 집약하는 존재들인 것이다. 작가의 작품 속에 들병이들이 널리 분포되고 있는 것은 이런 점에서 결코 우연의 소산이 아니다. 「총각과 맹꽁이」, 「솟」에서는 들병이의 성향이 여실히 제시되고 있다. 「총각과 맹꽁이」는 어리숙한 늙은 총각 '덕만'이가 마을에 들어온 들병이와의 결혼을 꿈꾸며 술값을 도맡아 냈으나 들병이는 엉뚱한 인물 '뭉태'가 차지해 버린다는 구조를 가진 작품이다. 이 작품은 농촌의 피폐한 현실, 순박하게 사는 농촌 총각, 이들 사이를 헤집고 들어와 생계를 꾸리는 들병이의 생태학 등의 상관관계를 극명하게 보여준다는 점에서 어두운 해학의 압권으로 꼽힐 수 있다.19) 이 소설에서 들병이는 '남편을 일코서 홧김에 들썅'(16쪽)으로 돌아다니는 직업적 여성이다.

> 얼굴 쌈안 친구가 얼마 벼르다가 마코 한 개를 피여 올린다. 그리고 우역으로 끌어댕겨 남보란 듯이 입을 마춘다. 게집은 예사로 담배만 밧아피고는 생글거린다. 좌중은 밸이 상햇다. 양권연 바람이 시다는 둥 이왕이면 속곳밋 들고 인심쓰라는 둥 별별 편퉁이가 다 들어온다.
> 「돌려라 돌려 혼자만 주무르는 게야?」
> 목이 마르듯 사방에서 소리를 지르며 눈을 지릅뜬다. 이 서슬에 게집은 이러서서 어디로 갈지를 몰라 술병을 들고 갈팡거린다 (「총각과 맹꽁이」, 19쪽).

---

19) 「총각과 맹꽁이」가 당시 우리 사회의 경제적 궁핍상을 진지하게 추구하지 못하고 그것을 해학적으로 처리함으로써 현실인식의 측면에서 일정한 한계를 지닌다는 지적 (이선영, 궁핍한 시대와 자기 인식, 한국대표명작·중, 지학사, 1985. 208쪽)은 이 작품에 대한 적절한 관찰로 보이지 않는다. 이와 같은 논지는 해학이 감추고 있는 어두운 세계의 비극을 간과하고 있기 때문이다.

못 사람의 품으로 올마안기며 에쓱어리는 들썡이가 말은 천하다 할망정 힘 안드리고 먹으니 얼마나 부러운가. 침들을 게게 흘리고 덤벼드는 못 놈을 이손저손으로 맘대로 후물르니 그 호강이 바히 고귀하다 할지라— (「솟」, 127쪽)

들병이의 일차 업무는 술을 파는 것이지만 인용문에서 보듯이 그 업무의 범위를 넘어 매춘 행위가 실질적인 주요 업무임이 드러난다. 가혹한 도지와 빚에 시달리고 있는 농촌의 농민들과 농민의 신분으로부터 분리되어 간 젊은 들병이는 서로의 필요에 의해서 만나고 있는 것이다. 두 계층은 성문제보다 경제문제를 통해 연결된다. 표면적으로는 들병이가 농촌 총각들의 정열을 조절해 주는 구실을 떠맡고 있는 것도 사실이다. 그렇지만 「총각과 맹꽁이」의 '덕만'이는 들병이와 혼인하여 술장사를 할 의중을 갖고 있으며, 「솟」의 근식이가 들병이 '게숙'이를 따라나서는 이유도 '몸이 열파에 난대도 잘 먹을 수만 있다면이야 고만이 아닌가'(129쪽)라는 현실적 판단 때문이다. 이러한 인물들의 판단을 지배하는 것은 여성의 성이 생계의 방편이 됨을 남성과 여성이 함께 인식하고 활용한다는 의미가 된다. 남성이 여성을 통해 현실적 생활 방편을 찾으려는 무기력한 생활력에 대해서는 다른 논의가 필요하다. 들병이를 통해 우리가 이해하는 것은 그들이 순박한 농민이었으나 비참한 농촌생활을 견디지 못하고 매춘을 통해 농촌에 기생하는 존재가 되었다는 점이다. 그런 점에서 들병이의 매춘은 직업적, 半職業的 성격을 동시에 띤다는 점에서 적극적 매춘의 형태라고 단정짓는다.

들병이가 농촌을 배경으로 농민을 상대하는 여성이라면 여급은 도시를 배경으로 어두운 삶을 살아가는 존재들이다. 카페 여급은 들병이보다 직업적으로 근대화된 직종이다. 「야앵」과 「따라지」에 나오는 인물들 중 카페 여급은 들병이의 대응점에 선 인물이다. 「야앵」의 '정숙'은 전직 순사였던 남편과 이혼하고 아이까지 데리고 여급이 된 인물이다. '정숙'이 여급이라는 직업을 갖게 된 것도 남편의 무능에 기인한다는 점은 들병이와 공통적이다. 「따라지」 역시 「야앵」과 같이 도시를 배경으로 살아가는 하층민의 삶을 다루고 있다. 두 작품의 인물들은 공통적으로 가난하면서 교활하고 뻔뻔스런 인물들이다. 또 근대적 직업이라고 할 수 있는 카페 여급, 뻐쓰껄, 삯을세 대여 노파 등이 등장한다. 「따라지」의 '아끼꼬'와 '영애'는 카페에 나가는 여성으로 둘 중 하나가 손님을 불러들이면 한 사람은 외박을 한다. 이러한 행위는 여급의 생활 원천이 된다.

> 어제도 카페서 나오다가 골목에서 영애를 꾹 찌르고
> 「애! 너 오늘 어디서 자구 오너라」라고 귓속을 하니까
> 「또? 얘 너는 좋구나!」
> 「좋긴 뭐가 좋아? 애두!」
> 아끼꼬는 좀 수집은 생각이 들어 쭈뼛쭈뼛 그 손에 돈 팔십전을 쥐어 주었다 (「따라지」, 287쪽).

위의 인용은 당대 카페 여급들의 생활상이 어떠했는가를 보여준다. 여급들은 밤이면 카페에 나가 술을 따르고 남성들과 동침함으로써 경제적 수입을 획득한다. 이것은 전문화된 매춘으로 간주된다. 카페 여급과 같은 선상에 놓이는 직종이 기생이다. 기생은 그 연원으로 볼 때 여급보다 훨씬 상회하는 것으로 보인다. 그러나 갈보라고 불리기도 하는 기생은 이 논의의 중심과는 거리가 있다. 이 논의는 1930년대의 농민 계층이 일제의 수탈 과정에서 해체되면서 최저 생활 근거로 매음을 선택하는 실상을 파악하는 일이기 때문이다. 기생은 매춘의 대표적

존재로 지적할 수 있지만 그들은 일제시대 이전부터 있어 온 전통적 존재들이다. 또 이들의 사회적 의미가 김유정 소설의 핵심에서 비켜 있다는 판단 때문이기도 하다.[20)]

「두꺼비」「생의 반려」에서 매춘제도의 일부인 기생이 등장한다. 두 작품에 등장하는 기생 '옥화'와 '나명주'는 작가 자신이 실제로 연모했던 기생 '박록주'를 소설화 한 자전적 계열의 작품이다. 기생이라는 직업이 매춘의 가장 적극적 형태의 하나이기는 하지만 작가 자신은 기생을 일제하의 빈민 증식의 결과와 관련짓지 않는다. 「두꺼비」「생의 반려」는 그런 점에서 김유정의 여타 농민소설들과 차원을 달리 한다. 한편, 기생과 여급은 자본주의 시대에 창궐하는 다양한 매춘산업의 한 前型이기도 하다.

이상에서 우리는 「정조」「총각과 맹꽁이」「솟」「야앵」「따라지」「두꺼비」「생의 반려」 등의 작품을 통해 매춘의 적극적 형태에 대해 살펴보았다. 「정조」의 경우 여성이 계산된 매춘으로 돈을 갈취한다는 점이 특징적이었다. 「총각과 맹꽁이」「솟」의 경우 들병이라는 전직 농민이었던 여성이 직업적 성격을 띠고 매춘 행위를 함이 드러났다. 「야앵」「따라지」는 도시를 배경으로 한 여급이, 「두꺼비」「생의 반려」에

---

20) 1920년대 전반기를 거치면서 매춘업의 일반화 현상이 나타난 것으로 보고된다. 그것은 공창이 쇠퇴하고 사창이 만연되는 것으로 나타난다. 사창의 일반화는 기생이 기예만을 제공하는 것이 아니라 손님의 요구에 따라서는 성을 제공함을 의미한다. 이러한 이유에는 첫째, 일제에 의한 토지조사사업과 토지겸병정책 그리고 제1차 세계대전후의 만성적 불경기 등이 겹쳐 생활고가 극에 달하자 유랑・걸식・餓死보다는 매춘을 택하는 여성층이 많이 나타났다는 것 둘째, 일본의 타락한 생활양식의 도입으로 매춘에 대한 가치관 붕괴 셋째, 공창이 지닌 감옥의 굴레가 싫었을 것 넷째, 창기・기생들 모두가 일정액의 세금을 내고 있었지만, 매춘은 표면상 비밀행위 즉 밀매음이었기에 탈세가 가능하였다는 점 등을 꼽는다. (박종성, 앞의 책, 71쪽. 재인용 요약) 이는 기생제도에 대해서도 시사하는 바가 많으면서 들병이 존재의 출현에 대해서도 구체적 언질을 준다.

서는 기생이 나타났다. 여급과 기생은 공히 도시를 배경으로 한 매춘의 형태라는 점과 직업적 성격을 가진다는 점에서 매춘에 관한한 가장 적극적이자 제도적인 형태라고 보겠다. 그런데 이와 같은 매춘의 제도적 특징은 일제시대의 경제적 모순 속에서 발생한 농민들의 매춘을 설명하는 데는 적절치 않은 것으로 본다. 그런 점에서 김유정의 소설에서 매춘의 적극적 형태를 대표하는 주체는 들병이었다고 할 수 있다.

4. 결 론

이 글은 김유정 소설의 매춘 구조 해명이라는 논지를 가지고 작성되었다. 이를 위해 1930년대라는 사회적 배경과 작가의 작품 문맥을 함께 연관지어 살펴보았다. 이를 통해 작품에 구조되어 있는 매춘의 양상을 분석했다. 지금까지 논의된 내용을 정리하면 다음과 같다.

첫째, 작가의 소설에 나타나고 있는 매춘의 사회적 배경은 일제에 의해 자행된 수탈정책과 깊은 상관성을 가지며 이에 따라 농민계층은 자작농—소작농—표랑농민으로 전락하는 단계를 밟게 된다.

둘째, 피폐한 농촌 현실 속에서 진행된 농민계층의 전락은 가족 해체를 통해 구체화된다. 부부가 갈라서서 각자 생존의 방편을 찾는 것이 그 대표적 예가 되며 여성의 경우 가정으로부터 분리되어 매춘의 접경 지역에 다가서게 된다.

셋째, 「안해」「가을」「소낙비」「산골나그네」 등의 작품에서는 매춘의 성격이 은밀하고 사적이며 자연발생적인 현상으로 제시된다. 여성이 자발성에 의지하기 보다 남성에 의해 매음을 할 수밖에 없다는 점에서 이를 소극적 매춘의 형태로 정리할 수 있다.

넷째, 「정조」「총각과 맹꽁이」「솟」「야앵」「따라지」「두꺼비」「생의 반려」 등의 작품에서는 매춘의 적극적 형태가 나타난다. 작가의 소설에서 가장 중시되어야 할 대목은 전형적인 농민이었던 여성이 들병이 혹은 그에 준하는 수단을 통해 생존에 임하고 있다는 점이다. 도시를 배경으로 한 카페 여급과 기생은 직업적이자 제도적 형태의 매춘과 관련되어 들병이류의 생태와는 기원이 다름을 확인하게 된다.

이상의 정리를 통해 볼 때, 김유정 소설에서 인물들이 벌이는 매춘 혹은 매춘 차원의 행위는 그 발생론적 배경에 식민지 시대의 경제적 모순과 깊은 상관성을 맺고 있다. 또 작가가 여러 작품에서 매춘의 문제를 직접 내지 간접적으로 제시하고 있음은 매춘 그 자체의 반사회성에 주목하자는 것이 아니라 매춘의 사회적 배경을 명징하게 드러내기 위한 소설적 장치였음을 알 수 있다. 결국, 작가는 매춘 구조 내지 매춘 회로를 통해 당대 사회의 비극적 구조를 제시하고, 그 속에서 부서져 간 농민들의 실체적 삶을 복원하고자 했다. 그래서 우리는 그를 가리켜 1930년대의 정직하고도 우수한 한 사람의 작가라고 일컫는다.

매춘소설의 한 양상

1. 서 론

 근대소설을 살피다 보면 매춘을 제재로 한 소설이 많음을 목도하게 된다. 그러나 매춘을 비롯한 성의 문제는 근대소설의 주요 제재였다는 점에서 새삼스러운 것은 아니다. 다만 근대소설이 채택하고 있는 성의 모습이 문학사의 공간 속에서 다른 시대의 소설과는 유다른 구석이 있다는 점은 충분히 문제적이다. 특히 매춘을 다루고 있는 소설의 경우가 이 범주에 해당한다.
 매춘을 취급하고 있는 소설로는 흔히 김동인의 「감자」가 거론된다. 그러나 근대소설의 지형을 살펴보면 의외로 이런 유의 소설이 폭넓게 자리하고 있다는 사실에 주목하지 않을 수 없다. 매춘의 문제는 어느 시대나 소설의 관심사로 한 몫을 해 왔다. 근대소설의 경우 매춘은 개인의 윤리나 도덕의 차원과 별개로 존재하는 어떤 것이다. 그것은 기본적인 생존의 욕구와 관계된다는 점에서 매춘의 사회학적 연원과 맥을 함께하는 것이라 여겨진다. 아울러 매춘은 등뒤에 복잡한 문제를 거느리고 있다. 정치적·사회적·경제적·관습적 도덕률같은 것이 그 것이다. 소설에 형상되고 있는 매춘의 양상은 이와 같은 제문제와 정확히 조응하고 있음은 주목될 필요가 있다. 논자는 이와 같은 계보의 소설을 매춘소설이라는 하위 장르로 설정하고 논의를 진행시키고자 한다.1) 하위장르의 설정에는 많은 탐구가 뒤따라야 옳겠지만 이 글에서는 단지 매춘을 주요 관심사로 채택하고 있는 소설을 폭넓게 아우르는 광의의 개념으로 매김하고자 한다. 더 진지한 검토는 훗날이 될 수밖에 없다는 점에서 매춘소설이라는 명칭은 잠정적 명명이다. 이러한 명칭을 통하여 매춘소설의 계보가 확보된다면 그것만으로도 근대소설은 좀더 선명한 세목을 얻을 수 있으리라 기대되기 때문이다.

본고는 이러한 관심의 일단을 구체화하기 위해 두 편의 소설을 검토의 대상으로 삼았다. 빙허의「정조와 약가」와 김유정의「정조」가 그것이다.2) 두 작품을 한 자리에서 검토할 수 있는 이유는 두 편의 소설이 매춘소설의 범주에 묶일 수 있다는 판단 때문이며, 두 작품이 품고 있는 매춘 모티프는 이와 같은 논거를 충족시켜 준다. 빙허와 김유정이 매춘의 문제를 당대 사회가 안고 있는 왜곡된 제도로서 인식하고 있다는 점도 두 작품의 비교를 가능케 하고 있다. 아울러 두 작품이 창작되고 발표되었던 시대가 일제의 침탈기였다는 점도 두 작품의 공통적 기반이 되고 있다. 이와 같은 문제는 자칫 제재의 유사성에 집착

---

1) 이와 같은 작업은 매춘소설의 계보를 작성하고자 하는 필자의 계획의 하나임과 동시에『김유정소설연구』(인문당, 1990)에서 부분적으로 논의했던 관심사를 체계적으로 정리하기 위한 것임을 밝혀 둔다.
2) 두 작품의 최초 발표 지면은 1929년 12월 《신소설》1호 (「정조와 약가」) 와 1936년 10월 《조광》(「정조」)이었다. 본고의 인용은「정조와 약가」의 경우,『조선의 얼굴』(이재선·김시태 편, 현진건전집 3, 문학과 비평사, 1988)과「정조」의 경우,『산골나그네』(정음사, 1974)의 것을 따를 것이며, 인용문 말미에 작품명과 쪽수만 밝히기로 한다.

하여 편협한 판단에 묶일 개연성도 없지 않다. 하지만 앞서의 난점을 고려한다 하더라도 두 개의 텍스트가 드러내고 있는 매춘에 대한 해석적 관점은 흥미로운 의미를 형성하고 있다. 다시 말해 두 개의 텍스트는 약 7년의 시간적 거리가 있음에도 불구하고 서로 유사한 양상을 띠고 있기 때문이다. 매춘에 대한 유사한 성격은 매춘이라는 제재를 작가가 당대 사회의 역사적 모순과 겹쳐서 탐구하고 있다는 점을 반증하는 것이다.

따라서 매춘을 다루고 있는 두 편의 소설을 탐구했을 때, 1920년대와 1930년대에 널리 분포되어 있는 매춘소설의 근간이 포섭될 수 있을 것으로 기대된다. 그러나 이것만으로 매춘문제를 취급한 당대의 소설 일반을 규정하는 데는 일정한 한계가 있다. 그것은 다른 작업을 통해서 더 보완되어야 할 사항으로 이 글의 범위에는 포함되지 않을 것이다.

2. 텍스트의 화소 분석

매춘소설의 특징적 면모를 살피기 위해서는 작품에 대한 관찰이 우선되어야 한다. 매춘문제를 취급한 소설이라고 하더라도 소설 일반의 논리를 벗어나 있는 것은 아니기 때문이다. 텍스트의 핵심을 드러내는 데에는 화소 분석이 유용할 것으로 보인다. 화소 분석은 서사 단위를 중심으로 나눌 것이며, 이를 통해 작품의 전체적 구조가 밝혀지게 될 것이다. 분석은 「정조와 약가」가 먼저이고 「정조」가 나중이 될 것이다.

먼저 「정조와 약가」의 화소를 살펴보자. 이 작품의 화소는 다음과 같이 10개의 단위로 나누어 생각할 수 있다.

①최주부는 D촌의 유명한 의원이다.
②최주부는 명의요 지주요 부자다.
③청잣군이 의원에게 왕진을 청한다.
④청잣군은 의외로 젊고 아름다웠다.
⑤의원은 청잣군의 집을 향해 떠난다.
⑥의원이 진맥을 핑계로 여자를 희롱한다.
⑦남편에게 약값 대신 정조를 바쳤음을 고백한다.
⑧남편은 손님에게 아내와의 동침을 권한다.
⑨의원은 여자와 동침하며 환자를 치료한다.
⑩의원은 환자 부부의 전송을 받으며 마을을 떠난다.

이 작품은 3인칭 관찰자 시점을 중심으로 서술되고 있다. 3인칭 시점은 '나'라는 서술자의 사용을 통제함으로써 문법적 인칭의 범주를 피할 수 있으며, 각종 담화의 종류에 따라서 주석적 언급을 제거하고 가능한 서술을 극적 제시로 대치한다.3) 이 작품도 주석적 언급은 배제되어 있다.4) 그만큼 소설 속의 드라마로부터 작가는 거리를 유지하고 있는 것으로 설정되어 있다.

화소 분석을 통해 알 수 있는 것은 이 작품의 서술 구조를 움직이고 있는 기본적인 인물은 마을의 명의로 행세하고 있는 최주부와 남편을 살리기 위해 의원을 찾는 젊은 여인이다. 화소 ①부터 ④까지의

---

3) 윌리스 마틴(김문현 옮김), 소설이론의 역사, 현대소설사, 1991. 194쪽.
4) 정현기는 빙허의 단편을 논의하는 자리에서, 「정조와 약가」를 지칭하며 흥분하기 쉬운 제재에서 작가가 완벽하게 호흡을 정지하고 대상을 관찰했기에 돋보이며, 「운수 좋은 날」다음으로 훌륭한 작품이라 매김했다 (한국 근대소설의 인물 유형, 인문당, 1983. 187쪽).

항목을 통해 의원의 위인됨이 명료하게 드러나고 있다. 그는 자기가 없으면 마을 사람들이 병을 치유할 수 없음을 미끼로 거드름을 피운다. 동시에 의료행위를 통해 재산을 축적하며 젊은 여인들을 성적으로 희롱한다. 의원은 '젊고 반주그레한 여자 환자에게'(250쪽)만 친절을 베푸는 위인이다. 주로 성적 가치가 있는 여인들을 탐하는 최주부로서는 그것이 곧 그 자신을 움직이는 주요한 동인이 되고 있다.

최주부라는 인물이 남편의 병을 고치기 위해 찾아온 젊은 여인을 냉대하다가 뜻을 바꾼 것은 화소 ④에 제시되고 있다. 그 이유는 순전히 젊고 아름다웠기 때문이다. 의원에게 있어 여자는 성적 가치에 의해 판단된다. 그렇다고 최주부의 행동 요인만으로 이 작품의 드라마가 형성되는 것은 아니다. 최주부에 조응하는 청잣군 여인의 동인이 맞물려 상승작용을 하기 때문이다. 남편의 병을 고치려는 여인의 절박한 심정은 다른 무엇과도 대비될 수 없다.

하나의 이야기가 성립되자면 애초에 어떤 주어진 상황이 설정되고, 그 상황에 상응하는 여러 가지 힘이 가해져서 그 상황에 운동과 변화가 초래되어야 한다. 이는 곧 플롯의 바탕이 된다. 즉, 운동과 변화라는 근본적인 개념이 조합되어 한 편의 이야기를 이끌어 가게 됨을 가리킨다. 「정조와 약가」의 경우 주어진 상황은 위에 제시한 바와 같이 최주부가 드러내고 있는 성격적 방향과 청잣군 여인이 거느리고 있는 절박한 사정이 개입하여 변화를 만든다. 그 변화의 중요한 고비는 화소 ⑥을 통해 구체화된다. 화소 ⑥은 최주부와 청잣군 여인이 은밀한 산기슭에서 성을 교환하는 것이 행위의 초점을 이룬다. 화소 ⑧에서는 여인과 여인의 남편이 보여주는 태도가 함께 작용하여 최주부가 갖고 있는 의식을 반전시킨다. 여인이 남편의 병을 고치겠다는 의지는 최주부의 통념과 타락한 윤리의식을 상회한다. 때문에 그녀는 '한 달이고 두 달이고 얼마든지 약을 써서 그예 병뿌리를 빼야'(260쪽) 의원을 놓

아주겠다고 하는가 하면 의원의 약처방을 들고 '십리 안팎 길을 한숨에 뛰어가고 뛰어오'(260쪽)는 것이다. 이것은 여인의 생존적 집념이 삶의 규범적 논리를 초월하고 있음을 말해 준다.

의원과 여인의 욕망이 만나는 지점에서 탈윤리적인 매춘이 이루어진다. 의원의 소망이 다분히 여기적인 데 비해 여인의 것은 생존적인 차원이라는 데서 의미의 변별이 요구된다. 의원과 여인의 욕망은 어떤 갈등 상태를 유지하는가? 즉, 갈등의 형태와 유무에 의해 소설의 핵심이 드러날 수 있다는 점에서 인물간의 갈등은 많은 시사점을 준다. 이 작품에서 예상되는 갈등을 몇 가지로 요약하면 다음과 같다. 첫째, 남편 있는 여자와 성관계를 가져도 되는가를 고민하는 의원의 갈등. 둘째, 약값을 위해서라면 정조쯤은 무시해도 좋은가를 고민하는 여인의 갈등. 셋째, 내가 살기 위해 외간 남자에게 아내를 공여해도 되는가를 묻는 남편의 갈등으로 대별할 수 있다.[5]

그런데 이 작품에는 당연히 예상되는 갈등이 침묵하고 있다. 의원↔여인↔남편 사이에 존재해야 할 심리적 드라마가 거세되어 있다는 점은 이 소설의 한 특징이다. 이는 작가에 의해 제시된 의도된 계산이라고 보아야 한다. 성의 피해자인 여성에게서 여성적 자각 현상이 없다는 점은 특별하며 심각하다. 그렇다고 성에 몰입하거나 쾌락에 탐닉하는 것도 아니라는 점에서 여성의 비극은 증폭된다.[6] 굳이 작품에서 갈등의 그림자를 찾는다면 최주부의 내부 심리 속에서다. 비도덕적인 인물인 의원이 내부적 심리의 균열을 겪고 있음은 역설적 상황이라 부르지 않을 수 없다. 이는 예각화된 비극적 상황을 노출시키기 위해 제

---

5) 갈등은 둘 이상의 개인이나 집단이 동일한 대상을 취하려 할 때 발생하며 양립하기 어려운 목표나 수단을 서로 가지려 할 때 포착되는 심리의 한 양태라고 정의된다 (조남현, 한국소설과 갈등, 문학과 비평사, 1990. 17쪽).
6) 졸고, 김유정 소설 연구, 한양대학교 박사, 1989. 51쪽.

시된 빙허 특유의 아이러니 기법이라고 하겠다.
 앞에서 살펴 본 텍스트 화소 분석을 토대로 다음과 같은 사실을 요약할 수 있다. 소설 속에서 인물들을 관계지어 주는 매개 요소는 인물들 각자가 지니고 있는 욕망이었다. 의원인 최주부는 성의 욕구를 해결하기 위해 여인의 몸을 취하고, 여인은 남편의 병을 치유하기 위해 성을 교환가치로 바꾼다. 남편은 자신의 병을 낫게 하기 위해 아내의 매춘을 적극 방조한다. 결국 세 명의 인물이 서로의 욕망을 충족시키는 자리에서 비도덕적인 매춘이 발생할 수밖에 없는 것이다. 그러나 인물들에게 응당 존재해야 할 갈등의 양상이 비도덕적인 의원에게서만 표면화됨으로써 소설이 품고 있는 비극의 질량은 더욱 증폭되고 있다. 「정조와 약가」의 비극성은 인간의 비인간화를 통해 극명해 진다. 그것은 갈등의 과정이 제거되고 인간의 성이 거래의 차원으로 전락된다는 점에서 뚜렷해진다.
 다음은 「정조」의 화소를 살펴보도록 하자. 이 작품 역시 3인칭의 시점을 차용하고 있다는 점에서 「정조와 약가」와 유사하다. 빙허의 소설이 서사 단위의 구분이 비교적 뚜렷한 데 비해 김유정의 소설은 반드시 그렇지 않다는 특징을 지닌다. 주로 인물의 심리적인 드라마가 작품의 표면을 지배하고 있기 때문에 화소를 구분하는 데 있어서도 서사 단위보다 심리의 단위가 적절할 것으로 보인다. 이 소설의 화소는 ①주인아씨는 행랑어멈 때문에 속이 썩을 대로 썩었다. ②서방님은 행랑어멈을 떠올리며 몸서리를 친다. ③주인아씨가 행랑어멈을 내보내려 하나 말을 듣지 않는다. ④행랑어멈이 돈 이백원을 챙겨 가지고 집을 나간다. ⑤서방님과 주인아씨 모두 행랑어멈에게 준 돈 때문에 속을 앓는다.
 「정조」는 「정조와 약가」와 유사한 제재를 취급하고 있으나 그 서술방식은 판이하다. 「정조」는 인물간의 대화와 미세한 심리묘사로 일관하고 있다. 「정조와 약가」가 구성상 시간의 순차적인 질서를 따라 이야기의 선을 배치한 데 비해, 이 작품은 시간의 계기성을 무시하고 있다는 점도 서술상의 차이점이다. 「정조와 약가」에 나타나는 여인이 젊고 매력적이었던 점에 비해 「정조」의 여인은 '푸르뎅뎅하고 꺼칠한 그 입술'과 '생후 목물 한번도 못해 봤을 듯 싶은 때꼽낀 몸뚱어리'(257쪽)를 가진 매력없고 뻔뻔한 성격이라는 점도 두 작품의 변별점이 된다. 이 소설은 서방님이 행랑어멈과 육체관계를 맺은 뒤 큰돈을 지불하고 후회한다는 것이 기본 상황으로 설정되어 있다. 화소 ①은 소설의 첫 문장이다. 이 문장은 다양한 기능을 함축하고 있다. 즉, 화소 ① 만으로 볼 때, 그것은 주인아씨와 행랑어멈과의 관계로 대립되지만 실제에 있어서는 주인아씨의 남편인 서방님과 행랑어멈의 것으로 치환되는 관계다. 서방님이 집에서 부리는 행랑어멈을 성의 희롱 대상으로 삼음으로써 야기되는 상황인 것이다. 이 작품의 가장 앞에 와야 할 화소는 서방님이 행랑어멈의 육체를 범하는 장면이다. 그러나 이 작품의 주요 관심은 거기에 있지 않고 육체를 범함으로써 돌출되는 인물들의 갈등에 초점을 맞추고 있다.

　서방님이 행랑어멈을 범한 동기는 '분명히 술의 작용'(257쪽)으로 제시되고 있다. 서방님은 여인을 범한 동인을 자신의 내부가 아니라 외부적 요인인 술의 작용으로 돌리고 있는 것이다. 그러나 이와 같은 남성 인물의 발언은 일과성 변명에 그친다. 지주인 주인서방은 여성을 습관적으로 희롱해 온 상습범이기 때문이다. 이와 같은 사실은 그의 아내에 의해 '계집이면 덮어놓고 맥을 못쓰'는 성격으로 규정되며, '수하동의 기생첩'과 '청진동에 여학생첩'(260쪽)을 두고 있음이 확인된다.

　여기서 주인 서방과 「정조와 약가」의 의원 최주부와의 공통점이 드러난다. 두 인물은 여성에 대한 욕망을 자제하지 않는다는 점에서 공통적일 뿐만 아니라 윤리의식마저 결여되었다는 점도 다르지 않다. 성을 도락의 수단으로 간주하고 있는 것이다. 남성과 여성의 관계는 현대에 이르기까지 상당 부분 주종의 관계를 유지해 오고 있다. 지배/복종의 도식이 그것이다. 남성이 여성의 성도 지배해 왔음을 기왕의 역사는 말해 주고 있다. 그러나 남성과 여성의 기본 관계가 지배/복종이라는 도식을 수용하는 것과 이 도식을 적극 활용하려는 것은 다르다. 「정조」의 여인도 자신의 육체를 물질과 교환할 수 있는 가치로 인식하고 있다는 점에서 비극적이다. 그러니까 행랑어멈은 주인집 남자와 아씨 사이에 교묘하게 위치하면서 자신의 실리를 추구한다는 점에서 「정조와 약가」의 여인에 비해 한 걸음 더 진전한 것으로 비쳐진다.

「애밴 사람이 어떻게 몸을 움직이란 말씀이야요? 아씨두 원 심하시지!」
「애 애 허니 뉘 눔의 앨 뱄길래 밤낮 그렇게 우좌스리 대드나?」
하고 불같이 골을 팩 내니까,
「뉘 눔의 애라니요?
아씨두! 그렇게 막 말씀할 게 아니야요. 애가 커서 이 담에 데련님이 될지 서방님이 될지 사람의 일을 누가 알아요?」
하고 모욕이나 당한 듯이 아씨 못지 않게 큰소리로 대들었다 (「정조」, 262-263쪽).

주인 아씨와 행랑어멈의 심리전은 서로의 약점을 겨냥하고 있다. 여기서 흥미로운 사실은 행랑어멈을 범한 행위의 주체인 주인 서방은 배제되고 있다는 점이다. 주인 서방/행랑어멈의 대립이 주인 아씨/행랑어멈으로 전도되어 있다. 그런 점에서 행랑어멈은 두 명의 가해자를 설정하고 있는데 반해 주인 아씨는 피해자임과 동시에 가해자라는 이중의 기능을 담지한다. 남편이 외간 여자를 희롱함으로써 받는 억압의 측면에서는 피해자이나 남편의 대리인으로서 행랑어멈을 축출하려 한다는 점에서는 가해자의 처지라고 할 수 있다. 평범한 농부의 신분에서 이처럼 탈윤리의 벽을 쉽게 허물 수 있는 행랑어멈의 성격적 측면은 주목되어야 할 변화라고 할 수 있다.7)

앞에서 살펴본 텍스트의 화소 분석을 토대로 다음과 같은 사실을 요약할 수 있다. 주인 서방의 성적 욕망과 행랑어멈의 경제적 욕망은 서로 대응하는 관계를 이룬다. 결과적으로 두 인물 사이의 관계는 물질적 거래 관계에 근거를 두게 된다는 점에서 역시 비극적이라고 하겠다. 주인 아씨는 성적으로 피해와 가해의 이중성 성격을 동시에 포함하고 있다는 점은 이채롭다. 그러나 남성 중심의 논리 체계 안에서 보자면 그녀 역시 피해자의 한 사람이다. 끝으로 순진한 농부였던 행랑어멈의 원초적 순진성이 알뜰히 파괴되는 성격 변화의 측면은 식민지 시대의 풍속적 측면과 맞물려 있는 특수성으로 이해해야 될 것이다.

---

7) 행랑어멈의 성격 변화는 곧 이 소설의 성격을 말해 주는 것임이면서 동시에 식민지시대의 농민들의 전락 과정을 단적으로 의미한다. 행랑어멈 부류의 인물들이 모두 전직 농군이었다는 점은 이를 반증하는 것이다. 즉, 이들은 농군→이농→날품팔이 혹은 들병이와 같은 전락의 과정을 밟는 가운데 타산적이고 탈윤리적인 성격으로 바뀌게 된 것이다. 이 때 성이 경제적 교환조건이 되는 것은 당대 사회가 안고 있는 모순구조의 한 표출이다 (졸고, 앞의 논문, 60쪽 참조). 돈에 대한 과도한 물질주의적 탐욕에 의한 문란한 성교섭 및 인신매매와 같은 윤리적 황폐화 현상은 단순한 무지에서 연유되는 것이 아니다. 그것은 지주들의 과도한 賭租, 식민지의 수탈적 세금제도 및 勞役에 의한 절대 궁핍과 깊은 상관성을 맺고 있다 (이재선, 한국현대소설사, 홍성사, 1982. 372쪽 참조).

3. 매춘의 사회적 함의

지금까지 텍스트의 화소 분석을 중심으로 두 작품을 논의하였다. 두 작품은 공통적으로 소설의 중심에 매춘 행위를 포함하고 있다. 소설 속에서 매춘이 일회적으로 멈추는 것이 아니라 인물들 각자에게 여러 가지의 파장을 드리우고 있다는 점에서도 매춘은 사건의 중심이 되고 있다. 매춘은 지극히 사회적인 현상이다. 그것이 은밀하게 행해지거나 공개적으로 행해지거나 혹은 윤리의식의 경계에 있거나 그렇지 않거나를 막론하고 사회적인 현상일 수밖에 없다.

매춘은 두 가지의 특징을 포함한다. 하나는 정상적 부부관계의 밖에서 이루어지는 성관계라는 점이고, 다른 하나는 성관계의 대가로 금전이 교환된다는 점이다. 후자야말로 매춘을 특징짓는 일면이라고 하겠다. 문제는 매춘의 사회환경적 요인이다. 그것은 단순히 개인적 차원의 현상이 아니다. 혹 개인적 차원의 것을 승인하다 하더라도 그것은 사회적 범주로 수렴될 수밖에 없다. 매춘을 가능케 하는 사회적 환경은 여러 측면이 고려되어야 한다. 제도적 관행과 경제·사회적 조건 그리고 정치의 형태도 고려되어야 할 것이다. 본고에서는 이와 같은 제조건을 고려하는 가운데 주로 유희적 측면과 생존적 측면 그리고 제도적 측면을 살피게 될 것이다. 이들 조건들이 어느 정도 분리되느냐 하는 점에는 이론이 있을 수 있다. 그러나 분명하게 진단할 수 있는 것은 이들 조건이 서로 상보적 관계로 얽혀 있다는 사실이다. 다르게 말하면, 어느 하나로서 자족되는 조건일 수 없다는 점이다. 그런 점에서 매춘의 사회적 함의는 매우 착잡한 심층을 거느리고 있는 것이다. 본고는 이런 점들에 유의하면서 두 작품의 문면을 검토하고자 한다.

먼저 살필 것은 매춘 행위 속에 포함되고 있는 놀이적 성격이다. 성은 근본적으로 쾌락을 전제하고 있다는 점에서 종족 본능과 같은 생물학적 조건을 능가하는 특성이 있다. 따라서 이와 같은 점을 배제하는 논의는 무의미해질 개연성이 있다. 「정조와 약가」와 「정조」의 소설 공간 속에서 성적 욕망을 능동적으로 행사하는 주체는 남성 인물이다. 이들이 욕망을 실현시키는 암묵적 조건은 자신들이 승인받고 있는 신분상의 우위다. 그러므로 남성/여성의 관계는 본질적으로 불평등에 기초하고 있다. 그렇다면 신분과 경제상의 불평등에 기초하고 있는 이들의 성관계에서 유희의 측면은 어떻게 처리되고 있는가? 이 점을 살피는 데에는 네 가지의 경우로 나누어 생각할 수 있다. 「정조와 약가」에서 남자/여자, 「정조」에서 남자/여자로 단순화시켜 대비하는 게 편리할 것으로 판단된다.

① 「정조와 약가」의 남성인 의원의 경우: 그는 자신이 성의 대상으로 점찍고 있는 여인에 대해 즉물적 감정을 드러내고 있다. 의원은 여인의 등어리가 땀에 젖은 모습을 보면서 '가슴에는 불꽃이 이글이글 타오르'고 '숨이 턱에 닿'(255쪽)음을 느낀다. 최주부의 경우는 성을 즐기는 태도가 아무런 가림 없이 직설적으로 드러나고 있다. 이런 점에서 최주부가 노출하고 있는 성심리는 즉물적이며 동물적이다. 그러나 이것 자체가 이 인물의 특질을 규정할 수 있는 우선적 조건이 되지는 않는다고 본다.

② 「정조」의 남성인 주인 서방의 경우: 그는 여러 여성을 성의 대상으로 삼았다는 전력이 있다. 그런데 그가 소설 속에서 노출하고 있는 유희적 심리는 아주 단편적이다. 그것도 직접적으로 드러나기보다 상대 여성에게 투사된 감정을 통해 간접적으로 구체화된다. 행랑어멈의 남편이 외출 중인 사실을 알자 망설임 없이 행랑어멈의 '허리를 부둥켜안고 행랑방으로 들어가'(258쪽)는 주인서방의 행태는 여성을 대하

는 그의 태도를 잘 보여준다. 그는 행랑어멈을 계약적 고용관계로 보는 것이 아니라 경제적으로 예속된 존재로 생각한다. 그러므로 행랑어멈도 자신의 소유물로 간주하는 행위를 보여주는 것이다.

③ 「정조와 약가」의 여성인 청잣군의 경우: 청잣군 여인에 있어서 성에 대한 기대나 즐거움은 단 한 곳도 표출되지 않는다. 이 점은 강조되어야 할 특징이다. 그녀는 밤마다 의원 곁에 '옷까지 훌훌 벗어버리고 옆에 착 달라붙어 누우며 머리맡에 놓인 손님의 부채'(261쪽)로 시중을 들지만 본능적 쾌락의 감정은 침묵하고 있다.

④ 「정조」의 여성인 행랑어멈의 경우: 행랑어멈의 경우도 청잣군 여인과 같은 정도의 교태는 있으나 그와 같은 감정이 성이 갖는 본래적 즐거움과 연결되어 표출되는 것은 아니다. 그녀가 드러내는 감정 표현의 수위는 '전 서방님하구 살구 싶어요. 웬일인지 전 서방님만 뵈면 괜스리 좋아요.'(258쪽)하는 정도에 그친다. 그러나 이와 같은 심정의 노출을 성의 즐거움으로 연결짓는 일은 과장되기 쉽다고 본다.

이상에서 두 작품에 등장하는 중심인물이 드러내고 있다고 판단되는 성의 유희적 측면을 살펴보았다. 이와 같은 사실을 통해 볼 때, 남성은 여성을 성의 도구로 간주하고 있다는 공통점이 지적될 수 있다. 또 이들이 느끼는 즐거움의 내용도 애정에 바탕한다기보다 일회적이고 표피적인 욕망 해소책에 지니지 않음을 알 수 있었다. 반면에 여성 인물들은 그나마의 유희적 관념도 지니지 않고 있다는 사실이 공통적 특징이었다. 이러한 연유에는 쾌락의 무게보다 생존의 무게가 여성의 심리 밑바닥에 깊이 자리잡고 있기 때문인 것으로 파악된다.

앞서의 관찰에서 지적되었듯이 매춘의 피해자일 수 있는 여성들에게서 쾌락의 측면이 배제되고 있다는 점은 흥미로우면서도 당연스럽게 받아들여진다.[8] 이는 생존의 원리가 쾌락의 원리를 압도하기 때문이라고 지적한 바 있다. 생존의 원리는 적어도 당대 사회의 경제 문제와 관계짓지 않고는 규명되기 어려운 문제다. 주지하다시피 1920년대와 1930년대는 일제에 의한 침탈의 시기였다. 식민통치의 특징적 형태는 조선에 대한 경제적 수탈이었다. 민족 자본이 형성되지 못한 와중에 진행된 외세의 지배는 곧 일반 국민 대중의 경제적 빈궁을 가속화하게 되는 것이다. 이와 같은 문제가 첨예하게 표출된 부분은 토지와 관련된 사항이다. 국민의 대다수가 농민이었다는 점을 감안하면 일본에 의해 자행된 토지 수탈은 농민들의 빈궁을 재촉하는 가장 직접적인 원인이었다고 하겠다. 일제에 의해 시행되었던 농촌진흥운동과 같은 농촌운동이 표면적으로는 조선 농민을 위한 것처럼 선전되었다. 그러나 실제로는 조선을 그들의 병참기지로 만들겠다는 야욕에 지나지

---

8) 변정화는 30년대 단편소설의 매춘 모티프를 다루는 자리에서 다음과 같은 논의를 개진하고 있다. 「감자」와 「물레방아」에서는 여인의 쾌락원리가 궁핍으로 각인된 현실원리와 결합되고 있어서 두 작품에서 매춘녀는 희생자로서의 이미지와 쾌락의 추구에 분방한 쾌락녀 및 능동적인 유혹녀로서의 이원적인 이미지를 가진다. 「정조와 약가」의 경우에는 매춘의 모욕과 상처를 건강하고 엄숙한 부부애가 상쇄시켜 주고 있다. 이 작품에서 매춘녀는 역설적으로 강인하고 숭고한 생명애와 부부애의 상징적 인간이 되고 있는 것이다. …… 작품에서 30년대 단편소설들에 나타난 매춘 행위의 한 속성으로서의, 에로스적인 측면의 결여는 가장 사적인 여자의 소유물이 하나의 상품으로 비인격화되어 화폐가치에 완전히 종속됨을 말한다. 아울러 경제는 교환의 형식을 통해서 모든 가치평가를 이동시킨다고 할 때, 이러한 현상은 돈의 가치의 절대적인 상승과 인간 가치의 절대적인 저락을 의미한다. 요컨대 돈의 결핍에서 비롯된 돈의 희소화현상은 돈의 가치와 인간의 가치를 전도시키고 있는 것이다. 20년대 단편소설과의 이 간과할 수 없는 차이점에서 더욱 척박해진 식민지의 삶의 풍토를 추정해 볼 수 있다 (1930년대 한국단편소설 연구, 숙명여대 박사, 1987. 55-56쪽). 변정화의 논의에 대해 대체적으로 수긍하면서도 20년대와 30년대 매춘소설들이 드러내고 있는 양상의 차이를 추상화시키고 있는 데에는 의문이 남는다. 그것은 기본적으로 경제·사회적 상황의 변인이 없다는 점과 「정조와 약가」, 「감자」, 「물레방아」를 시대적 조건만으로 일반화시키는 데에는 무리가 따르기 때문이다.

않았고 이 과정에서 가장 피해를 본 계층은 조선의 농민들이었음은 말할 나위가 없다.9)

그런데 이와 같은 일제의 수탈에 의해 파생된 일반 국민 대중의 경제적 파산의 양상은 기본적 생존을 위협하는 것이었다. 빈궁의 문제는 여러 모습을 띠거니와 여성의 육체가 거래의 수단이 되는 현상도 이 중의 하나일 것이다. 농민들이 토지를 수탈당하고 소작인으로 전락하거나 그나마도 여의치 않을 때 거리로 떠돌게 된다. 이와 같은 절대적 궁핍의 상황에서 농민들은 개체의 보존을 위한 방안을 모색할 수밖에 없다. 그러므로 그들이 여성의 성을 통해 기아의 상황을 면하고자 하는 것은 비극적이지만 가장 현실적인 것이었다고 여겨진다. 이런 점에서 굶주림은 매춘의 주요한 조건이 되고 있다. 「정조와 약가」와 「정조」는 각기 창작과 발표의 시기를 달리하고 있음에도 불구하고 매춘의 조건에서는 전혀 차이나지 않는다. 두 작품은 궁핍의 상황을 기본 배경으로 설정하고 있으며, 사건의 시작과 맺음이 여기에 근거한다고 봐야 한다. 「정조와 약가」의 소설적 상황은 '한재에 부치던 논이 타버림→추수 마당에서 빗자루만 털게 됨→굶기를 밥먹듯 함→부치던 논마저 떨어짐→품팔이로 그날 그날을 지냄→점점 병이 더침'(260쪽)과 같이 요약될 수 있다. 행랑채 부부가 겪는 하향적 전락 과정은 남편의 권위를 무력화시킴과 동시에 여성의 성을 생활의 수단으로 채택하게 만드는 원인으로 기능하고 있다.

「정조와 약가」에서 청잣군 여인이 보여주는 성에 대한 태도는 어떤 판단도 불가하게 만든다. 다시 말해 자신의 행위에 대한 윤리적 판단을 유보하고 있다. 자신의 정조 문제에 대해서는 맹종에 가까운 방임적 태도를 보이면서도 남편의 치료 문제에 대해서는 단호한 태도를

---

9) 조남철, 일제하 한국 농민소설연구, 연세대 박사, 1985. 74-75쪽 참조.

보이고 있어 대조적이다. 이것은 남편의 치유가 이들 부부의 생존적 기반이 됨을 반증하는 단서가 된다. 이와 같은 논리는 「정조」에서도 유사하게 형상화되고 있다. 여기서도 살아남아야 한다는 본능이 행랑어멈 부부를 지배한다. 행랑어멈 부부도 삶의 근거인 토지를 상실하고 '시골서 살다 쫓겨올라 온'(261쪽) 이농민의 전력을 가지고 있다. 그런데 행랑어멈의 매춘행위는 치밀하고 일면 교활한 계산을 거느리고 있다. 더욱이 주인 내외의 심리를 훤히 읽고 있다는 점에서도 그녀의 행위는 적극적이다.

> 그러나 이런 일이란 언제든지 계집이 먼저 꼬리를 치는 법이었다. 그렇게 생각하면 우선 행랑어멈 이년이 더욱 흥측스러운 굴치라 안 할 수 없다. 처음 올 적만해도 골서 살다 쫓겨 올라온 지 며칠 안 되는데 방이 없어서 이러고 다닌다고 하며 궁상을 떤 것이 좀 측은히 본 것이 아니었던가. 한편 시골거라 부려먹기에 힘이 덜 드나 하고 둔 것이 단 열흘도 못 되어 까만 낯바대기에 분때기를 칠한다, 머리에 기름을 바른다, 치마를 외로 돌려 입는다 하며 휘두르고 다니는 걸 보니 서울서 자라도 어지간히 닳아먹은 계집이었다. 그렇다 치더라도 일을 시켜 보면 뒷간까지도 죽어가는 시늉으로 하고 하던 것이 행실을 버려논 다음부터는 제가 마땅히 해야 할 걸레질까지도 순순히 하려 하질 않는다. 그리고 고기 한 메를 사러 보내도 일부로 주인의 안을 치기 위해 열 나절이나 있다 오는 이년이 아니었던가 (260-261쪽).
>
> "행랑어멈은 일 시키자는 행랑어멈이지 이러래는 거에요?"
> 이렇게 바로 호령하지 않았던가. 뿐만 아니라 고대 자리를 보면 괜스레 좋아죽겠다는 년이 딴똥같이,
> "아범이 없길래 망정이지 이걸 아범이 안다면 그냥 안 있어요. 없는 사람이라구 너무 업신여기진 마셔요."
> 물론 이것이 쥔아씨에게 대하여 저의 면목을 세우려는 뜻도 되려니

와 하옇든 년도 무던히 앙큼스러운 계집이었다. 그리고 나서도 그 다음 날 밤중에는 자기가 대문을 드러서자마자 술취한 사람을 되는대로 잡아끌고서 행랑방으로 들어간 것도 역시 그년이 아니었던가 (「정조」, 258-259쪽).

두 개의 인용문에서 보여지듯이 행랑어멈이 주인서방을 유혹하는 방법은 매우 능란하다. 행랑어멈은 주인을 유혹하기 위해 '맥없이 빙글빙글 웃으며 눈을 째긋이 꼬리를 치'(258쪽)는 적극적 행동을 보여준다. 행랑어멈은 주인서방의 문란한 성적 태도를 이용해 '고뿌술집'(267쪽)이라도 마련하고 싶어한다. 이 점에 있어서 그녀의 태도는 노골적이다. 한편으로 주인서방을 육체적으로 유혹하는 하면, 한편으로 이것을 빌미삼아 주인 내외를 함께 통박한다. '행랑어멈은 일 시키자는 행랑어멈이지 이러래는 거예요?'와 같은 행랑어멈의 말은 복합적인 의미를 지니거니와 자신의 처지를 단적으로 드러내는 언설이기도 한다. 다시 말해, 행랑어멈 자신이 당대의 보편적 윤리상황으로부터 일탈되어 있음을 의미한다. 즉, 생존의 엄숙함으로 인해 개인의 윤리의식은 붕괴되고 있다는 뜻이 된다. 그러니까 가난의 굴레를 벗어나고자 하면 할수록 개인의 윤리의식은 황폐화되고 극단으로 치닫게 된다. 따라서 청잣군 여인, 행랑어멈과 같은 개인에게 윤리의식과 같은 도덕률을 기대하기는 어렵다.

지금까지 생존의 측면에서 매춘의 양상을 살펴보았다. 두 소설의 중심에 위치하고 있는 매춘은 가난이라는 생활상을 배경으로 하고 있었다. 남편의 병을 치료하기 위해 매춘하는 경우나 (「정조와 약가」) 행랑살림을 청산하고 고뿌술집이라도 차리고 싶은 경우나 (「정조」) 매춘의 동인은 가난으로부터의 탈출에 있었다. 식민지시대의 왜곡된 경제구조가 빈민을 증식시켰으며, 못살도록 틀 지워진 경제구조하에서 여성인물들은 자신의 성을 이용하거나 이용당하는 양상을 보여 주었다. 이러한 사실들은 여성들의 자발성 유무와 관계없이 성이 생존의 수단으로 채택되고 있음을 의미한다. 따라서 생존의 방식이 극도로 제한받는 사회환경 속에서 성의 상품화, 인간의 비인간화가 진행되는 것은 개인적 윤리의 차원을 넘어 당연스러운 일로 이해된다. 앞에서 검토했듯이 여성의 사적인 성이 거래의 차원으로 변질된 데에는 생존적 측면이 거의 절대적이었거니와 이러한 경로를 가능케 했던 또 하나의 질서는 식민 통치하의 경제 구조로 요약된다. 이와 같은 요인은 여성의 상품이 궁핍을 극복하는 한 단계가 될 수 있음을 충분히 시사한다. 그러나 이와 같은 요인만으로 매춘의 동인들이 충분히 분석된 것은 아니다. 여성의 성이 극히 사적인 특징을 갖는다는 점을 전제할 때, 여기에는 가난과 경제 구조만으로 설명되지 않는 측면이 있다. 그것은 본질적으로 매춘 당사자의 의식을 문제삼을 수 있기 때문이다. 매춘 당사자의 의식이란 남성과 여성이 지배받고 있는 성에 대한 전통적 인식을 말한다. 이것은 가난과 같은 외부적 요인을 훨씬 상회하는 조건이다. 전통적으로 성은 남성의 전유물로 인식되어 왔다. 지배적 힘의 대리자로서 남성에 의하여 여성은 지배를 받아야 할 존재로 또는 비폭력적 존재로 인식되어 왔던 것이다. 이는 남성 중심의 지배 체제를 합리화하는 논리가 되어 왔다.10) 남성 중심의 지배 체제는 유교에 바탕한 동양의 전통적 질서와 맞물려 여성에게는 절대적 억압의 체계가 되어 왔다. 이와 같은 관습은 본고가 검토하는 두 작품의 인물들에게도 고스란히 적용되는 논리다.

「정조와 약가」에서 청잣군 여인을 에워싸고 있는 두 남성은 남성 중심의 논리를 행사하고 있는 인물들이다. 남편(남성)↔청잣군 여인(여

---

10) 변정화, 앞의 논문, 55쪽 참조.

성)↔의원(남성)의 관계는 얼핏 호혜적 관계로 보이지만 실제 이들은 양방향에서 여성을 억압하고 있다. 즉, 두 명의 남성은 각각 남편과 의원이라는 사회적 지위를 이용해 남성으로서의 우위가 주는 이득을 취하고 있는 셈이다. 남편은 아내의 매춘 행위를 방조하고 병의 치료라는 반사 이득을 얻어낸다. 반면 의원은 남편의 방조 아래 여인과 동침하게 된다. 이런 점에서 남편과 의원은 동일한 의식의 지배를 받고 있다고 할 수 있다.

　봉건사회에서 여성은 남성의 전유물이다. 그러므로 여성의 소유물은 곧 남성의 소유물이 된다. 성도 이와 같이 취급된다. 전통적인 가부장제의 양성관계는 이성에게 성의 금기를 강요한다. 그런 가운데 남성에게 성의 소유권을 부여한다. 여성은 남성에 대한 소유의 개념으로 인식된다. 계층을 막론하고 한국의 여성들은 자신을 가정과 남성에게 귀속시킴으로써 자신의 존재를 확립할 수 있었다.[11]

　「정조와 약가」와 「정조」의 남성인 남편들은 가부장적 권위의 잔재를 표상하는 인물들이다. 이들은 사회적 신분으로서 미천하지만 남편으로서는 그렇지 않다. 소설 속에서 남편들은 표면상 가정의 대표성을 가진다. 이들이 경제력과 노동력에서 특별한 능력을 소유하지 않았음에도 이런 지위를 부여받고 있는 것은 가부장제의 관습에 기인하고 있다고 보아야 한다. 「정조와 약가」의 남편은 병으로 누워 있다. 그가 회복된다고 하더라도 경제적으로 크게 호전될 근거가 보이지 않는다. 그는 농사지을 논마저 떨어지고 '굶기를 밥먹듯'하면서 '품팔이로 그날그날'(260쪽)을 지내다가 병을 얻었기 때문이다. 그러므로 병이 낫는다 하여 크게 달라질 희망은 없다. 바로 이와 같은 남성의 무능력이 여성을 매춘의 장으로 이끄는 데 결정적인 역할을 한다.

---

11) 이효재·김주숙, 한국여성의 지위, 이대출판부, 1982. 40-41쪽 참조.

「저 샌님을 모시고 오다가, 저 샌님의 말씀을 들었어요. 집에 모시고 온대야 약값 드릴 거리도 없고 당신의 병은 세상없어도 고쳐야 되겠고…」
 말끝은 다시금 눈물에 흐렸다.
 아까부터 바늘방석에 앉은 것 같은 최주부는 그 말에 회오리바람이 온몸과 마음을 휩싸고 뒤흔드는 듯하였다. 금시로 저 해골바가지가 이를 뿌드득 갈고 일어서며 날카로운 칼에 제 목을 푹 찌를 것 같았다. 그러나 환자의 대답은 그야말로 천만 뜻밖이었다.
 「자 자 잘했소.」
 한 마디 하고 그 새새끼같은 팔뚝으로 아내를 제 가슴에 쓸어안고 흑흑 느낀다.
 「그것도 내 병 탓이지. 내 죄지 임자가 무슨 죄요. 아니오. 임자 죄는 아니오.」 (「정조와 약가」, 259쪽)

 인용한 부분은 아내가 의원에게 약값 대신에 자신의 정조를 바쳤음을 고백하는 장면이다. 특이한 점은 의원이 보고 듣는 장소에서 아내의 고백이 공개적으로 행해진다는 점과 이것을 받아들이는 의원과 남편의 대조적인 태도다. 먼저 남편의 태도부터 살펴보자. 아내가 남편과 자신의 정부 앞에서 '정조 깨뜨림'을 고백했을 때, 남편은 '잘 했소'라고 반응한다. 이와 같은 반응은 윤리적 차원에서 납득하기 어렵다. 이것은 부부 사이에 존재해야 할 최소한의 인격적 관계를 깨뜨린 것이 되기 때문이다. 결과적으로 남편은 아내의 성을 자신의 안위를 위한 방편으로 삼고 있는 것이다. '마치 손님에게 밥이나 권하는 듯이 아내와 같이 자기를 권'(261쪽)하는 남편의 태도는 명백히 보편적 윤리에 반하는 것이다. 이러한 현상을 숭고한 부부애[12]로 파악하는 관점

---

12) 변정화, 앞의 논문. 55쪽.

도 있으나, 부부애의 차원과 매춘적 행위를 묵인·방조하는 의식은 달리 파악되어야 할 것으로 본다. 비도덕적 인물인 의원은 남편과 대조적 태도를 보여 준다. 죄책감을 느껴야 할 인물이 서로 뒤바뀌고 있다는 점에서 반어적 상황이라 할 수 있다. 청잣군 여인과 남편의 윤리 감각은 침묵하고 있음에 반해 비윤리적인 인물인 의원은 '저런 것들은 정조도 모르고 질투도 모른다'(263쪽)는 윤리의식의 부재가 지적되고 있기 때문이다. 매춘 제도는 사유재산제를 기반으로 하는 일부일처제와는 불가분의 관계에 놓여 있다. 일부일처제 아래에서는 보통 결혼관계가 사회적 인습에 의해 지탱되기 때문에 부부간의 애정이 주관적인 애정에 의해 지속되기보다는 오히려 객관적인 의무가 되는 수가 많다. 매춘 제도는 이러한 객관적인 의무로 변화된 결혼형태와 불가분의 관계에 놓인 것이다. 다시 말해서 일부일처제 아래에서 필연적으로 야기될 수 있는 문제라 할 수 있다.[13]

「정조와 약가」의 여성은 이중으로 성적 피해를 수임하고 있다. 그녀는 남편의 병구완을 위해 매춘을 선택할 수밖에 없었다는 점과 남성의 방조 속에서 자신의 성을 사물화하고 있다는 점에서 이중의 피해자다. 이와 같은 현상은 여성의 성이 남편에게 예속되어 있음을 의미한다. 그런 점에서 여성의 성은 남편인 용인·묵인 아래서만 행사될 수 있다는 한계를 노정한다. 「정조와 약가」에서 발생하는 매춘의 양상은 어느 정도 특수한 상황으로 볼 수 있다. 다시 말해 불가피성이 개재되어 있는 것이다. 「정조」의 경우는 계산된 복선의 바탕 위에서 진행되었다는 점이 다르다면 다르다. 그럼에도 불구하고 두 작품이 거느리고 있는 경제적 배경은 다를 것이 전혀 없다.

「정조」의 주인서방은 남성이라는 성의 우위와 지주라는 신분적 우

---

[13] 에두아르트 푹스 (이기웅·박종만 옮김), 풍속의 역사 Ⅱ, 까치글방, 1986. 268쪽 참조.

위를 통해 여성의 성을 농락하는 데 있어 무차별적이다. 그는 가부장 제하의 남성의 권능을 전횡하는 전형적 인물이다. 그로부터 성적 피해를 입는 여성은 행랑어멈만이 아니다. 수하동의 기생첩과 청진동의 여학생첩도 이 범주에 들어간다. 소설의 중심과는 거리가 있겠으나 본처인 주인아씨야말로 가부장적 전통의 폐해를 전형적으로 수임하고 있는 전통적 여인상이라고 하겠다.

> 아씨는 새빨간 눈을 뜨고 안방으로 부르르 들어와서,
> 「그년에게 돈 이백원 주었수?」
> 하고 날카로운 소리를 내었다. 그러나 서방님은 암말 없이 드러누워서 입맛만 다시니 아씨는 더욱더 열에 띠어,
> 「글세 이백원이 얼마란 말이요? 그년에게 왜 주는 거요? 그런 돈 나에겐 못주?」
> 이렇게 포악을 쏟아 놓다가 급기야는 눈에 눈물이 맺힌다 (「정조」, 268쪽).

위의 인용에서 주인아씨의 피해자적 입장은 충분히 설명될 수 있을 것이다. 그녀는 '꽃같은 계집들이 이렇게 앞에 놓였으련만 무슨 까닭에 행랑어멈은 그랬는지 그 속'(260쪽)을 모르겠다고 개탄한다. 그녀의 남성관은 전통적 남성의 권능을 상당 부분 인정하고 있기 때문이다. 그러나 행랑어멈의 남편이야말로 가장 능률적으로 자신의 아내를 이용하고 있는 장본인이다. 행랑어멈의 남편은 소설의 문면에 직접 등장하고 있지는 않으나 그의 계략은 주인아씨의 말을 통해 충분히 전해지고 있다. 원래 행랑어멈은 '순사가 인구 조사를 나왔다가 제 성명을 물어도 벌벌 떨며 더듬거리'(262쪽)는 위인이다. 그러므로 그녀에게 계략을 제공하는 장본인은 막벌이를 한다는 그녀의 남편이다.

두 작품의 공통적 요소는 남편들의 무능과 그것을 상쇄하고자 하는

남성중심의 이기심이다. 남성들의 이기심의 제도적 배경은 가부장제와 일부일처제라고 할 수 있다. 이와 같은 제도는 봉건시대의 유제이되 당대로서는 엄연한 현실적 질서로서 힘과 권위를 행사했다. 봉건적 유제는 워낙 뿌리 깊은 것이어서 경제적 궁핍기에 사회의 뒷면에서 여성의 성을 유린하는 제도로서 역기능을 행사하게 된다. 따라서 당대 사회에서 경제적 우월성을 지녔던 남성집단은 여성의 정조를 유린하는 데 윤리적 가책을 받지 않는 것으로 드러난다. 이와 같은 배경에서 남성 위주의 사회가 빚어 온 특권의식과 계층이 양극화된 사회[14]에서 경제적 우위를 점유한 계층이 여성의 성을 유린해도 문제삼지 않는 묵시적 합의가 존재했다는 것을 의미한다. 따라서 여성의 성이 상품화되는 데에는 위에 제시한 조건들의 결부 없이 가능한 것이 아니었음을 알 수 있다.

이제까지 매춘을 사회제도적인 측면에서 살펴보았다. 「정조와 약가」와 「정조」 속의 인물들은 사회제도의 환경 속에서 혹은 그 자신이 사회제도의 일부가 되어 피해를 주거나 받는 관계에 놓여 있음이 확인되었다. 인물들은 경제적 약자의 처지에서 특별한 생존의 대책 없이 현실 위에 던져진 존재들이었다. 이런 정황은 그들로 하여금 삶의 근거를 만들도록 압박한다. 이때 하층민들에게 열려 있는 출구의 하나가 매춘이었다. 즉, 여성의 성이 생존의 근거가 되는 비극적 상황이 전개된다. 이처럼 여성의 매춘행위를 조장하는 제도로는 두 가지를 꼽을 수 있다. 하나는 일제의 경제적 수탈 구조와 가부장제라는 봉건적 유제다. 이들 제도적 요인은 경제적 수탈→궁핍화→가부장제의 압력 혹은 방조 등과 같은 질서를 통해 매춘이 이루어지는 회로를 형성하는 데 작용했다. 따라서 매춘은 어느 한 측면만의 부추김을 받는 것이 아

---

14) 현길언, 현진건소설연구, 이우출판사, 1998. 57쪽.

니라 당대 상황의 복합적 조건들의 관계 속에서 행해졌다고 하겠다.

4. 결 론

이제 이 글의 결론을 맺을 때가 되었다. 이 글은 본래 매춘소설의 계보를 작성하려는 의도에서 비롯되었다. 이를 위해 매춘소설의 특성을 잘 요약하고 있다고 판단되는 빙허의 「정조와 약가」와 김유정의 「정조」를 검토의 대상 작품으로 삼고 논의를 전개했다. 창작의 주체와 시기가 다름에도 불구하고 여러 가지 유사점을 내장하고 있다는 점에서 두 작품은 비교의 근거를 제공해 주었다.

본고는 두 작품을 검토하는 선행 작업으로 텍스트의 화소 분석을 했으며, 여기에서 구해진 이해를 토대로 매춘의 사회적 함의에 대해 논의했다. 특히 매춘의 사회적 함의는 유희로서의 매춘 양상과 생존으로서의 매춘 양상 그리고 제도로서의 매춘 양상을 살펴보았다. 이들을 간단히 요약하겠다.

첫째, 남성은 공통적으로 여성을 일회적이고 표피적인 놀이의 대상으로 여긴다. 둘째, 여성들은 생존의 무게에 눌려 어떤 유희적 관념도 지니지 않는다. 셋째, 식민지시대의 경제 구조는 빈민을 증식시켰으며, 이러한 구조 속에서 여성들은 자신의 성을 생존의 수단으로 채택하거나 이용당하는 양상을 보여준다. 넷째, 여성을 남성의 소유로 여기고 매춘을 조장하는 것은 봉건적 유제인 가부장제도다.

이상의 요약에 의한다면, 매춘은 어느 하나의 요인으로 촉발되는 것이 아님을 알게 된다. 당대의 경제적 조건을 비롯해 관습과 윤리와 같은 것들이 악성적으로 결합되었을 때 매춘은 성립된다. 물론 매춘 행위는 동서고금을 넘어서서 존재하는 삶의 한 양태일 것이다. 그러나 본고에서도 지적했듯이 매춘의 원인적 조건은 일제에 의해 진행된 경제수탈에 뿌리를 두고 있다. 이같은 원인은 한국사회에 온존하고 있는 가부장제의 폐해와 기묘하게 결합함으로써 특이한 양상을 띠게 된다. 바로 이 점이 근대소설의 한 시기에 형상된 매춘소설의 한 모습이라고 하겠다.

 이 글은 매춘소설의 계보를 추적하기 위한 작업의 시론격으로 작성되었다. 따라서 매춘소설의 개념 정립이나 작품의 정치한 분석이 간과된 점이 없지 않다. 또 매춘의 원인이나 조건을 사회적 요인 속에서만 탐색했다는 편향성은 이 글이 지적받을만한 한계다. 성은 가장 은밀하고 사적인 특성을 지닌다는 점에서 개인의 성심리에 대한 토론도 함께 진행되어야 마땅할 것이다. 이와 같은 문제점은 이 글과 연결되는 후속 작업에서 보완해 나가고자 한다.

참고문헌

≪1. 김유정의 산문 읽기≫

아리스토텔레스 외: 김용권 외 역, 세계평론선, 1978.
전신재 편: 김유정전집, 한림대학출판부, 1987.
안회남: 겸허―김유정전, 문장, 1939.
졸 저: 김유정 소설 연구, 인문당, 1990.
졸 고: 김유정 소설의 매춘 구조 분석, 상지전문대학논문집 13, 1994.
―――: 김유정 전기의 양상, 상지전문대 지역사회연구 4, 1996.

≪2. 김유정 평전의 양상≫

김유정전집: 현대문학사, 1968.
전신재 편: 김유정전집, 한림대학출판부, 1987.
김영기: 김유정―그 문학과 생애, 지문사, 1992.
전상국: 유정의 사랑, 고려원, 1903.
박세현: 김유정 소설 연구, 인문당, 1990.
김문집: 병고작가 구조운동의 辯, 조선문학, 1937. 1.
이석훈: 유정의 영전에 바치는 최후의 고백, 백광, 1937. 5.
안회남: 겸허, 문장, 1939. 10.
김문집: 김유정의 비련을 공개 비판함, 여성, 1940.
전상국: 김유정 연구, 경희대 석사, 1985.
레온 에델(김윤식 옮김): 작가론의 방법―문학전기란 무엇인가, 삼영

사, 1983.

《3. 김유정 소설의 매춘 구조 분석》

김병익: 땅을 잃어버린 시대의 언어, 문학사상, 1974. 7월호.
김시태 편: 한국현대작가·작품론, 이우출판사, 1982.
김영기: 김유정, 지문사, 1992.
김윤식·김현: 한국문학사, 민음사, 1973.
전상국: 유정의 사랑, 고려원, 1993.
박세현: 김유정소설 연구, 인문당, 1990.
──────: 김유정 소설 연구, 한양대 박사, 1989.
──────: 매춘소설의 한 양상, 한국학논집 제 23집, 한양대 한국학연구소, 1993.
박종성: 한국의 매춘, 인간사랑, 1994.
이선영 편: 1930년대 민족문학의 인식, 한길사, 1990.
이재선: 한국현대소설사, 홍성사, 1982.
에두아르트 푹스(이기웅·박종만 옮김): 풍속의 역사Ⅱ─르네상스, 까치, 1986.
전신재 편: 김유정전집, 한림대 출판부, 1987.
조동걸: 일제하 한국농민운동사, 한길사, 1979.
조 은: 가부장제와 경제, 한국여성연구·1, 청하, 1988.

《4. 매춘소설의 한 양상》

김유정: 산골나그네, 정음사, 1974.
박세현: 김유정 소설 연구, 인문당, 1990.
변정화: 1930년대 한국 단편소설 연구, 숙대 박사, 1987.
이재선: 한국현대소설사, 홍성사, 1982.

이재선·김시태 편: 조선의 얼굴, 현진건전집 3, 문학과 비평사, 1988.
이효재·김주숙: 한국 여성의 지위, 이대출판부, 1982.
정현기: 한국 근대소설의 인물 유형, 인문당, 1983.
조남철: 일제하 한국 농민소설 연구, 연대 박사 1985.
조남현: 한국소설과 갈등, 문학과 비평사, 1990.
현길언: 현진건 소설 연구, 이우출판사, 1988.
에두아르트 푹스(이기웅·박종만 옮김): 풍속의 역사 II, 까치글방, 1986.
월리스 마틴(김문현 옮김): 소설이론의 역사, 현대소설사, 1991.
클로드 메이야수(김봉률 옮김): 자본주의와 가족 공동체, 까치, 1989.

부 록

김유정 산문 2편
김유정 작품 연보
김유정 연구 서지

부 록

김유정 산문 ①
병상(病床)의 생각

사람!
사람!
 그 사람이 무엇인지 알기가 극히 어렵습니다. 당신이 누구인지 내가 모르고, 나의 누구임을 당신이 모르는 이것이 혹은 마땅한 일일지도 모릅니다. 나와 당신이 언제 보았다고, 언제 정이 들었다고 감히 안다 하겠습니까. 그러면 내가 당신을 한 개의 우상(偶像)으로 숭배하고, 그리고 나의 모든 채색(彩色)으로 당신을 분식(粉飾)하였던 이것이 또한 무리 아닌 일일지도 모릅니다.
 이것이 물론 나의 속단(速斷)입니다. 허나 하여간 이런 결론을 얻은 걸로 쳐 두겠습니다.
 나는 당신을 진실로 모릅니다. 그러기에 일면식도 없는 당신에게, 내가 대담히 편지를 하였고, 매일과 같이 그 회답이 오기를 충성으로 기다렸던 것입니다. 다 나의 편지가 당신에게 가서 얼만한 대접을 받는가, 얼마큼 이해될 수 있는가, 거기 관하여 일절 괘념하여 본 일이 없었습니다. 그러던 차 당신에게서
 편지를 보내시는 이유가 나변(那邊)에 있으리요.
 이런 질문이 왔을 때 나는 눈알을 커다랗게 뜨지 않을 수 없었습니다. 당장에 나는 당신의 누구임을 선뜻 본 듯도 싶었습니다.

우리는 사물(事物)을 개념(槪念)할 때 하나로 열을 추리(推理)하는 것이 곧 우리의 버릇입니다. 예전 우리의 선배가 그러하였고 또 오늘 우리와 같이 살고 있는 모든 사람이 그러합니다. 내가 그 질문으로 하여금 당신의 모형을 떠 온 것이 결코 그리 큰 잘못은 아닐 겝니다.

나는 당신을 실로 본 듯도 하였습니다. 나의 편지 수통에 간신히(그 이유가 나변에 있으리요)이것이 즉 당신입니다. 그리고 나는 그 배후의 영리하신 당신의 지혜를 보았습니다. 당신은 나에게서 연모(戀慕)라는 말을 듣고 싶었고, 겸하여 거기 따르는 당신의 절대가치(絶對價値)를 행사하고 싶었던 것입니다.

그러나 나는 당신의 요구에서 좀 먼 거리에 있는 자신을 보았습니다. 우울할 때, 고적할 때, 혹은 슬플 때 나는 가끔 친한 동무에게, 나를 이해하여 줄 수 있는 동무에게 편지를 씁니다. 허나 그것은 동성(同姓)끼리의 거래가 아니냐고 탄할지도 모릅니다. 그러면 나는 몸이 아플 때, 저 황천으로 가신 어머님이 참으로 그리워집니다. 이건 무얼로 대답하시렵니까. 모자지간의 할 수 없는 천륜이매 이와는 또다르다 하시겠습니다. 그럼 여기에 또 한 가지 좋은 실례(實例)가 있습니다. 우리는 맘이 울적할 제 벙싯벙싯 웃기는 옆집애기를 가만히 들여다보다가는 저마저 방싯하고 맙니다. 이것은 어쩐 이유겠습니까.

다시 생각하면 우리가 서루서루 가까이 밀접(密接)하노라 앨쓰는 이것이 또는 그런 열정을 필연적으로 갖게 되는 이것이 혹은 참다운 인생일지도 모릅니다. 동시에 궁박한 우리 생활을 위하여 이제 남은 단 한 길이 여기에 열려 있음을 조만간 알 듯도 싶습니다. 그것은 마치 우리 머리 위에 늘려 있는 복잡한 천체(天體), 그것이 제각기 그 인력(引力)에 견인(牽引)되어 원만히 운용되어 갈 수 있는 것에 흡사하다 할는지요. 그렇다면 이 기능(機能)을 실지 발휘하는 걸로, 언어를 실어가는 편지의 사명이라 하겠습니다.

그러나 그는 아무래도 좋습니다.
 이것이 나의 본뜻은 아니로되, 다만 당신에게 실망을 주지 않기로 단촐히 연모한다 하였습니다. 그리고 그때 갑작스리 공중으로 열아문 길씩이나 치올려 뜨신 당신의 태도를 보았습니다. 나는 또 다시 눈알이 커다랗게 디굴려 지지 않을 수 없었습니다. 여성이란 자기 자신이 남에게 지극히 연모되어 있음을 비로소 느꼈을 때, 어쩌면 그렇게 무작정 올라만 가려는 가고 부질없는 탄식이 절로 나옵니다
 그러나 나는 당신 하나를 보는 걸로 모든 여성을 그 틀에 규정(規定)하여서는 안될 것입니다. 이것이 물론 당신에게 넉히 실례가 될 겝니다. 마는 나는 서슴지 않고 당신을 이렇게 생각하여 보았습니다.
 —근대식으로 제작(制作)되어진 한 덩어리의 예술품(藝術品)—
 왜 내가 당신을 하필 예술품에 비하였는가, 그 까닭을 아시고 싶을지도 모릅니다. 마는 여기에 별반 큰 이유가 있을 것도 아닙니다.
 내가 당신에게 편지를 쓰던 그 동기를 따져 보면 내가 작품을 쓸 때의 그 동기와 조금도 다름이 없습니다. 만일 그때 그 편지를 안 썼더라면 혹은 작품 하나를 더 갖게 되었을지도 모릅니다. 이것이 무슨 소리인지 당신에게 잘 소통되지 않을 겝니다. 그렇다면 따로이 얼른 이해하기 쉬운 이유를 드는 것이 옳을 듯 싶습니다.
 연애는 예술이라던 당신의 그 말씀, 연애로 하여금 인류(人類) 상호결합(相互結合)의 근본윤리(根本倫理)로 내보인 나의 고백을 불순하다 하였고 더 나아가 연애는 연애를 위한 연애로 하되 행여나 다른 부조건(副條件)이 따라서는 안되리라 그 말씀이 더 큰 이유가 되는지도 모릅니다. 나는 당신의 이 말씀을 듣고 전후 종합하여 문득 생각나는 무엇이 있었습니다. 현재 우리 사회(社會)의 일부를 점령하고 있는 예술을 위한 예술이 즉 그것입니다.
 그러나 사실에 없는 일을 나의 생각만으로 부합시킨 것이 아닐 듯

싶습니다. 실지에 있어, 그들과 당신은 똑같이 유복한 환경에서 똑같은 궤도(軌道)를 밟아 왔기 때문입니다. 물론 이 쪽이 저 쪽의 비위를 맞춰 가며 기생(寄生)되어 가는 경우도 없지는 않으나.

당신은 학교에서 수학을 배웠고, 물리학을 배웠고, 화학을 배웠고, 생리학을 배웠고, 법학을 배웠고, 그리고 공학, 철학 등 모든 것을 충분히 배운 사람의 하나입니다. 다시 말하면 놀라울 만치 발달된 근대과학(近代科學)의 모든 혜택(惠澤)을 골고루 즐겨 오는 그 사람들의 하나입니다. 그렇다면 당신은 근대과학을 위하여 그 앞에 나아가 친히 예하여, 참으로 친히 예하여 그 영예를 감하치 않아서는 안될 겝니다. 왜냐면 과학이란 그 시대, 그 사회에 있어 가급적(可及的) 진리(眞理)에 가까운 지식을 추출(抽出)하여 써 우리의 생활로 하여금 광명으로 유도(誘導)하는 곳에 그 사명이 있을 것입니다.

나는 여기에서 또 하나 생각지 않을 수 없게 됩니다. 그럼 근대과학이 우리들의 생활과 얼마나 친근(親近)하였던가, 이것입니다. 이 대답으로 나는 몇 가지의 예(例)를 들어 만족할밖에 없습니다.

근대과학은 참으로 놀라울 만치 발달되어 갑니다. 그들은 천문대를 세워 놓고, 우리가 눈앞에서 콩알을 고르듯이 천체를 뒤져봅니다. 일생을 바쳐 눈코 뜰새 없이 지질학(地質學)을 연구합니다. 천풍으로 타고난 사람의 티를, 혹은 콧날을 임의로 늘이고 줄입니다. 근강한 혈색(血色)을 창백히 만들고서 조석을 피하고 엘 키웁니다. 찌저깨비로 사람을 만들어 써먹느노라 괜스리 속을 태웁니다. 소리 없이 공중으로 떠보고자 하여 그 실험(實驗)에 떨어져 죽습니다. 두더지같이 산을 파고 들어가 금을 뜯어내다가 몇 십명이 그 속에 없는 듯이 묻힙니다. 물속으로 좇아가 군함을 깨뜨리고 광선으로 사람을 녹이고, 공중에서 염병을 뿌리고 참으로 근대과학은 놀라울 만치 발달되어 있습니다.

이러한 고급지식(高級知識)이 우리 생활의 어느 모로 공헌(貢獻)되어 있는가, 당신은 이걸 아십니까. 내가 설명하지 않아도 당신은 얼뜬 그걸 이해하여야 될 겝니다. 과학자 자신, 그들에게 불만을 묻는다면 그 대답이 취미(趣味)의 자유(自由)를 말할게고, 더 이어 과학에 있어 연구대상(硏究對象)은 언제나, 그들의 취미여하에 의하여 취택할 수 있다 할 겝니다. 다시 말하면 과학을 위한 과학의 절대성(絶對性)을 해설하기에 그들은 너무도 평범한 태도를 취할 겝니다.

과학에서 얻은 진리를 이지권내(理知圈內)에서 감정권내로 옮기게, 그걸 대중에게 전달(傳達)하는 것이 예술이라면 그럼 우리는 근대 과학에 기초(基礎)를 둔 소위 근대예술이 그 무엇인가를 얼른 알 것입니다. 예술, 하여도 내가 종사하여 있는 그 일부분, 문학에 관하여 보는 것이 편할 듯 싶습니다. 우선 꽤많이 물의(物議)되어 있는 신심리주의문학(新心理主義文學)부터 캐어 보기로 하겠습니다.

예술의 생명을 잃은 그들에게 가장 중요한 간판(看板)으로 되어 있는 것이 그 형식(形式), 즉 기교(技巧)입니다. 마는 오늘 그들의 기교란 어느 정도까지 모든 가능(可能)을 보이고 있습니다. 여기에서 그들이 더 나갈 길은 당연히 괴벽하여진 그 취미(趣味)와 병행하여 예전보다도 조금 더 악화(劇曲)된 지엽적(枝葉的) 탈선(脫線)입니다. 그들은 괴망히도 치밀(緻密)한 묘사법(描寫法)으로 인간심리(人間心理)를 내공(內攻)하여, 이내 산 사람으로 하여금 유령(幽靈)을 만들어 놓는 걸로 그들의 자랑을 삼습니다. 이 유파의 태두(泰斗)로 지칭되어 있는 제임스 조이스의 「율리시스」를 한 번 읽어보면 넉넉히 알 수 있을 겝니다. 우리가 그에게 새롭다는 존호(尊號)를 붙이어 대우는 하였으나, 다시 뜯어보면 그는 고작 졸라의 부속품(附屬品)에 더 지나지 않음을 알 것입니다. 졸라의 걸작(傑作)인 「나나」는 우리를 재웠고, 그리고 조이스의 대표작(代表作), 「율리시스」는 우리로 하여금 하품을 연발(連發)시키고 있는 것입니다. 말하자면 그는 졸라와 같은 흉기(凶器)로 한 과오

(過誤)를 양면(兩面)에서 범(犯)하고 있는 것입니다.

어느 누구는 예술의 목적(目的)이 전달(傳達)에 있는가, 표현(表現)에 있는가, 고 장히 비슷한 낯을 하는 이도 있습니다. 이것은 마치 사람이 먹기 위하여 사는가, 살기 위하여 먹는가, 하는 이 우문(愚問)에 지나지 않습니다. 표현이란 원래 전달을 전제(前提)로 하고야 비로소 그 생명이 있을 겝니다. 다시 말하면 그 결과에 있어 전달을 예상하고 계략(計略)하여 가는 그 과정(過程)이 즉 표현입니다.

그러나 오늘 문학의 표현이란 얼마나 오용(誤用)되어 있는가, 를 내가 압니다. 그들이 갖은 노력을 경주(傾注)한 치밀한 그 묘사가 얼뜬 보기에 주문의 명세서(明細書)나 혹은 심리학 강의(講義), 좀 대접하여 육법전서(六法全書)의 조문해석(條文解釋)같은 지루한 그 문자만으로도 넉히 알 수 있으리다. 예술이란 자연의 복사(複寫)만도 아니려니와 또한 자연의 복사란 그리 쉽사리 되는 것도 아닙니다. 그렇게도 사실적(寫實的)인 사진기(寫眞機)로도 그 완벽(完璧)을 기치 못하겠거늘, 하물며 어떼떼의 문자로 우리 인간의 복사란 너무도 심한 농담인 듯 싶습니다.

좀더 심악한 건 예술을 위한 예술을 표방(標榜)하고 함부로 내닿는 작가입니다. 이것은 바로 당신의 연애를 위한 연애와 조금도 다를 것 없는 것이니 길게 설명하지 않아도 좋을 겝니다. 그들은 썩 호의(好意)로 보아 중학생의 일기문(日記文)같은 작문을 내어놓고, 그리고 예술지상주의(藝術至上主義)의 미명(美名)으로 그걸 알뜰히 미봉(彌縫)하려 드는 여기에는 실로 웃지 못할 것이 있을 줄 압니다. 그들의 생각에는 묘사의 대상여하(對象如何)를 물론하고, 또는 수법(手法)의 방식여하(方式如何)를 물론하고, 오로지 극도로 뻗친 치밀한 기록(記錄)이면 기록일수록 더욱더 거기에 문학적 가치가 있는 것입니다. 이것은 그 작품이 예술이라기보다는 먼저 그 자신이 정말 예술가(藝術家)가 아님을 말하는 것에 더 나오지 못합니다. 마치 그 연애가 사랑이 아니라기보다는 먼저 당신 자신이 완전한 사람이 아닌 것과 비등(比等)할 겝니다. 당신이 화려한 그 화장과 고급적인 그 교양(敎養)을 남에게 자랑할 때 그들은 자기의 작품이 얼마나 예술적인가, 다시 말하면 인류 생활과 얼마나 먼 거리에 있는가를 남에게 자랑하고 있는 것입니다. 그 결과는 애매한 콧날을 잡아 늘리기도 하고, 또는 사람 대신의 기계가 작품을 쓰기도 하고 하는 것입니다. 그러므로 그들에게 예술가적 열정(熱情)이 적으면 적을수록 좀더 높은 가치의 예술미(藝術味)를 갖게 되는 것입니다.

예술가에게는 예술가다운 감흥이 있고 그 감흥은 표현을 목적하고 설레는 열정이 따릅니다. 이 열정의 도(度)가 강하면 강할수록 그 비례로 전달이 완숙(完熟)하여 가는 것입니다. 그리고 예술이란 그 전달 정도와 범위에 따라 그 가치가 평가(評價)되어야 할 겝니다.

기계에는 절대로 예술이 자리를 잡는 법이 없습니다. 예술가란 학교에서 공식적(公式的)으로 두드려 만들 수가 없다는 말이 혹은 이를 두고 이름이지도 모릅니다.

그들은 모든 구실(口實)이 다하였을 때 마지막으로 새롭다는 문자를 번쩍 들고나옵니다. 그러나 그 의미가 무엇인지, 그들의 설명만으로는 도저히 이해키가 어렵습니다. 새롭다는 문자는 다만 시간과 공간의 전환(轉換)만에 그칠 것이 아니라, 좀 더 나아가 우리 인류 사회에 적극적(積極的)으로 역할(役割)을 가져오는 데 그 의미를 두어야 할 것입니다. 얼른 말하면 조이스의 「율리시스」보다는, 저, 봉건시대의 소산이던 홍길동전(洪吉童傳)이 훨적 뛰어나게 예술적 가치를 띠고 있는 것입니다.

그러면 당신은 여기에서 오늘의 예술이라는 것이 무엇인가, 를 자세치는 않으나마 얼추 알았으리라 생각합니다. 따라 당신의 연애는 예술이라니, 혹은 연애는 결코 불순하지 말지로되 다만 연애를 위한 연애로 하라니, 하던 그 말이 어디다 근저를 두고 나온 사랑인가도 대충 알았으리라 생각합니다. 겸하여 근대예술이 기계의 소산인 동시에, 당신이라는 그 인물이 또한 기계로 빚어진 한 덩어리의 고기임을 충분히 알리라고 생각합니다.

—근대식으로 제작되어진 한 덩어리의 예술품—

내가 이렇게 당신을 불렀던 것도 얼마쯤 당신을 대접하여 있는 걸 알아야 될 겝니다. 당신은 행복인 듯 싶이 불행한, 참으로 불행한 사람의 하나입니다. 자기의 불행을 모르고 속없이 주짜만 뽑는 사람을 보는 이만치 더 딱한 일은 없을 듯 합니다. 육도풍월(肉桃風月)에 날 새는 줄 모르는 그들과 한가지로, 요지경(瑤池鏡)바람에 해 지는 줄 모르는 당신입니다.

당신에게는 생명이 전혀 없습니다. 그 몸에서 화장(化粧)과 의장, 혹은 장신구를 벗겨 내고 보면 거기에 남는 것은 벌건, 다만 벌건, 그렇고도 먹지 못하는 한 육괴(肉塊)에 더 되지 않을 겝니다.

그러나 재삼숙고(再三熟考)하여 볼진댄 당신은 슬퍼할 것이 없을 듯 싶습니다. 왜냐면 당신의 완전한 사람이 되고 못되고는 앞으로 당신이 가질 그 노력 여하에 달렸기 때문입니다.

오늘은 순전히 어지러운 난장판일 줄 압니다. 마는 불행중에도 행이랄까, 한쪽에서는 참다라운 인생(人生)을 탐구하기 위하여 자기의 몸까지도 내어버리는 아름다운 희생이 쌓여 감을 우리가 봅니다. 이런 시험이 도처(到處)에 대두(擡頭)되어 가는 오늘날, 우리가 처할 길은 우리 머리 속에 틀 지어 있는 그 선입관부터 우선 두드려 내야 할 것입니다. 그리고 나서 새로이 눈을 떠, 새로운 방법으로 사물을 대하여야 할 것입니다.

그러나 그 새로운 방법이란 무엇인지 나역 분명히 모릅니다. 다만 사랑에서 출발한 그 무엇이라는 막연한 개념이 있을 뿐입니다. 사랑, 하면 우리는 부질없이 예수를 연상하고, 또는 석가여래(釋迦如來)를 곧잘 들추어냅니다. 허나 그것은 사랑의 일부발현(一部發現)은 될지언정 사랑 거기에 대한 설명은 되지 못할 겝니다.

그 사랑이 무엇인지 우리는 전혀 알 길이 없습니다. 우리가 보았다는 그것은 결국 그 일부 일부의, 극히 조그만 그 일부의 작용(作用)밖에는 없습니다. 그리고 다만 한 가지 믿어지는 것은 사랑이란 어느 시대, 어느 사회에 있어, 좀더 많은 대중(大衆)을 우의적으로 한 끈에 꿸 수 있으면 있을수록 거기에 좀더 위대한 생명을 갖게 되는 것입니다.

오늘 우리의 최고 이상(最高理想)은 그 위대한 사랑에 있는 것을 압니다. 한동안 그렇게도 소란히 판을 잡았던 개인주의(個人主義)는 니체의 초인설(超人設) 마르사스의 인구론(人口論)과 더불어 머지 않아 암장(暗葬)될 날이 올 겝니다. 그보다는 크로보토킨의 상호부조론(相互扶助論)이나 맑스의 자본론(資本論)이 훨씬 새로운 운명(運命)을 띠고 있는 것입니다.

다시 말하면 나는 여자에게 염서(艶書)아닌 엽서를 쓸 수가 있고, 당신은 응당 그 편지를 받을 권리조차 있는 것입니다. 나의 머리에는 천품으로 뿌리깊은 고질(痼疾)이 백여 있습니다. 그것은 사람을 대할 적마다 우울하여지는 그래 사람을 피하려는 염인증(厭人症)입니다. 그 고질을 손수 고쳐 보고자 팔을 걷고 나선 것이 곧 현재의 나의 생활이요, 또는 허황된 금점에서 문학으로 길을 바꾼 것도 그 이유가 여기에 있을 것입니다. 내가 문학을 함은 내가 밥을 먹고, 산보를 하고, 하는 그 일용생활과 같은 동기요, 같은 행동입니다. 말을 바꾸어 보면 나에게 있어 문학이란 나의 생활의 한 과정입니다.

그러면 내가 만일에 당신에게 편지를 안 썼더라면 그 시간에 몇 편의 작품이 생겼으리라던 그 말이 뭣인가도 충분히 아실 줄로 생각합니다. 그렇다고 내가 당신을 없우이여긴 기억은 없습니다. 만일 그렇게 생각하신다면 그건 당신을 위하여 슬픈 일임에 틀림없을 겝니다. 나는 다만 그 위대한 사랑이 내포(內包)되지 못하는 한, 오늘의 예술이 바로 길을 들 수 없고, 당신이 그걸 모르는 한, 당신은 그 완전한 사람을 이내 모르고 말리라는 그것에 지나지 않을 겝니다.

그럼 그 위대한 사랑이란 무엇일까. 이것을 바로 찾고 못찾고에 우리 전인류의 여망(餘望)이 달려 있음을 우리가 잘 보았습니다. (≪조광≫, 1937. 3)

김유정 산문 ②

조선(朝鮮)의 집시
— 들병이 철학(哲學)

  아내를 구경거리로 개방할 의사가 있는가, 혹은 그만한 용기가 있는가, 나는 이렇게 가끔 묻고 싶은 충동을 느낀다. 물론 사교계에 용납(容納)한다는 의미는 아니다. 아내의 출세와 행복을 바라지 않는 자(者)이 누구랴―.
  그러나 내가 하는 말은 자기의 아내를 대중의 구경거리로 던질 수 있는가, 그것이다. 그야 일부러 물자(物資)를 들여가며 이혼을 소송하는 부부도 없지는 않다. 마는 극진히 애지중지하는 자기의 아내를 대중에게 봉사하겠는가, 말이다.
  밥! 밥! 이렇게 부르짖고 보면 대뜸 신성치 못한 아귀(餓鬼)를 연상케 된다. 밥을 먹는다는 것이 딴은 그리 신성치는 못한가 보다. 마치 이 사회에서 구명도생(救命圖生)하는 호구(糊口)가 그리 신성치 못한 것과 같이― 거기에는 몰자각적 복종이 필요하다. 파렴치적(破廉恥的) 자세가 필요하다. 그리고 매춘부적 애교 아부도 필요할는지 모른다. 그렇지 않고야 어디 제가 감히 사회적 지위를 농단(壟斷)하고 생활해 나갈 도리가 있겠는가―.

그러나 이것은 그런 모든 가면(假面) 허식(虛飾)을 벗어난 각성적(覺醒的) 행동이다. 아내를 내놓고 그리고 먹는 것이다. 애교를 판다는 것도 근자에 이르러서는 완전히 노동화(勞動化)하였다. 노동하여 생활하는 여기에는 아무도 이의가 없을 것이다.
 이것이 즉 들병이다.
 그들도 처음에는 다 나쁘지 않게 성한 오장육부가 있었다. 그리고 남만 못하지 않게 낌끌한 희망으로 땅을 파든 농군(農軍)이었다.
 농사라는 것이 얼른 생각하면 한가로운 신선 노릇도 같다. 마는 실상은 그런 고역이 다시없을 것이다. 땡볕에 논을 맨다. 김을 맨다. 혹은 비 한 방울에 갈급(渴急)이 나서 눈감고 꿈에까지 천기(天氣)를 엿본다― 그러나 어떻게 해서라도 농작물만 잘 되고 추수때 소득만 여의(如意)하다면이야 문제 있으랴.
 가을은 농촌의 유일한 명절이다. 그와 동시에 여러 위협과 굴욕을 겪고 나는 한 역경(逆境)이다. 말하자면 그들은 지주와 빚장이에게 수확물로 주고 다시 한겨울을 염려하기 위하여 한해동안 땀을 흘렸는지도 모른다.
 여기에서 한 번 발분(發憤)한 것이 즉 들병이생활이다.
 들병이가 되면 밥은 식성대로 먹을 수 있다는 것과 또는 그 준비에 돈 한 푼 안든다는 이것에 그들은 매혹된다. 아내의 얼굴이 수색(秀色)이면 더욱 좋다.
 그렇지 않더라도 농촌에서 항상 유행하는 가요나 몇 마디 반반히 가르치면 된다.
 남편은 아내를 데리고 앉아서 소리를 가르친다. 낮에는 물론 벌어야 먹으니까 그럴 여유가 없고 밤에 들어와서는 아내를 가르친다. 재주 없으면 몇 달도 걸리고 총명하다면 한 달포만에 끝이 난다. 아리랑으로부터 양산도, 방아타령, 신고산타령에 배따라기― 그러나 게다 이

풍진 세상을 만났으니 나의 희망을 부르면 더욱 시세(時勢)가 좋을 것이다.
 이러면 그때에는 남편이 데리고 나가서 먹으면 된다. 그들이 소리를 가르친다는 것은 예술가적 명창이 아니었다. 개 끄는 소리라도 먹을 수 있을 만치 세련되면 그만이다.
 아내의 등에 자식을 업혀 가지고 이렇게 남편이 데리고 나간다. 산을 넘어도 좋고 강을 몇씩 건너도 좋다. 밥 있는 곳이면 산골이고 버덩을 불구하고 발길 닿는 대로 유랑하는 것이다.
 이것을 다른 데 예를 잡으면 애급(埃及)의 집시— (流浪民)적 존재다.
 한창 낙엽이 질 때이면 추수는 대개 끝이 난다. 그리고 궁하던 농촌에도 방방곡곡이 두둑한 볏섬이 늘려 놓인다.
 들병이는 이때로부터 자연적 활동을 시작한다. 마치 그것은 볏섬을 습격하는 참새들의 행동과 동일시하여도 좋다. 다만 한 가지 차이라면 참새는 당장의 충복(充腹)이 목적이로되 그들은 포식 이외에 그 담해 여름의 생활까지 지탱(支撐)해 나갈 연명자료(延命資料)가 필요하다. 왜냐면 농가의 봄, 여름이란 가장 궁할 때이요 따라 들병이들의 큰 공황기(恐慌期)다.
 이리하여 가을에 그들은 결사적(決死的)으로 영업(營業)을 개시한다. 영업이라야 적수공권(赤手空拳)으로 유랑하며 아무 술집이고 유숙(留宿)하면 그뿐이지만—
 촌의 술집에서는 어데고 들병이를 환영한다. 아무개집에 들병이가 들었다 하면 그날 밤으로 젊은 축들은 몰려든다. 소리 조금만 먼저 해 보라는 놈, 통성명(通姓名)만으로 낼 밤의 밀회를 약속하는 놈, 혹은 데리고 철야(徹夜)하는 놈—— 하여튼 음산하던 술집이 이렇게 담박 활기를 띤다.

술집 주인으로 보면 두 가지의 이득을 보는 것이다. 들병이에게 술을 팔고 밥을 팔고—

들병이가 보통작부와 같은 점이 여기다. 그들은 남의 술을 팔고 보수를 바라는 것이 아니라 주막주인에게 먹걸리를 됫술로 사면 팔 때에는 잔술로 환산(換算)한다. 막걸리 한 되의 원가가 가령 십칠전이라면 그것을 이십여전에 맡는다. 그리고 손님에게 잔으로 풀어 열 잔이 났다 치고 오십전, 다시 말하면 탁주일승(濁酒一升)의 순이익이 삼십전이라 할 것이다.

그러나 한 잔에 반드시 오전씩만 받겠다는 선언은 없다. 십전도 좋고 이십전도 좋다. 주객(酒客)의 처분대로 이쪽에서는 받기만 하면 된다. 그럴 리야 없겠지만 한 잔에 일원씩을 설사(設使) 처준다 해도 결코 마다지는 않는다. 다만 그 대신 객의 소청이면 무엇을 물론하고 응락할만한 호의만 가질 것이다.

들병이는 무엇보다도 들병이로서의 수완이 있어야 된다. 술팔고 안주로 아리랑타령만 하면 되는 것이 아니다. 아리랑쯤이면 농군들은 물릴만치 들었고 또 하기도 선수(善手)다. 그 아리랑을 들으려 삼사십전의 대금(大金)을 낭비하는 농군이 아니었다. 술 몇 잔 사먹으면 의례히 딴 안주까지 강요하는 것이다. 또 그것이 여러 번 거듭하는 동안에 아예 한 개의 완전한 권리로써 행사케 된다.

만약 들병이가 여기에 응치 않는다면 그건 큰 실례다. 안주를 덜 받은데 그들은 담박 분개하여 대들지도 모른다. 혹은 지불하였던 술값을 도로 내라고 위협하는지도 모른다.

이런 소박한 농군들을 상대로 생활하는 들병이라 그 수단도 서울의 작부들과는 색채를 달리한다. 말하자면 작부들의 애교는 임시변통으로도 족하나 그러나 들병이는 끈끈한 사랑 즉 사랑의 지속성을 요한다. 왜냐면 밤마다 오는 놈들이 거의 동시에 몰려들기 때문에 일정한 추파를 보유(保留)치 않으면 당장에 권비백산(拳飛魄散)의 수라장이 되기 쉽다.

들병이가 되려면 이런 화근을 없애도록 첫째 눈치가 빨라야 할 것이다. 그러나 그렇다고 현금으로 청구해서는 또한 실례가 될는지도 모른다. 보통 외상이므로 떠날 때 쯤해야 집으로 찾아다니며 쌀이고 벼고 콩팥, 조, 이런 곡식을 되는대로 수합(收合)함이 옳을 것이다.

그리고 두 내외 짊어지고 그담 마을로 찾아간다.

들병이를 객관적으로 평가하여 빈궁한 농민들을 잠식(蠶食)하는 한 독충이라 할는지도 모른다. 사실 들병이와 관련되어 발생하는 춘사(椿事)가 비일비재다. 풍기문란은 고사하고 유혹, 사기, 도난, 폭행 - 주재소에서 보는 대로 축출(逐出)을 명령하는 그 이유도 여기에 있을 것이다.

그러나 이것은 일면만을 관찰한 편견에 지나지 않는다. 들병이에게는 그 해독을 보가(報價)하고도 남을 큰 기능이 있을 것이다.

시골의 총각들이 취처(娶妻)를 한다는 것은 실로 용이한 일이 아니다. 결혼당일의 비용은 말고 우선 선채금(先綵金)을 조달하기가 어렵다. 적어도 사오십원의 현금이 아니면 매혼시장(賣婚市場)에 출마할 자격부터 없는 것이다. 이에 늙은 총각은 삼사년간 머슴살이 고역을 부득이 감내(堪耐)한다.

그리고 한편 그들이 후일(後日)의 가정을 가질 만한 부양능력이 있느냐 하면 그것도 한 의문이다. 현재 처자와 동락(同樂)하는 자(者)로도 졸지에 이별되는 경우가 없지 않다. 모든 사정은 이렇게 그들로 하여금 독신자의 생활을 강요하고 따라서 정열의 포만상태(飽滿狀態)를 초래한다. 이것을 주기적으로 조절하는 완화작용(緩和作用)을 즉 들병이의 역할이라 하겠다.

들병이가 동리에 들었다. 소문만 나면 그들은 시각(時刻)으로 몰려

들어 인사를 청한다. 기실 인사가 목적이 아니라 우선 안면만 익혀 두자는 심산이었다. 들병이의 용모가 출중나다든가, 혹은 성악(聲樂)이 탁월하다든가 하는 것은 그리 문제가 못된다. 유두분면(油頭粉面)에 비녀쪽 하나만 달리면 이런 경우에는 그대로 통과한다. 연래(年來)의 숙원을 성취시키기 위하여 그 호기(好機)를 감축(感祝)할 뿐이다.

들병이가 들면 그날밤부터 동리의 청년들은 떼난봉이 난다. 그렇다고 무모히 산재(散財)를 한다든가 탈선은 아니 한다. 여섯이고 몇이고 작당하고 출렴(出斂)을 모여 술을 먹는다. 한 사람이 오십전씩을 낸다면 도합 삼원― 그 삼원을 가지고 제각기 삼원어치 권세를 표방하며 거기에 부수되는 염태(艶態)를 요구한다. 만약 들병이가 이 가치를 무시한다든가, 혹은 공평치 못한 애욕낭비(愛慾濫費)가 있다든가, 하는 때에는 담박 분란이 일어난다. 다같이 돈은 냈는데 어째서 나만 떼놓느냐, 하고 시비조로 덤비면 큰 두통거릴 뿐만 아니라 돈 못받고 따귀만 틸리는 봉변도 없지 않다. 하니까 들병이는 이 여섯 친구를 동시에 무마하며 삼원어치 대접을 무사공정(無私公正)히 하는 것이 한 비결일지도 모른다.

이렇게 환산하면 내긴 오십전을 냈으되 그 효용가치는 무려 십팔원에 달하는 셈이었다. 이런 좋은 기회를 바라고 농군들은 들병이의 심방(尋訪)을 저으기 고대하는 것이다.

그러나 들병이로 보면 빈농들만 상대로 하고 있는 것도 아니다. 때로는 지주댁 사랑에서 청할 적도 있다. 그러면 들병이는 항아리나 병에 술을 넣어 가지고 찾아간다. 들병이가 큰돈을 잡는 것은 역시 이런 부잣집 사랑이다. 그리고 들병이라는 명칭도 이런 영업 수단에서 추상(抽象)된 형용사일지도 모른다.

일반 농촌 부녀들이 들병이를 선망(羨望)과 시기(猜忌)로 바라보는 까닭도 여기에 있다. 자기네들은 먹지도 잘 못하거니와 의복 하나 변변히 얻어 입지 못한다. 양반 사랑댁에 기탄 없이 출입하며 먹고 입고 또는 며칠밤 유숙(留宿)하다 나오면 지전(紙錢)장을 만져 보니 얼마나 행복이랴—

들병이가 들면 남자뿐 아니라 아낙네까지 수군거리며 마을에 묘한 분위기가 떠돈다.

들병이를 처음 만나면 우선 남편이 있느냐고 묻는 것이 술꾼의 상식적 인사다. 그러면 그 대답은 대개 전일(前日)에는 금슬이 좋았으나 생활난으로 말미암아 이혼했다 한다.

들병이는 남편이 없다는 이것이 유일의 자본이다. 부부생활이 얼마나 무미건조하였던가를 역력히 해몽(解蒙)함으로써 그들은 술꾼을 매혹케 한다.

그러나 들병이게는 언제나 남편이 수행(隨行)하고 있는 것이다. 아내가 술을 팔고 있으면 남편은 그 근처에서 배회하고 있다.

들병이의 남편이라면 흔히 도박자(賭博者)요 불량하기로 정평이 났다. 그들은 아내의 밥을 무위도식하며 일종의 우월권을 주장한다. 아내가 돈을 벌어 놓으면 가끔 달려들어 압수하여 간다. 그리고 그걸로 투전(鬪牋)을 한다. 술을 먹는다— 이렇게 명색(名色)없이 소비되고 만다.

그러나 아내는 이에 불평을 품거나 남편을 힐책(詰責)하지 않는다. 이러는 것이 남편의 권리요 또는 아내의 직무로 안다. 하기야 노름에 일확천금하면 남편뿐이 아니라 아내도 호사(豪奢)로운 생활을 가질 수 있다. 잡담 제(除)하고 노름 밑천이나 대주는 것도 두량(斗量)있는 일인지도 모른다.

들병이로 나서면 주객 접대(酒客接對)도 힘들거니와 첫째 남편 공양이 더 난사(難事)다. 밥만 먹일 뿐 아니라 옷뒤도 거두어야 된다. 술팔기에 밤도 새우지만 낮에는 빨래를 하고 옷을 꿰매고 그래야 입을 것이다. 게다 젖먹이나 딸리면 강보(襁褓)도 늘 빨아 대야 하는 것을 잊어서는 안된다.

그러나 그것만도 좋다. 엄동설한에 태중(胎中)으로 나섰다가 산기(産氣)가 있을 때에는 좀 곡경(曲境)이다. 술을 팔다 말고 술상 앞에서 해산(解産)하는 수밖에 별 도리 없다. 물론 아무 준비가 있을 까닭이 없다. 까칠한 공석 위에서 덜덜 떨고 있을 뿐이다. 들병이 수업중 그중 어렵다면 이것이겠다.

이런 때이면 남편은 비로소 아내에게 밥값을 보답한다. 희색(喜色)이 만면(滿面)해서 방에 불을 지피고 밥을 짓고 국을 끓이고 지성으로 보호한다. 남편은 이 아해가 자기의 자식이라고 믿지 않는다. 다만 자기 소유에 속하는 자식이라는 그 점에 만족할 뿐이다.

상식으로 보면 이런 아해(兒孩)가 명(命)을 부지할 것 같지 않다마는 들병이의 자식인만치 무병(無病)하고 죽음과 인연이 멀은 아해는 다시없을 것이다. 한 칠일만 겨우 지나면 눈보라에 떨쳐 없고 방랑의 길로 나선다.

들병이가 유아(乳兒)을 데리고 다니는 것은 기이한 현상이 아니다. 대개 하나씩은 그 품에 붙어 다닌다. 고생스런 노동에도 불구하고 자식만은 극진히 보유(保有)하는 것이다.

그러나 누가 그들을 동정하여 아해를 데리고 다니기가 곤란일 테니 길러 주마 한다면 그들은 노(怒)할지도 모른다. 이것은 고생이 아니라 생활취미다.

그러다가도 춘궁(春窮)이 돌아오면 들병이는 전혀 한가롭다. 그들은 고향으로 돌아가 옛집에 칩거(蟄居)한다. 품을 팔아먹어도 좋고 땅을 파도 좋다. 하여튼 다시 농민생활로 귀화(歸化)하는 것이다.

그리고 그 담 가을을 기다린다.

들병이는 어디로 판단하면 물론 정당한 노동자이다. 그러나 때로는 불법행위가 없는 것도 아니니 그런 때에도 우리는 증오감을 갖기보다는 일종의 애교를 느끼게 된다. 왜냐면 그 법식(法式)이 너무 단순하고 솔직하고 무기교라 해학미(諧謔美)가 따르기 때문이다.

예를 들면 남편이 간혹 야심(夜深)하여 아내의 처소를 습격하는 경우가 있다. 이 때에는 방에 들어가 등잔(燈盞)의 불을 대려놓고 한구석에 묵묵히 앉았다. 강박(强迫)하거나 공갈(恐喝)은 안한다. 들병이니까 그럴 염치는 하기야 없기도 하거니와— 얼마 후에야 남편은 겨우 뒤통수를 긁으며

「머릴 깎아야 할텐데—」

이렇게 이발료가 없음을 장탄(長嘆)하리라.

그러면 이것이 들병이의 남편임을 비몽사몽간에 깨닫게 된다. 실상(實上)은 죄가 못되나 순박한 농군이라 남편이라는 위력(威力)에 압도되어 대경실색(大驚失色)하는 것이 항례(恒例)다. 그러나 놀랄 건 없고 몇 십전 희사(喜捨)하면 그뿐이다. 만일 현금이 없을 때에는 내일 아침 집으로 오라하여도 좋다. 그러면 남편은 무언(無言)으로 그 자리를 사양(辭讓)하되 아무 주저(躊躇)도 없으리라. 여기에 들병이남편으로서의 독특한 예의가 있는 것이다. 절대로 현장을 착란(錯亂)하거나 가해(加害)하는 행동은 안한다.

들병이에게 유혹되어 절도(竊盜)를 범하는 일이 흔히 있다. 기십원(幾十圓)의 생활비만 변통(變通)하면 너와 영구히 동거하겠다는 감언이설에 대개 혹(惑)하는 것이다. 그들은 들병이를 도락적(道樂的) 대상으로써가 아니라 아내로서의 애정을 요망(要望)한다. 늙은 홀아비가 묘령(妙齡)들병이를 연모하여 남의 송아지를 끌어냈다던가, 머슴이 주인의 벼를 퍼냈다던가, 이런 범행이 빈번(頻繁)하다.

들병이가 내방(來訪)하면 그들 사이에는 암암리에 경쟁이 시작된다. 서로 들병이를 독점하기 위하여 갖은 방법으로 그 환심(歡心)을 매수

(買收)한다. 데리고 가서 국수를 먹이고, 닭을 먹이고, 혹은 감자도 구워다 선사한다. 그러나 좀 현명하면 약간의 막걸리로 그 남편을 수의(隨意)로 이용하여도 좋을 것이다.

 들병이가 되려면 이런 자분(自分)의 추세(趨勢)를 민감(敏感)으로 파악하여야 할 것이다. 소리는 졸렬(拙劣)할지라도 이 수단만 능숙하다면 호구(糊口)는 무난(無難)일 게다. 그리고 남편은 배후에서 아내를 물론 지휘조종(指揮操縱)하며 간접적으로 주객을 연락(聯絡)하여야 된다. 아내는 근육으로 남편은 지혜로, 이렇게 공동전선을 치고 생존경쟁에 처(處)한다.

 들병이는 술값으로 곡물도 받는다고 전술(前述)하였다. 그러나 사실은 곡물뿐만 아니라 간혹 가장집물(家藏什物)에까지 이를 경우도 없지 않다. 식기(食器), 침구(寢具), 의복류— 생활상 필수품이면 구태여 흑백을 가리지 않는다.

 들병이에게 철저히 열광(熱狂)되면 그들 부부 틈에 끼어 같이 표박(漂迫)하는 친구도 있다. 이별은 아깝고, 동거는 어렵고, 그런 이유로 결국 한 예찬자(禮讚者)로써 추종하는 고행이었다. 이런 때에는 들병이의 남편도 이 연애지상주의자(戀愛至上主義者)의 정성을 박대(薄待)하지는 않는다. 의(誼)좋게 동행하며 심복(心服)같이 잔심부름이나 시켜 먹고 한다. 이렇게 되면 누가 본남편인지 분간하기 어렵고 자칫하면 종말(終末)에 주객(主客)이 전도(顚倒)되는 상외(想外)의 사실도 없는 것이 아니다. (≪매일신보≫, 1935. 10. 22~29)

김유정 작품 연보

장르	제 목	발표 지면	발 표 일	탈 고 일
소 설	산골나그내	第一線	1933. 3.	1933. 1. 13.
	총각과 맹꽁이	新女性	1933. 9.	1933. 8. 6.
	소낙비	朝鮮日報	1935. 1. 29-2. 4.	
	金따는 콩밧	開闢	1935. 3.	
	노다지	朝鮮中央日報	1935. 3. 2-9.	
	금			1935. 1. 10.
	떡	中央	1935. 6.	1935. 4. 25.
	산골	朝鮮文壇	1935. 7.	1935. 6. 15.
	만무방	朝鮮日報	1935. 7. 17-30.	1934. 9. 10.
	솟	每日新報	1935. 9. 3.-14.	
	봄·봄	朝光	1935. 12.	
	안해	사해공론	1935. 12.	1935. 10. 15.
	심청	中央	1936. 1.	1932. 6. 15.
	봄과 따라지	新人文學	1936. 1.	1935. 11. 1.
	가을	四海公論	1936. 1.	1935. 11. 8.
	두꺼비	詩와 小說	1936. 3.	
	봄밤	女性	1936. 4.	1936. 2.10.
	이런 音樂會	中央	1936. 4.	
	동백꽃	朝光	1936. 5.	1936. 3. 24.
	夜櫻	朝光	1936. 7.	1936. 4. 8.
	옥토끼	女性	1936. 7.	1936. 5. 15. 1.
	生의 伴侶	中央	1936. 8-9.	
	貞操	朝光	1936. 10.	1936. 5. 20.
	슬픈 이야기	女性	1936. 12.	
	따라지	朝光	1937. 2.	1935. 11.30.
	땡볕	女性	1937. 2.	
	연기	蒼空	1937. 3.	
	정분	朝光	1937. 5.	1934. 8. 16.
	두포전	少年	1939. 1-5.	
	兄	鑛業朝鮮	1939. 11.	
	애기	文章	1939. 12.	1934. 12. 10.

장르	제 목	발표 지면	발표일	탈고일
수 필	닙히 푸르러 가시든 님이	朝鮮日報	1935. 3. 6.	1935. 2. 28.
	朝鮮의 집시	朝 光	1935. 11.	
	나와 귀뚜람이	朝 光	1935. 12.	
	五月의 산골작이	朝 光	1936. 5.	
	어떠한 婦人을 마지 할까	女 性	1936. 5.	
	電車가 喜劇을 낳어	朝 光	1936. 6.	
	길	女 性	1936. 8.	
	幸福을 등진 情熱	女 性	1936. 10.	
	밤이 조금만 짤럿드면	朝 光	1936. 11.	
	江原道 女性	女 性	1937. 1.	
	病床迎春記	朝鮮日報	1937. 1. 29-2. 2.	
	네가 봄이런가	女 性	1937. 4.	
서 간	文壇에 올리는 말슴	朝鮮文壇	1937. 1.	1936. 10. 31.
	病床의 생각	朝 光	1963. 3.	1937. 1. 10.
	姜鷺鄕前	朝 光	1936. 5.	1935. 4. 2.
	朴泰遠前	白 光	1937. 5.	
	필승前	現代文學	1963. 1.	1937. 3. 18.
설 문	우리의 情調	風 林	1936. 12.	
동 화 (번역)	귀여운 少女	每日新報	1937. 4. 16-21.	
소 설 (번역)	잃어진 寶石	朝 光	1937. 6-11.	

김유정 연구 서지

강노향: 유정과 나, 조광, 1937. 5.
강진호: 소설로 피어난 비운의 생애―김유정, 문화예술 201, 1996. 4.
강진호: 한국문학, 그 현장을 찾아서, 계몽사 단행본사업본부, 1997.
강태근: 한국 현대문학 연구의 문제점―한국 현대풍자소설을 중심으로, 호서문학 15, 호서문학회, 1989. 11.
고광률: 김유정 소설 연구―'매춘' 모티프를 중심으로, 대전어문학 12, 1995. 2.
곽신혜: 현진건과 김유정 소설의 인물 묘사 대비 연구, 청주대, 1995. 2.
구인환: 김유정 소설의 미학―피에로의 곡예, 无涯 양주동박사 고희기념 논문집, 1973; 김열규외편, 국문학논문선 10, 민중서관, 1977; 한국근대소설연구, 삼영사, 1977.
―――: 30년대 한국소설 연구―이효석·이상·김유정을 중심으로, 문교부 연구보고서, 1973.
권용철: 김유정 소설 연구, 성균관대 교육대학원, 1989. 2; 교육논총 3, 성균관대, 1990. 9.
권유화: 김유정 작품 연구, 효성여대, 1986. 2.
김 현: 김유정 혹은 농촌의 궁핍화 현상, 김윤식·김현, 한국문학사, 민음사, 1973.
김경순: 김유정 단편소설 인물의 도덕성 변화 분석, 부산대 교육대학원, 1989. 8.

김근수: 실레마을, 그 문제점, 문학사상, 1976. 4.
김근태: 김유정 소설의 서술방법과 그 변모과정에 관한 연구―서술자를 중심으로, 숭실대, 1987. 2.
―――: 김유정 소설의 서술 방식과 그 변모 과정에 관한 연구―서술자의 활용문제와 관련하여, 숭실어문 4, 숭실대 국어국문학회, 1987.
김남주: 김유정론, 국어국문학연구 4, 이화여대 국어국문학회, 1962. 10.
김덕기: 김유정론, 연세대 교육대학원, 1979. 8.
김덕자: 김유정 문학의 반어, 연세대 대학원, 1975.
김동인: 選後感(신춘문예 당선작「노다지」의), 조선중앙일보, 1935.1. 8.
김명숙: 김유정 소설의 인물 연구, 연세대 교육대학원, 1992. 2.
김문집: 病苦作家 援助運動의 辯―김유정 군에 관한, 조선문학, 1937. 1; 김유정, 비평문학(김문집 평론집), 청색지사, 1938. 11.
―――: 고 김유정군의 예술과 그의 인간비밀, 조광, 1937. 5; 김유정전집, 현대문학사, 1968.
―――: 김유정의 悲戀을 公開批判함, 여성, 1940; 김유정전집, 현대문학사, 1968.
김미경: 김유정의 작품 연구―형식적 특질의 면에서, 전남대, 1991. 2.
김미선: 한국 근대소설의 아이러니 연구―현진건·김유정의 몇몇 단편을 중심으로, 부산대 대학원, 1987. 8.
김미옥: 김유정 소설의 해학성 연구, 영남대 교육대학원, 1996. 2.
김미현: 김유정 소설의 카니발적 구조 연구, 이화여대 대학원, 1990. 8.
김병익: 땅을 잃어버린 시대의 언어―김유정의 문학사적 위치, 문학사상 22, 1974. 7; 시대와 언어―김유정론, 김열규외편, 국문학논문선11, 1977; 임형택외편, 한국근대문학사론, 한길사, 1982.
김상일: 김유정론, 월간문학, 1969. 6.
김상태: 김유정의 문학적 특성, 전북대 논문집 인문사회과학편 16, 1974.

─── : 生動의 미학, 현대 한국 작가 연구, 민음사, 1976.
─── : 김유정의 동백꽃―동백꽃의 아이러니, 이재선 외편, 한국현대소설작품론, 문장, 1981.
─── : 김유정의 문체, 문학의 이론과 해석, 새문사, 1982.
─── : 김유정과 해학의 미학, 전광용 외, 한국 현대소설사 연구, 민음사, 1984.
김성수: 김유정 소설에 나타난 가족의식, 진단학보 82, 1996. 12.
김수남: 김유정 문학에 대한 소설사회학적 시고, 인문과학연구, 조선대, 1980.
김수업: 봄·봄의 기법, 배달말 9, 배달말학회, 1984.
김순남: 김유정의 문학적 표정, 한양 57, 1966. 11.
김순명: 김유정 소고, 고려대 교육대학원, 1980. 9.
김승환: 김유정 문학 연구, 청주대, 1986. 2.
김애란: 김유정 소설 연구, 연세대 교육대학원, 1987. 8.
김영기: 김유정 연구, 국민대 교육대학원, 1991. 2.
김영기: 김유정론, 현대문학, 1967. 9.
─── : 김유정 문학의 특성, 강원일보, 1967. 11. 3.
─── : 「동백꽃」의 김유정, 새강원, 1968. 6.
─── : 김유정 문학의 본질, 김유정전집, 현대문학사, 1968.
─── : 김유정론(1) 해학정신의 확장; 김유정론(2) 농민문학과 리얼리즘, 한국문학과 전통(김영기 평론집), 현대문학사, 1973. 10.
─── : 농민문학론―김유정의 경우, 현대문학, 1973. 10; 신경림 편, 농민문학론, 온누리, 1983.
─── : 농민과 고향의 발견, 한국문학전집 13(이상·김유정), 삼성출판사, 1978.
─── : 김유정의 동백꽃, 태백의 예맥, 강원일보사, 1986.
─── : 김유정의 인간과 문학, 문학정신, 1988. 5.
─── : 김유정―그 문학과 생애, 지문사, 1992.
─── : 김유정의 생애와 사상, 문협 제 33회 문학 심포지움, 김유정 문학으로 모색해보는 한국문학의 세계화(주제 발표집), 한국문인

협회, 1994. 3. 29.
―――: 고향 실제 인물·지명 작품 등장, 월간 태백, 강원일보사, 1994. 3.
―――: 뿌리뽑힌 만무방의 세계, 「동백꽃·소낙비 외」, 하서출판사, 1994. 3.
―――: 김유정의 「동백꽃」의 미학, 월간문학, 1994. 4.
―――: 여성주의 수필론, 수필학 4, 한국수필학회, 1997.
김영수: 김유정의 생애, 김유정전집, 현대문학사, 1968.
김영택: 궁핍화 현실과 해학적 위장―「소낙비」의 작품세계, 목원국어국문학 1, 목원대 국어국문학과, 1990.
김영화: 김유정의 소설 연구, 어문논집 16, 고려대 국어국문학과, 1975: 김열규 외편, 국문학논문선 10, 민중서관, 1977.
―――: 소설사의 확대와 충격―김유정론, 제주문학 4, 제주대, 1975.
―――: 김유정론, 현대문학 259, 1976. 7.
김용구: 김유정소설의 구조, 관악어문연구 5, 서울대 국문과, 1980; 회귀와 순환의 연속, 한국소설의 유형학적 연구, 국학자료원, 1997.
김용성: 김유정, 한국현대문학사탐방, 국민서관, 1979(;현암사, 1984).
김용직: 반산문적 경향과 토속성―김유정의 소설 문체, 문학사상 22, 1974. 7.
김유정 소설 연구, 명지대 박사, 1992. 2.
김유정: 동백꽃, 삼문사, 1938; 왕문사, 1952.
김유정기념사업회: 김유정전집, 현대문학사, 1968.
김유정전집편찬위원회: 김유정전집 상·하, 김유정기념사업회, 1994.
김우종: 토속의 리리씨즘(유정), 한국현대소설사, 선명문화사, 1968.
김유진: 이상과 김유정문학에 나타난 Ego의 연구, 충남대 교육대학원, 1984. 2.
김윤식: 소낙비, 한국근대문학의 이해, 일지사, 1973.
―――: 들병이 사상과 알몸의 시학―김유정 문학의 문학사적인 한 고찰, 김유정 문학의 재조명, 한림대 아시아문화연구소 제9회 학

　　　　술연구발표회 발표 요지, 1994. 3. 25.
김윤정: 김유정 소설 연구, 서울대, 1996. 2.
김윤호: 김유정 소설 연구, 관동대 교육대학원, 1990. 8.
김인환: 김유정 소설의 여성 인물 연구, 숙대 교육대학원, 1993. 2.
김정자: 기법으로 본 문체—시간착오의 기법을 중심으로, 蘭臺 이응백박사 회갑기념 논문집, 보진재, 1983.
─── : 김유정 소설의 문체, 한국 근대소설의 문체론적 연구, 삼지원, 1985.
김종곤: 김유정연구, 단국대, 1979. 12.
김종구: 한국소설의 서술 시점 연구—김유정과 이상, 서강대, 1975. 11.
김종환: 김유정 연구, 육군제3사관학교논문집 28, 1989. 5.
김주연: 유우머와 초월, 문학비평론, 열화당, 1974.
김진석: 문무방 논고, 어문논집 23, 고대국어국문학연구회, 1982.
김진악: 김유정의 작품 연구, 고려대 교육대학원, 1978. 2.
─── : 김유정 소설의 골계 구조, 국어교육 51·52, 한국국어교육연구회, 1985.
김진옥: 김유정 작품 연구, 고려대 교육대학원, 1977.
김창집: 김유정의 소설 연구, 제주대 교육대학원, 1981.
김　철: 꿈·황금·현실—김유정의 소설에 나타난 物神의 모습, 문학과 비평 4(겨울호), 탑출판사, 1987 12.
김춘용: 김유정 소설의 아이러니 연구, 부산대 교육대학원, 1985. 2.
김학심: 김유정 연구, 연세대 교육대학원, 1980. 2.
김현숙: 김유정 작품의 민족적 윤리성, 이화여대 대학원, 1974. 11.
김현실: 김유정 문학의 전통성—고전문학과의 비교를 통해서, 이화어문논집 6, 이대한국어문학연구소, 1983.
─── : 「안해」의 해학성에 관한 연구, 국어국문학 115, 국어국문학회, 1995.
김형민: 김유정 소설의 서술주체와 서술객체—「소낙비」「봄·봄」「가을」을 대상으로, 부산사대어문교육논집 11, 1991. 2.

──: 김유정 소설의 욕망 구조로 본 바보형 인물의 유형, 南沙 화갑 기념 논총, 1992.
──: 김유정 소설의 서술 상황론적 연구─바보형 인물을 대상으로, 홍익대 박사, 1992.
──: 바보형 인물의 유형 연구─김유정 소설을 대상으로, 부산대어문교육논집 13·14, 1994. 10.
김혜자: 김유정문학의 반어, 연세대, 1976. 2.
나병철: 단편소설 연구─김유정 소설을 중심으로, 현대문학의 연구 1, 바른글방, 1989. 3.
나용학: 「동백꽃」의 구조 분석, 충남대 교육대학원, 1986. 2.
나은주: 김유정론─문체적 특징을 중심으로, 국민대대 교육대학원, 1996. 2.
남상규: 나와 우주의 관계─김유정의 「안해」를 이해하기 위하여, 낙산어문 2, 서울대 국문과, 1970.
노 훈: 김유정 연구, 청주대 대학원, 1989. 2.
노귀남: 김유정 문학 세계의 이해, 새국어교육 50, 한국국어교육학회.
노화남: 김유정연구, 석우 5, 춘천교대, 1969.
명형대: 식민지시대 소설에 나타난 빈궁과 정조, 한아사원, 경남대 사범대, 1987: 가라문화 5, 경남대 가라문화연구소, 1987.
모윤숙: 가신 김유정씨, 조광, 1937. 5.
문재룡: 김유정 소설의 구조와 문체, 성균관대, 1983. 11.
문창기: 김유정 연구, 성균관대 교육대학원, 1984. 8.
문학사상 자료조사연구실: 김유정의 여인─박봉자여사에의 失戀記, 문학사상 22,1974. 7.
──: 동화체소설의 귀중한 문헌, 문학사상 48, 1976. 9.
문희봉: 김유정 소설의 실상에 관한 연구, 공주사범대 교육대학원, 1987. 2.
민현기: 한국근대소설론, 계명대출판부, 1984.
박길숙: 김유정 소설의 여성상 연구, 수원대, 1997. 2.
박록주: 녹주 나 너를 사랑한다, 문학사상 7, 1973. 4.

──: 나의 이력서, 한국일보, 1974. 1. 5~2. 28.
──: 여보, 도련님 날 데려가오―털어놓고 하는 말, 뿌리깊은 나무, 1976. 6.
박문주: 김유정 소설 연구―판소리계 소설과의 관련성, 연세대, 1987. 2.
박배식: 김유정 소설의 아이러니 분석, 세종어문연구 8, 1995. 12.
박선부: 김유정소설의 문학적 지평(1), 한국학논집 3, 한양대 한국학연구소 3, 1983. 2.
박성희: 김유정 소설의 어휘 연구―농촌 배경 작품을 중심으로, 경남어문 27, 1994. 8.
박세현(朴南澈): 김유정 소설에 나타난 현실과 욕망의 양상, 한양대 한국학논집 16, 1989. 8.
──: 김유정 소설 연구, 한양대 박사, 1989. 8.
──: 김유정의 자전소설 연구, 관동어문학 6, 1989. 12.
──: 김유정 소설 연구, 인문당, 1990.
──: 매춘소설의 한 양상, 한양대 한국학논집 23, 1993. 8.
──: 김유정 소설의 매춘 구조 분석, 상지대병설전문대논문집 13, 1994. 8.
──: 김유정 전기의 양상, 상지대병설전문대 지역사회연구 4, 1996. 12.
──: 김유정 산문 읽기, 상지대병설전문대 지역사회연구 5, 1997. 12.
박순만: 김유정 문학의 해학성 고찰, 조선대 교육대학원, 1982. 8.
박승인: 김유정 연구, 단국대, 1963.
박양호: 김유정의 작품 세계―문체의 특성을 중심으로, 문협 제 33회 문학 심포지움 김유정 문학으로 모색해보는 한국문학의 세계화(주제 발표집), 한국문인협회, 1994. 3. 29.
박우극: 김유정 연구, 연세대 교육대학원, 1971. 9.
박우현: 김유정소설연구, 경북대 교육대학원, 1986. 2.
박응만: 김유정 소설의 등장인물 연구, 인하대 교육대학원, 1984. 2.

박인숙: 김유정 소설 연구―1930년대 농촌사회의 형상화 방식을 중심으로, 연세대 교육대학원, 1996. 2.
박인숙: 매춘 모티브를 통해 본 김유정 소설 연구, 한성어문학 10, 한성대 국문과, 1991. 5.
박정규: 김유정 문학의 재조명, 고려대 대학원, 1983. 2.
─────: 농민소설에 나타난 유토피아 추구 의식―1930년대 단편소설을 중심으로, 한양어문연구 5, 한양대 한양어문연구회, 1987. 10.
─────: 아이러니와 변이된 상실감의 미학―김유정의 작품세계, 호서문학 13, 호서문학회, 1987. 11.
─────: 김유정 소설의 시간 구조 연구, 한양대 박사, 1991. 8.
─────: 역사적 상황의 소설적 표출 양상―김유정의 단편소설「형」의 경우, 어문론집 30, 고려대 국문과, 1991. 12.
─────: 김유정 소설과 시간, 깊은샘, 1992.
박정남: 이효석과 김유정의 소설에 대한 비교 연구, 연세대 교육대학원, 1987. 2.
박정백: 김유정연구, 단국대, 1977. 2.
박정숙: 김유정연구―해학성을 중심으로, 문리대논집 5, 효성여대문리대학생회, 1985.
박종철: 김유정의 언어적 특징, 강원문화연구 창간호, 강원대 강원문화연구소, 1981.
박진수: 「변강쇠가」와 「안해」의 대비 연구, 이화여대 대학원, 1983.
박철석: 한국 리얼리즘 소설 연구, 대학원논문집 16, 동아대, 1991.
박태상: 김유정 문학의 실재성과 허구성, 현대문학, 1987. 6.
─────: 전통부재시대의 문학, 국학자료원, 1993.
박태원: 故 金裕貞君과 엽서, 백광, 1937. 5.
─────: 유정과 나, 조광, 1937. 5.
박헌도: 김유정 소설 연구, 계명대 교육대학원, 1990. 2.
방의겸: 김유정론, 문과대학보 19, 중앙대 문과대, 1965. 8.
방인태: 김유정 소설의 인물 유형, 鳳竹軒 박붕배박사회갑기념논문집, 배영사, 1986.

배홍득: 김유정작품연구—시대고를 통해 본 인물 연구, 동아대, 1982.
백광 편집실: 김유정씨의 長逝를 삼가 弔喪한다, 1937. 5.
백 철: 김유정의 「이런 音樂會」(4월 창작 개평), 조선문학, 1936. 6.
─── : 고난 속에 빚은 웃음의 像—김유정의 인간편모와 그 작품성, 문학춘추, 1965. 5.
─── : 현대문학의 분위기—인생파의 문학, 국문학전사, 신구문화사, 1976.
서영애: 김유정소설연구—1930년대의 세태·풍자소설의 재검토를 위하여, 어문학교육 8, 부산교대 한국어문교육학회, 1985. 12.
서정록: 한국적 전통에서 본 김유정의 문학, 동대논총, 동덕여대, 1969.
─── : 「불」「뽕」「떡」에서의 한국적 리얼리티, 동대논총 4, 동덕여대, 1974.
─── : 작품에 투영된 작가의 심층의식—김유정의 female complex를 중심으로, 동대논총 6, 동덕여대, 1976.
서종택: 궁핍화시대의 현실과 작품 변용—최서해·김유정의 현실 수용의 문제, 어문논집 17, 고려대 국어국문과, 1976. 2.
─── : 최서해·김유정의 세계인식, 식민지시대의 문학 연구, 깊은샘, 1980; 정음문화사, 1986.
─── : 궁핍화 현실과 자기 방어—김유정의 경우, 한국근대소설의 구조, 시문학사, 1982.
석산인: 「동백꽃」독후감 (신간평), 비판 107, 1939. 3.
손광식: 김유정의 소설에서 '유랑'과 '정착'의 관계를 해석하는 문제, 국제어문 16, 1995. 5.
손선옥: 김유정 연구, 성신여대, 1979. 2.
송기섭: 「동백꽃」과 「봄·봄」의 서사구조, 어문연구 20, 어문연구회, 1990.
송백헌: 한국농민문학 연구—일제하 문학을 중심으로, 중앙대 대학원, 1971.
송영성: 김유정 문학의 문체 연구, 인하대 대학원, 1988. 8.
송영희: 1930년대 풍자소설 일고—채만식과 김유정의 단편소설을 중심

　　　　　으로 한 대비, 부산여대, 1986. 2.
송하섭: 김유정 작「동백꽃」의 서정성론, 도솔어문 2, 단국대 국문과, 1986; 김유정―현실의식 포용의 서정, 한국 현대소설의 서정성 연구, 단국대 출판부, 1989.
송홍엽: 김유정 소설의 매춘 연구, 경남대 교육대학원, 1996. 8.
신동숙: 김유정론―문체적 특질을 중심으로, 전남대 교육학원, 1990. 2.
신동욱: 김유정고―牧歌와 현실의 차이, 현대문학 169, 1969. 1.
―――: 숭고미와 골계미의 양상, 창작과 비평 22, 1971; 한국현대문학론, 박영사, 1972 초판, 1981 개정증보판.
―――: 김유정 작품집, 형설출판사, 1977.
―――: 김유정론, 서정주·조연현 편, 현대작가론, 형설출판사, 1979; 우리 시대의 작가와 모순의 미학, 개문사, 1982.
―――: 김유정의「만무방」, 개정증보 한국 현대문학론, 박영사, 1981.
―――: 김유정 소설 연구, 1930년대 한국소설연구, 한샘, 1994.
신동한: 김유정소설연구, 단국대, 1984. 2.
신망래: 김유정소설의 주제 고찰, 인천어문학 2, 인천대 국어국문과, 1986.
신순철: 김유정소설 연구, 영남대, 1983. 12.
―――: 김유정의「동백꽃」, 영남어문학회 편, 한국 현대소설 문학의 이해와 감상, 학문사, 1993.
―――: 恨과 유정소설, 경주실전 논문집 2, 1986. 3.
신언철: 김유정 문학의 문체론적 연구, 충남대, 1972. 2.
―――: 김유정 소설의 기법에 관한 연구, 공주교대논총 22권 2호, 1986.
신윤경: 김유정과 이태준의 단편에 나타난 아이러니 비교 연구, 고려대 교육대학원, 1993. 8.
신정림: 김유정 단편소설의 분석, 부산대 교육대학원, 1993. 2.
신종숙: 김유정론―문체적 특질을 중심으로, 전남대 대학원, 1990. 2.
신종한: 김유정 소설 연구, 단국대 대학원, 1984. 2.
―――: 김유정 소설의 미학 구조 연구, 단국대 논문집 25, 1991.

──── : 한국근대소설의 판소리 서술양식 수용─채만식·김유정의 소설을 중심으로, 단국대논문집 27, 1993. 6.
신현보: 김유정 소설 연구─현실인식과 표현양상을 중심으로, 한남대, 1989. 2.
심재욱: 김유정 소설 연구─페미니즘적 관점으로, 전북대 교육대학원, 1997. 2.
안경호: 김유정 소설 연구─현실인식을 중심으로, 상지대 교육대학원, 1996. 2.
안교자: 김유정론, 청파문학 9, 숙명여대, 1970.
안숙원: 구인회와 바보의 시학, 서강어문 10, 1994. 12.
안함광: '金따는 콩밧'에 관하여─김유정씨 작(최근 창작평), 조선문단, 1935. 7.
안회남: 작가 김유정론─그 一週期를 당하야, 조선일보, 1938. 3. 29~31(상·하)
──── : 謙虛─김유정전, 문장, 1939. 1.
양창욱: 김유정 소설의 해학미 구조 분석─「동백꽃」을 중심으로, 원광대 교육대학원, 1987. 2.
양희이: 1930년대 소설에 나타난 풍자와 해학의 연구─채만식과 김유정 소설의 경우, 성균관대, 1984. 6.
오일환: 김유정론, 경희대, 1961. 3.
오지선: 김유정 연구, 숙명여대 교육대학원, 1987. 8.
오하근: 혼돈과 극복의 문학정신, 국어국문학회지 12, 원광대 국문학회, 1987.
우한용: 소설 이해의 구조론적 방법─「만무방」, 현대소설연구회, 현대소설론, 평민사, 1994. 3.
──── : 「만무방」의 기호론적 구조와 해석, 국어교육 83·84, 한국국어교육연구회, 1994. 6.
유순영: 김유정과 이효석의 비교 연구, 연세대, 1984. 2.
유인순: 김유정 소설의 구조 분석, 이화여대, 1980. 9.
──── : 풍자문학론 ─채만식·김유정을 중심으로, 인문학연구 18, 강원

대, 1983.
──: 김유정의 소설 공간, 이화여대 박사, 1985. 4.
──: 「노다지」의 문체 연구, 강원문화연구 7, 강원대 강원문화연구소, 1987.
──: 김유정 문학 연구, 강원대 출판부, 1988.
──: 김유정의 소설 공간, 김상태 편, 한국 현대소설론, 학연사, 1933. 3.
──: 김유정─그 능청스런 이야기꾼, 한국문인협회 강원도지회 주최 김유정 추모 문학의 밤 강연 자료, 1993. 11. 27.
──: 소설의 시간─「아내」, 현대소설연구회, 현대소설론, 평민사, 1993.
──: 칼과 모순의 미학─「산골나그내」「소낙비」를 중심으로, 월간 태백, 강원일보사, 1994. 3.
──: 상처와 열매─김유정 문학의 비밀(발표 요지), 강원일보, 1994. 3. 9.
──: 유정의 그물─김유정 문학의 심리비평적 연구, 인문학 연구, 강원대, 1994. 12: 구인환교수 정년퇴임 기념 논문집, 1995.
──: 김유정─사랑의 사도·문학의 순교자, 한국 소설문학 대계 18, 이상·김유정 편, 동아출판사, 1995.
──: 김유정 문학 연구사, 강원문화연구 15, 1996. 10.
유종영: 김유정의 소설 연구─반어적 양상과 기능을 중심으로, 동국대, 1982. 12.
유종호: 현대문학 속의 자기 발견─김유정론, 한국 단편문학 대계, 삼성출판사, 1969.
──: 흙에서 솟는 눈물과 웃음─김유정, 현대의 문학가 9인, 신구문화사, 1976.
──: 김유정과 이미자의 동백, 현대문학, 1988. 2.
유효경: 김유정 소설 연구, 성균관대 교육대학원, 1987. 2.
윤병로: 김유정론, 현대문학 63, 1960. 3: 현대작가론, 이우출판사, 1974.

------: 겸허의 인생관, 여원 6권, 10호.
------: 김유정의 해학성과 「땡볕」, 한국 근대작가작품 연구, 성균관대 출판부, 1988.
------: 1930년대 소설의 연구, 대동문화연구 23, 성균관대 대동문화연구원, 1989.
윤영성: 김유정 문학의 문체 연구, 인하대, 1988. 8.
윤응호: 김유정 소설의 문체 연구, 단국대 교육대학원, 1993. 8.
윤지관: 민중의 삶과 詩的 리얼리즘―김유정론, 세계의 문학 48, 1988 여름.
윤채형: 김유정 소설의 주제의식 연구, 숙대 교육대학원, 1994. 8.
윤홍로: 한국현대소설의 미학―김유정의 동백꽃과 선우휘의 불꽃을 중심으로, 국어국문학 68·69 합병호, 국어국문학회, 1975.
------: 김유정의 소설미학, 한국문학의 해석학적 연구, 일지사, 1976.
이 상: 김유정―소설체로 쓴 김유정론, 청색지 5, 1939. 5.
이 순: 김유정문학의 시론적 고찰, 어문론총 3, 청주대 국문과, 1984.
------: 김유정 소설의 구성 원리와 그 유형, 이화여대 대학원, 1986. 8.
이강언: 1930년대의 한국 리얼리즘 문학 연구―주로 이효석·김유정·이기영의 현실수용 방법을 중심으로, 영남대, 1973. 2.
------: 현실과 이상의 갈등구조―김유정소설의 구성법, 영남어문학 7, 영남대 국문과, 1980.
이경희: 김유정 소설의 역설성 연구, 부산대 국어국문학 29, 1992. 10.
이경희: 김유정과 채만식의 작품 비교, 연세대 교육대학원, 1984. 8.
이경희: 김유정론, 전남대, 1969. 9.
이계보: 김유정 소설의 등장 인물에 대한 고찰, 상지대논문집 3, 1982.
이규정: 이상과 김유정의 문체 연구, 동아대, 1979. 2.
------: 「날개」와 「봄·봄」의 문체론적 비교 연구, 수련어문론집 6, 부산여대 국어교육과, 1979.
이난순: 김유정의 작품에 나타난 사회의식, 명지대 대학원, 1983. 9.
이대규: 김유정의 「금따는 콩밭」의 분석 및 해석, 부산사대어문교육논집

11, 1991. 2.
이동국: 김유정과 이효석 소설의 기법 연구, 건국대, 1995. 8.
이동재: 김유정 문학의 재조명, 목멱문학 1, 동국대 국어교육회, 1987.
이동주: 김유정 (實名小說), 월간문학, 1974. 1.
이동희: 김유정의 언어 미학, 국어국문학논집 7, 대구교대, 1979.
이만식: 김유정 소설의 작중인물 연구, 건국대 교육대학원, 1988. 8.
이명렬: 김유정 문학의 전통성 연구, 강원대 교육대학원, 1987. 2.
이명복: 김유정 소설의 문체론적 연구, 서울대 대학원, 1974.
이명숙: 김유정 소설 연구—작품을 통해서 본 그의 현실인식, 상명여대, 1989. 2.
이명일: 김유정 소설에 나타난 자연, 성균관대 교육대학원, 1984. 8.
이명자: 새 조사에 의한 김유정 작품 목록, 문학사상 22, 1974. 7.
이병각: 김유정론, 풍림 5, 1937. 5.
이봉구: 살려고 애쓰던 김유정, 현대문학 97, 1963. 1.
이상옥: 김유정 연구—빈곤 문제를 중심으로, 이선영 편, 1930년대 민족문학의 인식, 한길사, 1990.
─── : 산수유와 생강나무, 세계와 나, 1990 봄호.
이석훈: 유정과 나, 조광, 1937. 5.
─── : 유정의 靈前에 바치는 최후의 告白, 백광, 1937. 5.
─── : 유정의 面貌片片, 조광, 1939. 12.
이선영: 유정의 문학세계, 중앙일보, 1973. 3. 28.
─── : 따라지의 비애와 해학—김유정의 작품세계, 소나기 외, 정음사, 1975; 상황의 문학, 민음사, 1976.
─── : 문학으로 불사른 단명한 생애 (작품 및 생애 해설), 한국대표명작 8·김유정, 지학사, 1985.
─── : 김유정 연구, 예술논문집 24, 예술원, 1985; 국학자료간행위원회 편, 국문학자료 논문집 속편 2, 대제각, 1990; 민중문학과 자기 인식, 리얼리즘을 넘어서, 민음사, 1995.
─── : 김유정 소설의 민중적 성격, 구인환 교수 정년퇴임 기념 논문집, 1995.

이선희: 김유정과 나, 조광, 1937. 5.
이성미: 새 자료로 본 김유정의 생애, 문학사상 22, 1974. 7.
이승훈: 김유정—빈 들 속에 잠든 한의 실타래, 문학사상, 1978. 11.
이어령: 김유정, 한국작가전기연구(상), 동화출판공사, 1975.
이영성: 김유정 문학 일고찰, 국민어문연구 1, 국민대 국어국문학연구회, 1988.
이영화: 김유정의 농민소설 연구, 고려대 교육대학원, 1993. 8.
이인우: 김유정 단편소설 연구—작중인물을 중심으로, 영남대 교육대학원, 1986. 2.
이재복: 김유정 「소낙비」의 담론 고찰, 한양어문연구 11, 1993. 12.
이재선: 희화적 감각과 바보열전—김유정의 작품세계의 二面性, 문학사상 22, 1974: 한국단편소설연구, 일조각, 1975.
──: 김유정의 해학세계와 농촌, 한국현대소설사, 홍성사, 1979.
──: 바보 예찬론과 평형적 해소의 작가—김유정론, 문학사상, 1986. 12.
이주성: 한국 농민소설 연구—1920~1930년대 농민소설을 중심으로, 세종어문연구 2, 세종대, 1987.
──: 한국문학 주제론, 서강대출판부, 1991.
이주일: 김유정 연구, 중앙대 대학원, 1974. 12.
──: 김유정 소설의 무대와 구성, 상지 1, 1977. 12.
──: 김유정 소설의 문장 고찰, 논문집 1, 상지대, 1977.
──: 유정문학의 향토성과 해학성, 국어국문학 83, 국어국문학회, 1980.
──: 김유정소설의 등장인물에 대한 고찰, 어문집 3, 상지대, 1982. 6.
──: 향토적 해학과 풍자의 세계—김유정론, 김용성 편, 한국 근대작가 연구, 삼지원, 1985.
──: 김유정 소설 연구, 명지대 박사, 1991. 12.
이주형: 소낙비와 감자의 거리—식민지시대 작가의 현실인식의 두 유형, 국어교육연구 8, 경북대 국어교육과, 1976; 김열규 외편, 국문

학논문선 10, 민중서관, 1977; 현대소설연구, 정음문화사, 1986.
이중재: 김유정 문학의 재조명, 목멱문학 1, 동국대 국어교육학회, 1987.
이춘희: 김유정 소설의 성과 윤리의식 연구, 한국외국어대 교육대학원, 1997. 2.
이태건: 바보형 인물에 대한 소고, 고려대 대학원, 1984.
이혜순: 김유정 소설 연구—창작방법과 세계관 연구를 중심으로, 세종대, 1990. 2.
이홍재: 김유정문학의 전통성 연구, 한성어문학 1, 한성대 국문과, 1982.
이화진: 김유정 소설 연구—해학성과 향토성을 통한 현실인식, 성균관대 교육대학원, 1991. 2.
임계묵: 김유정 소설의 인물 유형 연구, 충남대, 1991. 2.
임영선: 해학에서 본 유정 문학, 목원어문학 1, 목원대학, 1979.
임영환: 1930년대 한국농촌사회소설연구, 서울대 박사, 1986. 2.
임종국: 잘못 인식된 비극성—김유정「솥」, 한국문학, 1976. 9.
─────: 솥의 모델, 한국문학의 민중사, 실천문학사, 1986.
임종수: 유정문학의 문체론적 연구, 어문논집 14, 중앙대 국어국문과, 1979.
임중빈: 닫힌 사회의 캐리캐추어—김유정 연구(抄), 동아일보, 1965. 1. 5.~12, 4회 연재; 김유정론—닫힌 사회의 희화, 부정의 문학, 한얼문고, 1972.
임헌영: 김유정론, 창조 26, 1972. 4; 김열규 외편 국문학논문선 10, 민중서관, 1977.
─────: 전통적인 골계와 해학, 우리 시대의 한국문학 2, 계몽사, 1991.
장경탁: 한국 근대소설의 순환 구조—이효석의「산협」과 김유정의「봄·봄」을 중심으로, 성대문학 25, 성균관대 국문학과, 1987.
장무익: 웃음 속에 감추어진 눈물의 의미—김유정의 소설세계, 공사 논문집 23, 1987.

장백일: 유정의 작품과 생애, 중앙일보, 1972. 3. 28.
장병호: 식민지시대 매춘 제재 소설의 고찰―가난과 윤리 문제를 중심으로, 청람어문학 3, 청람어문학회, 1990.
장양수: 소설 경향의 몇 가지 흐름, 현대문학, 1988. 8.
장영우: 반어적 인물의 사회 인식, 동악어문론집 23, 동악어문학회, 1988.
장일구: 소설 텍스트의 연행 해석학 시론―김유정 소설과 최명희 『혼불』의 해석을 중심으로, 서강대, 1993. 2.
장현숙: 김유정 문학의 특질고―작중인물의 도덕의식과 작가의 현실인식을 중심으로, 경원전문대논문집 18, 1996. 2.
전규태: 김유정론, 한국문학의 통시적 연구, 지문사, 1981.
전상국: 김유정연구, 경희대, 1985. 2.
─── : 유정의 사랑, 고려원, 1993.
─── : 김유정 소설의 언어와 문체, 김유정 문학의 재조명, 한림대 아시아문화연구소 주최 제9회 학술연구발표회 발표 요지, 1994. 3. 25.
─── : 김유정―시대를 초월한 문학성, 건대출판부, 1995.
전신재: 김유정 소설의 판소리 수용, 강원문화연구 4, 강원대 강원문화연구소, 1984.
─── : 김유정소설의 구비문학 수용, 아시아문화 2, 한림대 아시아문화연구소, 1987.
───편: 원본김유정전집, 한림대출판부, 1987.
─── : 「봄·봄」의 자연 표상, 춘천문학 1, 한국문인협회 춘천지부, 1991.
─── : 『유정의 사랑』에 나타난 사랑의 인식, 한국문인협회 강원도지부 주최, 김유정추모 문학의 밤 강연 자료, 1993. 11. 27.
─── : 농민의 몰락과 천진성의 발견, 김유정 문학의 재조명, 한림대 아시아문화연구소 주최 제9회 학술연구발표회 발표 요지, 1994. 3. 25.
─── : 김유정 소설 속의 여성들, 월간 태백, 강원일보사, 1994. 3.

──편: 원본 김유정전집, 강, 1997.
전영태: 김유정의 산골─소설 속의 토속미와 서정성의 一例, 이재선외 편, 한국현대소설작품론, 문장, 1981.
전혜자: 한국 현대소설의 배경 연구─도시와 농촌의 대비, 숙명여대 박사, 1985. 12.
정귀선: 김유정 소설 연구, 건국대, 1994. 8.
정금영: 담론분석을 통한 김유정 소설 연구─농촌소재 작품을 중심으로, 경북대,1997. 2.
정명효: 김유정 소설에 나타난 현실인식의 해학적 변용 연구, 국민대, 1997. 2.
정영자: 한국 현대소설의 자연관 연구, 수련어문론집 10, 부산여대 국어과, 1982.
정영호: 김유정 소설의 아이러니 연구, 경남대 교육대학원, 1991. 8.
정인택: 噫, 유정 김군, 매일신보 1937. 4. 3(상) 및 6(하).
정인환: 김유정 소설 연구, 계명대 교육대학원, 1986. 8.
정주현: 김유정의 문학세계─작가의식을 중심으로, 중앙대 교육대학원, 1989. 8.
정지영: 김유정 소설의 인물 연구, 한양대 교육대학원, 1994. 8.
정창범: 김유정론, 사상계, 1995. 11.
──: 열등인간의 초상─김유정론, 문학춘추, 1964. 12.
정치수: 김유정문학 연구, 인하대 교육대학원, 1988. 2.
정태규: 이효석과 김유정 소설의 공간인식에 대한 비교 연구, 부산대, 1989. 2.
정태용: 김유정론─니힐리즘과 문학, 예술집단 2, 1955. 12; 현대문학 44, 1955. 8.
──: 계용묵·김유정·이 상의 문학, 신한국문학전집 6, 어문각, 1976.
정한숙: 해학과 변이─김유정 문학의 본질, 인문논총 17, 고려대, 1972; 현대한국작가론, 고대출판부, 1976.
──: 한국 소설기교의 전개, 현대한국소설론, 고려대 출판부, 1977.

──────: 현대소설의 확립, 현대한국문학사, 고려대 출판부, 1982.
정현기: 1930년대 한국소설이 감당한 궁핍 문제 고찰―염상섭·박영준·김유정·채만식, 현상과 인식, 1982. 겨울; 한국근대소설의 인물 유형, 인문당, 1983.
──────: 인간이라는 욕망의 늪―김유정의 「노다지」, 문학사상, 1978. 6; 한국근대소설의 인물 유형, 인문당, 1983.
──────: 김유정 소설의 해학적 특성― 「노다지」, 김유정, 문학사상사, 1987.
조건상: 김유정과 채만식 소설의 특질―해학과 풍자의 거리, 도남학보 3, 도남학회, 1980; 한국 현대 골계소설 연구, 문학예술사, 1985.
──────: 한국 현대 골계소설의 전개 과정과 그 양상, 성대논문집 23, 성균관대, 1983.
조남철: 김유정의 농민소설 연구―춘원의 농민소설과 비교하여, 한국방송통신대논문집 21, 1996. 2.
──────: 일제하 한국농민소설 연구, 연세대 박사, 1986. 2.
조남현: 김유정의 작품 세계, 김유정― 「동백꽃」(한국 대표작 어문 특선 소재 해설), 어문각, 1993.
조동일: 어두운 시대의 상황과 소설―만만치 않은 세상 형편, 한국문학통사 5, 지식산업사, 1988.
조래희: 김유정 소설의 시점과 인물, 국제어문 5, 국제대 국문과, 1984.
조석현: 김유정 소설의 해학성 연구, 성균관대 교육대학원, 1987. 8.
조선일보: 단편소설 1등 당선 김유정씨 약력, 1935. 1. 3.
조성규: 김유정 소설 연구―사회의식을 중심으로, 성균관대 교육대학원, 1990. 2.
조연현: 한국현대소설의 이해, 일지사, 1972.
조영숙: 김유정 소설과 민담의 연계성―'Duper'/'Duped' motif 중심으로, 서강대 교육대학원, 1995. 8.
조영학: 김유정 문학의 전통성 연구, 인하대 교육대학원, 1982. 2.
조용만: 작가 김유정, 중앙일보, 1985. 2. 8.

―――: 이상과 김유정의 문학과 우정, 신동아, 1987. 5.
―――: 토속적 미학의 완벽, 우리 시대의 한국문학 2, 계몽사, 1991.
조운제: 암시와 상징의 유우머—김유정의 문학과 한국인의 웃음, 문학사상 22, 1974. 7.
조진기: 김유정 작품논고, 영남어문학 2, 영남대 국어국문과, 1975.
조춘용: 김유정론—「소낙비」「봄·봄」「동백꽃」「만무방」을 중심으로, 홍익대 교육대학원, 1987. 2.
주경순: 김유정 연구, 연세대 교육대학원, 1984. 2.
주동진: 김유정 소설 연구—인물유형을 중심으로, 중앙대 교육대학원, 1991. 8.
지미숙: 채만식과 김유정문학의 풍자성 연구—단편소설을 중심으로, 강원대 교육대학원, 1989. 2.
차명원: 김유정 문학에 나타난 사회의식 고찰, 조선대 교육대학원, 1985. 2.
차은로: 김유정 연구, 연세대 교육대학원, 1984. 2.
채만식: 유정과 나, 조광, 1937. 5.
―――: 밥이 사람을 먹다—유정의 굳김을 보고, 1937. 5.
채종열: 김유정 소설의 미의식 연구, 경희대, 1982. 2.
최관용: 김유정 작품 속에 나타난 춘천지방의 토속어, 강원일보, 1987. 4. 1.
최규익: 채만식과 김유정의 풍자성 연구, 우산어문학 1, 상지대 국문과, 191. 8.
최남신: 김유정 소설의 초점화 연구, 부산대, 1995. 2.
최명순: 김유정 소설에 나타난 가족관계 연구, 계명대 교육대학원, 1988. 8.
최민희: 김유정 소설 연구—현실인식의 태도를 중심으로, 단국대 교육대학원, 1989. 8.
최범섭: 김유정 작품에 나타난 방언 연구, 강원어문, 강원대 국어과, 1973.
최병우: 「만무방」의 서술구조, 난대 이응백 박사 정년퇴임 기념 논문집,

서울대 국어교육과, 1988.
최성실: 수수께끼 풀기와 그 욕망의 중층 구조—김유정 단편소설의 구조 분석을 위한 시론, 서강어문 10, 1994. 12.
최수례: 유정소설의 구조적 고찰, 수도여사대 대학원, 1978. 2.
최수례: 유정소설의 반성, 현대문학 279, 1978. 3.
최수정: 김유정 소설의 발화방식 연구, 한양대, 1992. 2.
최재창: 김유정 소설의 현실 수용 양상, 한국교원대, 1993. 8.
최희자: 김유정 작품 연구—식민지시대 '삶'의 양상을 중심으로, 숙명여대 대학원, 1989. 2.
하창환: 김유정 문학 연구, 영남대, 1986. 2.
하태석: G.캘러의 작품에 나타난 유우머와 김유정 해학의 기능 비교—「심술장이 판크라츠」와 「따라지」를 중심으로, 서울대, 1991. 2.
한 효: 김유정론—신진 작가론, 풍림 2, 1937. 1.
한만수: 김유정 소설의 아이러니 분석, 동국대, 1986. 2; 동악어문논집 21, 동악어문학회, 1986.
─────: 한국서사문학의 바보인물 연구—바보민담, 판소리계 소설, 김유정 소설을 중심으로, 동국대 박사, 1992. 2.
한상무: 반어적 방법과 반어적 비전—김유정 연구, 강원대논문집 9, 강원대, 1975.
─────: 소설의 미적 거리와 예술적 형상화—이효석·김유정의 작품을 대상으로, 국어교육 30, 한국국어교육연구회, 1977. 2.
─────: 김유정론, 김봉군 외, 한국현대작가론, 민지사, 1984.
한상훈: 김유정론 재고, 어문논집 13, 중앙대 국어국문과, 1978.
한용환: 김유정론의 반성, 현대문학, 1978. 3.
한정아: 김유정 연구—현실인식과 탈윤리를 중심으로, 명지대 사회교육대학원, 1997. 2.
한주경: 김유정 소설 연구—역사적인 방법을 주로, 강원대 교육대학원, 1996. 2.
한찬수: 김유정문학론—작품 「봄·봄」을 중심으로, 서라벌문학 5, 서라벌예대, 1969. 8.

한태석: 김유정의 문학과 인생, 동백꽃, 을유문화사, 1970.
허연진: 김유정 소설 연구―대립구조와 문체를 중심으로, 중앙대 교육대학원, 1996. 2.
허인일: 김유정론, 선청어문 6, 서울대 국어교육과, 1976.
홍경란: 1930년대 농민소설 연구―「흙」「고향」「만무방」「제일과 제일장」을 중심으로, 연세대 대학원, 1990. 8.
홍기삼: 김유정 문학을 통해 본 토속 문학의 세계화―좁은 문학과 넓은 문학, 문협 제33회 문학 심포지움 김유정 문학으로 모색해보는 한국문학의 세계화(주제 발표), 한국문인협회, 1994. 3. 29.
홍병철: 김유정 연구, 학해, 경동고, 1967. 1. 25.
홍선의: 김유정 연구―해학과 恨을 중심으로, 충남대 교육대학원, 1982. 2.
홍순재: 김유정 소설의 공간구조 연구, 배재대, 1991. 2.
홍정선: 김유정 소설의 구조, 김유정 문학의 재조명, 한림대 아시아문화연구소 제9회, 학술연구발표회 발표 요지 중 별지, 1994. 3. 25.
홍현숙: 이상과 김유정의 문체 비교 연구, 전남대 교육대학원, 1985. 2.
황기성: 김유정 문학 연구―서사와 담론의 구조 연구, 원광대, 1993. 8.
황인봉: 김유정 소설의 인물 연구, 한남대 교육대학원, 1994. 2.

찾아보기

(ㄱ)

『가난한 사람들』 42
「가루지기타령」 101
「가을」 79, 80, 81, 84, 89, 116, 179, 264
가족사소설 160, 177
가족주의 271
갈등 20
갈등 구조 52
갈등 항목 49, 58
감상주의 131
「감자」 97, 292
「강릉매화타령」 101
경향성 38
계급주의 문학 37
계몽문학 19
고대소설 103, 144
고백 confession 146
고전소설 110, 170
『고향』 14
골계 103, 105, 109, 114, 180

골계 구조 108
공식 전기 209
관념과잉 38
관찰자 80
구비문학 141, 169, 183
구성 17
구연체 144
「구운몽」 171
<구인회> 39, 43
구조 21, 120
구조적 심층 238
구조주의적 비평방법 21
『귀여운 여인들』 42
극사실적 79
극적 제시 295
근대문학 97
근대소설 13, 292, 316
「금따는 콩밧」 50, 58, 64, 117, 179
금병의숙 206, 208, 216
기교주의 40
김동인 97, 292

김문집 17, 22, 29, 36, 39, 154, 192, 207
김병익 18, 276
김상태 21, 63
김영기 18, 20, 213, 216, 218
김영수 209, 211
김우종 131
김유 236
김유정 13, 18, 24, 28, 36, 38, 45, 49, 69, 99, 124, 293
「김유정—그 문학과 생애」 213
김유정 전기 213
김유정 초상화 202
김 육 26
김윤식 18
김 철 77
김 현 18
김환태 250

(ㄴ)

나도향 15, 97
「노다지」 29, 36, 117, 216
농민계몽운동 28
농민문제 42
농민문학 15
농민소설 128
농촌계몽 28
농촌계몽운동 216

농촌소설 263

(ㄷ)

단편소설 16, 38
단편적 구조 67
당대성 22, 23, 100, 177, 183
도덕론 183
도덕주의 71
도향 15
독서체험 42
독자계층 41, 42
「동백꽃」 52, 53, 55, 58, 114, 131, 179
「두꺼비」 149, 155, 181
드라마 99, 298
들병이소설 96, 98
「따라지」 97, 98, 162, 164
「땡볕」 55, 65, 78, 84, 117, 179

(ㄹ)

리리시즘 131, 133, 181
리얼리스트 71
리얼리즘 15, 37, 38, 43, 138, 183
리얼리즘문학 38, 43
리얼리즘소설 141
리얼리즘의 기법 61
리얼리티 69, 125

(ㅁ)

『마리아와 광대』 42
「만무방」 55, 58, 65, 81, 113, 117, 179, 255, 264
매춘 구조 92, 264
매춘 모티프 74, 97, 264, 277
매춘소설 293, 294, 316
모노그라피 261
모더니즘 37
모더니즘문학 38, 39, 43
母性 志向 31
「무숙이 타령」 101
문단활동 43
≪문장≫ 203
문장 형식 181
문체 17, 21, 119, 122, 132, 171, 261
문체style 120
문체론 21
문체론적 연구 21
문체미 121, 259
문체적 장치 137
문학관 251, 253, 261
문학사 110, 167, 292
문학성 15, 22, 23, 71, 229
문학세계 121
문학어 129
문학의식 36, 43

문학적 관념 261
문학적 기능 21
문학적 誤用 252
문학적 인식 138
문학적 진실 254
문학적 형식 16
「물레방아」 97
물상화 98
물신화 73, 77
물신화 과정 83
물신화 현상 84
美的 機制 47
미적 효과 107, 126
미학적 개념 104
미학적 특질 15
민족문학 17
민족주의 문학 37, 38, 43
민중적 관점 19
민촌 14

(ㅂ)

박록주 32, 34, 35, 149, 210, 220, 224
朴鳳子 34, 35, 224, 250
박용철 250
박정규 22
박태원 39, 128, 207, 263
반산문성 141

反語의 형식 47
반어적 구조 65, 78
반어적 대응 59
반어적 상황 53, 61
반어적 양식 60, 70
『배비장전』 101
번역소설 38
변두리언어 125
「병상의 생각」
「봄·봄」 52, 55, 58, 81, 83, 105,
　　107, 113, 131, 179
봉산탈춤 16
비소설류 194
「빈처」 61
빙허 293, 298

(ㅅ)

사랑론 42, 178
사랑소설 194, 217
사설시조 16
私小說 26
사실적 허구 193
사실주의 문학 15
사회·역사적 관점 18
사회성 23
「산골」 58, 131
「산골나그내」 36, 60, 61, 69, 94,
　　97, 98, 117, 131

산문적 풍경 236
『삼대』 160
삼인칭 객관시점 143
『상록수』 14
상승 국면 67
「생의 반려」 33, 148, 181, 258
서구문학 111
서구소설 141
서사 단위 124, 294
서사적 전통 102
서사 현실 117, 133
서술 구조 283
서술방법 170
서술자 80, 101, 139, 144
서술자 논평 141
서술적 회화 195
서술 태도 214
서정주 132, 136
서종택 18
성의식 86
세계관 120
「소낙비」 28, 36, 58, 88, 90, 92,
　　94, 98, 117, 134, 216, 264
소설류 194
소설문법 97
소설문자 123
소설 미학 15, 67, 169, 175
소설 언어 121, 173
소설의 구조 169

소설적 구도　59
소설적 機制　60
소설적 허용　147
소설체　193, 201
「솟」　94, 96, 98, 255, 264
「솥」　211
「숲밭」　211
「슬픈 이야기」　143, 144
≪시문학≫　250
시적 운율　259
시적 형식　19, 135
시점　21, 139
시혜적 인간형　182
시혜적 인물　263
식민지사회　42
신동욱　18, 126
신변소설체　226
신비평　21
신소설　26
신심리주의　40, 251
實名小說　212, 226
심리묘사　164
심리주의　40
심미적 구조　108
「심청」　38
「심청전」　101, 169
심층의식　36, 79
심훈　14, 263

(ㅇ)

「阿Q正傳」　42
아이러니　60, 64
아이러니 기법　298
아이러니의 양식　69, 70
안국선　26
「안해」　76, 77, 84, 90, 94, 98, 117, 123, 179, 255, 264
안회남　26, 27, 29, 36, 193, 203, 204, 216, 223
「애기」　81, 83, 143, 179
「야앵」　97, 98, 264
약식 전기　25
양반소설　172
언어 구조　119
언어형식　157
에밀 졸라　251
에세이　38
역사소설　177
역사의식　18
역사적 접근 방법　15
역사주의적 관점　17
역사주의적 방법　19
역설　113
역설의 미학　67
연구사　22
「연기」　162
연대기　195

염상섭 160
영웅적 인물 182
예술성 23
예술지상주의 41, 252
「옹고집타령」 101
『외투』 42
운율 136
유머 20
유우머 정신 111
유인순 22
「유정의 사랑」 217
윤지관 18
『율리시즈』 40, 249
이광수 263
이기영 15, 173
이념 편향적 15
이동주 193, 212
이 상 36, 129, 193, 207
이석훈 202, 207
이재선 177
「移住民列車」 202
이주형 18
이효석 15, 129, 137, 236, 263
인물 유형 273
인상비평 198, 211
인신매매 모티프 81
일상어 129, 131
일인칭 관찰자 80
일인칭 시점 143

1인칭 화자 279
임중빈 176
임 화 39

(ㅈ)

자유시 136
자율성 21
자율적 구조 19
자전소설 33, 146, 147, 181, 196, 258
작가의 전기 25
작가정신 100, 121
작중인물 101, 108, 110, 121, 139, 146, 151
작중 화자 149
작품성 16, 22
작품 해석 24
장편소설 193
전기 24, 30
전기문학 194, 227
전기소설 226
전기작가 195, 196, 222
전기적 자료 149
전기 텍스트 195, 201
전달론 252, 261
전상국 193, 217
전지적 시점 213
전통단절론 102

전통성 23, 100, 110, 177, 183
전통지향의식 43
전형 60, 101
정서적 거리 145
「정조」 92, 93, 94, 98, 115, 117, 179, 264, 293
「정조와 약가」 97, 293
정태용 20
정한숙 20
제임스 조이스 249, 251
《조광》 40, 223, 249
조동일 102
조선문단 249
졸라 40
『죄와 벌』 42
주동인물 67, 68
중세문학 102
지방어 127, 129, 183

(ㅊ)

<창작란> 203
창작 태도 14
창작태도 254
채만식 39, 160, 175
초현실주의 37
「총각과 맹꽁이」 36, 49, 58, 62, 69, 76, 94, 98, 115, 117, 179, 255

최서해 14, 173
춘원 14
「춘향전」 101, 169

(ㅋ)

카프 19, 37
카프맹원 37

(ㅌ)

『태평천하』 160
토속성 19, 20
토속어 126

(ㅍ)

판소리 101, 141, 169
판소리계소설 101, 103, 108, 143
판소리 사설 139
편년체적 기술 215
평민문학 15, 21, 102, 103
평민소설 101, 108, 110, 168, 169, 180, 183
평전 194, 217
표현론 252, 261
《風林》 42, 178
풍자 103, 104, 105, 110
풍자문학 105
풍자 작가 104

프라이 69, 70
프로소설 174
플롯 296

(ㅎ)

하강 국면 61, 67
한국문학사 264
해석의 지평 22
해학 19, 20, 21, 53, 68, 100, 103, 104, 105, 107, 109, 110, 118, 180
해학미 20
해학성 103, 105, 112
해학 작가 105
해학적 구조 280
해학적 문법 107
해학적 방법 100
해학적 상황 64
해학정신 110
해학 지향 108
향토문학 127, 128, 180
향토성 128, 180
허구 33
허구의 공간 255
허구적 사실 193
허구적 장치 157
허구화 212
현대문학사 175

현대소설 141
현덕 39, 211
현실인식 45, 47, 58
현진건 15, 61, 97, 174
혈맥론 178
「형」 159
형식론 183
형식주의적 관점 17, 21
형식주의적 접근 방법 19
『홍길동전』 249, 253
『홍당무』 42
화소 54, 298
화소 분석 294, 298
화자 80
회화 195
『흙』 14
「흥부전」 101, 169, 171
희극 100, 101, 113
희극의 세계 170
희극적 상황 109

김유정의 소설세계

인쇄일 초판 1쇄   1998년 04월 17일
         2쇄   2015년 08월 12일
발행일 초판 1쇄   1998년 04월 25일
         2쇄   2015년 08월 19일

지은이 박 세 현
발행인 정 찬 용
발행처 국학자료원
등록일 1987.12.21, 제17-270호

서울시 강동구 성내동 447-11 현영빌딩 2층
Tel : 442-4623~4 Fax : 442-4625
www.kookhak.co.kr
E-mail : kookhak2001@hanmail.net
ISBN 978-89-8206-235-3 *03810
가 격 18,000원

*저자와의 협의 하에 인지는 생략합니다.